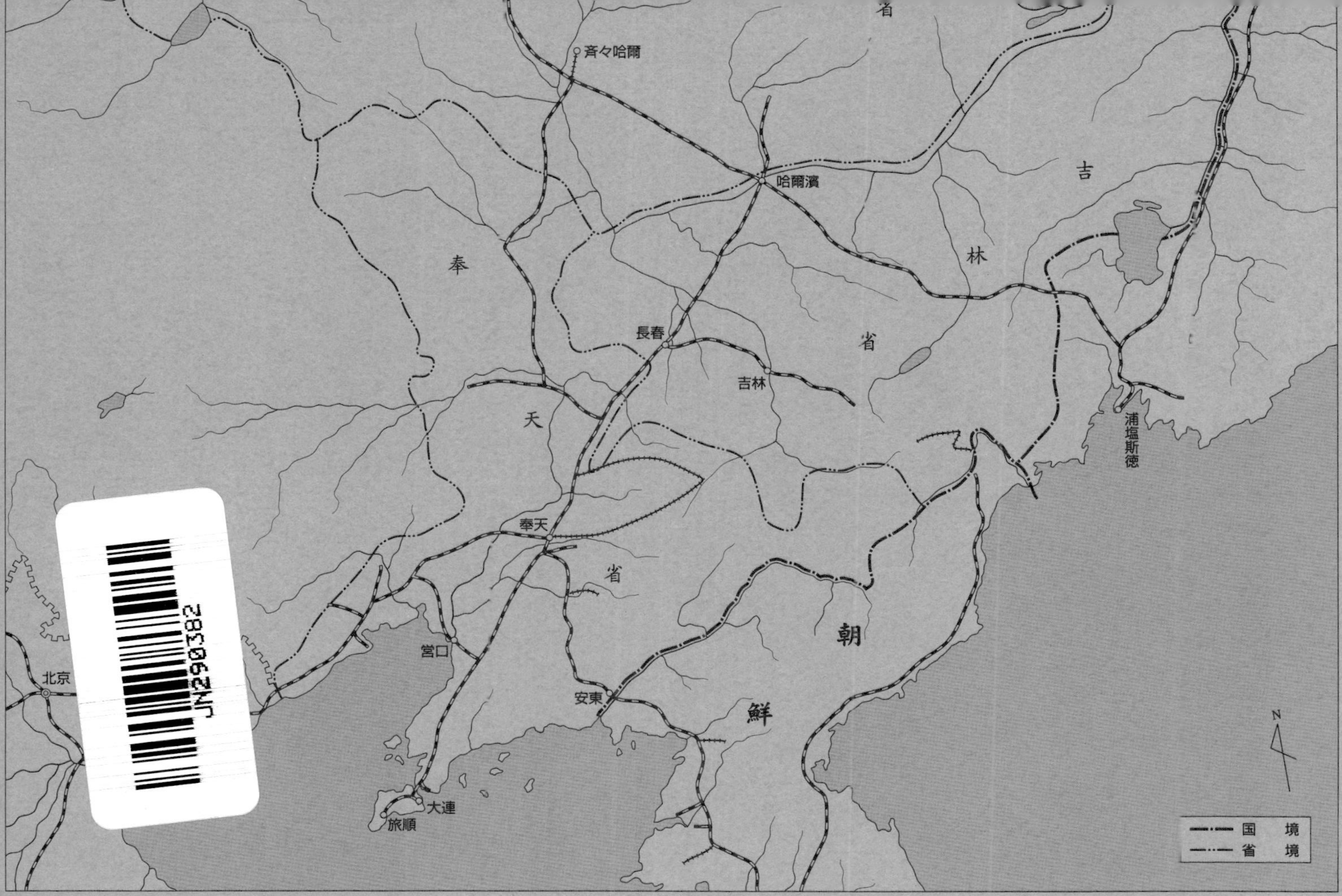

斉々哈爾
哈爾濱
吉
林
省
奉
天
省
長春
吉林
浦塩斯徳
奉天
営口
北京
安東
朝
鮮
大連
旅順
N
国　境
省　境

近代中国東北地域史研究の新視角

江夏由樹 Enatsu Yoshiki
中見立夫 Nakami Tatsuo
西村成雄 Nishimura Shigeo
山本有造 Yamamoto Yuzo
＝編

山川出版社

近代中国東北地域史研究の新視角

序——本論文集の由来と構成

近代における中国東北地域、あるいは旧「満洲」、「満州」といわれる地域に関しては、これまでも様々な視点から、内外で多くの研究業績が出ている。戦後半世紀をすでに過ぎた現在の日本においても、今なお多数の研究者の注目を集めている事実は、その地域が発する混沌とした魅力と、今日の世界、アジア、そして日本を考えることへとつながる幾多の問題点を、地域の歴史が内包しているからであろう。ところが不思議なことに、日本では「近現代中国東北地域」という場へ焦点をあて、研究にたずさわるものの交流をめざした学会、ないしは研究会は存在しなかった。

もとより安藤彦太郎教授を代表とする満鉄研究のグループが満鉄研究の先鞭をつけ、浅田喬二教授らのグループが植民地経済研究の一環として、「満洲」研究へ精力的に取り組まれた。さらに、本論文集の編者の一人山本有造が京都大学人文科学研究所で主宰した研究班が満洲国研究を進展させ、日本植民地史研究会もこの分野で意欲的な活動をおこなっている。このようななかで一九八九年から九〇年にかけて、これまた本論文集の編者の一人である西村成雄の主唱により、松重充浩氏の積極的な協力をえて、ささやかではあるが、近代中国東北地域に関する研究情報を集めた『ニューズレター』が出され始めた。そのうちに、当該方面へ関心を持つ者で一度、集まってみようということになり、一九九一年に市ケ谷にあったアジア経済研究所国際会議場をお借りし会合がおこなわれ、これを契機として「近現代中国東北地域史研究会」が組織された。

おそらく、研究会さらには学会なるものの積極的存在意義は、研究関心を同じくし、あるいは相互に関連があったとしても、じかに接触する機会のなかった研究者同士が交流の機会をえて、より大きな研究の輪を広げることに尽きるとおもわれる。我々の研究会は、次第に会員の数を増し、順調に年一度の大会を開催し、『ニューズレター』を刊行していった。さらに近代の中国東北地域に重点を置きながらも、その地域をより広域的視野のなかで考察したいとの意図で、会名も「近現代東北アジア地域史研究会」と改称された。これにより、ロシア極東・シベリア、朝鮮半島、モンゴルなどの地域を研究する方も、研究会の活動へ参加されるようになった。『ニューズレター』の編集は、井村哲郎氏が献身的に引き受けてくださったことにより、内容が一層充実することとなった。さらに、中国東北地域をはじめ、海外の研究者との交流もおこない、大会でも国外研究者に御報告いただいている。

近現代東北アジア地域史研究会は、とりたてて会則もなく、会長がいるわけでもなく、ただ世話人会があるのみの「手弁当」的学会として、自由な雰囲気のなかで、多様な論議を重ねてきた。そうした活動のなかから、やがて、なにか積極的に「論文集」なり、「講座」あるいは「通史」というかたちで、日ごろの活動を反映させた出版物を刊行すべきだとの意見が出てきたのは当然といえよう。二〇〇二年の世話人会において、発足当初からの世話人ということで、西村成雄と中見立夫が、原案を作成することとなった。二〇〇三年春、両名で検討してはみたが、第一に研究会名は「近現代東北アジア」ではあるものの、「東北アジア」という地域概念は、それを使う者と、使う目的に従って、いかようにも変化する空間であることへおもい及んだ。そこで、本来の会の目的に立ち返り、「近現代中国東北」に焦点を絞ることとしたが、当該地域に関しては、特定の時期と課題に集中して、研究がおこなわれていることへもすぐに気がついた。我々には、一定の「近現代中国東北地域」史観を樹立しようなどという意図はなく、むしろそのようなことを考えるとすれば、それは会の主旨に反するであろう。そこで会の活動を母体としながらも、会とは一応、切り離し、近代中国東北地域に焦点をあて、いくつかのテーマに絞って、新たな研究視座開拓の可能性と問題提起をめざす論文集を考えた。したがって、これまであまり取りあげられなかったテーマ、視角にもとづき、あるいは過去に論議された課題であっても、新出史料や近年の研究動向をふまえた論点の再検討をめざすこととした。

具体的には二〇〇三年夏、世話人のなかの江夏由樹、中見立夫、西村成雄、山本有造が集まり、取りあげるべきテーマを検討した。執筆をお願いした方々はいずれも快諾され、ほぼ予定どおり原稿を集めることができた。ただ残念なことは、世話人の一人で研究会の運営と論文集出版に積極的であった村上勝彦氏が、東京経済大学学長の重責を担われていることで、早々に執筆を辞退されたことと、松重充浩氏が執筆過程で体調を崩され寄稿を断念されたことである。

本論文集は三つの大きなテーマからなる。第一部「経済と組織」（江夏由樹編集担当）は、これまでの近代中国東北地域史研究が日本、中国、朝鮮（韓国）、ロシアといった、国家間の関係を機軸に論じられてきたのに対して、二十世紀前半の中国東北地域における日本企業の活動に焦点をあて、企業の「営利」の原則と日本の「国策」との関係について考察を加える。

黒瀬郁二「両大戦間期の天図軽便鉄道と日中外交」は、一九一八年に東洋拓殖の出資により設立された南満洲太興合名会社のもとで建設が進められた天図鉄道の問題を取りあげ、この鉄道をめぐる錯綜した日中交渉の過程、そこにみられる進出日本企業の利害（企業経営の論理）と日本の対中国政策の利害（対外政策の論理）との関係について考察する。

江夏由樹「東亜勧業株式会社の歴史からみた近代中国東北地域――日本の大陸進出にみる「国策」と「営利」」は、一九二一年に奉天や東部内モンゴルでの農場経営をめざして設立された東亜勧業株式会社に焦点をあて、この会社の実質的な経営陣であった東洋拓殖、満鉄、大倉組の企業としての「営利」の原則と、これら会社の後楯となった日本政府の「国策」との間の複雑な関係について、また東亜勧業が取得した広大な面積の土地が、かつて「皇産」「蒙地」と呼ばれていたことの歴史的意味を論じる。

塚瀬進「中国東北地域における大豆取引の動向と三井物産」は、三井物産の中国東北地域における大豆取引の歴史をたどり、東北市場の情況が三井の大豆取引の活動をどのように規定したのかについて論じる。塚瀬の議論は、日本資本主義や「国策」の問題から東北での三井の活動をもっぱら説明しようとする、これまでの日本植民地史研究の視点を相対化する試みである。

小林英夫「国策会社のなかの満鉄」は、日本の国策会社の代表ともいえる満鉄を取りあげ、「社益」が前面に出ていた山本条太郎時代の会社の姿（一九二〇年代）と満洲事変時の「国益」が中心となっていた時代（一九三〇年代初頭）を比較し、満鉄における「国策」と「営利」との関係について論じている。

第二部で検討される「外交と国際関係」（中見立夫編集担当）については、従来も日本の「満蒙」政策、あるいは日中関係史という枠組みのなかでは、多くの業績が出ている。ただし満洲国の外交、とくに外交機関に関しては、満洲国が日本の「傀儡国家」であったがゆえに、今まで考察されることはなかった。中見立夫「満洲国の〝外務省〟――その組織と人事」は、満洲国の〝外務省〟の形成過程と実態を、その組織と人事を手がかりとしてみて、傀儡国家・満洲国の「傀儡性」を検討する。一方、近年のロシアや中国における史料公開の成果は、国際関係史研究へ多くの成果をもたらしたが、本論文集にもそれは反映されている。

満洲国の成立とともに、ソ連にとっては中東鉄道の維持は負担となっていた。寺山恭輔「スターリンと中東鉄道売却」は、満洲事変後の中東鉄道売却問題をめぐる、ソ連の対日、対満洲国政策に関して、ソ連共産党中央委員会政治局、なかでもスターリンの個人的な役割に焦点をあて、主として最近公開されたソヴィエト側史料にもとづき、具体的に論証する。同時に、当該問題をケースとした、ソ連における政策決定過程の実態をもしめす。

田嶋信雄「リュシコフ・リスナー・ゾルゲ――「満洲国」をめぐる日独ソ関係の一側面」は、一九三〇～四〇年代における、イーヴァー・リスナーを中心とした、満洲国でのドイツの諜報活動を、おもにドイツ側文書史料をもとに考察する。このことにより、中国東北地域を舞台とする日本、ソ連、ドイツの軍事諜報活動について、どのように情報を収集し、また各情報機関がいかなる対抗関係にあったか、その錯綜した関係の一端を明らかにする。

石井明「第二次世界大戦終結期の中ソ関係——旅順・大連問題を中心に」は、旧稿「中ソ関係における旅順・大連問題」(『国際政治』九五、一九九〇年)で取りあげた、第二次世界大戦末期から新中国建国初期に至る時期、旅順・大連の問題が中ソ間でどのように協議されたかというテーマを、新出史料と近年における研究動向をふまえながら、再検討する。とくに、なぜソ連は旅大の返還に同意したのか、対日観を含め、ソ連の対外政策がどのように変化したか分析する。石井氏の論点は、次の第三部諸編へとつながる。

第三部「戦後の中国東北地域、一九四五～四九年」(西村成雄・山本有造編集担当)では、近年、内外の研究者の間で関心が高まる「戦後」時期について、国際環境と密接に関連した東北地域社会の構造的変動とその特質を、国民政府の政治的経済的接収の実態と、中国共産党の権力掌握過程の分析にもとづいて解明する。

山本有造「国民政府統治下における東北経済」は、ソ連軍の駐留と撤退を経て国民政府の接収と、その経済再建計画、さらにその破綻に至る過程を、「張公権文書」に残された経済実績の到達点の検討によって実証的に復元し分析する。従来、国民政府側の経済統計を駆使した戦後東北地域の経済的分析は資料的制約から不充分であったが、本論文は新たな実証分析の段階を開いたといえよう。

井村哲郎「戦後ソ連の中国東北支配と産業経済」は、山本論文と関連するソ連軍による在満日本資産の接収と撤去の実態を、ポーレー調査団報告書にもとづき分析するとともに、ソ連軍の軍票発行についても論及する。さらに、大連における軍需生産を含む経済的再編が内戦期中国共産党軍の後方基地としての役割を担っていたことを指摘する。本論文によって本格的に分析されたポーレー調査団の報告書は、今後さらに多面的に検討されることになろう。

丸山鋼二「戦後満洲における中共軍の武器調達——ソ連軍の「暗黙の協力」をめぐって」は、従来未解明とされてきた中国共産党軍の兵器調達の側面を実証的に解明する。とくに、中国共産党軍の武器弾薬は、ソ連軍の進駐当初の時期から「暗黙の協力・支援」のもとに獲得されたことを分析している。本論文は、ソ連軍の対中共軍事援助が「満洲戦略」の基本にあったとする、新たな視点を提起しているといえよう。
西村成雄「戦後中国東北地域政治の構造変動」は、中国国民党および国民政府側の政治的支配の再編成過程を、「憲法実施」という政治的正統性確保の課題とその失敗の実態から迫る。とともに、中国共産党側の農村社会における政治的正統性構築の成功が、軍事的勝利の源泉であったとする。本論文は、政治的基盤の構造変動を地域社会の側からとらえ直すものであろう。

この論文集は、「近現代中国東北」地域研究のより更なる発展を願った、問題提起の試みである。そして、近い将来において、より広い「近現代東北アジア」地域に関する、創意にみちた歴史像が提起されることを期待している。
最後に、本論文集の出版にあたっては、財団法人日中友好会館日中歴史研究センターによる、二〇〇四年度歴史研究支援事業出版助成金をいただいた。同センターは過去一〇年間にわたり、各種研究事業に対し援助され、当該分野の研究進展へ大きな貢献と支援をされたが、本年三月末をもって活動を閉じるという。その最終年度に、御援助いただけたことは、光栄ではあるものの、その終了には残念な気持ちがする。同センターに対し、厚く御礼を申しあげたい。また本論文集の出版を快諾され、行き届いた編集をしていただいた、山川出版社へも感謝する次第である。

二〇〇五年三月

江夏由樹
中見立夫
西村成雄
山本有造

目次

Ⅲ　戦後の中国東北地域、一九四五〜四九年

近代中国東北地域史研究の新視角

Ⅰ　経済と組織

両大戦間期の天図軽便鉄道と日中外交

黒瀬郁二

はじめに

本稿の課題は、満洲（中国東北）・朝鮮間の天図軽便鉄道をめぐる日中交渉を、同鉄道の経営と関連させながら考察するところにある。天図軽便鉄道（以下、天図鉄道と略）については、これまでもっぱら外交史・政治史的アプローチから研究がなされ、鉄道経営の分析そのものはほとんど捨象されてきたといってよい。[1] 本稿では、天図鉄道の成立から消滅に至る過程を追跡し、外交史研究との接合を試みたい。こうした課題を設定したのは次のような理由からである。

日露戦後に結ばれた間島協約（一九〇九年）以来の日本の対間島政策において、鉄道政策はその戦略的な位置を占めたが、吉林—会寧間の鉄道敷設をめぐる吉会鉄道交渉と天図鉄道交渉は相前後して進められた。前者は全線に関わる包括的な交渉であったのに対して、後者はその一部を構成する間島—会寧間の敷設交渉であった。外務省は両者を並行して進めたが、吉会鉄道交渉が容易に進展しなかったのに対し、天図鉄道は日中合弁企業として設立され（一八年）、吉林省と提携して開業にふみきった（二三年）。したがって両者は一面では代位補完関係にありながら他面では競合関係に置かれた。さらに交渉相手国の中国では、満洲に張作霖政権が成立する一方、北京政府は相次ぐ内戦によって政局が不安定であったため、日中交渉は一層錯綜した。そうしたなか、外務省はなぜ両交渉並進策をとったのであろうか。さらに吉敦鉄道建造請負契約（二五年）成立後、残る敦化以東の敷設をめぐって二つの選択肢――天図鉄道延長案か、吉敦鉄道延長案か――があったが、当初前者を推進した外務省は、やがて後者へ転換した。外務省の方針転換の背景には何があったのであろうか。こうした対外政策の意思決定は、政策の担い手である進出企業の動向といかなる関係を結んでいたのであろうか。以上の問題関心から、天図鉄道の経営動向と日中外交との関わりを解明していきたい。

一　天図鉄道の設立と日中交渉

天図鉄道の設立と太興合名・東拓

天図鉄道は、間島地方の天宝山と図們江（豆満江）岸を結ぶ鉄道として、一九一八年三月、北京政府（交通部）の許可を得て、南満洲太興合名会社（以下、太興合名と略）の飯田延太郎社長と吉林督軍署顧問の文禄との合弁契約にもとづき設立された。太興合名は、その三年前の一五年九月、飯田と浜名寛祐（元関東都督府経理部長）によって設立され（資本金五〇万円、本社東京・支社奉天）、事業目的は、同社定款によれば「一、満洲及蒙古ニ於ケル農業工業其他拓殖ニ関スル事業並ニ之ニ付属スル事業、二、朝鮮及満洲及蒙古ニ於ケル鉄道ノ建設及運輸経営スルコト、三、株式会社ノ発起人トナリ又ハ株主トナルコト」であった。(2)

同社の本格的な活動は、一九一五年末に飯田と劉紹文との天宝山銀銅鉱（資本金五五万元、吉林省延吉県）合弁契約の締結に始まる。同鉱山は、翌一六年の北京政府（農商部）認可を受けて操業に入った。(3)折からの第一次大戦によって銀銅価格が高騰していたため活況を呈し、二〇〇〇人近い人口を擁する鉱山町を形成したが、戦後恐慌による価格下落によって採算割れを起こし、二〇年には採掘・製錬の中止を余儀なくされた。そこで同鉱山は、市況の悪化を「燃料其他

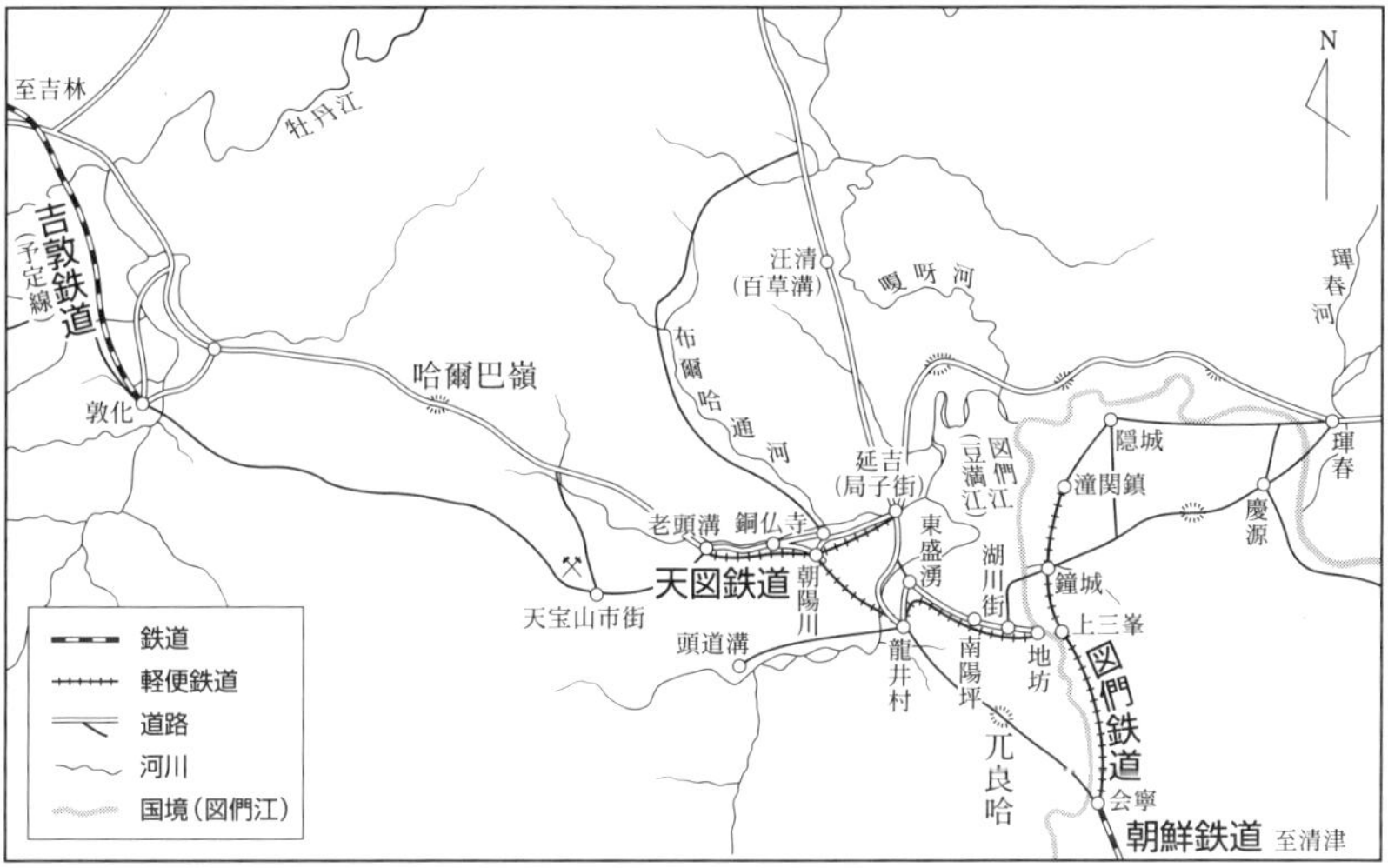

図１　吉敦鉄道と天図鉄道(1926年)

ノ諸材料ノ運搬」面でのコスト切下げによって対応を図るため、鉄道敷設を計画した(4)。すなわち天図鉄道敷設計画である。

次いで太興合名は、一九一八年九月、吉林実業庁との合弁による老頭溝煤礦公司（資本金二〇万円、吉林省延吉県）を設立し、翌一九年、北京政府（農商部）の認可を得て石炭採掘に入った。採掘される石炭は、天宝山銀銅鉱の製錬用燃料や天図鉄道の動力用燃料を確保するためのものであった。したがって老頭溝炭鉱・天図鉄道・天宝山銀銅鉱の三事業計画は、燃料の産出・運搬・消費という相互に密接な関連を持ち、その鍵を握るのは、天図鉄道の開通であった(5)。

天図鉄道の敷設計画は、一九一六年の会寧および間島在住日本人による「間島軽鉄期成会」の結成にさかのぼる。同期成会は、朝鮮鉄道清会線（清津—会寧間）全通の見通しができると、日露戦時期に軍事用として敷設された清会軽便鉄道（手押式）を転用して、龍井村—会寧間に軽便鉄道を敷設する計画を立てた(6)。計画は、中国鉱業条例の「鉱業権ヲ有スル者ハ大小鉄路ヲ敷設スルヲ得(7)」との規定に依拠して、天宝山銀銅鉱の付帯事業案として具体化され、北京政府（農商部・交通部）に許可申請がなされたが、吉林省長（郭宗熙）の反対意見書を理由に、交通部は拒絶の回答をおこなった。[8]

これを機に、太興合名は天宝山銀銅鉱による付帯事業方式を断念し、新たに日中合弁企業を設立する方向に転換した。郭省長の反対意見の背後に劉紹文への反感など住民の同鉱山に対する嫌悪感があったからである。[9] そこで地方官の承認をとりつけるため、外交部特派吉林交渉員（王嘉沢）が「相当資力声望アル支那人」として推薦した督軍署顧問の文禄と飯田延太郎（代理・大内暢三代議士）との間に、一九一六年十二月、「中日合弁天図軽便鉄道合同」が取り交わされ、[10]吉林省長を通じて交通部（曹如霖総長）に許可を申請した。

これに対し交通部は、名称を「天図軽便鉄路公司」とすること、契約案文中にあった「東京支社」や「其他交通ニ利便ナル事業ヲ経営スル」を削除すること、中国政府が随時買収できることを明記することなどを求めた結果、「中日合弁天図軽便鉄路公司合同」契約が成立し、交通部の許可が下りた。[11]

こうして一九一八年三月、天図軽便鉄路公司が誕生し、文禄が総理に、飯田延太郎が副総理に就任し、また総公司を吉林省城に、分公司を龍井村に設置した。日中折半出資とされたにもかかわらず、「内部契約」[12]によって、中国側（文禄）は飯田からの借入により出資し、欠損に対して免責が約された。それゆえ「出資ノ実権ハ永久ニ我［日本側］ニ存在スト云フヘク……実質上経営ノ権ヲ我ニ収メ」[13]るものであり、「文禄ハ当サニ一ノ傀儡タルベキ者」[14]であった。いいかえれば天図鉄道は、所有・経営の両面において飯田が実権を握った。

同公司は、設立後、鉄道敷設のための実地測量および鉄道資材の購入を開始するとともに事業計画の変更をおこなった。その第一は路線の変更である。当初の計画は、天宝山から龍井村・兀良哈《オランカイ》を経て会寧に達するルートであったが、「兀良哈ノ嶮ハ工事甚タ困難」であることがわかったため、湖川街を経由し上三峯から会寧に至るルートに変更した。[15]その結果、敷設計画は、国境を隔てて間島側の東西に走る路線と朝鮮側の南北に走る路線という二つの路線に分ける必要が生じることになった。

後者の朝鮮側路線は、太興合名の直営事業として敷設が計画され、一九一九年三月、朝鮮総督府の認可が下りてまもなく起工し、翌二〇年一月、上三峯—会寧間の竣工とともに営業を開始し、二一年三月には、太興合名の子会社として新設された図們軽便鉄道株式会社（本社東京・支店会寧。以下、図們鉄道と略）に経営が移管された。子会社設立の理由は、朝鮮総督府の補助金受給の関係であった。[16]同社は、その後、二二年十二月には上三峯—鐘城間、二四年十一月には鐘城—潼関鎮間の路線を開通させた。

計画変更の第二は、手押式から機関車牽引式に改めたことである。一九一九年三月に太興合名が朝鮮側路線の認可を受ける際、朝鮮総督の命令書には「原動力ハ手押トス」という項目が付されており、計画段階では人力による手押式であったが、「其後間島方面ノ物資ノ生産力並輸送上ノ能力ニ顧ミ手押式ニテハ其目的ヲ達スルコト困難」であることがわかったため、蒸気機関車による牽引式に転換し、当初の清会軽便鉄道転用案は変更された。[17]

こうした事業計画に必要な資金は、東洋拓殖株式会社（以下、東拓と略）から調達された。まず天図軽便鉄路公司の発足まもない一九一八年五月、東拓から二五〇万円、[18]次いで一九年十二月、二七八万六〇〇〇円が、いずれも太興合名を通じて貸し付けられた。表1は、太興合名の東拓からの借入金の推移を示したものである。これによれば、第一に太興合名は東拓借入金をそのまま天図鉄道敷設関係資金に充てていることがわかる。東拓が天図鉄道に直接融資せず、太興合名を経由する迂回融資をおこなったのは、同社の資産を担保に組み入れて債権回収を確実なものにするためであったと思われる。以後、東拓の天図鉄道関係貸付はすべて太興合名を介しておこなわれた。

第二に、借入金が「運動費」に支出されていたことである。「天図軽便鉄路公司ニハ既ニ五十万円払込済ナルカ権利獲得ノ為ニ使用シ盡シ」たように、[19]総じて創業期の天図鉄道は「支那側運動ニ少ナカラサル費用ヲ要シ」た。使途の性格から、その全容の把握は困難であるが、一九二〇年八月に太興合名が、曾毓雋交通総長に対して敷設工事許可の「成功報酬」の名目で試みた買収工作はその一端を示している。[20]

第三に、多額の「運動費」支出は、第一次大戦期の物価高騰とあいまって、資金計画の見直しを迫った。二五〇万円であった当初の鉄道敷設見積額は、朝鮮側路線三二〇万円・間島側路線四〇八万円・合計七二八万円と三倍近くに膨れ上がった(21)。膨張する資金需要を支えたのは、大蔵省預金部であった。一九二一年十二月、預金部引受の東拓社債（三五

表1　太興合名の東拓借入金(1918～25年)　(千円)

借入年月		利率	金額	備考	借入年月		利率	金額	備考
		%					%		
1918	5	8.5	180	a-1　*	1922	11	6	**145**	c-9
	8	8.5	174	a-2　*		11	6	**300**	c-10
	10	8.5	103	a-3　*		12	6	**40**	c-11
	12	8.5	159	a-4　*		12	9	140	b-11
1919	3	8.5	145	a-5　*	1923	2	6	**74**	c-12
	3	8.5	100	a-6　*		2	6	**137**	c-13
	7	8.5	150	a-7　*		2	6	**25**	c-14
	8	8.5	200	a-8　*		3	6	**65**	c-15
	9	8.5	210	a-9　*		3	9	76	b-12
	9	8.5	370	a-10		4	6	**200**	c-16
	10	8.5	490	a-11		5	6	**300**	c-17
	11	8.5	319	a-12		6	6	**226**	c-18
	12	8.5	300	b-1・2		7	6	**100**	c-19
1920	7	10	100	b-3　**		8	6	**63**	c-20
	9	10	100	b-4　***		9	6	**200**	c-21
	10	10	120	b-5		10	6	**100**	c-22
	12	10	128	b-6		11	6	**85**	c-23
1921	8	10	150	b-7		12	6	**308**	c-24
	11	10	150	b-8	1924	5	6	**900**	d-1
1922	1	10	134	b-9		5	6	**490**	d-2
	2	6	**250**	c-1		6	6	**184**	d-3
	6	6	**200**	c-2		7	6	**82**	d-3
	8	9	150	b-10		8	6	**74**	d-3
	9	6	**120**	c-3		9	10	350	b-13
	9	6	**110**	c-4	1925	3		259	b-14
	10	6	**92**	c-5		3		327	b-15
	10	6	**150**	c-6		3		202	b-16
	11	6	**110**	c-7	合計			10,516	
	11	6	**100**	c-8	うち低利資金			5,230	

注　(1)備考欄のaは1918年5月契約，bは19年12月契約による東拓普通資金を示す。
(2)備考欄のcは1922年2月契約，dは24年5月契約による預金部低利資金を示し，金額を太字で示した。
(3)備考欄の右側は太興合名の貸付金使途を示し，＊は「天図軽鉄工事費及問接ノ用途」，＊＊は「利子」，＊＊＊は「運動費」をそれぞれ示す。
(4)1919年11月分については同日付の借用証書では210,090円であるが，台帳記載(319,090円)のままとした。
(5)1919年12月分は借用証書では180,910円・219,090円の2次にわたっているが，台帳記載のまま合算した数値を掲げた。
〔出典〕「南満洲太興合名会社貸出金及使途」(『天図一件』第1巻)および太興合名会社会計台帳(『天図一件』第5巻)より作成。

〇万円)が成立し、取り入れ資金は太興合名を通じて天図鉄道に注ぎ込まれた。

この預金部融通を主導したのは外務省であった。一九二一年一月、同省が作成した「閣議案(修正案)」(原敬内閣)は、間島の治安維持と産業開発のために天図鉄道敷設が急務であることを力説する。すなわち外務省は、間島が「天与ノ宝庫」であるにもかかわらず、「朝鮮独立運動ノ策源地」として「朝鮮ノ治安維持ニ対スル脅威」になっており、これを取り除いていくためには、「匪賊若クハ不逞輩」を軍事力で鎮圧するとともに、「善良ナル鮮人ヲシテ土地ニ定着シ富源ノ開発ニ務メシムル」必要があり、「鉄道ノ敷設ヲ以テ最大急務」と述べ、次のように続ける。[22]

然ルニ吉会鉄道ハ未タ支那側トノ契約スラ之ヲ了セス且其工事ニハ多クノ歳月ヲ要スルヲ以テ焦眉ノ急ニ応スル能ハサルノ憾アル処飯田延太郎ハ数年来同地方ニ軽便鉄道敷設ノ計画ヲ為シ……目下事業着手ノ許可及執照下付方ニ付交通部ト交渉中ニシテ不日解決ヲ告クルニ至ルヘキ見込ナリ

日本の対間島政策の要となる鉄道政策を推進していくには、吉会鉄道交渉が難航しているため、敷設の見通しを持つ天図鉄道の支援策が必要であると強調する。ここに天図鉄道は、産業開発(産業鉄道)と治安維持(軍事鉄道)の二重の役割を期待されるに至った(本稿では前者の側面に焦点をあてる)。

着工許可をめぐる日中交渉と吉林省との提携

朝鮮側ルートの開設が順調に進んだのに対し、間島側ルート(天図鉄道)の着工は当初からつまずいた。北京政府が開工執照(着工許可証)を容易に交付しなかったからである。

天図鉄道の設立後、吉林省長(鮑貴卿)は、延吉道尹(張世銓)を鉄道監督に任命し、監督署内に用地確保のための「租地処」を設置し、公司と住民の間で「租地価格」の協議が始まった。こうして敷設準備が着々と進められていったが、一九一九年十二月、鮑省長は突然、計画停止の命令を発したため、一転して頓挫を余儀なくされた。[23] 鮑の停止命令は、曾交通総長の「改定線路ハ予定線路ト符号セサルノミナラス吉会鉄道当初測量ノ線路ト平行交叉等種々支障アルニヨリ之ヲ拒駁阻止セラレ度」[24]との命令を受けたものであった。

さらに翌一九二〇年六月、曾総長は、着工許可を督促する北京の小幡酉吉公使に対し、「天図鉄道ノ線路ハ既ニ吉会ノ幹線ト大部分ニ於テ衝突（重複ノ意ナリ）シ居ルモノナルヲ以テ当然回収シテ国家ノ籌弁ニ帰セシムルヲ可トスルモノニ有之」[25]として天図鉄道を未着工のまま回収することを申し入れた。このとき日本側が曾総長の買収工作を試みたことは先にふれた。天図鉄道の回収は、曾の失脚によってひとまず回避されたが、交通部の回収方針に驚愕した太興合名の飯田は、「天図ハ吉会ニ藉口セラレテ施工ヲ遮断セラレ吉会ハ亦天図問題未了ニ藉口セラレテ討議ニ累ヲ招カン」[26]と述べ、交渉の行き詰まりに焦慮していた。日本側は吉会鉄道と天図鉄道の二枚の交渉カードを切っていたのに対し、中国側はこれを巧みに使い分けて交渉の引延しを図っていたのである。

二枚の交渉カードは、日本側交渉主体にも混乱を招いていた。たとえば一九二一年二月、太興合名の野口多内は、飯田社長に対して「満鉄ガ吉会運動ノ中心トナリ目下相当ニ談判進行ノ模様ニテ為メニ支那側ハ天図ノ解決ヲ躊躇スル懸念アルニ付キ念ノ為即時外務当局ニ頼ミ満鉄ニ対シ吉会ト天図ト両方共成効《ママ》セシムヘク令達シ又其ノ旨公使ニ訓令シ北京ニ於ケル満鉄当局者ニ戒飭ヲ為ス様至急御取計乞フ」[27]と要請していた。この事実は、吉会鉄道交渉が二〇年五月の商議停止の日中覚書にもかかわらず水面下で進行していたことを裏づけるとともに、満鉄と太興合名が相互に交渉を牽制し合う局面が現れていたことを示す。この事態に内田康哉外相は、小幡公使に対する次の訓電[28]にみられるように、吉会・天図両鉄道交渉を並進させる方針をとり、焦眉の天図鉄道交渉の解決が、将来の吉会鉄道に資するものと位置づけていた。

当方ニ於テハ本件［天図鉄道］ヲ吉会鉄道問題トハ全然別箇ノモノト認メ双方同時ニ交渉ヲ進ムルモ何等矛盾スル所ナキ問題ト思考シ居リ……尚本鉄道ハ吉会鉄道建設ノ際ニハ却テ非常ニ有用ノモノトモ可相成旁々吉会鉄道問題

促進運動ノ為メ本件交渉ニ累ヲ及ホスカ如キコトナキ様御注意相成タシ

内田外相のこの両交渉並進論の背景には、一九一八年に飯田と本野一郎・後藤新平両外相との間で取り交わされた「覚書」があった。それは、天図鉄道を日本政府または中国政府が買収する際、「何等異議無之買収価格ニ付故障ヲ申述ヘス」という内容であり、並進論は天図鉄道を将来的には吉会鉄道に統合する戦略の上に成立したものであった。[29]

しかし当面する外交局面によって並進論は揺れ動いた。一九二一年五月、内田外相は、吉田伊三郎代理公使に対し、「万一天図軽便鉄道ヲ吉会鉄道問題ト結ヒ付ケ解決スルコト困難ナリトセハ此際吉会ノ方ノ交渉ヲ進ムル方必要ナルハ申ス迄モナク」と吉会交渉を優先させる一方、同年九月、赤塚正助奉天総領事に対しては、「吉会線ノ交渉ヲ……強要セハ或ハ却テ天図軽便鉄道ニ対スル態度ヲモ逆転セシムルノ虞ナキニ非サルニ付不取敢該軽便鉄道敷設ノ手続ヲ進メ吉会線ノ交渉ハ更ニ時機ヲ待ツコトトスル方得策ナルヤニ思考サルル」と一転して天図交渉を優先させるなど、振幅が大きかった。[30][31]

一方、中国の中央政局は、安直戦争（一九一六年）と二次に及ぶ奉直戦争（二二・二四年）によってめまぐるしく変動し、交通総長の更迭もまた激しかった。天図鉄道の設立を認可した曹如霖のあと曾毓雋、葉恭綽、張志潭がそれぞれ就任した。それゆえ総長の相次ぐ交代そのものが許可証発給を先送りし、着工を遅延させた点は否めない。とはいえ先述したように、中国側は天図鉄道の設立を一旦は認めたものの、これを空洞化するため、吉会・天図の二枚の交渉カードを使い分けていたとみることができよう。これに対する日本側の対応は、交通部に対する圧力と懐柔であった。飯田の意を受けた高木陸郎（高木合名社長）は、一九二二年七月、張志潭交通総長と会見し、着工許可が得られないのであれば、関係者を引き上げ、工事差止めによる損害賠償請求も辞さない強硬姿勢を示し、張総長が「執照発給ヲ躊躇セルハ徐次長方面ニテ運動費ガ支出セラルルモノナリヤヲ懸念シ居ル事ガ一大原因」との情報に接すると、「解決ヲ早ムル手段トシテハ現金ヲ見スル外ナカラン」として、徐交通次長の買収工作をおこなった。[32][33]

こうした交通部への工作と並んで、着工許可証の発給にとって重要な鍵を握っていたのは吉林省の動向であったが、まもなく明らかになったのは、「孫吉林督軍ヨリ交通部ニ対シ天図鉄道ハ地方ニ於テ反対アル旨復答シ」(34)た事実であった。吉林督軍（孫烈臣）の反対に直面した日本側は、交通部に対し、「執照ノ発給ヲ督促スルト同時ニ右発給前ト雖モ該鉄道一切ノ工事ハ積極ニ会社側ニ於テ進行スヘキ旨ヲ声明」し、「同部カ天図側工事ニ異議ヲ挟マサルコトヲ示スト同時ニ吉林省側ヲ制スルコト」(35)とした。まず着工という既成事実をつくり、北京政府の追認をとりつけ、これによって吉林省を制圧しようというのである。この方針は、高木と張総長との非公式の交渉で合意された後、一九二一年八月、小幡公使と張総長の間の公文交換によって成立した。これを受けて高木は、飯田延太郎に対し「至急工事ニ着手セヨ」(36)と打電し、外務省も、東拓と飯田に対して着工に対する中国側の「允諾」を告げ、「帝国政府ノ関スル限リ此際貴方ニ於テ直ニ該鉄道ノ工事ニ着手セラルルモ何等異存無之」(37)として承認をあたえた。

こうして天図鉄道は、着工の一つの障害を乗り越えたものの、吉林省側が交通部の黙認に従って敷設を容認するかどうかは、依然として懸念材料であった。一九二一年十月、張作霖巡閲使は、孫督軍に対し、天図鉄道の着工に交通部が了解をあたえたものの、「若シ如何ニシテモ……処置セラレ難キ場合ニハ亦タ明白ニ謝絶セラレ且ツ其不可能ノ理由ヲ交通部ニ通知セラレン事ヲ請フ」と電報を送り、これに対し孫は、「速カニ交通部ヨリ吉会ヲ進捗セシメ則チ抵制セスシテ自ラ消滅セシムルニ如カス」と返電し、吉会交渉を進捗させ天図鉄道を「消滅」させていくとの考えを示した。さらに翌二二年に入ると、延吉農会・商務会・教育会や師範学校学生らの反対運動が高まり、九月に吉林省議会が反対決議を挙げたのに続き(38)、十一月には「天図軽鉄開工問題ニ関シ延、琿、和、汪各県団体公民等ハ気脈ヲ通ジ党派ヲ結ビ地方紳士零思祥ヲ代表ニ選挙シ天図鉄路ノ工事着手ニ対シ反抗阻止スベク右四県ヨリ五百名ノ団丁ヲ募集シ暴動的ニ維持セントスル形勢アリ……天図ニシテ急ニ開工セバ禍乱必ズヤ沿辺ニ起ル」(39)不穏な状況となった。天図鉄道着工反対の世論のもとに官民一体化する恐れが出てきたのである。

こうした事態を突破するため、天図鉄道はこの間の二二年四月に「延吉地方民懐柔ノ為メ株式割当等ニ奔走」[40]する一方、八月には張作霖斡旋のもとで赤塚奉天総領事と魁吉林省長・蔡運升同公署代表との間で提携交渉が進められた。張作霖は、それまでの姿勢を転換し、魁省長に対して「中国側ハ株主タルノ名義ヲ有シ現金ノ支出ヲナス必要ナシ」など有利な条件が含まれており、「日本人ノ鉄路建修ヲ許可」[41]するよう指令を送った。その結果、一九二二年十一月、住民の反対世論の高まりのなか、改定合弁契約が調印された。北京政府（外交部）は吉会鉄道との競合と住民の反対を理由に調印不承認を通告したが[42]、契約は実施に移された。

かくして天図軽便鉄路公司は、吉林省と飯田の官商合弁企業に改組された。改定契約書（表2）によれば、何よりもまず指摘できるのは、中国案の多くが採用され、とくに公司代表権・鉄道用地管理権・鉄道警察権を持つ「督弁」に対する吉林省の任命権や鉄道収支計算の中国通貨建が盛り込まれた点である。これに対して日本案が採用されたのは、本社所在地（中国案では吉林省により決定）・営業年限（中国案では運転開始より二〇年）・円建資本金（中国案では元建）・路線延長規定（中国案ではなし）の四項目にとどまった。張政権の協力をとりつけるため日本側が譲歩したものといえよう。

しかし埴原正直外務次官は、「文禄トノ原合同案ニ比シ多少支那側へ譲歩シタルカ如キ感想ヲ与フルモノ有之候得共右ハ単ニ其ノ名目ヲ保持セシメムトシタルモノニ止リ内容実質ニ至リテハ別ニ之ト大差ナキ」[43]と受けとめ、当事者たる飯田も、「本件ハ赤塚総領事ノ格別ナル御尽力ト張作霖ノ終始一貫セル好意」[44]によって新契約が成立したことを喜んだ。さらに督弁に就任した陶彬延吉道尹が「地方人民幸ニ疑心誤解シ以テ之ヲ妨害スルカ如キコトアルナカレ」[45]と布告し、それによって「日支官商合弁成立以来当地方民ノ反対ノ声ハ全ク終息シ該工事ハ予定ノ通進行シ」[46]た点からすれば、日本側は満足すべき決着であったが、後述するように、吉林省の督弁任命規定と収支計算の中国通貨建規定、とくに後者はやがて天図鉄道の経営に重大な影響を及ぼすこととなる。

とはいえ新契約によって天図鉄道の第一期線（地坊—龍井村間）工事が進捗し、一九二三年十月に営業を開始した。第

表2　改定中日官商合弁天図軽便鉄路公司契約書

企業名	**吉林省天図軽便鉄路股份公司**
本公司(本社)	龍井村
路線	天宝山〜老頭溝・銅仏寺・延吉・龍井村〜図們江岸の幹線(66マイル) 朝陽川〜布嶺哈図河右岸の支線(6マイル) ※(路線延長)「本鉄道ハ将来交通ノ連絡及地方ノ利益開発ノ為メ省公署ニ於テ本鉄道ノ延長ヲ必要ト認メタル時ハ中国政府ニ稟請シ許可ヲ得タル上増資延長及支線ヲ設クルコトヲ得」
営業目的	**「本鉄道ハ専ラ天宝山銀銅鉱，老頭溝煤鉱等ノ鉱産及出入貨物ヲ運輸スルヲ以テ目的トス」**
資本金	400万円 吉林省公署が半額を出資し，残りの半額は日商が日本で募集する ※省公署が資金を募集できない場合は，日商が立替(年利6分，省公署所得営業利益より控除)
営業年限	1918年3月16日より30年 ※中国政府による期限前の随時買収権
役員(督弁)	**「省公署ハ本公司ヲ督理及保護スルカ為メ延吉行政長官ヲ督弁ニ任シ該公司全般ノ経営事務ヲ督理ス，各官庁ニ対スル接洽事件ハ均シク督弁ヲ経由シテ之ヲ行フ」**
(総弁・董事)	「省公署ハ日商ト共ニ中日各三人ヲ指定シ董事トナス該董事中ヨリ総弁二人ヲ指定シ中日各一人トス」 「本公司一切ノ事務ハ両総弁之ヲ主管シテ督弁ニ稟申シテ公司重要職員ヲ任免ス」
収支・取引銀行	**「鉄道一切ノ収支ハ均シク中国貨幣ヲ用ヒ所在地ニ於ケル吉林官銀号ニ預金ス」**
鉄道用地	**「本鉄道用地ハ総テ督弁ニ於テ租用及管理ス」**
警備	**「本鉄道用地ヲ保護シ線路ヲ維持スル為メニ省公署ヨリ派遣スル中国警察官ハ総テ督弁之ヲ節制ス」**
その他	機械・材料の購入にあたっては両総弁の許可を要する **「中国軍隊或ハ軍需品ハ最先ニ運送スヘシ」** **「本鉄道及鉄道用地内ノ警察行政司法課税等ノ権ハ完全ニ中国政府ニ属ス」** **天宝山銀銅鉱公司は鉄道完成後，省公署に公益費を寄付する**

注　太字は中国案が，下線は日本案がそれぞれ採用されたことを示す。
〔出典〕 大蔵省預金部『天図鉄道関係融通金ニ関スル沿革』(1929年)91-96頁および森田吉林総領事の内田外相宛「天図軽鉄契約案送付ノ件」(1922年9月，『天図一件』第5巻)より作成。

表３　図們鉄道の貨客輸送の推移　（人，トン，千円）

	旅客				貨物			
	南行	北行	計	収入	南行	北行	計	収入
1920	23,709	22,991	46,700	44	16,124	3,664	19,788	88
1921	28,117	28,874	56,991	61	38,121	8,737	46,858	209
1922	34,038	36,658	70,696	75	34,898	13,983	48,881	227
1923	52,451	56,560	109,011	108	63,842	16,443	80,285	382
1924	52,696	54,690	107,386	108	24,495	17,921	42,416	206
1925	51,382	56,303	107,685	103	54,770	17,002	71,772	272
1926	66,954	76,595	143,549	134	93,611	21,361	114,972	363

注　南行とは，上三峯から会寧に向かうもの。北行は潼関鎮へ向かうもの。
〔出典〕　太興合名『天図図們両鉄道と図們江鉄道橋』13-17頁より作成。

二期線（龍井村―老頭溝間および朝陽川―局子街間）は、第一期線の竣工をまたず同年八月に着工し、二四年十一月に完成した。天図鉄道の開業は、朝鮮鉄道清会線（会寧―清津間、一七年開通）と図們鉄道（上三峯―会寧間、二〇年開通）との連絡輸送によって、間島から会寧を経て清津港へ至るルートが開けたことを意味する。ただし開業当初の図們江両岸間の輸送は、従来のまま渡船業者に依存せざるをえず[47]、図們江架橋をめぐる日中交渉が成立し、鉄橋が完成するのは一九二七年のことであったが[48]、間島地域と朝鮮北部との関係は緊密化した。

二　天図鉄道の経営動向

天図鉄道の開通と図們鉄道

では天図鉄道の開通は、図們鉄道に何をもたらしたのであろうか。表３は、図們鉄道の貨客輸送の推移を示したものであるが、天図鉄道開業前年の一九二二年と開業した二三年を比較すれば、以下の三点を指摘できよう。第一に旅客数が約七万人から約一〇万人へ、貨物輸送量は五万トン弱から八万トン強へと、いずれも輸送量が飛躍的に増大していることがわかる。天図鉄道開通が図們鉄道に及ぼした影響の大きさをうかがうことができよう。ただしその後、旅客数が増加傾向をたどっているのに対し、貨物輸送量の変動は激しかった。間島における農産物の豊凶に左右されていたからである。

(円)

1927下	1928上	1928下	1929上
111,889	139,461	83,812	109,074
161,479	308,053	167,147	153,196
7,361	6,731	2,037	1,532
1,154	10,128	2,002	1,894
281,883	464,373	254,998	265,696
111,767	153,340	153,130	153,100
52,777	80,192	46,727	55,654
68,444	79,185	212,878	85,044
25,124	29,579	27,667	28,067
7,632	16,099	9,760	15,961
2,839	3,952	3,483	3,968
268,582	362,347	453,645	341,795
13,301	102,026	△198,647	△76,100
△137,863	△35,837	△234,484	△310,584

注 (1)営業期は1924年上期のみ23年10月～24年6月，24年下期以降はいずれも上期は1～6月・下期は7～12月。
(2)1925年上期の客車収入のみ天図鉄道『第4回営業報告書』により補訂。
(3)△は欠損を示す。
(4)円未満は四捨五入。
〔出典〕 前掲『天図鉄道関係融通ニ関スル沿革』217-218頁，230-231頁および天図鉄道『第11回営業報告書』より作成。

間島で栽培される作物は、粟と大豆によって代表される。一九二二・二三・二四年度における粟の生産量は六五万八〇〇〇石・四六万二〇〇〇石・一〇六万八〇〇〇石、輸出量は五万五〇〇〇石・五万石・七万八〇〇〇石であり、また大豆の生産量は二九万八〇〇〇石・二五万三〇〇〇石・六四万二〇〇〇石、輸出量は三二万一〇〇〇石・二八万四〇〇〇石・三五万三〇〇〇石であった。(49) 粟が、間島在住朝鮮人の主穀であったため生産量は多いものの、ほとんど域内で消費されるため、輸出に振り向けるウェイトは高くない。これに対して大豆は、生産量の大半が輸出される間島最大の輸出商品であり、また図們鉄道の中心的な取扱貨物であった。二三年度を例にとれば、図們鉄道の大豆輸送量は三万八五〇〇トンであったが、これは貨物輸送量約八万トンのほぼ半分に匹敵するものであり、図們鉄道の役割が大豆を中心とする「間島における農産物の中継輸送」にあったといえよう。(50) したがって図們鉄道の貨物輸送量の動向は、主として間島の大豆生産量の多寡と連動していたのである。

第二に天図鉄道開通後、旅客数が急増するとともに、南行と北行との較差が拡大している点である。南行・北行間較差はとりもなおさず朝鮮人の間島への移動・定着を意味していたから、天図

表４　天図鉄道の損益推移

	1924上	1924下	1925上	1925下	1926上	1926下	1927上
客車収入	75,148	54,386	65,491	63,388	78,400	81,561	116,504
貨車収入	130,418	73,237	50,391	82,145	107,366	105,944	187,205
運輸雑収	6,650	3,916	2,506	5,748	7,514	6,259	12,031
雑収入	271	20	18	340	3,882	4,253	8,370
収入合計	212,488	131,560	118,406	151,620	197,162	198,017	324,110
汽車費	69,765	77,070	75,326	57,084	101,730	83,455	102,060
運輸費	59,391	43,641	42,876	39,253	49,592	41,650	49,967
保存費	27,425	41,233	47,645	54,009	40,235	47,782	38,889
総係費	37,374	45,021	41,333	37,312	36,931	27,971	28,784
雑費		198	1,241	1,698	4,843	6,000	7,759
警務費			4,066	3,747	4,476	3,107	2,592
支出合計	193,955	207,162	212,486	193,104	237,807	209,965	230,050
差引損益	18,533	△75,602	△94,080	△41,484	△40,644	△11,948	94,060
繰越損益	—	△57,068	△151,148	△192,632	△233,276	△245,223	△151,164

鉄道の開通は朝鮮人の間島移住に拍車をかけたといえよう。

第三に貨物では、これとは逆に南行が北行を圧倒している点である。駅別の貨物取扱量が判明するのは一九二五・二六年度に限られるが、二五年度の南行貨物五万四七七〇トンのうち上三峯駅発は三万七四七八トン・潼関鎮発は一万三八〇六トンであった。また翌年度はそれぞれ九万三六一一トン・七万一二九五トン・一万七〇〇〇トンであったから、南行貨物の七~八割は上三峯駅取扱によるものであったことがわかる(51)。

さらに「農産物の出廻期たる十月より翌年三月に至る下半期に於て貨物輻輳し上半期に於て閑散なること及び片荷なること(52)」が特徴とされたように、間島産大豆を中心とする南行貨物は、秋の収穫期から翌春にかけて集中的に会寧へ輸送され、それはさらに朝鮮鉄道・清津港を経由して日本市場へ輸出された。こうして図們鉄道は、天図鉄道との連絡により、朝鮮人の間島移住と間島産大豆の対日輸出を促進する役割を演じていったのである。

天図鉄道の経営分析

他方、天図鉄道は、開業後いかなる展開を遂げたのであろうか。表４は、開業後の天図鉄道の損益推移を示したものである。収入では、客車収入が一九二四年下期を、貨車収入は二五年上期をそれぞれボトムに、その後次第に回復しているが、いずれも二八年上期をピークに急落している。二七年下期から図們江橋連絡輸送が開始されたが、収入の回復は一時的なものにとどまっている。これに対し支出はほぼ増加傾向にあったため、毎年のように欠損を出していた。その結果、累積赤字は二九年上期には三〇万円を突破していることが読み取れよう。とりわけ二八年下期には収入が急減する一方、保存費が膨張した結果、大幅な欠損を生み出し、経営危機に直面していたことが明らかとなる。

他方、図們鉄道は、表5にみられるように、収支の変動が激しく安定性を欠いていたが、創業期を除いて黒字を続けており、しかも総督府による補助金が利益の減少をカバーし、経営の安定化に大きく寄与していたことが判明する。しかし補助金をさておいても、なお図們鉄道と天図鉄道の財務構造は対照的である。これを探るため、表6によって一九二五年度下期における図們・天図両鉄道の経営比較を試みた。まず営業マイル数では、図們鉄道が三六マイルに対して天図鉄道は六九マイルとほぼ二倍であるが、走行マイル数に大きな開きはなく、おもな収入源である貨車のそれは接近していることが確認できる。にもかかわらず図們鉄道が一一万円の黒字を計上しているのに対し、天図鉄道は四万円の赤字を発生させている。天図鉄道の慢性的ともいうべき赤字体質は、何に由来していたのであろうか。これを解明するために、両鉄道の差が著しい収入面での貨車収入と支出面での保存費について立ち入ってみていこう。

A　天図鉄道と牛馬車輸送

第一の貨車収入の点から検討しよう。当該営業期の図們鉄道の貨物取扱量が五万八二八六トンであったのに対し、天図鉄道のそれは二万一九〇一トンであり、両者の間に三倍近い開きがあった。貨物は、おもに間島から上三峯経由で会寧へ向かう流れ（七〜八割）のほかに、潼関鎮から会寧への流れ（二一〜三割）があったことはすでに述べた。しかしこれを考慮したとしても、貨物量になお大きな落差がみられる。

では連続すべき両鉄道間の貨物量に明白な落差はなぜ生じたのであろうか。結論からいえば、間島から上三峯へ向かうもう一つの牛馬車輸送による貨物の流れが存在したからである。この点を明らかにするため、次に在来輸送手段についてみておこう。

まず間島の在来交通は、「水陸ノ交通ノ不便少カラズ……解氷時ノ泥濘霖雨期ノ氾濫ハ屢々交通ヲ途絶シ……百貨ノ運搬人馬ノ往来ハ自ラ結氷期間ニ多ク行ハレ」「運輸機関ハ牛車、駄馬及支那馬車ノ三種」であった。牛車・馬車・駄馬の積載量は、それぞれ約六〇〇斤・一八〇〇～二五〇〇斤・二五〇～三〇〇斤と異なり、牛車・馬車の運賃率は「農耕ノ繁閑」により、駄馬の運賃率は「地方ニ於ケル運輸ノ繁閑」に左右された[53]。それゆえ牛車・馬車は農家副業として営まれ、駄馬は専業化していたとみられる。牛車は牛疫予

表５　図們鉄道の損益推移　（千円）

	上期				下期			
	収入	支出	損益	補助	収入	支出	損益	補助
1920	33	62	△29	85	101	69	32	84
1921	130	91	39	64	153	137	16	84
1922	90	86	4	111	223	149	74	56
1923	172	131	41	86	337	163	174	—
1924	151	150	1	123	197	185	12	121
1925	115	114	1	131	299	186	113	36
1926	214	182	32	104	345	179	166	—
1927	327	159	168	—	420	209	211	—
1928	216	180	36	115	333	215	118	35

注　△は欠損を示す。補助は朝鮮総督府補助を示す。
〔出典〕朝鮮総督府鉄道局『朝鮮鉄道状況（第 21 回）』(1930 年) 146–147 頁より作成。

表６　図們・天図両鉄道の経営比較（1925 年度下期）　（円）

	図們鉄道	天図鉄道
客車収入	62,860	63,388
貨車収入	214,593	82,145
運輸雑収	11,673	5,748
雑収入	2,425	340
自動車収入	7,218	—
収入合計	298,769	151,620
汽車費	49,001	57,084
運輸費	53,023	39,253
保存費	45,452	54,009
総係費	22,996	37,312
諸税公課	6,615	—
自動車費	8,865	—
雑費	—	1,698
警務費	—	3,747
(支出合計)	185,952	193,104
(当期損益)	112,817	△41,484
営業日数	182	184
営業マイル数	36	69
客車走行マイル	124,341	153,892
貨車走行マイル	456,701	507,241

注　営業期は図們鉄道が 1925 年 10 月～26 年 3 月，天図鉄道が 25 年7～12 月。△は欠損を示し，円未満は四捨五入。
〔出典〕図們鉄道『第 10 回営業報告書』および天図鉄道『第 4 回営業報告書』より作成。

防のため図們江を越えることができず、馬車は「車轍ノ幅狭キタメ道路保護上」(54)、原則として朝鮮に入れなかったため（会寧までの通行は特例で許可）、間島から清津への輸送は駄馬に依存していた。牛車・馬車は間島地域内の近距離輸送を担当し、駄馬は長距離輸送を担当していたといえよう。一九一七年現在の間島における牛車・馬車・駄馬（以下、牛馬車と総称）は、一万三四八三頭・五一四二頭・一一三六頭・合計一万八七六一頭と、大半は牛車で占められていたようであるが(55)、駄馬についての別の調査では、龍井村―会寧間を運行するものは、一六年現在の輸入貨物用で八〇七六頭、輸出貨物用で一万八五七頭に達し、駄馬による国境輸送も太いパイプを形づくっていた(56)。

これらの牛馬車は、天図鉄道の開通によって、大きな影響を受けたと考えられる。すでに開通の一年前、天図鉄道敷設に反対する延吉地方の住民は、次のような「大車」（馬車）による対抗策を講じていた(57)。

延吉民ノ天図軽鉄争権方法

一、各郷人民ハ自ラ塩粮《ママ》鋤鍬ヲ用意シテ局子街会寧間ノ道路ヲ修築ス墾民有志ノ参加ヲ歓迎ス

一、国境出入貨物ハ大車ヲ以テ直接会寧ニ運ヒ清会鉄道ニ託スルコト

一、局寧間ニ大車宿場ヲ設ケテ昼休ミ並夜宿ニ便シ其宿賃飯草料ヲ成ヘク高カラシメサルコト地点ハ会議ニ依テ定ム運賃ヲ低廉ニシテ天図軽鉄ト競争スルヲ目的トス

一、冬季農閑期ノ際延、和、敦、額、汪、五県農家ノ馬匹車両ヲ集メテ運輸会社ヲ組成シ出入貨物ヲ運輸ス天図線ニ依レハ一列車五十屯一日十列車五百屯即九十万斤ヲ輸送ス今大車ニ依レハ冬季一車二千斤五百両ヲ以テ汽車ノ能力ニ対抗スルヲ得

一、稽査処（地名）地方ニ糧貨倉庫一ヲ設ケ穀物倉庫ヲ付設シテ農産買付ケヲ行ヒ以テ各地糧産ノ彙集ヲ図ル農戸ノ委託倉庫及販売ヲ希望スルモノアル時ハ保管料ヲ徴シテ之ニ応ス

一、大車ニ依ル運輸カ鉄道ノソレト大差ナキ時ハ大車主義ヲ奉スルコトトシ違フ者ハ罰ヲ議ス墾民進ンテ此約ニ従

ハンコトヲ歓迎ス〔以下略〕

すなわち局子街―会寧間の道路の改修や宿場の設置によって馬車輸送の基盤整備を図る一方、集荷システムを築きながら、鉄道輸送に対抗できるだけの馬車を動員して天図鉄道との競争を試みようとしたものであった。この対抗策は、貨物を会寧（馬車の通行限度）まで送り朝鮮鉄道へ接続しようとしていたから、図們鉄道も影響を免れないものであったとみられるが、「運輸会社」が組織されたことについて天図・図們両鉄道や日本公館の記録には登場してこない。

しかし馬車輸送が鉄道輸送に対して競争力を充分持ちえていたことは、図們江架橋交渉に際して太興合名の飯田社長が、「若シ荷車ノ通行ヲ許ス時ハ牛馬車ト競争上天図ハ不利ナル立場トナル」(58)という理由から、荷車の歩道通行禁止を画策していた事実や、次に掲げる鈴木要太郎間島総領事の幣原喜重郎外相宛の報告(59)（一九二五年三月）からもうかがうことができる（傍点引用者）。

天図軽便鉄道公司ハ創業日尚ホ浅ク基礎未タ確立スルニ至ラサルニ偶々昨年間島一帯旱害ノ影響ヲ受ケテ輸送農産貨物ノ激減ヲ来シ加フルニ昨冬中之カ運賃問題ニ関シ日支役員間ノ意見一致ヲ欠キ延テ当業者側ト折合ハス幾ント輸送貨物ノ大半ヲ馬車業者側ニ吸収セラレタル等ノ諸種事情ニ因由シテ業績思ハシカラス

馬車輸送が競争力を持ちえたのは、天図鉄道の輸送力に限界があったからである。鈴木総領事は幣原外相への翌年の報告（一九二六年二月）のなかで、その事情をこう述べる(60)。

昨年ハ間島一帯希有ノ豊作ニ伴ヒ農産物ノ出廻リ旺盛ヲ極メ若シ公司カ此機ニ於テ此等農産物ノ輸送ニ全力ヲ傾倒スルニ於テハ多少トモ過去ノ欠損ヲ回復シ得ルノミナラス延テ漸次両者協調ノ機運ヲ馴致スルニ至ルナラント期待セラレタルニ事実ハ全ク之ト相反シ……汽罐《ママ》車ノ如キ之ヲ酷使破損シタル儘大半之ヲ放置シ去リアル有様ニテ冬期出穀時期ニ至リ急ニ修繕ノ途ナク為ニ輸送力ハ減退シ業績愈々不振ニ陥リ……下級従業員ハ給料不渡ノ為メ怠業気分ニ駆ラレ貨物輸送力ノ如キ極度ニ減殺サルルニ至レリ

機関車の酷使による輸送力の低下→業績悪化→賃金不払い→輸送力の低下という悪循環に陥っていたのである。これに対し図們鉄道は、「未曾有ノ豊穣ヲ極メタル間島産大豆、白豆、粟其他ノ雑穀類ノ出廻リ頗ル旺盛ナリシト之ニ因ル間島及沿線ノ農家経済ノ好転ニ伴レ雑貨類ノ移輸入モ亦少カラス増加ヲ呈シタルヲ以テ鉄道運輸成績ハ前期ニ比シ約十七割八分」(61)の大増収をあげ、好対照をなした。この図們鉄道の好調を支えていたのは、牛馬車がもたらす大量の貨物であった。

こうして牛馬車という在来輸送手段は、天図鉄道の開通によって衰退するどころか、むしろその代替機能を持つ競争者として存続していたのである。(62)

B　保存費と運転事故

次に第二の点、すなわち保存費の検討に移ろう。保存費は、保線費など列車運行のための維持管理費であるが、これを削減すれば運転事故を誘発し逆に経費を膨張させる性格を持つ。天図鉄道を図們鉄道と比較して際立った特徴の一つは、運転事故の多さである。一九二五年下期の図們鉄道は脱線事故三件であったのに対し、(63)同営業期の天図鉄道は、死傷者を出した下記の大事故二件のほか、機関車脱線一二件、客車脱線八件・貨車脱線一一件・車両不良六件・線路妨害一件・接触一件・轢傷一件の合計四二件を数える。(64)

(1)八月十七日、馬鞍山―朝陽川間で機関車脱線、自力で復旧したが事故現場に向かった救援列車と朝陽川駅付近で衝突、貨車二両脱線・客車一両破損・線路工夫二名負傷。

(2)十一月三日、石門子―懐慶街間で機関車以下貨車五両・郵便車一両・緩急車一両・客車二両が脱線転覆、機関手即死・火夫重症・乗務員二名軽傷。

その基本的原因は、線路設計にひそむ構造的なものであった。満鉄技師の鶴見鎮が一九一一年におこなった吉会鉄道予定線の踏査報告によれば、(65)鶴見は、「一、建設費及保存費減少　二、運輸ノ安全　三、経済上ノ有利ト行政上ノ便益」

の三つの基準から線路を選定した結果、「本線路〔吉会鉄道〕ハ会寧ヨリ湖川街、局子街、敦化、額穆索、新站ヲ経テ吉林ニ達スルモノトス」という結論に至っているが、このうち会寧―局子街間は、国境の図們江沿いに北上し湖川街を経て局子街に向かうルートを選定した。それは、龍井村を経由する天図鉄道線と異なるルートであり、橋梁五カ所と大小の隧道五カ所の建設を要するものであった。同報告は、選定線とは異なる比較線をあわせて検討しているが、このうち会寧―局子街間の「龍井村ヲ経由スル線」は、「二哩余ノ長大ナル隧道ヲ要スヘキノミナラス之カ前後ノ勾配ハ地形上六十分ノ一ヲ数哩ニ亙リ連続セサルヘカラス斯クノ如キハ本線ニ比シ建設費ヲ減少シ得ヘシト雖モ将来運転上ノ不利益ト保存費ノ多額トニ比スレハ其得失論スルニ足ラス」（傍点引用者）と断じている。

すなわち天図鉄道が実際に敷設した龍井村経由ルートは、建設費を削減できるものの、安全性と保存費の点で問題があり、検討するまでもないと述べているのである。大蔵省ものちに、「極度ニ敷設費ヲ節約シタル軽便鉄道ナル為メ、橋梁ノ架設及隧道ノ開鑿ヲ回避シ、為メニ徒ラニ迂回多クシテ運輸ニ時間ヲ要スルコト甚タ多ク、且不規則ヲ極メ(66)」と、設計上の重大な問題点を指摘している。いいかえれば天図鉄道は、建設コストを優先し、安全性を欠くルートを選択した結果、頻発する運転事故と保存費の増大に悩まされなければならなかったのである。初期投資の圧縮が、結局のところ、経費を膨張させ経営不振を招いたといえよう。

一九二七年の経営改革

では累積する欠損に、天図鉄道はいかに対処したのだろうか。鈴木総領事は、一九二六年二月、天図鉄道が「日支合弁事業ノ欠点ヲ遺憾ナク発揮シ居ルモノ」として「根本的大改革ヲナシ日支業務管掌方法ノ改革並ニ不要社員ノ大減少ヲ断行シ一面車両及運転等ニ精通スル日本人ヲ入レ社務ノ大改善(67)」をおこなう必要を唱えていたが、改革案が作成されたのは同年末のことであった。すなわち陶督弁と野口多内代表との間に交わされた「覚書(68)」である。その要点を記せば、

(1)日中両総弁を廃止し、日中双方から董事各一名が総弁事務を代理する（石橋正平・賈士鑑両総弁の罷免と飯田巌・趙延桐両董事の代理総弁就任）。(2)運転課長を更迭するとともに機関庫・修繕工場を統合し、いずれも日本人技術者を採用する。(3)従業員の四割を整理する。(4)銀建を金建に変更する。(5)人員・債務整理のための資金は日本側が調達する、というものであった。

以上の改革案は、翌一九二七年三月、「天図軽便鉄路ノ整理ニ関スル協定」としてとりまとめられ、吉林省長の認可を経て、陶督弁による命令という形式で実施に移された。[69]

しかし、このうち(2)が実現し、(5)は太興合名の東拓からの「天図鉄道人事整理資金」でまかなわれたが、[70] (1)については、石橋・賈が「職権ノ争ヒニ因リ事ニ臨ンテ牽掣ヲ生シ既ニ進行シ能ハサル状態ニ立到」[71]らせた経営責任をとって辞職したものの、総弁ポストについては吉林省長の反対により廃止されず、飯田巌・趙延桐両董事が就任した。また(3)についても、当初の人員整理計画では合計九三名（役員三名・職員二〇名・現業員七〇名、人件費減計約六〇〇〇円）であったが、結果は合計三六名（役員三名・職員一八名・現業員一五名）の削減と役員・職員各二名の増員（差引人件費減二〇〇〇円弱）と大きく下回った。[72] それどころか一九二五年末に三八五人、二七年六月末で三九三人いた従業員が二九年六月末には逆に四四三人に増加しており、[73] 人件費の重圧はむしろ強まった。そのため慢性的な賃金不払い——したがって従業員のモラールの低下——はその後も解消されなかった。[74]

そして何よりも経営上のネックになっていた(4)の銀建から金建への変更は実行されなかった。すでに述べたように、天図鉄道が官商合弁に改組された際、収支計算は中国通貨（銀建）によるとの規定が契約に盛り込まれた。天図鉄道が採用した哈大洋（ハルビン大洋票）は、東三省官銀号など中国側金融機関が発行し、ハルビンなど中東鉄道沿線で広く流通する「北満における標準的銀系通貨」[75]であった。哈大洋は、兌換紙幣として現大洋（銀貨）と同一価値を持っていたが、その後、不換紙幣化し急速に価値を下落させていった。図2は、哈大洋の対円相場の推移を示したものであるが、一九二五年一月まで高騰した後、これをピーク（一円三九銭）に以後下がり続け、上記協定が成立した二七年には八〇銭を割り込み、二九年には六〇銭まで落ち込んでいることがわかる。この哈大洋の暴落が天図鉄道の経営に深刻な影響をもたらしていたことは、次の飯田総弁の報告からうかがえる。[76]

天図ハ斯クノ如キ価値下落セル哈爾賓大洋券ヲ収入シ　方支出ハ従事員ノ俸給諸給ヲ除ク外間島ノ主要取引貨幣ガ金ナル関係上諸工事諸物品ニ対シテハ総テ金ニテ支払ヲ為ス関係上天図ハ貨幣換算ニ於テ無形ノ損失莫大ナモノアリ

しかし金建への変更は合弁契約の改定を必要とする難題であったため、現行の枠組みのもとでの改革、すなわち「本位貨幣ヲ現大洋トスル事」を張書翰督弁（陶彬の後任）に求めたが難航した。そこで天図鉄道は、収支改善のため、運賃値上げを吉林省政府に申請する一方、一九二九年七月から従来の金銀市価に準拠する換算率に代えて、市価（五二銭）より五割高の銀一元＝金七八銭の固定換算率を採用したが、十月には省政府の取消命令に直面した。窮地に追い込まれた飯田総弁は、「運賃問題解決セサル今日現行換算率七十八銭ヲ取リ消ス時ハ天図経営不可能」[77]として交渉を田中局子街副領事の手に委ねた。同年十一月、田中副領事と張督弁との間で、運賃値上げの合意をみたが、[78]建値問題は見送られた。[79]

図２　哈大洋票（１元）の対円相場の推移

〔出典〕　飯田巌総弁の岡田総領事宛書簡1929年8月31日付（『天図一件』第６巻）添付書類より作成。

要するに一九二七年の経営改革は、日中両首脳を更迭し、日本人技術者を採用したものの、人件費削減や標準通貨の切り換えなどの抜本的改革には至らず、極めて不徹底なものであったといえよう。それゆえ改革の効果は一時的なものにとどまり（前掲表4）、天図鉄道の経営危機は進行した。

三　敦図鉄道をめぐる日中交渉

天図鉄道整理と敦図鉄道交渉

天図鉄道の危機は、それに集中的に資金を投下してきた太興合名の危機であり、また太興合名に対する巨額の資金貸付をおこなってきた東拓にとっても経営への圧迫要因であり、さらにその原資の多くを供給していた大蔵省預金部にとっても放置しがたいものとなった。表7は、一九二八年現在の太興合名借入金を示したものである。太興合名の借入金は、総計九〇〇万円近くに達し、その大半を占める東拓借入金七〇〇万円のうち預金部資金は五二三万円であった（天図鉄道関係資金に限れば預金部資金は債権の四分の三に相当する）。太興合名の借入金返済が滞るなか、東拓は、一九二五年から二八年にかけて預金部に対し、償還期限の延長と金利の引下げの請願を重ねた。このうち預金部が応じたのは五一万円（二七年）および一一九万円（二九年）の期限延長にとどまり、金利引下げは却下された。

その際、大蔵省が作成した「天図鉄道債務整理案」[80]（一九二七年三月）は、天図鉄道の債務七二二万円のうち預金部資金五二三万円と東拓自己資金一四八万円の金利引下げ（それぞれ六分から五分へ、一割から八分へ）および償還期限の延長（四七年まで）と総督府からの年額四〇万円の補助というものであった。預金部の利下げ幅に比べ東拓のそれが大きい理由は、「東拓ハ天図鉄道ノ経営当初ヨリ極メテ放漫ナリシニ拘ラス何等監督ヲ為スコトナク預金部資金借入当時予定セラレタル老頭溝天宝山間敷設費五五三、〇〇〇円ノ如キ擅ニ他ニ流用セシメテ右計画ノ実現ヲ見サリシカ如キ本件貸付

表７　太興合名の天図鉄道・老頭溝炭鉱関係借入金　（千円）

借入先	使途	元金	延滞利息・違約金	合　計
東拓				
預金部資金	天図鉄道	4,724	426　(593)	5,150　(5,317)
	老頭溝炭鉱	506	86　(124)	592　(629)
	小計	5,230	512　(717)	5,742　(5,947)
普通資金	天図鉄道	1,455	431　(535)	1,886　(1,990)
	老頭溝炭鉱	22	7　(8)	29　(30)
	図們橋梁	302	43　(61)	345　(363)
	小計	1,779	481　(604)	2,260　(2,283)
合計		7,009	993　(1,167)	8,002　(8,330)
川崎第百銀行		550	株式担保(図們鉄道株 4,400 株)	
若尾銀行		500	土地担保(吉祥寺 14,267 坪・麹町 1,191 坪)	
十五銀行		250	同上	
山口銀行		230	同上	
安田銀行		100	無担保	
朝鮮銀行		50	株式担保(図們鉄道株 3,700 株)	
第三銀行		40	無担保	
昭和銀行		40	株式担保(図們鉄道株 6,830 株)	
合計		1,760		
総計		8,769		

注　(1)1928 年 7 月末現在。(　)内は 1929 年 1 月末現在。千円未満は四捨五入。
(2)川崎第百銀行以下の諸行借入金の使途および返済状況は不明。
(3)図們鉄道関係借入金(元金 4,449 千円)を含まず。
〔出典〕「天図鉄道及老頭溝炭鉱関係南満洲太興合名会社借入金並其ノ延滞利息及違約金調」(『天図一件』第 6 巻)より作成。

金ノ不始末ヲ来シタルコトニ付テハ大ニ責任ヲ負ハサルヘカラサル」(81)ゆえであった。天図鉄道の全線開通が実現しなかった責任を東拓に求めようとしたのである。

以上の整理案は、次のような外務省の「吉会鉄道完成計画案」が前提条件となっていた。

(1)朝鮮総督府による図們鉄道の買収
(2)敦化—老頭溝間の満鉄請負（吉敦鉄道の延長）
(3)老頭溝—図們江岸間の天図鉄道による広軌改築

一九二六年六月、吉敦鉄道の敷設工事が前年の建造請負契約にもとづいて開始されており、吉会鉄道の全通まで残すところ敦図鉄道（敦化—図們間）のみとなった。敦図鉄道計画に関する外務省の方針は、老頭溝以西を満鉄請負に、以東を天図鉄道の広軌化によって果たそうとしたものであり、天図鉄道の債務整理は、それと密接不可分の関係に置かれた。いいかえれば敦図鉄道計画のなかに天図鉄道をどう位置づけるかによって整理案の内容が大きく左右されたわけである。そこで次に、敦図鉄道計画をめぐる天図鉄道(太興合名)・外務省・朝鮮総督府・満鉄の対応を、やや時期をさかのぼりながら検討しておこう。

一九二六年二月、太興合名の飯田は、幣原外相に対し、「吉会鉄道促進ニ関スル天図鉄道善処ニ就テノ申請」[82]をおこなった。その内容は、「天図鉄道ヲ敦化迄延長シ天図鉄道ノ合弁権ヲ抛棄シテ借款鉄道ト為シ更ラニ之ヲ広軌鉄道ニ引直シ以テ吉林会寧ヲ一貫スル所謂吉会鉄道ノ実ヲ挙グベク支那側ト協商ヲ進ムルニ当リ予メ当局ノ承認ヲ得度」きところにあった。このなかで合弁権の放棄という重大決定を提起しているのは奇異に感じられるが、それは中国側への譲歩によって交渉の早期成立を図ろうとしたためであろう。しかし飯田はまもなくこれを撤回している。

飯田の天図鉄道延長案に対して、外務省は、「支那現下ノ政情ニ於テハ右飯田ノ計画ハ吉会線実現ノ為適当ノ方法ト認ムルヲ得ヘク……支那側トノ商議ヲ開始スルコトニ付主義上承認ヲ与フル」こととした。その判断の背後には、「右飯田計画実現ノ暁満鉄ニ於テ之ヲ引受ケ吉敦線ト連絡経営スルコトトセハ本線路ハ今後ノ諸支線……ト相俟テ吉林省方面ノ開発ニ従事スルコトヲ得ヘク同時ニ従来ノ満鉄本線ハ……今後ノ枝線ト相呼応シテ黒龍江省及東部内蒙古ノ開発ニ従事スルコトヲ得ヘシ」という構想が秘められていた。すなわち外務省は、満鉄・吉会両鉄道によって満蒙開発を推進するという構想を持っていたのである。[83]その実現のためには、まず天図鉄道延長案を推進させようというのが外務省の立場であった。

一方、飯田の申請に対して、朝鮮総督府鉄道局長の大村卓一は、一九二六年十月、敦化—老頭溝間は吉敦鉄道の延長として満鉄が請け負うべきことを主張し、飯田の天図鉄道延長案は「単ニ敦化会寧間ヲ接続シタリト云フノミ」として異議を唱えた。[84]その理由は、輸送力の関係から広軌を要すること、天図鉄道延長は同鉄道の経営をさらに悪化させるという二点にあった。なお大村局長が天図鉄道整理問題に言及して、次のように述べたことに留意しておきたい。すなわち天図鉄道は合弁組織を維持しながら老頭溝—図們江岸間の広軌化を図るべきであり、それは総督府の図們鉄道買収によって回収された資金を東拓が再投下することによって実現可能であり、また広軌化によって天図鉄道の収益が増大し、東拓の債権回収も進むであろうと。大村もまた、大蔵省同様、敦図鉄道計画を天図鉄道整理問題と切り離しえないという認識を持っていたのである。

他方、満鉄はどう対応していたのであろうか。同年七月、大蔵公望満鉄理事は、外務省の木村鋭一アジア局長との会談で、満鉄は長大線（長春—大賚間）など焦眉の鉄道敷設の後に敦図鉄道に着手すると述べていたが[85]、その後十一月に大蔵理事が、木村局長に宛てた書簡では、「満鉄カ敷クヨリハ飯田氏ニ敷カセタ方カ日本ノ為ニ利益タト考ヘテ来タ」と、軌道を修正している。その理由の一つは、吉敦鉄道延長交渉を持ち出せば当面の懸案である長大線交渉に支障が出ること、もう一つは満鉄請負による洮昂線の例のように、満鉄から顧問を送り込んでもその力は極めて薄弱で、「日本カ完全ニ『コントロール』シ得ルトハ言ハナイ」のに対し、天図鉄道は「日本ノ充分ナ勢力下ニアル」という点にあった。その視点から飯田を支持するとし、木村局長と天図鉄道延長に関する「協定」を交わした[86]。

翌一九二七年十一月、飯田は、幣原の後任の田中義一外相（首相兼務）に対して、再び天図鉄道延長を求め、次のような請願をおこなった[87]。

今回ノ満蒙交渉ニ方リ吉会鉄道ノ完成ヲ第一に妥商シ且ツ敦化会寧間ハ天図鉄道ノ合弁権ヲ維持シ之ヲ広軌ニ改築延長シテ合弁鉄道タル性質ヲ確保シ以テ之ヲ吉敦線ニ連絡ヲ期セラレ度キ事

前年には放棄するとしていた天図鉄道の合弁権を、ここではむしろ強く前面に押し出して延長案の根拠としている。すなわち吉会線が洮昂線のように中国の管理下に入れば、「我が満蒙開発ノ目的ト満鮮連絡ノ使命トハ茲ニ其ノ根底ヨリ破壊セラルル結果」を招く恐れがある一方、合弁事業たる天図鉄道は日本の支配下にあり、沿線は満鉄付属地と同様の状態にあるから、敦化との連絡は天図鉄道の延長によるべきであると。先の大蔵理事の見解を——また合弁維持という限りで大村案をも——利用しようとしたのであろう。しかし上述のように、外務省は、すでに天図鉄道延長案から満鉄による吉敦鉄道延長案に転じていた。

満鉄自身も吉敦鉄道延長計画を積極化させていた。満鉄本社は一九二七年六月、東京の入江支社長に対し、「会社ノ意向トシテハ飯田ヲ参加セシメス会社カ単独ニ借款其他ノ方法ニヨリ吉敦線ノ延長トシテ敦化老道《ママ》溝線ヲ敷設シ得ルニハ異議ナキ旨外務省へ回答乞フ」(88)との電報を送り、敦化—老頭溝間敷設方針を固めていた。満鉄の方針転換の背景にあったのは、一つは前年に開かれた東方会議で外務省の吉敦延長方針が確認されたことであり(89)、もう一つは張作霖が「吉敦鉄道ヲ老道《ママ》溝ニ迄延長スルコトナラハ異存ナキモ天図鉄道ヲ敦化迄延長スルコトニハ同意シ難シ」(90)という姿勢をとっていたことであり(二七年五月)、満鉄も「張作霖側ヨリ聞クニ吉会線敷設ハ飯田延太郎テハ困ルモ満鉄ナラハ原則トシテ異議ナシ」との情報を直接把握していた(91)(同年六月)。

こうして、一九二八年五月、山本条太郎満鉄社長と趙鎮交通総長代理との間で「吉敦鉄道延長建造請負契約」が締結された。しかし、翌六月の張作霖爆殺事件は事態を一挙に流動化させた。

天図鉄道の満鉄への移管

かくして敦図鉄道交渉をめぐる日本側の再調整が必要となった。一九二八年九月に「天図鉄道ニ関スル会議」(以下、天図鉄道会議と略)が開かれたゆえんである。同会議は、外務省・大蔵省・拓殖局・朝鮮総督府・陸軍・海軍・満鉄・東拓の各代表者によって構成され、前後二回に及んだ(92)。議事は、満鉄と協議の上作成された次のような拓殖局原案(93)に対する意見を集約するかたちで進められた。

(1)敦化—老頭溝間は、吉敦鉄道の延長として満鉄の借款により敷設する(資金一二三五万円は満鉄一般社債により調達する)。

(2)老頭溝—図們江間は、広軌に改築する（資金一〇〇〇万円は預金部引受満鉄社債により調達する）。
(3)老頭溝—図們江間の鉄道は日中合弁を継続するが、日本側代表は満鉄とし、天図鉄道に対する太興合名の権利・義務を継承する。

ここにみられるように原案は、満鉄による敦化—老頭溝間敷設を確認し、かつ既設の天図鉄道線も満鉄に継承させるというものであり、要するに敦図鉄道計画線のすべてを満鉄の一元的管理下に置こうとするものであった。さらに原案は、天図鉄道の債務整理問題にも及んでおり、その内容は、東拓の太興合名に対する天図鉄道関係債権を満鉄に継承させるものであり、満鉄による東拓救済策にほかならなかった。

その意味から注目されるのは、天図鉄道線利用案（天図鉄道利用案ではない）を採用したことである。なぜなら、それは満鉄の敦化—羅津間すなわち北廻り線の主張と相入れなかったからである。満鉄の吉会鉄道予定線踏査は、すでにふれた一九一一年に続き一七年・二六年の二回に及ぶが、第一回・第二回踏査は、基本的には会寧—清津間すなわち南廻り線であったのに対し、第三回踏査で北廻り線に転じ、これにほぼ確定させていたのである。[94] しかし上記原案は南廻り線を前提とする天図線利用案を提示した。その理由は、「合弁ノ可能性アルノミナラス之ヲ利用セス北廻線ニ依ル場合ニハ長年間期待セル地方ヲ失望動揺セシメ又天図線ヲ永久『ローカル、ライン』タル悲運ニ陥レ之ニ対スル貸倒レヲ生スヘキヲ考慮」したところにあった。いいかえれば北廻り線を斥けたのは、龍井村などの沿線都市を衰微させるだけでなく、天図鉄道に対する債権の回収も困難にさせるからであった。

こうして拓殖局原案は、敦図鉄道問題と天図鉄道整理問題の同時解決を、満鉄の負担のうえに解決を図ろうとしたものであったといえよう。満鉄と事前協議のうえで作成されたとはいえ、満鉄（松岡洋右副社長）が会議の席上、「天図改築ノ可能ヲ前提トスルモ之ハ可成困難」と述べたように、同案に対する懸念は払拭されておらず、また「支那側ハ北廻リヲ主張シ又日支合弁ニ難色アリ」という同社の観測は、対中交渉に不安を残すものであった。こうした問題を残しながら、会議は「此ノ空気ヲ基礎トシテ満鉄ニ於テ支那側ト折衝ヲ開始シ成行ニ依リ更ニ協議シ必要アラハ閣議ニ付スル」ことで閉じられた。

結局、敦図鉄道問題・天図鉄道整理問題は、満洲事変後に持ち越され、一九三二年五月の閣議で、(1)ルートは北廻り・南廻りの両者ともに採用すること、(2)敷設資金は満鉄が融通して「満洲国」が買収する、(3)天図鉄道関係債権は満鉄が継承する、との最終決定をみる。[95] ルートに関しては満鉄の主張を容れて両立という妥協が図られるとともに、預金部・東拓の資金回収の道も確保された。

翌一九三三年二月、右の閣議決定にもとづき、天図鉄道は、満鉄の融資を受けた「満洲国」によって買収され、満鉄に経営が委託された。また東拓の天図鉄道関係債権も翌三月、満鉄に継承され、[96] 北廻り線の敷設は、三三年四月に、南廻り線の広軌改築は翌年四月にそれぞれ竣工した。[97]

かくして天図鉄道の路線は、「満洲国」の国有鉄道として再発足し、京図線（新京＝長春—図們間）と連絡する朝開線（朝陽川—開山屯＝地坊間）を構成することとなったが、北廻り線がメインルート化する一方、[98] 天図鉄道本線であった南廻り線沿線は「『ローカル、ライン』タル悲運」のままに置かれた。

むすび

一九一八年に始まる天図鉄道敷設交渉と同年の予備契約成立後に進められた吉会鉄道借款本交渉。日本はこの二つの外交カードをもって対中国交渉に臨んだ。外務省の方針は両交渉並進論であったが、交渉の成果が現れたのはまず天図鉄道であった。同鉄道は、間島の産業開発と治安維持という日本の対間島政策にかなうものとして、東拓・預金部の融資を受けながら、張作霖政権との提携によって開業にこぎつけ、間島産大豆の対日輸出と朝鮮人の間島移住を促した。

しかし馬車との競争による貨物収入の伸び悩み、線路設計に起因する保存費の増大、為替相場の暴落による収支の悪化、日中首脳間の軋轢や労使関係の悪化、こうした諸要因によって天図鉄道は業績不振から脱却できなかった。

一方、吉会鉄道交渉は、吉敦鉄道の建造請負契約（一九二五年）成立後、残る敦図鉄道をめぐって二つの選択肢（天図延長案と吉敦延長案）があったが、その決着は「満洲国」成立後に持ち越された。しかし満洲事変以前の段階において、すでに前者のカードの可能性は急速に失われ消滅していた。天図鉄道が一九二七年の経営改革に失敗して経営危機を深め、またこれに金融支援をおこなってきた東拓も業績不振に悩み、朝鮮重点化方針をとっていたからである。[99]それゆえに外務省は、敦図鉄道の推進主体を天図鉄道から満鉄へ大きく舵を切るに至った（二八年の吉敦延長契約と天図鉄道会議）。他方、満鉄は、北満大豆輸送をめぐって南行ルート（満鉄本線）と競合する東行ルート（吉会鉄道）推進に消極的な対応もみせたが、[100]満鉄による吉敦延長案のほか選択の余地は残されていなかった。かくして一九二八年を境に、日本の対間島政策の担い手は、天図鉄道（＝東拓）から満鉄へシフトしていったのである。

注

（1）金静美『中国東北部における抗日朝鮮・中国民衆史序説』（現代企画室、一九九二年）および芳井研一『環日本海地域社会の変容』（青木書店、二〇〇〇年）。前者は敷設反対運動をテーマとし、後者は日中交渉過程を論じている。また加藤聖文「吉会鉄道の建設——『鮮満一体化の構図』」日本植民地研究会編『日本植民地研究』第九号（一九九七年七月）も天図鉄道交渉に論及している。筆者もかつて天図鉄道の分析を試みたことがある（「東洋拓殖会社の対『満州』投資」中村政則編『日本の近代と資本主義』〈東京大学出版会、一九九二年〉、のち拙著『東洋拓殖会社——日本帝国主義とアジア太平洋』〈日本経済評論社、二〇〇三年〉に収録）。なお高成鳳「『図們江開発』をめぐる鉄道建設の史的展開とその現状」『日中経調ジャーナル』一九九八年九月も、国連の図們江開発計画（一九九一年）に関連して同地域の鉄道の歴史に言及している。

（2）大蔵省預金部『天図鉄道関係融通金ニ関スル沿革』（以下『天図沿革』と略、一九二九年）三七—三九頁。

(3) 夏秋十郎東拓理事の岡部長景外務省書記官宛書簡一九二一年一月二十日付、外務省外交史料館所蔵『天図軽便鉄道関係一件』（以下、『天図一件』と略）第二巻。
(4) 東拓京城支店『間島事情』（一九一八年）一七三―一七五頁および六一三―六二九頁。
(5) このほか太興合名は、弓長嶺鉄鉱（奉天省遼陽県）を開発するため、一九一八年十二月、奉天省（張作霖督軍兼省長）と官商合弁で弓長嶺鉄鉱無限公司を設立した（『天図沿革』二頁）。
(6) 鈴木要太郎間島総領事代理領事の寺内正毅外相宛一九一六年十一月二十日付、および前掲金静美書、七二―七四頁。
(7) 天図鉄路公司・飯田延太郎の内田外相宛一九二〇年三月九日付、『天図一件』第二巻。
(8) 太興合名・浜名寛祐の鈴木総領事代理宛書簡一九一七年四月九日付、『天図一件』第一巻。
(9) 深沢暹の報告によれば、「天宝山鉱山ニ対スル延吉地方民ノ嫉視、劉紹文ニ対スル其反感ハ意外ニ強ク延テ吉林省城官民間ニ於テモ自然其影響ヲ受ケ居、天宝山関係ニ対シテハ概シテ好感ヲ抱カス」であったという（深沢暹在吉林領事代理の本野外相宛書簡一九一七年十二月十日付、同右）。
(10) 同右によれば、文禄は「素地方ノ名家ナル由ナレトモ目下資産トシテハ寧ロ乏シキ者ニシテ……単ニ吉林ノ旧門地タルト督軍署顧問ノ空名ヲ有セルコト独リ重キヲ為セル者」であった。
(11) 「天図軽便鉄道ニ関スル吉林省長宛交通部ヨリ削除訂正方申越個条」、同右。
(12) 「中日合弁天図軽便鉄道会社ニ関スル内部契約」（一九一七年十二月）、太興合名・浜名寛祐の大島健一陸相宛書簡一九一八年九月十九日付、同右。
(13) 前掲「天図軽便鉄道敷設ノ為低利資金融通ニ関スル注意事項」。
(14) 前掲太興合名・浜名寛祐の大島陸相宛書簡。
(15) 「天図軽便鉄道敷設費カ当初二百五十万円ノ予算ナリシカ今回約三倍トナリタル理由説明（東洋拓殖株式会社及飯田延太郎説明ニ依ル）」、夏秋東拓理事の岡部外務省書記官宛書簡一九二一年一月十四日付、『天図一件』第二巻。
(16) 朝鮮私設鉄道補助法（一九二一年施行）の適用を受けるには「朝鮮ニ於テ鉄道ヲ経営スル株式会社」を設立しなければならなかった（朝鮮総督府鉄道局『朝鮮鉄道四十年略史』〈一九四〇年〉四六七―四七一頁）。
(17) 長谷川朝鮮総督の飯田太興合名社長宛一九一九年三月十三日付、『天図一件』第二巻。

(18) 高瀬梅吉東拓理事の小幡外務省政務局長宛書簡一九一八年五月二十九日付、同右。
(19) 前掲「天図軽便鉄道敷設ノ為低利資金融通ニ関スル注意事項」欄外手書き書き込み。
(20) 太興合名の買収工作は、野口多内・桑田豊蔵によっておこなわれ、交通部側は交通次長（姚国楨）・路政司長（黄賛熙）を含め二〇万円を要求してきたのに対し「金十万円ヲ支出スルコトニ談判纏」ったが、曾総長の失脚によって「間一髪不結果ニ終」った（小幡公使の内田外相宛電報一九二〇年七月十七日付、七月二十三日付、八月五日付および内田外相の小幡公使宛七月二十四日付、『天図一件』第一巻）。
(21) 前掲夏秋の岡部宛書簡一九二一年一月十四日付添付「天図軽便鉄道敷設ノ為低利資金融通方ノ件質問事項」。
(22) 「閣議案（天図軽便鉄道敷設ノ為メ低利資金融通ニ関スル件）」、『天図一件』第二巻。
(23) 森田吉林総領事の内田外相宛書簡一九二一年一月二十一日付、同右。
(24) 「吉林省長ヨリ交通総長宛照会訳文」、同右。
(25) 曾総長の小幡公使宛一九二〇年六月八日付、『天図一件』第一巻。
(26) 飯田延太郎の内田外相宛一九二〇年七月十五日、同右。
(27) 北京・野口の東京・飯田社長宛電報一九二一年二月十一日付、『天図一件』第二巻。
(28) 内田外相の小幡公使宛電報一九二一年二月十四日付、同右。
(29) 天図鉄道代表者飯田延太郎の本野外相宛一九一八年一月付「覚書」および同後藤外相宛一九一八年五月二十二日付「覚書」、同右。
(30) 内田外相の吉田代理公使宛電報一九二一年五月十日付、同右。
(31) 内田外相の赤塚奉天総領事宛一九二一年九月八日付、『天図一件』第三巻。
(32) 高木合名は、英文社名 The Oriental Transportation & Trading Co., Ltd. から、対アジア通商・海運事業を営んでいたとみられるが、その交通部工作は、外務省・太興合名との緊密な連絡のうえに進められた（高木合名の埴原次官宛一九二一年八月九日付、高木陸郎の飯田宛同日付、同右）。
(33) 同右。高木の徐次長への買収は、張総長に約束手形（一五万円）を手渡し、着工許可と同時に現金化する形式がとられたが、徒労に終わった模様である。

(34) 森田総領事の内田外相宛電報一九二一年八月八日付、同右。
(35) 小幡公使の内田外相宛電報一九二一年八月十九日付、同右。
(36) 飯田の岡部書記官宛一九二一年八月二十日付書簡添付の高木陸郎の飯田宛電報、同右。
(37) 埴原次官・芳沢アジア局長の石塚東拓総裁・飯田延太郎宛一九二一年八月二十二日付。同右。
(38) 森田総領事の内田外相宛電報一九二二年九月二十三日付、『天図一件』第五巻。
(39) 堺総領事の内田外相宛電報一九二二年十一月二日付、同右。
(40) 堺総領事の内田外相宛書簡一九二二年五月二十七日付、同右。なお中国人株主については断片的な事実を知りうるだけであるが、その一つは、第四師範学校学生らが「天図軽鉄開工反対運動代表者程学洛外二名カ敢テ軽鉄公司ヨリ収賄シ株主［六十株」ニ加入シタル態度ノ豹変」を指摘し（一九二二年四月十二日）、「支那人ノ軽鉄株主ノ主ナルモノノ宅ニ闖入シテ戸障子器物等ヲ破壊」した事件であり（四月三十日）、もう一つは、「延吉和龍両県紳商ニ於テ三百三十株加入ノ事ト相成第一回払込四分ノ一株金モソノ交付ヲ了シ」たとの延吉・和龍県両農会長（呉勔・孫賽堂）の記述（四月二十四日）である。天図鉄道株式割当をめぐって住民の間に亀裂が生じていたことを物語る（堺総領事の内田外相宛一九二二年五月五日付、同右）。
(41) 岸本関東庁警務局長の赤池拓殖局長官・埴原外務次官宛一九二二年十月五日付、同右。
(42) 「天図鉄道ニ関スル交通部ノ通告」一九二二年十月十九日付（政府公報一九二二年十月二十四日）、同右。
(43) 埴原外務次官の元田拓殖局事務局長宛（日付不明）、同右。
(44) 飯田の芳沢アジア局長宛電報一九二二年十月十日付、同右。張作霖は、翌二三年五月には、敷設遅延策を密かに指示していた事実（前掲拙著、一五五―一五六頁）は、同政権の天図鉄道への対応がさらにこの間に変化したものとみられるが、本稿では論及しえなかった。他日を期したい。
(45) 「吉林延吉道道尹公署布告」（第一五号）一九二二年十一月十四日付、『天図一件』第五巻。
(46) 鈴木総領事の内田外相宛電報一九二二年十一月二十一日付、同右。
(47) 一九一七年九月調査では、図們江の渡船業者は四四を数え、その多くは朝鮮人経営であり、また牛馬車の積載も可能であった（前掲『間島事情』一九三―二〇〇頁）。
(48) 図們江鉄橋は、「図們江鉄橋架設ニ関スル協定」（一九二五年十二月）と「図們江鉄橋架設手続細目ニ関スル協定」（二六年六月）にもとづき、同年十月に完成した（「図們江鉄橋架設ニ関スル日支交渉往復文書」および「図們鉄橋架設費ヲ東拓ヨリ貸出シタル報告」、前掲『天図沿革』一三七―一四八頁）。

(49) 太興合名『天図図們両鉄道と図們江鉄道橋』（発行年不明）二八―三二頁。

(50) 満鉄庶務部調査課『朝鮮の私設鉄道』（一九二五年）二二七―二二八頁。

(51) 前掲『天図図們両鉄道と図們江鉄道橋』一六頁。

(52) 前掲『朝鮮の私設鉄道』二二六頁。冬期に偏し片荷という貨物輸送の特徴は、満鉄も同様であった（高橋泰隆『日本植民地鉄道史論』〈日本経済評論社、一九九五年〉一九三頁および二〇七頁）。

(53) 前掲『間島事情』一七七頁および二〇八頁。

(54) 近藤副領事の田中外相宛電報一九二七年十一月十二日付、『天図一件』第六巻。

(55) 前掲『間島事情』二〇四―二〇九頁。

(56) 同右、二一一頁。

(57) 岸本関東庁警務局長の赤池拓殖局長官・埴原外務次官宛一九二二年十月九日付、『天図一件』第五巻。

(58) 鈴木総領事の幣原外相宛電報一九二六年二月十三日付、同右。ただし荷車の歩道通行禁止は「細目協定」にはもりこまれず、飯田の主張は通らなかった。

(59) 「天図軽便鉄道公司近況ニ関スル件」同右。

(60) 鈴木総領事の幣原外相宛「天図軽便鉄路公司ノ状況ニ関シ報告ノ件」一九二六年二月二十二日付、同右。給料未払は一〇カ月（総額一二～一三万円）にまで及んでいたという。

(61) 前掲『第十回営業報告書』。

(62) 天図鉄道の月例報告である『運輸概況』のなかに「牛馬車輸送」の項目があり、同鉄道自ら牛馬車を経営していたようである。しかし判明する一九二九年七～九月・三〇年一～二月・三二年十月の六カ月分において記述があるのは三二年十月分のみで（「牛馬車労役賃安価ナラザル等ノ事情ニヨリ牛馬車利用無ク輸出品輸送ニ関シテハ全ク慴伏状態ヲ呈シ居レリ」）、それ以外はすべて「牛馬車輸送（休止中）」と記載されていることから、一九三〇年前後には牛馬車の競争力がすでに衰えていたものと推測される。

(63) 前掲『第十回営業報告書』。
(64) 前掲『第四回営業報告書』。
(65) 外務省政務局第一課『吉林会寧間鉄道線路敷設踏査報告書』(一九一一年七月調査)五頁および七頁。
(66) 前掲『天図沿革』二七頁。
(67) 前掲「天図軽便鉄路公司ノ状況ニ関シ報告ノ件」。
(68) 野口理事の飯田社長宛一九二六年十二月二十一日付、『天図一件』第六巻所収および前掲『天図沿革』二〇四―二〇六頁。
(69) 「兼吉林省天図軽便鉄路股份公司督弁延吉道尹公署訓令第二号(訳文)」『天図一件』第六巻。
(70) 前掲『天図沿革』二〇七―二〇九頁。
(71) 末松警視の相場清宛書簡一九二七年三月十八日付添付の「天図軽便鉄道ノ整理ニ関スル協定案」。
(72) 太興合名飯田社長の有田アジア局長宛一九二七年十一月七日付、『天図一件』第六巻。
(73) 前掲第四回・第七回・第一一回『営業報告書』。
(74) 天図鉄道の飯田巌総弁が、岡田兼一間島総領事宛の書簡(一九三〇年一月)のなかで、「給料ノ不渡リハ天図従来ヨリノ例ニシテ毎年出穀期ニ際シテ陸続支払フ慣例」(大阪経済法科大学間島史研究会編『満州事変前後における在間島総領事館文書』上〈大阪経済法科大学出版部、一九九九年〉、以下『間島総領事館文書』と略)と述べているように、賃金不払いは常態化していた。
(75) 金子文夫『近代日本における対満州投資の研究』(近藤出版社、一九九一年)四七六頁。
(76) 前掲飯田巌の岡田総領事宛書簡一九二九年八月三十一日付。
(77) 同上資料および張督弁の程科甲・飯田巌両総弁宛訓令一九三〇年十月五日付、前掲『間島総領事館文書』。
(78) 乗車運賃の値上げ(一割増)は翌十二月一日から実施された(在間島総領事館の外務省会計課宛一九二八年一月十三日付「改正乗車賃金表送付ノ件」『天図一件』第六巻)。貨物運賃については不明。
(79) 田中副領事の幣原外相宛一九二九年十一月二十二日付、『天図一件』第六巻。
(80) 「天図鉄道債務整理案(摘要)」同右。
(81) 「天図鉄道債務整理案」同右。

(82) 飯田太興合名社長の幣原外相宛一九二六年二月二十四日付、外務省外交史料館所蔵『吉会鉄道関係一件』(以下『吉会一件』と略) 第四巻。

(83) 「吉会鉄道促進ニ関スル件」、同右。

(84) 「吉会線完成促進ニ関スル私見(大村卓一氏私案)」一九二六年十月、同右。

(85) 前掲加藤論文、三七―三八頁。

(86) 大蔵公望の木村アジア局長宛一九二六年十一月二十七日付、『吉会一件』第四巻所収および「木村亜細亜局長大蔵満鉄理事協定事項」一九二七年二月一日付、『吉会一件』第五巻。

(87) 太興合名飯田社長の田中外相宛請願一九二七年十一月八日付、『天図一件』第六巻。翌年にも飯田は田中外相に同様の請願をおこなっている(太興合名・飯田社長の田中外相宛請願書一九二八年三月十日付、同右)。

(88) 満鉄庶務部長の入江支社長宛電報一九二七年六月一日付、同右。

(89) 前掲加藤論文、四一頁および前掲芳井書、二〇〇―二〇三頁。

(90) 芳沢公使の田中外相宛電報一九二七年五月二十九日付、『天図一件』第六巻。

(91) 満鉄庶務部長の入江支社長宛電報一九二七年六月二日付、同右。

(92) 「天図鉄道ニ関スル会議」の第一回は一九二八年九月二十日、第二回は同月二十四日に開かれ、出席者は、森政務次官＝座長・植原参与官・有田アジア局長・武富通商局長・中山アジア一課長(外務省)、富田理財局長・金子監理課長(大蔵省)、杉山軍務局長・松井参謀本部第二部長(陸軍)、米内軍令部第三班長(海軍)、成毛局長・北島第一課長(拓殖局)、草間財務局長・大村鉄道局長(朝鮮総督府)、松岡副社長・入江支社長・穂積参事(満鉄)、岡田理事(東拓)であった。『吉会一件』第四巻。

(93) 「吉会鉄道ノ完成ニ関スル件」一九二八年九月十五日付、同右。

(94) 鉄路総局『敦化図們間鉄道の完成と日満関係』(一九三三年)三―四頁。

(95) 前掲芳井書、二五四頁。

(96) 預金部資金局『支那関係預金部資金特別参考書』(一九四〇年)一〇九―一一〇頁。

(97) 前掲『敦化図們間鉄道の完成と日満関係』四―一一頁。

(98) 前掲芳井書、第一〇章および田中隆一「満州国下の満鉄と『日本海ルート』」小林英夫編『近代日本と満鉄』(吉川弘文館、二〇〇〇年)参照。

(99) 前掲拙著、第五章参照。

(100) 前掲「吉会線完成促進ニ関スル私見」において、大村局長は、「吉会線連絡ハ満鉄幹線ノ涵養線タラサルノミナラス反ツテ北満貨物ノ幾分カ同線ヲ通過シ本線貨物ノ一部ヲ奪フニ至ル結果ヲ招来スヘキ虞アリ……国策急務ナルコトヲ諒トスルモ之ニ向ツテ積極的ニ盡力セントスル意志無ク」と満鉄の消極姿勢を批判している。

東亜勧業株式会社の歴史からみた近代中国東北地域

——日本の大陸進出にみる「国策」と「営利」

江夏由樹

はじめに

日露戦争後のポーツマス条約(一九〇五年)によって、日本は遼東半島南部(関東州)の租借権、また、東清鉄道南満支線(長春・旅順間の「南満洲鉄道」)の経営権を獲得した。さらに、第一次大戦中の二十一カ条要求(一九一五年)を経て、日本は中国東北地域(いわゆる「満洲」)の南部、東部内モンゴルをその勢力下に置いていった。中国東北地域は清朝の時代より「東三省」と呼ばれていたが、二十世紀初頭以降、日本はこの地域における優越的な地位を確立していったのである。ただし、一九三二年の「満洲国」成立まで、日本の支配が直接的に及んだ地域は、関東州、南満洲鉄道とその付属地に限定されており、中国東北地域の大部分は、張作霖政権をはじめとする、各時期の東三省地方政府によって統治されていた。東三省地方政府はこの地域における日本の経済活動を強く警戒し、様々なかたちでこれを規制していった。

日本政府が自らの手で中国東北地域における経済活動を十分に展開できないという情況のもとで、南満洲鉄道株式会社(満鉄)をはじめとする国策会社が相次いで設立され、これら会社がこの地における日本の権益拡大のために重要な役割を担っていった。さらに、多くの日本の会社や個人は続々と中国東北地域に進出し、日本政府、満鉄・東洋拓殖などの国策会社から直接、間接に資金、人材、情報などの提供を受け、商業、鉱工業、農業、運輸などの諸事業に参入していった。こうした日本の会社や個人の経済活動は民間セクターにおいて展開されていたが、その目標とするところは中国東北地域における日本の権益拡大であった。日本の大陸政策に深く関わった官僚の一部は官界を退き、これら国策会社の役員などに就任し、政府の策定する大陸政策の実現をめざしていった。しかし、同時に、そうした日本の会社や個人の活動はあくまでも「営利」を原則とするものであった。日本の会社や個人は中国側の会社（公司）や個人と商業上の関係を取り結び、私人間の契約を基礎に、その事業を進めていった。「営利」を原則としたことは、中国側の会社や個人についてもいえた。東三省地方政府は外国人（日本人）の経済活動を強く規制したが、他方、張作霖自身をはじめ、中国側の政府要人、有力官僚らは私人として様々な営利事業に携わり、そのなかで、日本の会社・個人とも密接な関係を取り結んでいった。日本と中国という国家間の関係とはひとまず次元を異にして、日本や中国の会社、個人は相互に経済的利益を求めてその活動を進めていったのである。

日本の会社、個人が中国東北地域での営利事業を展開していくうえで、土地問題が一つの主要な関心事となっていった。つまり、自らの事業用地をいかに獲得していくかという問題である。東三省の地方政府は日本人の土地所有を原則禁じており、これに対し、日本側は土地を自由に獲得する権利を強く求めていた。中国東北地域において日本人の土地所有を認めるか否かという問題が、日中間の外交上の懸案となっていた。しかしながら、巨大な利益を生み出す土地売買はビジネスとして大きな魅力を持つものであり、東三省地方政府の有力官僚を含め、中国側の要人は自らが設けた法の規制をくぐりぬけて、この地域の土地を日本の会社や個人に実質的に売却する事業に深く関わっていた。中国東北地域における日本の会社や個人の経済活動の現場では、国と国との関係からだけでは必ずしもとらえきれない、「国策」と「営利」の原則が絡み合う、複雑な現実が存在していたといえよう。

こうした情況のもとで、日本政府は中国東北地域での土地取得、その経営を目的として東亜勧業という株式会社を設立した。本稿はこの東亜勧業株式会社の歴史、また、この会社が直面した問題の一端を分析し、中国東北地域の土地問題をめぐって、「国策」と「営利」の間に揺れた日本の政府、企業、個人の思惑とその現実、また、こうした日本側の動きに対し、東三省の地方政府内部の有力者、民間の人間がどのような対応をしていったのかを論じる。こうした問題を考察することは、同時に、「皇産」と「蒙地」という中国史研究における重要な問題の分析を通して、清末・民国期の中国東北地域社会そのものを検討することを意味する。東亜勧業が所有したとされる土地の多くはかつて清朝皇室、モンゴル王公が有していた土地、つまり「皇産」「蒙地」などであった。したがって、東亜勧業の土地問題を取り上げることは、複雑に展開していたこれら土地の権利関係の実態、そこに存在した社会問題の歴史を具体的に明らかにしていくことにもなる。

一　東亜勧業株式会社の設立

満洲勧業株式会社設立計画とその挫折

日本政府はその対中国政策を遂行していくために、様々な企業を設立していった。たとえば、一九一三年八月、中国への資金融資などを目的として、日中合弁により中日実業会社が設立された。中日実業会社の初代総裁には孫文、副総裁には倉知鐵吉、専務には尾崎敬義が就任した。会社の資本金は五〇〇万円であり、本社は東京に置かれた(1)。倉知は統監府などでの仕事に従事した元外務官僚であり、日韓併合を推し進めた中心的な人物の一人であった。彼は外務次官を務めた後に退官したが、その後も官界、さらに財界にも隠然とした影響力を有していた(2)。また、尾崎は元衆議院議員であり、東洋拓殖株式会社の理事などを務めた人物である(3)。

本稿が取り上げる東亜勧業の設立計画もこの倉知鐵吉、尾崎敬義らによって推し進められた。一九一九年十一月から二〇年十二月にかけて、奉天総領事赤塚正助などの日本外務省の一部官僚を後楯とし、倉知鐵吉を中心として、満洲勧業という会社の設立計画が進められた。この会社の設立目的は、会社農場を奉天（現在の瀋陽）近郊の各地に設立し、この地に居住する朝鮮人（在満朝鮮人）を農場の小作人として使用し、水稲を大規模に生産することであった。会社の「設立趣意書」「収支予算書」などによれば、会社農場の設立により、食料（米）を安定的に日本に供給すること、また、困窮したこの地の多くの朝鮮人を経済的に「救済」することが可能となるとしていた。[4] 倉知らは満洲勧業の設立が日本の国益に適う、一大事業であることを強調していた。実際、当時、日本は慢性的な米不足に悩まされていた。赤塚の報告によれば、こうした目的を持った会社の設立は満洲で水田を経営していた四、五人の日本人有力者、また、ソウルに在住する李完用らの朝鮮人有力者によってもかねてから計画されており、倉知らが中心となってこうした計画を一つにまとめていったという。[5]

満洲勧業は資本金を二〇〇〇万円とし、本店を奉天に置くとしていた。表1は、会社の創立委員、おもな発起人の名前を記している。会社創立委員の総代には倉知鐵吉、また、中国、満洲などの地で台湾貯蓄銀行、南満洲製糖などの会社を経営していた荒井泰治が就任した。[6] また、会社発起人のなかに前述の尾崎敬義、さらに、李完用・李允用・韓相龍をはじめとする朝鮮の有力貴族の名前があることに着目することができる。李完用らの朝鮮貴族は日韓併合に協力した朝鮮側の人物として知られている。前述のように、倉知鐵吉は日韓併合を推し進めた中心的な人物の一人であった。おそらく、そうした経緯から、倉知はこれら朝鮮の貴族との関係を深めていったのであろう。また、創立委員の西宮房次郎、発起人の原口聞一、佐々江嘉吉などは満洲における農場経営者、商工界の有力者として知られ、奉天の日本人社会で大きな影響力を有していた。また、于文溥などの中国人の背後には于冲漢がいた。于冲漢は張作霖政権における「日本通」の重鎮であり、奉天総領事の赤塚正助などとも関係が深かった。于冲漢はそれまでにも、日中合弁の遼陽電燈公司総辦、鞍山站鉄鉱総理などの要職にあった(7)。ここに国や民族の枠組みに必ずしもとらわれることなく、満洲勧業株式会社の設立に動いた人々のつながりを認めることができる。

ところが、こうした満洲勧業株式会社の設立に対して、日本政府内部から強い反対がおこった。まず、拓殖局がこの計画に強く異議を唱えた。拓殖局は自分たちにまったく相談することなしに、一部の外務官僚たちが満洲において農場経営の会社設立話を大規模に進めていることに強い懸念を持ったのである。当時、拓殖局自身も同じく東洋拓殖会社を使い、満洲において農場を経営する計画を進めていた。すでに、満洲における農場経営について、日本政府内部に個別の利害関係が生まれていた。

この満洲勧業株式会社の問題については、一九二〇年十二月に開催された「各省経済協議会」において審議の対象と

表1　満洲勧業株式会社のおもな発起人と創立委員

1　満洲勧業株式会社発起人氏名＊

居住地	氏名	居住地	氏名
東京	尾崎敬義		于文溥
	倉知鐵吉		田緒聖
	荒井泰治	朝鮮	白完爀
大阪	河崎助太郎		加藤定夫
	矢野慶太郎		趙鎮泰
	喜田又蔵		李完用
中国東北地域（満洲）	石田光次郎		李允用
	原口聞一		笠井彰
	手塚安彦		香椎源太郎
	佐々江嘉吉		趙声九
	松井右衛門		加藤房蔵
	石本鑽太郎		韓相龍
	石津半治		釘本藤次郎
	庵谷忱		
	西宮房次郎		
	勝弘貞次郎		
	村井啓太郎		
	相生由太郎		
	武村茂		
	大江惟慶		
	染谷保蔵		
	中野初太郎		

2　会社創立委員

	氏名
総代	倉知鐵吉
	荒井泰治
委員	尾崎敬義
	河崎助太郎
	矢野慶太郎
	加藤房義
	庵谷忱
	西宮房次郎

＊　日本国内居住者においては3,000株，中国東北地域・朝鮮における居住者については1,000株以上の引き受け予定者。

〔出典〕「満洲勧業設立趣意書」「満洲勧業株式会社関係雑纂」所収。

なった。その席上、拓殖局の入江海平書記官は満洲勧業株式会社の設立に反対する理由として、次の六点をあげている。それらは、会社の収支予想があまりに楽観的であること、関東庁・朝鮮総督府がこの計画を知らされていなかったこと、多数の株式を割り当てられている朝鮮人貴族がその払い込みをおこなうとは考え難いこと、満洲勧業があてにしている政府補助金の支出には慎重であるべきこと、会社役員に対して支払いが予定されている報酬・賞与などの額があまりに高いこと、多数の朝鮮人を農場小作人とするものの、彼らを「統制」する具体的な方策がまったく示されていないこと、などである。さらに、農商務省の駒井徳三嘱託（のちの満洲国総務長官）も満洲勧業株式会社の設立計画があまりに杜撰であり、会社発起人の顔ぶれには大きな不安があること、そして、そもそも、この会社が純粋な営利企業として存続すること自体に無理があることを論じた。(8) 外務省側の懸命の説得にもかかわらず、拓殖局、大蔵省、農商務省などの強い反対のなかで、満洲勧業株式会社の設立計画はひとまず頓挫した。

東亜勧業株式会社の設立

満洲勧業の設立計画は失敗したものの、満洲の地に水稲生産のために大規模な農場を建設するという、日本政府の方針そのものに変化はなかった。翌年、満洲勧業株式会社の事業目標を踏襲し、さらにその計画規模を拡大するかたちで、東亜勧業という会社の設立準備が進められた。今回は、外務省だけでなく、拓殖局をはじめとする政府各部が積極的に会社設立に参加し、また、東洋拓殖株式会社、南満洲鉄道株式会社、大倉組がこれに協力するかたちをとった。まず、一九二一年三月に東亜勧業株式会社設立のための合同会議が開催され、拓殖局古賀廉造長官、外務省岡部長景書記官、満鉄野村龍太郎社長、大倉組河野久太郎取締役、東拓人見次郎理事、前述の倉知鐵吉により、満蒙において土地経営をおこなう新会社を設立する旨の合意が正式になされた。(9) 同年五月に開催された「第一次東方会議」において、原敬内閣は「満蒙発展の一急務として土地経営及将来日本人の発展上並に在住朝鮮人保護の諸問題に対し可及的諸施設を為す」

という方針を策定し、東亜勧業株式会社の設立計画は政府の基本方針とも合致することとなった。[10]

同年六月に東拓本社において東亜勧業の設立準備会議が開かれた。出席者は倉知鐵吉、満鉄から中川理事、大倉組から河野取締役、東拓から川上理事、人見理事、八木事業課長、奉天在住の庵谷忱、外務省から赤塚奉天総領事、駒井囑託などであった。外交史料館所蔵の「東亜勧業会社創立委員会協定要領」という史料には会社設立の準備についての経緯が詳しく記されている。それによれば、創立委員会の議事は倉知・川上を中心に進められ、まずこの二人が会社設立の準備状況を次の二点について説明した。第一点は「政府補助ニ関シ其筋ニ対スル交渉」である。そこでは、関東庁、ならびに、朝鮮総督府から新会社への補助金下付の話が、赤塚総領事の斡旋、また、大蔵大臣、拓殖局長官などの同意を得て、順調に進んでいることが報告された。その報告によれば、関東庁からは会社設立後の五、六年で一三〇万円、朝鮮総督府からも毎年二〇～三〇万円の補助金が下付される段取りになっていた。第二点は、「興発公司復活ニ関スル交渉」である。この興発公司は大倉組と張作霖との合弁で一九一九（大正八）年に設立され、東部内モンゴルに広大な農場用地を確保していた。東亜勧業はこの興発公司の土地を自社農場の一部として併合する計画を立てていた。報告は、興発公司の土地を東亜勧業に譲渡する問題については、大倉組が今後も張作霖と交渉を続けねばならず、その解決は会社設立後になるであろうことを説明していた。[11] 後述するように、この興発公司の問題は最後まで決着をみることができず、そのこともあり、大倉組は一九二四年八月には東亜勧業株式会社の経営から撤退していった。[12]

この準備会議では、さらに、東亜勧業株式会社の設立に関しての重要事項がいくつか論じられた。まず、会社設立の正式な手続きは、大正十一（一九二二）年度予算において関東庁、朝鮮総督府からの補助金下付が認められ次第おこなうこととされた。また、中国人の土地出資、株式引受が円滑に進むよう、会社設立については中国側（張作霖政権）の了解を十分に得るように務めること、他方、満洲勧業の設立計画に関わった李完用などの朝鮮人有力者には「一応の挨拶」をしておくこととされた。また、中国側の反発を避けるため、会社の設立目的については、満洲における荒蕪地の開墾と産業の発展を図るという事項にとどめることとし、朝鮮人保護に関する項目は対外的には掲げないこととした。これは、当時、日本人が朝鮮人を使ってこの地域で土地権利を得ることに、張作霖政権が強い警戒感を有していたからである。準備会議では、最後に、倉知鐵吉を会社創立委員長とすること、また、中国側の各機関との交渉には赤塚奉天総領事があたることを確認した。(13)

一九二一年十二月、東亜勧業株式会社が正式に設立した。本社は東京の東拓本社内に設けられたが、翌年、奉天に移転した。(14)会社の資本金は満洲勧業株式会社の場合と同じく二〇〇〇万円とされたが、表2が示すように、その大部分は東洋拓殖株式会社、南満洲鉄道株式会社、大倉組の出資によるものであり、そのほかに、社長となる倉知鐵吉や朝鮮の李完用らが少数の個人株主として名を連ねていた。つまり、満洲勧業株式会社の場合とは異なり、多くの日本人、朝鮮人、中国人の民間の有力者は会社の設立計画から排除されていた。専務取締役の佐々木藤太郎、大淵三樹をはじめとして、会社役員は東洋拓殖株式会社、南満洲鉄道株式会社、大倉組の代表で構成されていた。なお、それまで陰で中国側を代表してきた于冲漢は現地における対日感情の悪化という情況もあり、東亜勧業の経営に参加することをひとまず見合わせたい旨、連絡してきたという。(15)

東亜勧業の場合、農場の計画規模も拡大し、奉天近郊だけでなく、さらに新民、撫順、荘河、雙山、通遼、大巴林旗、魯北、開魯、阜新などの中国東北地域の南部、東部内モンゴルの各地において、合計で約一〇万町歩の土地がひとまず農場用地として確保された。(16)これらの土地の権利は、もともと満鉄、東拓、大倉組が有していた。これら各社がその土地権利を東亜勧業に売却し、そこに会社農場が設けられていった。満鉄、東拓、大倉組がどのようにしてこれら土地の権利を得たのか、また、その権利の内容については後述する。

満洲勧業の場合と同じく、東亜勧業は農場の小作人として、おもに「在満」の朝鮮人労働力を想定していた。また、東部内モンゴルに設けられた会社農場では水稲に加え、畑作、また、羊毛・羊肉を大規模に生産することを計画していた。会社の計画によれば、会社農場は日本への食料（米）と衣料品原料（羊毛）を供給する基地として、重要な役割を果たすとしていた[17]。つまり、東亜勧業株式会社は日本の資本、中国東北部の土地、朝鮮人の労働力を結び付け、米と羊毛を生産する大規模な農場の設立を図ったのである。

表2　会社創立時の東亜勧業株式会社株主・役員など

1　会社創立時における東亜勧業株式会社株主(予定)

株　主	株　数
東洋拓殖株式会社	72,000 株
南満洲鉄道株式会社	125,000 株
大倉組	100,000 株 (1924 年，持ち株を東拓・満鉄に譲渡)
その他	
倉知鐵吉	1,000 株
荒井泰治	1,000 株
朴泳孝	200 株
李完用	200 株
宋秉畯	200 株

2　会社創立時における役員

	氏　名
社長	倉知鐵吉(元外務次官，中日実業取締役等)
専務取締役	佐々木藤太郎(元大蔵官僚，朝鮮総督府書記官等)
	大淵三樹(満鉄代表，元大蔵官僚，南満洲鉄道東京支社長等)
取締役	中川健蔵(満鉄代表，元内務官僚，台湾総督等)
	川上常郎(東拓代表，元大蔵・内務官僚)
	林幾太郎(鉄道局，大倉鉱業会社常務取締役等)
監査役	人見次郎(東拓代表，元農商務官僚，朝鮮総督府書記官)
	荒井泰治(仙台商業会議所特別議員，台湾貯蓄銀行頭取)

〔出典〕「東亜勧業設立趣意書」「東亜勧業株式会社関係雑纂」(第 1 巻)所収。

「国策会社」としての東亜勧業株式会社

東亜勧業株式会社の設立過程を考察することから、次の四点を確認しておきたい。第一に、「国策」を追求する民間企業として、東亜勧業の果たした役割についての問題である。日本の主権が基本的に及ばない中国東北地域で農場経営をおこなうことから、会社はあくまでも民間企業としてのかたちをとる必要があった。会社の役員には出資者である満鉄、東拓からの代表者が、民間人として送り込まれた。しかし、実際、役員の多くは朝鮮、満洲などにおいて行政官、外交官としての経験を持つ元官僚であった。すでに述べたように、社長の倉知鐵吉は元外務官僚であった。また、専務取締役の佐々木藤太郎は元大蔵官僚、大淵三樹も官界から満鉄に入社した経歴を有した。佐々木はかつて朝鮮皇室の帝室債務整理事業などにおいても中心的な役割を果たし、その名前はソウル大学奎章閣に所蔵されている「帝室債務委員会議事録」のなかにも記されている。[18]さらに、取締役の中川健蔵も元内務官僚であり、朝鮮総督府での仕事が長かった。同じく、川上常郎は元大蔵・内務官僚であり、朝鮮総督府平安北道長官などの経歴を有していた。[19]前述の入江海平も一九二三年になると東亜勧業の取締役に就任している。つまり、東亜勧業株式会社の役員の多くは、かつて、台湾、朝鮮などの植民地行政に深く従事しており、そこで得た経験を携えて会社役員の地位に就いたのであった。東亜勧業株式会社は民間企業としてのかたちをとりつつも、その役員構成に「国策」を追求する政府・官僚の意図を読み取ることができる。

第二に、会社の経営状況についての問題である。その設立以来、会社の経営基盤は脆弱であり、経営を維持していくためには、政府機関からの補助金、あるいは、満鉄、東拓からの借入金に頼らざるをえなかった。たとえば、その設立後の五年間で、会社は朝鮮総督府から九五万円、関東庁から九〇万円の補助金を受けていた。また、一九二三年以降、会社は、毎年、満鉄、東拓から計二五万円を借り入れていた。一方、東亜勧業の収入は、会社設立後の五年間、毎年、四五～八〇万円程度であった。[20]こうした数字からもうかがえるように、東亜勧業株式会社の経営はもっぱら借入金や補助金に頼っていたのである。会社は民間企業として設立されたものの、実際には公的資金が大規模に投入される「半官」的な存在であった。

第三に、「国策」の追求と「営利」の関係をどのようにとらえるかという問題がある。国策会社としての性格を付与されていたものの、他方、民間企業であったことから、「営利」の原則も無視できなかった。「国策」の追求と「営利」の原則が必ずしも整合的な関係でなかったことは、まず、大倉組の東亜勧業からの撤退というかたちで表面化してくる。その事情は簡単には次のようなものであった。つまり、東亜勧業の農場予定地として考えられていた東部内モンゴルの白音太来（通遼）付近の広大な土地の一部については、もともと大倉組と張作霖が合弁で設立した興発公司という会社がその権利を有していた。日本政府は大倉組に対して国策に協力し、その土地を東亜勧業の農場として提供するよう説得した。しかし、張作霖との関係を気遣った大倉組は、東亜勧業への本格的な経営参加、問題の土地を会社農場として提供することに最後まで躊躇し、その経営から早々に撤退していった[21]。つまり、大倉組は中国東北地域において、自らが民間企業として営利活動を続けていくうえで、日本の国策会社である東亜勧業の経営に深く関わることが必ずしも有利にならないという判断をしたのである。大倉組の離脱は東亜勧業にとって大きな誤算であった。

第四に、東亜勧業が獲得した農場用地はそもそもどのような土地であったかという問題がある。つまり、満鉄、東拓、大倉組がいかなる経緯で中国東北地域の各地に広大な面積の土地権利を獲得したのか、そして、そこに展開する複雑な権利関係のなかにどのような問題を見出すことができるかということである。満鉄、東拓が権利を有したとされる土地は、もともとこれら会社が勝弘貞次郎、西宮房次郎、佐々江嘉吉、峯八十一といった一部の日本人に資金を融資し、これら日本人がその資金を用いて、個人として土地権利を獲得したものであった[22]。また、当時、張作霖政権は東三省における日本人の土地所有を厳しく禁止していたことから、これら日本人は実際には配下の中国人の名前を使って土地権利を獲得していた。したがって、実質的な土地権利は満鉄や東拓ではなく、これらの日本人が有していた。また、名義上の土地所有権は日本人の代理人である中国人のもとにあった。東亜勧業が農場用地を確保するためには、こうした日本人や中国人の利得動機を満足させるかたちで、彼らに土地権利を放棄させる必要があった。現実には、これら個人が会社の設立に必ずしも協力的な姿勢をとったわけではなかった。東亜勧業の進めた土地権利の買収交渉は決して順調ではなかった。

本稿は上記の四点のうち、次に、最後に記した第四の問題に焦点をあてて考察を進めていきたい。東亜勧業と満鉄・東拓などとの関係、また、これらの会社と土地権利を実質的に有した日本人たちとの関係、また、そうした日本人と土地の名義上の所有者となった中国人との関係を考察することなどから、当時の日本人や中国人の官僚、民間有力者などが土地をめぐってどのような関係を取り結んでいたのか、そして、そうした事柄が清朝以来のこの地域の土地問題とどのように関わっていたのか、さらに、そうした複雑な権利関係の存在が東亜勧業株式会社の事業展開にとっていかに厄介な問題となっていったかなどの点が浮かび上がってくる。

二　東亜勧業農場用地のたどった歴史——旧清朝皇室、モンゴル王公と土地との関係

東亜勧業が取得した農場用地

東亜勧業株式会社は満鉄・東拓関係の土地の一部を譲り受けるかたちで、その農場用地を設立していった。それら農場用地は奉天省、東部内モンゴルなどの各地に点在しており、満鉄関係の土地は二六万畝以上、東拓関係の土地は一三二万畝以上にも及んだ。[23] 東亜勧業がこれらの土地の権利を引き継ぐために、まず、土地評価委員会が組織され、そのもとで各農場用地について実地調査がおこなわれていった。調査は一九二二年一月から同年二月までおこなわれ、その報告をもとに二二年四月の委員会において、各土地の評価額が決定された。[24] 満鉄関係の土地は三五万円あまり、また、東拓関係の土地は一七八万円あまりと算定された。満鉄関係の土地評価額がその面積に比して比較的高かったことは、同社が奉天近郊に水田七〇〇〇畝あまりの権利を有していたためである。これに対し、東拓関係の土地は東部内モンゴルに展開しており、その多くは荒地、一部が畑地であったにすぎなかった。

表3は、土地評価委員会に提出された「土地評価報告書」の内容をまとめたものである。この表は、東亜勧業の各農場用地について、(1)満鉄・東拓からの資金融資を受け、実質的に各土地の権利を有した日本人の氏名、(2)各土地の所在地、(3)各土地の面積とその利用形態、(4)清末・民初における各土地の地目、(5)日本人が土地権利を取得した年、(6)実質的に土地権利を獲得した日本人の代理人として、名目上の土地権利者となった中国人の氏名、(7)各土地の評価額、など

を示している。まず、満鉄・東拓から資金融資を受けて土地を購入した日本人が誰であったかという点は興味深い。西宮房次郎は満洲勧業創設計画の際にも、その創立委員の一人として名前を連ねていた。西宮は満洲において農場経営に深く関わった人物として有名であり、彼の経営する水田農場では早くから朝鮮族が小作人として使用されていた。また、津久井平吉は陸軍退役大佐、大来修治は『遼東日報』の社長、佐々江嘉吉は三井洋行の元社員であった(25)。

では、こうした日本人はどのようにして各土地の権利を取得することができたのであろうか。この点で、土地評価委員会の実地調査報告書が各土地の旧地目などについて具体的に記していることは、注目に値する。東亜勧業に引き継がれた満鉄・東拓関係の土地がそもそもどのような歴史を有していたのか、そこに記されている「土地払い下げ」とは具体的に何を意味するのか、そして「払い下げ」により、各土地の権利を上記の日本人がどのように獲得したのかといった点を考察することにより、東亜勧業が直面した農場用地をめぐる厄介な問題が浮かび上がってくる。

東亜勧業の農場用地とされた満鉄、東拓、大倉関係の土地はかつて「皇産」「蒙地」「王公荘園」と呼ばれていた土地の一部であった。東部内モンゴルに展開していた土地はかつての蒙地であり、奉天近郊にあった土地の多くは旧皇産、旧王公荘園であった。つまり、東亜勧業の有した農場土地の権利関係の実態はこれら皇産、蒙地、王公荘園の解体過程の歴史のなかでとらえる必要がある。

一九一一年の辛亥革命により宣統帝が退位した際、清朝への「優待条件」の一つとして、民国政府は旧清朝皇室の家産と考えられる土地・財産は革命後も旧皇室の私有財産として保護する旨の約束をおこなった。清初以来、中国東北地域には内務府官荘などの各種官荘地、三陵（永陵、福陵、昭陵）に属する土地が広大に展開していた。三陵とは清朝の始祖であるヌルハチ、ホンタイジ、その祖先の陵墓の総称であり、それら陵墓は奉天、およびその近郊に位置していた。三陵付属地は三陵から遠く朝鮮との国境地帯にまで展開していた。辛亥革命後、これら官荘地や三陵付属地の多くは旧清朝皇室の家産とみなされ、あらためて「皇産」と呼ばれるようになった。しかし、民国初頭のこの地域の地方政府、その後の張作霖政権はこれら皇産の民間への払い下げ、つまり、皇産の民有地化を大規模におこない、そこから膨大な地価・地税を獲得していった。[26] 地価を支払って皇産の払い下げを受けた者は、各土地の「業主権（所有権）」を獲得した。皇産の払い下げの実態を実証的に検証することにより、当時の中国東北地域の複雑な社会関係の一端を見出すことが可能となってくる。

「蒙地」「王公荘園」も同様な性格の土地として理解できる。蒙地は清朝の時代にはモンゴルの各旗が、王公荘園は清朝の王公貴族が占有していた土地であった。東部内モンゴルの地にはこうした蒙地が、かつての奉天省の地には王公荘園が広大に展開していた。二十世紀初頭以降、とりわけ、辛亥革命後、蒙地と王公荘園は続々と民間に払い下げられ、一般の民有地として再編されていった。皇産の場合と同じく、蒙地、王公荘園の民間への払い下げ過程を明らかにすることから、当時のこの地域の社会変動の実態を明らかにしていくことができる。

「皇産」としての歴史を持つ会社農場用地――西宮関係地の場合

表3のなかで、その土地の歴史が比較的詳細にわかるのが西宮房次郎関係の土地である。東亜勧業の買収した土地の多くは荒地、畑地であったが、そのうち、西宮の有していた奉天近郊の呉家荒、南陳家荒、北陳家荒などの土地はすでにその買収時において水田として開発されており、朝鮮人を小作人とする米の生産がおこなわれていた。[27] これらの土地は、東亜勧業の経営した農場のなかでは中心的な存在であり、全体で奉天農場と総称されていた。各地での農場建設は必ずしも順調に進まなかったが、この奉天農場は東亜勧業の中核的な農場として存続していった。この西宮関係の土地（奉天農場）に焦点をあてて考察すると、そこに次のようなこの土地の歴史が明らかになる。

奉天農場は約四二〇天地（一天地は一〇畝）ほどの面積からなった。土地評価委員会に提出された報告書によれば、一九一三年二月から一四年三月にかけて、西宮房次郎は満鉄からの融資を得てこれらの土地を取得した。その際、西宮に

表３　会社創立時における東亜勧業株式会社取得地一覧

1　南満洲鉄道株式会社関係地

事実上の土地所有者	所在地	面積（土地の形態）	払い下げ前の地目	土地権利取得年	土地払い下げを受けた名目上の権利者	土地評価額
西宮房次郎	営口縣下土台子	123 天地（畑地）	皇産	1913 年	孫洪興（現在は孫欽五）	
	蓋平縣三塊石子 同　螞灶蝋子	495 天地（畑地, 荒地）	同	同	候澤久	
	鉄嶺縣范家窩棚	72 天地（畑地, 荒地）	皇産	同	楊大盛	西宮関係地すべての土地につき 170,980 円
	瀋陽縣呉家荒	126 天地（水田）	皇産（三陵関係）	1914 年	王寶亭	
	同　南陳家荒	109 天地（水田）	同	1913 年	王寶亭, 王英多	
	同　北陳家荒	184 天地（水田）	同	同	胡錫庚, 張立英	
勝弘貞次郎	盤山縣丁家窩棚	333 天地（畑地）	皇産	同	蘇秀峰	
	同　蘆家甸	349 天地（荒地）	同	同	同	
	新民縣拇坨子	181 天地（畑地, 荒地）	同	同	同	勝弘関係地すべての土地につき 42,705 円
	同　白家山, 趙家套	168 天地（畑地, 荒地）	同	同	同	
	瀋陽縣京安堡	27 天地（水田）	同	同	同	
原口統太郎（原口新吉）	新武縣西公大堡子	389 天地（水田, 畑地）	同	1914 年	佟潤堂（式安）	118,986 円
津久井平吉	新民縣孫家套	134 天地（水田, 畑地）	同	同	龐永興	24,769 円
大来修治	双山縣衙門屯	820 天地（荒地, 水田）	王公荘園	1913 年	王澤内, 戴佐臣	48,288 円
佐々木作兵衛	阜新縣聚口泡子	300 天地（荒地）	蒙地	1914 年	王徳福	4,500 円

2　東洋拓殖株式会社関係地

事実上の土地所有者	所在地	面積（土地の形態）	払い下げ前の地目	土地権利取得年	土地払い下げを受けた名目上の権利者	土地評価額
佐々江嘉吉	白音太来	103 方地（畑地, 荒地）	蒙地	1917 年	孫酒斌, 曲魁一, 張魁元, 孫玉峯	327,900 円
峯八十一	東西札魯特旗	1,169 方地（荒地, 畑地）	同	1918 年	馬長明, 王子明	768,000 円
石川五郎	西札魯特旗	1,200 方地（荒地）	同	1919 年	王潤生	677,000 円

3　その他

事実上の土地所有者	所在地	面積（土地の形態）	払い下げ前の地目	土地権利取得年	土地払い下げを受けた名目上の権利者	土地評価額
峯八十一	東西札魯特旗	638 方地（荒地）	蒙地	1918 年	馬長明, 王子明	東拓関係の峯八十一の土地評価額と合算
	東札魯特旗	300 方地（荒地, 畑地）	同	同	同	

代わり、名義上の土地所有者となったのは満鉄付属地に住む王寶亭という中国人であった。(28)奉天農場が呉家荒、南陳家荒、北陳家荒に展開していたこと、また、土地の名義上の所有者が王寶亭という人物であったことから、この農場が清朝の時代には昭陵窯柴官甸地と呼ばれ、かつては皇産の一部を構成していた土地であったことがわかる。筆者は中国遼寧省檔案館に所蔵されている史料を利用して、この昭陵窯柴官甸地をめぐる一つの事件について小論を書いたことがある。(29)西宮農場の設立、また、西宮房次郎から東亜勧業への土地譲渡はこの事件の延長線上にあった。

昭陵窯柴官甸地は、もともと昭陵（清朝ホンタイジの陵墓）の甎瓦を製造するための柴薪・窯土を採取し、窯場を設置するために設けられていた。この土地は奉天城の西側に展開し、その面積は三万畝以上という広大なものであった。十九世紀初頭以降、この土地は三陵衙門の官員、壮丁によって占有され、彼らは三陵衙門に一定の租（地代）を納入していた。清末時までに、有力な三陵官員、壮丁はこの窯柴官甸地に対して強い占有権を確立し、多くの小作人を使って地主的な土地経営をおこなっていたという。(30)一九一六（民国五）年、張作霖政権はこの昭陵窯柴官甸地の一部が実質的に日本人の手に売却されていることを摘発した。当時、外国人への土地売却は厳しく禁止されていた。遼寧省檔案館に所蔵されている「丈放三陵窯柴官甸地畝冊及丈放章程布告　民国五年十月」という史料によると、有力な三陵官員であった張煥柏は約二〇〇〇畝の昭陵窯柴官甸地の土地を西宮房次郎などに売却していた。この張煥柏という人物は奉天在地有力者のなかの「顔役」であり、奉天官界や日本の満鉄などと強い関係を有していた。彼の生家は奉天・撫順地域における大地主として知られており、彼の従兄弟の張煥相は満洲国の司法大臣などを務め、また、彼の弟の張煥榕（張榕）は辛亥革命時の奉天における革命運動の指導者の一人であった。(31)

上記の史料によれば、張煥柏に加え、王寶亭という人物も昭陵窯柴官甸地の一部を西宮房次郎に売却した関係者の一人であった。この史料には、一九一三（民国二）年、昭陵窯柴官甸地のうち、三陵壮丁であった陳永蘭、陳永生、羅易詮、羅易詠の占有していた約七九六畝の土地が王寶亭の斡旋により西宮のもとに売却されたこと、その後、王寶亭が中国官憲の追及を逃れて満鉄付属地に居住していたことが記されている。この王寶亭が表3に記されている西宮房次郎の代理人であったことは疑いない。また、同じ史料は西宮の代理人であった胡錫庚という人物も昭陵窯柴官甸地の関係者であったことを記している。[32]

東亜勧業の奉天農場がかつての昭陵窯柴官甸地であったことは「閻家荒事件」という紛争の経緯からも明らかになる。奉天農場のうち閻家荒という地域の土地については、東亜勧業は原地主の閻継郷との間に商租契約を結び、土地の占有権を取得した。一九二五年五月、東亜勧業は閻家荒において水田建設のための工事にとりかかった。これに対し、近隣の村民は閻の土地が東亜勧業の手のもとにあることを官憲に訴え、閻は瀋陽縣署に国土盗売の罪により収監された。[33]この閻継郷の名前も先の「丈放三陵窯柴官甸地畝冊及丈放章程布告」という史料のなかに見出すことができる。それによれば、民国初頭、三陵壮丁であった閻継郷は前民屯という場所に一一六八畝の土地を占有していた。[34]このことからも、東亜勧業の奉天農場がかつての昭陵窯柴官甸地の一部であったことを確認できる。

旧清朝皇室の家産である皇産は奉天省の各地に広大に展開していた。これらの土地が清末から民国期にかけて大規模に民間に払い下げられていくなかで、満鉄はこれらの土地の権利を得ることを計画した。しかし、張作霖政権が外国人（日本人）への土地売却を厳しく禁止していたことから、満鉄自身が皇産の払い下げを受けることはできなかった。そこで、満鉄は上記の西宮房次郎、勝弘貞次郎などの日本人に資金を融資し、さらに、これら日本人はこの地域の有力者の名前を使って旧皇産の払い下げを受けたのであった。したがって、そこに展開する土地権利関係の実態は複雑であった。まず、満鉄などから資金の提供を受けて旧皇産を取得した西宮らの日本人は土地に対して強い権利を有していた。また、そのために名義を貸した王寶亭らの中国人も形式的には土地に対する権利を有していた。一方、満鉄は土地購入資金の提供者として、土地に対する第一義的な権利を主張していた。東亜勧業は満鉄に上記のような複雑な土地権利関係を整理させ、そのうえで、満鉄から当該土地の権利を購入し、会社農場を設立しようとしたのである。

しかし、東亜勧業の計画は容易に実現しなかった。まず、張作霖政権は日本人による土地購入を認めていなかった。また、たとえば、会社農場の中核となった奉天農場、つまり、旧昭陵窯柴官甸地においては、旧三陵官員・壮丁らによる在地的な土地支配が実際にはそのまま続いていた。加えて、旧清朝皇室はこうした皇産の民間への払い下げそのものを認めておらず、それら土地に対する権利の回復を唱える可能性が存在した。つまり、東亜勧業株式会社は皇産に展開していた重層的な権利関係をなんら整理することなく、また、その土地取得の合法性にも疑問が残るままで会社農場を設立していこうとしたのであった。

「蒙地」としての歴史を持つ会社農場用地

A　蒙地の払い下げ

一方、東部内モンゴルに設立された東亜勧業の農場はかつての「蒙地」であった。蒙地とは、モンゴル王公が「封建的領土支配権」を有していた土地をさす。放牧を生活の糧にしていた多くのモンゴル族にとって、牧草地が耕地と化していくことは彼らの生活を大きく脅かすものであった。したがって、清朝は、本来、漢族農民がモンゴルの地に入植することを原則的に禁止していた。しかし、漢族農民が耕地を求め、続々と関内各地から内モンゴルへと入植していく情況のもとで、清朝は一部の内モンゴルの土地についてはその入植を許可するようになっていた。こうした土地は「開放蒙地」と呼ばれ、そこには入植した漢族を統轄するための縣が設けられた。清末の時期までに、多くの漢族農民が内モンゴルの「開放蒙地」、さらに「未開放蒙地」に入植し、広大な面積のモンゴル族の放牧地が農耕地と化していった。入植した漢族農民は土地「所有者」であるモンゴル王公、モンゴル旗に「蒙租」などと呼ばれた地代を納入していた。また、そのために、モンゴル王公、モンゴル旗は地局と呼ばれる地代の徴収機関を各地に設けていた。多くのモンゴル族にとって、漢族農民の入植は自己の生活を脅かすものであったが、一部のモンゴル王公、モンゴル旗にとっては、入植した漢族農民の納める地代は魅力ある収入となっていたのである。[35]

二十世紀初頭以降、蒙地の民間への払い下げが本格的に進行した。清末・民国期の東三省地方政府は蒙地の払い下げを積極的に推し進め、そこから膨大な収入を獲得することができた。また、財政的に困窮していた多くのモンゴル王公は、蒙地の払い下げから相当の収入を得ることを期待していた。つまり、領有した蒙地を一括して払い下げることにより、モンゴル王公は「押租銀」と呼ばれた土地代金、また、入植した漢族農民から毎年の地代を徴収することができたのである。

蒙地が続々と開放され、漢族農民の入植が進んだことにより、蒙地の土地権利関係は極めて複雑なものとなっていった。まず、モンゴル王公の土地領有権はそのまま維持されていると考えられていた。また、王公が土地を払い下げてしまったとはいえ、各モンゴル旗に所属した一般のモンゴル人の土地に対する権利を否定することはできなかった。他方、地価を支払って蒙地に入植した漢族農民らの「耕作権」は手厚く保護されていた。こうした重層的な土地権利関係をどのように整理するかという問題は、満洲国時代においても実に厄介な課題となっていく。[36]

B　蒙地における会社農場の設立と「伝統的」土地権利関係の存続

日本政府はすでに一九一四年ごろから東部内モンゴル地域における蒙地の払い下げに強い関心を寄せていた。払い下げられる蒙地の一部を取得することにより、日本は大陸進出のための確固とした地歩を築くことができた。そうした旧蒙地の取得は日本政府の直接的な関与を隠しつつ、日本の会社・個人の手によっておこなわれる必要があった。当時、在鉄嶺日本領事館などがそうした蒙地に関する情報の窓口であった。鉄嶺は満鉄沿線から内モンゴルへの入り口となる要衝に位置しており、在鉄嶺の領事官であった酒匂秀一などは東部内モンゴルにおける日本人の土地取得の動きについて詳細な報告をおこなっている。

酒匂秀一は、当時、東洋拓殖から資金の提供を受け、蒙地の権利を獲得したとされる何人かの人物の経歴、また、その土地取得の経緯などについての報告を歴代の外務大臣に頻繁に寄せていた。たとえば、表3にある佐々江嘉吉は三井洋行の鉄嶺出張所長の職にあった。佐々江は内モンゴルにおいて商業活動を展開するなかで、蒙地の払い下げを受け、その土地を経営することの利益に着目し、自らその事業に乗り出す計画を試みていく。佐々江の計画を強く支援したのが三井洋行の古郡大連支店長、また、酒匂秀一自身であった[37]。佐々江は東洋拓殖から三二万七九〇〇円の資金を調達し、一九一七年、白音太来（通遼）付近に展開していた約一〇〇方地（一方地は四五晌。一晌は一〇畝）の土地を取得した。この土地は当時の奉天地方政権の有力者であった孫烈臣、張景恵、呉俊陞らの払い下げた蒙地であった。これら有力官員はこうした蒙地の払い下げをおこなうことにより、巨大な利益をあげていたのである。なお、この蒙地の払い下げを受ける権利は、もともと大連宏済善堂戒煙部理事の有馬邊という人物が取得したものであったが、その後、満蒙実業組合代表という肩書きにあった佐々江が譲り受けたものであった。日本人である佐々江の代理人となり、名義上の土地所有者となったのが、斌陞堂、忠恕堂、忠善堂などの団体、また張魁元、孫玉峯などの中国人であった[38]。この佐々江の事例をみても、日本人が蒙地の権利を取得していく過程で、日本や中国の官僚、会社、個人の思惑が複雑に絡んでいたことが推測できる。

佐々江嘉吉だけでなく、東洋拓殖はそのほかの日本人にも多額の資金を土地取得のために貸し付けていた。東亜勧業創業時の農場には含まれていなかったことから、表3にその記述はないが、中島真雄もそうした一人であった。中島は日本の軍部・外務省などとの強いつながりのなかで、満洲において新聞刊行事業を進めた人物として知られている。彼は一九〇五年の日露戦争直後、営口において『満洲日報』という日本語の雑誌、さらに、北京において『順天時報』という新聞などを刊行し、日本の軍や外務省との関係を強化していったという[39]。この中島は東洋拓殖から一七万八〇〇〇円の資金を借り受け、開魯の北方約四キロの地に二五〇〇方地の土地を取得していた。この土地も東札魯特旗から払い下げられた旧蒙地であり、中島真男の代理人は鹿鳴という人物であった。さらに、一六年十一月十八日、鹿鳴の名前で得たこの土地権利を中島真雄に売却する契約が結ばれたが、その契約の保証人（中証人）は前述の原口聞一、また張煥相（のちの満洲国司法大臣）であった[40]。鹿鳴は満洲正藍旗人であり、当時、奉天農務総会代表という職にあった。彼は挙人の資格を有し、清末には諮議局議員を務めるなど、奉天地方政界で大きな影響力を有していた[41]。皇産・蒙地の枠組みを越えて、中国人、日本人の有力者が旧官地の買収事業のなかで連携した動きとっていたことを確認できる。また、皇産・蒙地の払い下げに深く関わった上記の張煥相、張煥柏、鹿鳴、闞継郷、王寶亭らの中国人がかつて旗籍を有していた人々であったことを考えると、近代中国東北地域研究にとっても清朝の時代の八旗制度への考察が不可欠であるといえよう。

また、東洋拓殖との詳しい関係は確認できないが、『外務省記録』のなかには、荒井泰治らとともに、薄益三という人物が蒙古産業公司という会社を設立し、東部内モンゴルの林西北方で農場経営を計画していたという記録がある[42]。薄益三はいわゆる「緑林」の統領、天鬼将軍として知られた人物である。彼は福島県会津津川（現在は新潟県）の出身であり、日露戦争中、平壌に薄商会を設立し、日本の朝鮮駐屯軍の御用商人として成功を収めた。その後、軍との関係を維持しつつ、長春に華実公司という会社を興し、そこを拠点にこの地域の有力者との関係を深めていった。薄はいわゆる親日的な「緑林」の首領として、この地域で隠然とした勢力を有していた。また、辛亥革命後、彼はいわゆる「蒙古独立運動」にも深く関わっていたという[43]。この薄益三が東部内モンゴルの巴林王領内に広大な面積の土地を取得し、農場経営を試みていたということは極めて興味深い。

上記の名前以外にも、早間正志、旭藤市郎といった人物が東部内モンゴルの各地で旧蒙地の権利を獲得し、そこでの農場経営を試みていた[44]。東部内モンゴル、奉天近郊における農場経営者とされたこれら日本人たちの経歴をみてみると、まず、彼らの多くが元軍人、あるいは、商業や新聞刊行などの仕事に携わるなかで、この地域の奥深くに入り込み、軍や外務省などと深い関係を築いていたことに気付く。旭藤市郎はモンゴル経済事情の調査などを専門とした元陸軍主計官であり、一九一八年ごろ、東部内モンゴルにおいて羊毛生産のための日中合弁の農場を設立する計画を立てていた。(45)薄益三が朝鮮駐屯軍の御用商人であり、軍との強い関係を有しながら、華実公司を立ち上げていったことは、すでに述べたとおりである。また、佐々江嘉吉、早間正志らの商社員、商品陳列館経営者はこの地の外務省在外公館の支援を受け、東部内モンゴルの土地を取得していった。つまり、日本の軍や政府機関が蒙地の払い下げを受ける事業を展開できない情況のもとで、その意を受けて、これら日本人が中国人の代理人を使って内モンゴルで土地を取得していったのである。東洋拓殖などの会社は日本政府の意向に従って、これら日本人に土地取得のための資金を貸し付けたのであった。

東洋拓殖からの融資により、佐々江嘉吉、峯八十一、石川五郎らが、それぞれ孫斌、馬長明、王潤生らの中国人の名義を使って獲得した広大な面積の土地の権利とはこうした歴史を有する蒙地であった。蒙地であったことから、この地にはなおモンゴル王公、モンゴル旗の権利が潜在的に残されていた。つまり、これら土地を購入した日本人、また、東亜勧業の農場用地に対する権利は必ずしも「完全」なものとはいえなかった。伝統的な蒙地の権利関係を内包したままで、東亜勧業の農場が設立されたことは、その土地経営の基盤の危うさを示すものであった。たとえば、のちに、峯八十一が馬長明(開魯縣農務会長)の名前を使って獲得した土地権利の正当性が張作霖政権により否定され、峯の権利を継承していた東亜勧業が大きな損害を蒙ったことなどは、そもそも、そうした蒙地の権利関係の複雑さに起因していた。(46)このことは、皇産の伝統的な権利関係がそのまま残されたかたちで、奉天農場が設立されていった場合とまさに同様であったといえよう。

まとめ

会社設立後の東亜勧業株式会社の経営状況は惨憺たるものであった。『東亜勧業株式会社拾年史』において、当時

（一九三三年）の社長向坊盛一郎は「我社ノ過去十年ハ全ク苦難ノ連続テ之カ為払ツタ犠牲ト努力トハ世人ノ想像ノ外テアル」と述べている。向坊によれば、「支那官憲ハ我社ノ事業ヲ目シテ日本ノ経済的侵略的行為ナリト曲解シ峻厳極マル国土盗売令ヲ設ケテ凡ユル圧迫ヲ加エ或ハ土地ヲ没収シ或ハ権利ノ行使ヲ妨ケ既得社有地約一二万余町歩ノ内僅ニ我官憲ノ保護厚キ地方一万町歩内外ヲ利用シ得ルニスキナカツタ」「在満朝鮮人ニ対シテモ帝国発展ノ先駆者ト見做シ種々ノ手段ヲ設ケテ其居住並ニ営農ニ断圧ヲ加ヘタル」「張学良ノ支配ニ帰スルト（中略）全ク窮地ニ陥リ其存続サヘ危フマレ前途暗澹タル状勢ニ至ツタ」という。[47] 張作霖・張学良政権による強い規制を受けるなかで、東亜勧業株式会社の経営は行き詰まっていった。しかし、経営不振の原因を対外的な関係のみに求めることはできない。むしろ、会社の設立過程から、東亜勧業は解決しがたい問題に直面していた。まず、満洲における水田経営が収支の面で困難であること、したがって、政府からの補助金なしに経営を維持することがむずかしいであろうことは、満洲勧業の設立に反対する意見のなかでもすでに指摘されていたことであった。また、本稿が論じたように、東亜勧業の取得した農場用地は「皇産」や「蒙地」としての歴史を有するものであり、会社の有した土地権利自体が危ういものであった。

本稿は日本の資本、中国の土地、朝鮮人の労働力を結合することにより、満洲・内モンゴルの地に水田耕作、羊毛生産のための農場を設立しようとした、東亜勧業株式会社の創立、その失敗の歴史をたどった。そこには、次のような中国東北地域史への新たな研究視角が提示されていたといえよう。まず、第一に、国と国との関係からだけでは必ずしもみえてこない、中国東北地域社会の動きを歴史的にとらえていく視点の重要性である。東亜勧業の歴史が示すように、二十世紀初頭以降、東アジアにおいては国境や地域の境を超えた経済的な結び付きが強まっていった。会社という新たな組織のなかで、「営利」という目的を共有して、日本人、朝鮮人、中国人、モンゴル人などが複雑な関係をそこに編み出していった。そうした会社経営は民間の領域においてなされたものであったが、同時に、そうした活動が「国策」と密接な関係にあったことも見落せない。本篇がテーマとして掲げた、「営利」と「国策」との複雑な関係がそこにある。

第二に、東亜勧業の農場用地をめぐる問題の考察は、「皇産」「蒙地」という清朝史研究の延長線上に位置づけられるものであった。つまり、中国東北地域の近代史も前近代史研究との密接な連携が必要であるといえよう。これまで、一部の研究は近代以前の中国東北地域を単なる「未開」の地のイメージでとらえようとしてきたが、それは必ずしも歴史的な事実ではない。前近代史と近代史との間の有機的な連関を探ることにより、これまでの東北近代史研究が十分に見出すことのできなかった問題への接近が可能となるであろう。

第三に、東亜勧業の歴史は、中国史、日本史、朝鮮史、モンゴル史研究などが課題とする内容を包括的に含んでおり、それらの問題は各国史研究の領域内部では完結しえない広がりを有していた。これまでの近代史研究はしばしば各国史の枠組みの内側で収斂しがちであった。しかし、たとえば、本稿が論じた日本企業の中国東北地域における活動の歴史などを考察していくためには、「各国史」の研究者が共同で議論に参加できる場が必要となってくるであろう。

注

(1) 安藤実「中日実業会社」外務省外交史料館日本外交史辞典編纂委員会『新版　日本外交史辞典』(一九九二年、山川出版社)五九二頁。

(2) 『大正拾年六月刊行　第六版人事興信録』(東京人事興信所、大正十年)く四一頁。

(3) 同右、を(お)三七頁。

(4) 「満洲勧業株式会社設立趣意書」「同企業目論見書」「同企業予算書」「同収支予算書」「同定款」『日本外務省外交史料館所蔵外務省記録』1.7.10.32「満洲勧業株式会社関係雑纂」(一冊)所収。なお、満洲勧業株式会社の設立失敗、東亜勧業株式会社設立の詳しい経緯については、拙稿「近代東北アジア地域の経済統合と日本の国策会社——東亜勧業株式会社の事例から」『東北アジア研究』第八号(二〇〇四年三月)を参照のこと。

(5)「大正八年十一月二十七日付赤塚奉天総領事から内田外務大臣宛公電第三五七号」前掲「満洲勧業株式会社関係雑纂」所収。

(6)前掲『人事興信録』あ五二—五三頁。なお、荒井泰治の伝記として、奥山十平、荒井一郎編輯『荒井泰治傳』(大正五年)がある。

(7)田邊種治朗『東三省官紳録』(東三省官紳録刊行局、一九二四年)三—四頁。

(8)「各省経済協議会　大正九年十二月十六日於外務省」前掲「満洲勧業株式会社関係雑纂」所収。

(9)「東亜勧業株式会社設立ニ関スル協定事項」『日本外務省外交史料館所蔵　外務省記録』1.7.10.34「東亜勧業株式会社関係雑纂」(第一巻)所収。

(10)馬場明「東方会議」前掲『新版　日本外交史辞典』六四五—六四七頁。

(11)「東亜勧業会社創立委員会協定要領」「大正十年九月五日付東洋拓殖株式会社理事川上常郎から芳澤亜細亜局長宛書簡」前掲「東亜勧業株式会社関係雑纂」(第一巻)所収。

(12)『東亜勧業株式会社拾年史』(東亜勧業株式会社、昭和八年)一七頁。

(13)前掲「東亜勧業会社創立委員会協定要領」。

(14)前掲『東亜勧業株式会社拾年史』五頁。「大正十年十二月十日付東亜勧業株式会社創立委員長倉知鐵吉から内田外務大臣宛書簡」前掲「東亜勧業株式会社関係雑纂」(第一巻)所収。

(15)「大正十一年三月四日付奉天勧業公司大渕・佐々木専務取締役から東亜勧業株式会社社長宛暗号電報写」前掲「東亜勧業株式会社関係雑纂」(第一巻)所収。

(16)前掲『東亜勧業株式会社拾年史』六四—六六頁。「土地調査報告書」前掲「東亜勧業株式会社関係雑纂」(第二巻)所収。

(17)「東亜勧業株式会社設立趣意書」前掲「東亜勧業株式会社関係雑纂」(第一巻)所収。

(18)戦前期官僚制研究会編、秦郁彦著『戦前期日本官僚制の制度・組織・人事』(東京大学出版会、一九八一年)四七二、四四九頁。また、ソウル大学奎章閣所蔵「帝室債務審査会議事録」(八〇—一〇三—二〇六—K)のなかに、佐々木藤太郎が同委員会の委員、会長代理として朝鮮皇室の財産整理に関わっていたことが記されている。

(19)前掲『戦前期日本官僚制の制度・組織・人事』四五〇、四五五頁。

(20)前掲『東亜勧業株式会社拾年史』二二三—二二六、二六九—二七〇、二七四—二七五頁。

(21) 前掲『東亜勧業株式会社拾年史』一七頁。「大正十年十一月十七日付赤塚奉天総領事から内田外務大臣宛来電第四〇三号」「大正十年十一月二十一日付内田外務大臣から赤塚奉天総領事宛電報第二〇三号」前掲「東亜勧業株式会社関係雑纂」(第一巻)所収。

(22) 「土地調査報告書」前掲「東亜勧業株式会社関係雑纂」(第三巻)所収。

(23) 同「報告書」。

(24) 「土地評価委員会決議録(大正十一年四月)」前掲「東亜勧業株式会社関係雑纂」(第二巻)所収。

(25) 前掲「土地調査報告書」。

(26) 天海謙三郎『満洲舊慣調査報告書 皇産』(南満洲鉄道株式会社、大正三年)二〇九—二六二頁。

(27) 前掲『東亜勧業株式会社拾年史』八八—一〇九頁。前掲「土地調査報告書」。

(28) 前掲「土地調査報告書」。

(29) 拙稿「辛亥革命後、旧奉天省における官地の払い下げ」『東洋史研究』第五三巻三号(一九九四年十二月)。

(30) 前掲『満洲舊慣調査報告書 皇産』二二六—二三四頁。

(31) 前掲、拙稿「辛亥革命後、旧奉天省における官地の払い下げ」を参照のこと。

(32) 「丈放三陵窯柴官甸地畝冊及丈放章程布告 民国五年十月」遼寧省檔案館所蔵『奉天省長公署檔案』(文書番号三一七六五)。

(33) 前掲『東亜勧業株式会社拾年史』二六六—二六七頁。

(34) 前掲「丈放三陵窯柴官甸地畝冊及丈放章程布告 民国五年十月」。

(35) 蒙地については、亀淵龍長『満洲旧慣調査報告書 蒙地』(南満洲鉄道株式会社、大正三年)を参照。

(36) 「満洲国」時代の蒙地問題については、広川佐保『蒙地奉上——「満州国」の土地政策』(汲古書院、二〇〇五年刊行予定)が詳しい検討をおこなっている。

(37) 「大正四年六月十七日 在鉄嶺領事代理領事官補酒匂秀一から外務大臣加藤高明宛機密第二二号」「大正五年五月十九日 在鉄嶺領事代理領事官補酒匂秀一から外務大臣石井菊次郎宛機密第三四号」『日本外務省外交史料館所蔵 外務省記録』1.7.7 7-2「蒙古農牧事業関係雑件 二」所収。

(38) 前掲「土地調査報告書」。

(39)李相哲『満州における日本人経営新聞の歴史』(凱風社、二〇〇〇年)三九—四〇、四五—四七、六三—六九頁。
(40)「蒙古土地担保貸出ノ件」(東洋拓殖総裁石塚栄蔵から拓殖局園田書記官宛書簡、大正十年一月二十六日)前掲「東亜勧業株式会社関係雑纂」(第一巻)所収。「大正六年三月十六日 在鄭家屯副領事岩村成允から外務大臣本野一郎宛極秘送第二三号」「大正六年三月二十三日 在鄭家屯副領事岩村成允から外務大臣本野一郎宛極秘送第二七号」前掲「蒙古農牧事業関係雑件 一」所収。
(41)王樹楠、呉廷燮、金毓黻等纂『奉天通志』(一九三四年)巻一五五、七九頁、巻一六〇、五二頁(新装本・瀋陽古旧書店、一九八三年、第四冊、三六二三、三七一五頁)。
(42)「東蒙地帯ニ於ケル邦人ノ経営シ及経営セントスル事業位置要図」前掲「満洲勧業株式会社関係雑纂」所収。「巴林王旗内農牧事業(蒙古産業公司関係)」前掲「蒙古農牧事業関係雑件 一」所収。
(43)薄益雄・畠山睦子『新設 薄天鬼将軍伝』(阿賀の館—天鬼将軍館、平成七年)。
(44)『日本外務省外交史料館所蔵 外務省記録』1.7.7 7-1「蒙古農牧事業関係雑件 早間、佐々江、大倉関係 一」「同 二」に早間、佐々江関係の記録が残されている。
(45)「大正七年十一月 蒙古農牧事業関係雑件(別冊)関東都督府調査書」『日本外務省外交史料館所蔵 外務省記録』1.7.7 7-2に旭藤市郎関係の史料が残されている。
(46)「大正十四年五月二十三日 在奉天総領事船津辰一郎から外務大臣幣原喜重郎宛機密公第二三三号」前掲「蒙古農牧事業関係雑件 一」。
(47)前掲『東亜勧業株式会社拾年史』一—二頁。
*本稿は拙稿「中国東北地域における日本の会社による土地経営」『一橋論叢』第一三一巻四号(二〇〇四年四月)に大幅な加筆・修正をおこなったものである。

中国東北地域における大豆取引の動向と三井物産

塚瀬　進

はじめに

日露戦争後、中国東北地域（以下東北）には大きな経済変動が生じていた。鉄道が本格的に運行を始めたことから内陸部に流入する移民が増え、移民は開拓を進めた結果、農業生産は増加した。[1]また鉄道の運行は、内陸部で生産された農産物の大量輸送を可能とし、農産物の商品化を推し進めた。その一方で、日本やヨーロッパに輸出される大豆が増えた。[2]一九〇七年の東北産大豆の輸移出量は一六万トンであったが、〇九年には九三万トンに増え、以後増減はあったが二九年には二七二万トンに達した[3]（図1）。大豆の生産・輸出は、日露戦争後に東北経済の重要な軸となった。

日露戦争後、東北産大豆は輸移出量が増えただけでなく、その輸移出経路も多様化した。日露戦争前では営口が唯一の輸移出港であったが、日露戦争後には大連、ウラジオストクから輸移出される大豆が増えた。大連から輸移出された大豆は、一九〇七年では四万トンにすぎなかったが、〇九年には四六万トンに、二九年には二一三万トンに達した。ウラジオストクから輸出された大豆は〇七年では一・八万トンにすぎなかったが、〇九年には二一万トンに、二七年には九九万トンを記録した。営口は日露戦争後ではその貿易機能の衰退が強調されてきたが、営口から輸移出された大豆は

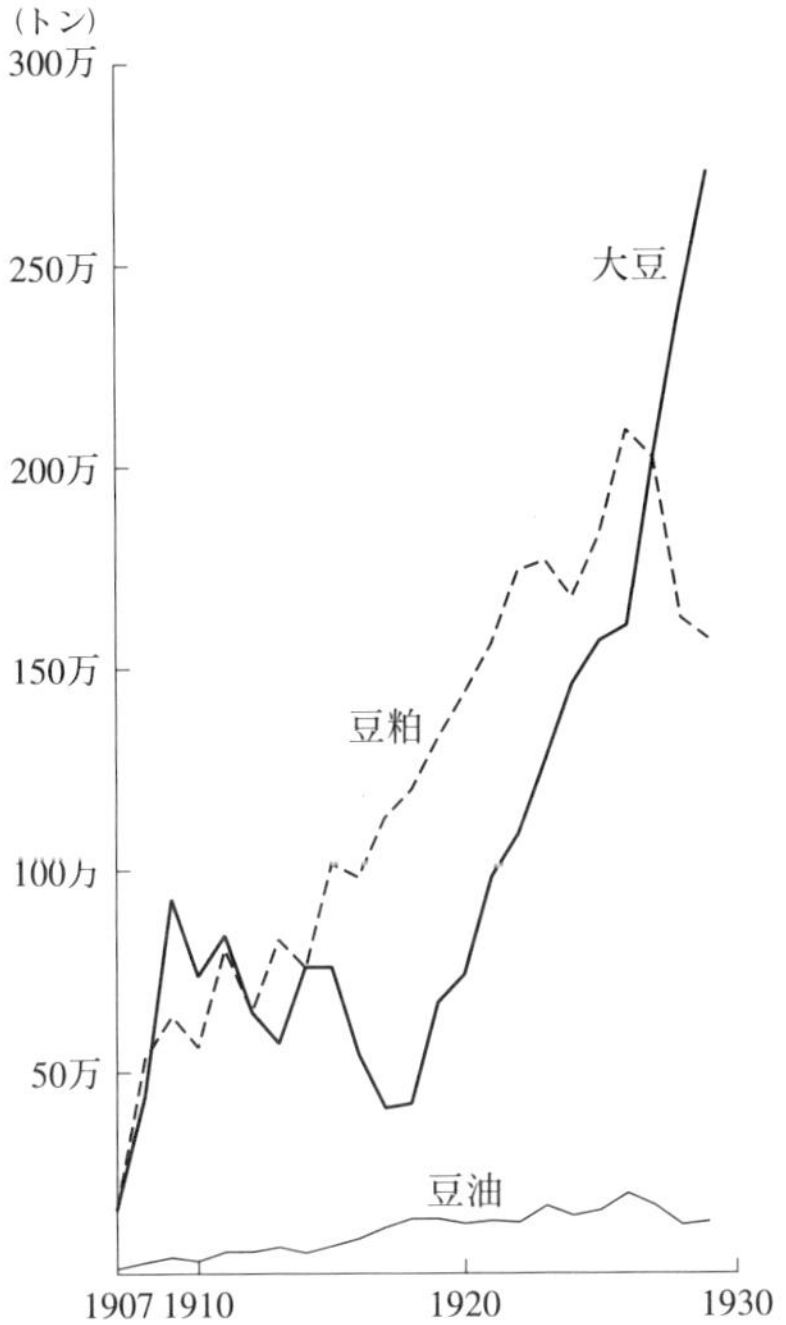

図１　東北産大豆三品の輸移出動向

注　大連，営口，安東，ウラジオストクの合計である。1907～11年の大豆は「豆類」である。
〔出典〕『北支那貿易年表　昭和５年』上編（1931年）175-176頁。ウラジオストクは，以下より作成した。1907年～08年「浦潮斯徳四十二年度貿易年報」『通商彙纂』臨時増刊１号（1911年），1909～11年「浦潮斯徳港経由大豆の輸出」『通商公報』３号（1913年），1912～29年『大連に於ける特産物の取引及採算』（1931年）５-６頁，53-54頁，93-94頁。

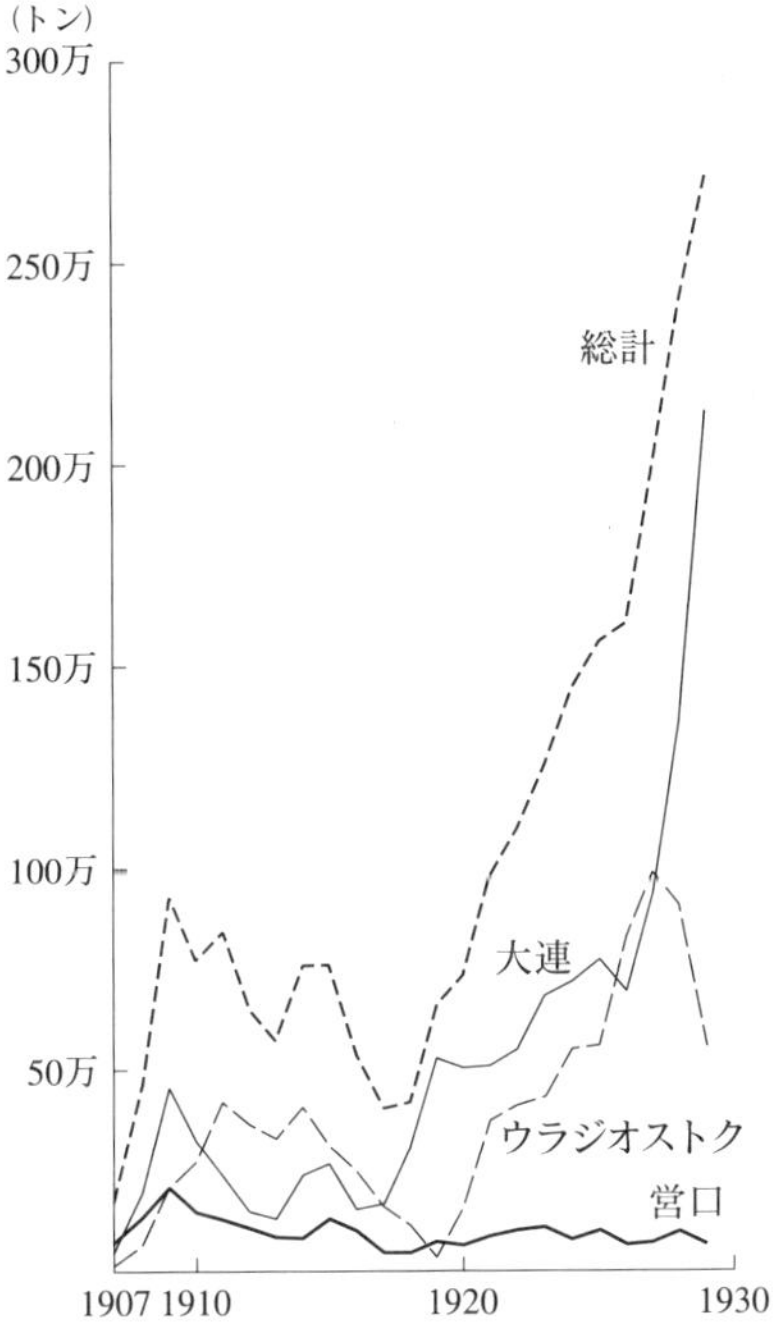

図２　大連，営口，ウラジオストクからの大豆輸移出動向

〔出典〕図１に同じ。

二九年まで一〇万トン前後の数量を保っていた（図2）。

大豆輸移出の増加に着目し、東北で大豆取引をおこなった日本商人の動向に関しては、すでにいくつかの研究が分析している。(4) これらの研究の問題点は、東北での大豆取引動向の変化との関わりから、日本商人の取引動向を考察する視点に乏しい点である。大豆輸移出の増加と輸移出経路の多様化が進展するなかで、大豆取引の制度は形成されたのであり、大豆取引を保証する制度的枠組みが存在する状況下で大豆取引が始まったわけではない。本稿では、大豆輸移出の増加や積出港の多様化が大豆取引にどのような変化をもたらしたのか、そうした市場動向のなかで三井物産はどのような大豆取引をしていたのか分析してみたい。三井物産を取り上げたのは、東北で活動した日本商人のなかでは最大規模なため、その動向は日本商人を代表すると考えたからである。(5)

これまでの研究では、日本帝国主義の対外進出政策との関わりから、換言すれば日本資本主義の状況が三井物産の東北での活動をいかに規定したのか、という観点から分析されてきた。本稿では東北市場の状況が三井物産の活動をどのように規定したのか、という観点から分析してみたい。それゆえ、世界市場を相手に取り引きしていた三井物産全体の営業動向のなかで、東北市場での三井物産の活動がどのような位置を占めたかについては分析の枠外にある。

検討時期は、第一次世界大戦の勃発により東北産大豆をめぐる市場状況は変化したことから一九一〇年代前半までにする。おもに使う資料は三井文庫所蔵の資料、「領事報告」、『満洲日日新聞』、日本人による調査報告書である。(6) これまで三井物産の東北での活動を述べる際には、村上一郎『満洲と三井』（一九四〇年）や増尾信之編『三井読本』（一九四三年）がしばしば引用されてきた。しかしながら、これらは三井物産の活動を称揚する観点から書かれたものである。より同時代に近い資料や三井文庫所蔵の資料群を利用できる現在においては、依拠する価値は低い。(7)

一　日露戦争以前の状況

日露戦争以前の東北において、外国商人が大豆取引をした場所は営口だけであった。営口で三井物産が大豆取引を始めた年度を、「領事報告」は一八九三年だとしている。この時点では「（遼河の）開河中社員ヲ派出シテ穀類」を買い付けるという、大豆の出回り期に限り社員を派遣する方法をとっていた(8)。営口に常駐的な出張員が置かれたのは、日清戦争後の九六年であった(9)。

三井物産は大豆生産農民から大豆を買い付けるのではなく、営口で活動した中国商人から大豆を買い付けた。営口での大豆取引は大屋子と呼ばれた問屋がおこない、代金の決済は銀爐と呼ばれた金融機関が発行する過爐銀でおこなわれた。過爐銀は銀両の保有が少ないことを補うために考案された帳簿上の通貨であり、実際に兌換できるのは年四回の決算日だけであった。兌換が制限されたことから、銀爐は少ない準備金でも多額の過爐銀を発行することができたので、たとえ銀両が乏しくても多額の取引ができるというメリットがあった。過爐銀の口座は営口商人の会員のみに開かれたので、ほかから来た商人は会員の仲介により取引をおこなわなければならなかった(10)。

中国商人が独自の取引方法をつくり上げ、市場を支配していた営口において三井物産が中国商人と競争して利益をあげることはむずかしかった。営口出張員は一八九八年に支店に昇格したが、成績不良のため翌九九年には再び出張員に戻された。その経緯について、九九年九月に出された「営口支店ヲ出張員ト為ス件」は、次のように述べている(11)。

> 営口支店ニ於ケル殆ント唯一ノ商売ハ大豆並大豆粕ノ取扱ニ有之処、本商務ニ就テハ支那人ノ競争最モ激甚ニ有之、之ニ対抗シテ商売ノ成立ト其拡張ヲ計ルニハ諸掛リヲ節減スルコト最緊要鍵ニ有之、然ルニ支店ノ制ハ之ニ伴フ尠ナカラサル経費ヲ要スル……当分ノ内本商売ノ助長ヲ計図スル為メ支店名義ヲ廃シ人員ヲ減シ、単ニ出張員ヲ常置

シテ兵庫支店ノ管轄ニ属セシムルコトニ致度。

中国商人との激しい競争という市場状況を認識した結果、三井物産が打ち出した方針は支店の縮小による経費削減という消極的なものであった。さらに出張員に格下げしても、「大豆大豆粕ノ買付並ニ船積等ノコトハ従来ト雖トモ専ラ東永茂ヲシテ之ヲ取扱ハ」してきたので、問題はないとも述べている。つまり営口で三井物産がおこなっていた大豆取引は、もっぱら中国商人の東永茂に依存した取引だったのである。

三井物産による営口での大豆・豆粕取引は、その後もうまくいかなかった。一九〇二年の支店長会議で山本条太郎は、営口での豆粕取引はもう一〇年あまりおこなわれたが、かんばしい利益をあげていないので廃止しては、と発言した。これに対して神戸支店の遠藤大三郎は、今年はこれまでの営業方法を変更し、怡生号という中国商人と提携して豆粕取引を始めたので、もう少し結果は待ってほしいと発言した。また中国商人との競争がむずかしい理由として、中国商人は「見込買ヲ為シ三年又ハ五年ノ損益ヲ平均シツヽ、アリ。之ト競争セサルヘカラサルカ故ニ大ニ骨カ折レタルナリ」と述べている[12]。

このやり取りからは、三井物産は営口での豆粕取引に適した営業をおこなうことができず、そうした状況を打開する方向として中国商人との提携がとられたこと、中国商人とは利益に対する考え方が異なるため、競争がむずかしい状況を知ることができる。

怡生号と提携したことから、翌一九〇三年には「支那人ノ取扱ノ模様モ能ク分リ、牛荘出張員モ支那人ト共ニ問屋ヲ駆ケテ廻ハルヤウ」になった[13]。そのため、「清商怡生号ト連合同盟ノ効果著シク現ハレ、大ニ取扱高進ミ五十三万余担、其価額百二十七万四千余円ニ上リ、前期ニ比シ四割強ノ増加ナリ」という結果を出すことができた[14]。

三井物産は日清戦争後の一八九六年から営口に営業拠点を設けて大豆取引をしたが、かんばしい利益を出すことができず、一九〇二年から中国商人と提携することにより、ようやく利益を出すことができた。中国商人の大屋子が取引をおこない、過爐銀により決済するという営口市場のなかで、三井物産が主導的な取引をすることはできず、中国商人と提携するしかなかったと指摘できよう。

営口以外の場所では、一九〇〇年一月に「関東省《ママ》出張員」が旅順に置かれた(15)。しかしながら、旅順での商売は中東鉄道への石炭販売が主であり、大豆取引ではなかった。その理由は、旅順は新開地のため「商人も居らず又仕組もないので普通の商売」はできない状態にあった(16)。ロシアにより開かれたばかりという旅順の状況が、三井物産の活動を規制していたのである。一九〇三年四月に関東省出張員は、その所在地を大連に移した(17)。

日露戦争前において、三井物産は内陸部の奉天などに営業拠点は設けていず、営口と旅順(のちに大連へ移転)という沿岸都市に営業拠点を設けていた。常駐する社員は少なく、一九〇三年には合計七名の社員がいたにすぎなかった(18)。日露戦争前の大豆・豆粕の輸移出先は中国関内と日本であり、ヨーロッパへは輸出されていなかった。東北産大豆・豆粕の外国市場は日本だけであり、営口だけが外国商人の大豆取引地だという単一的な取引・輸移出状況は、日露戦争後に大きく変化した。

二　日露戦争と三井物産

日露戦争の勃発により営口出張員、関東省出張員は引き揚げざるをえなくなり、それゆえ貿易面での利益は減少を余儀なくされた(19)。しかし、三井物産の社員は日本軍に従軍し、日本軍が消費する軍需品をあつかい利益をあげていた(20)。一九〇五年の支店長諮問会議において、渡辺専務理事は今後の三井物産の活動は海外であり、朝鮮・中国に積極的に勢力を広めることを主張した(21)。こうした方針を受け、東北でも営業網の拡大がなされた。

日露戦争が終結した翌一九〇六年に、三井物産は営口を支店にするとともに、奉天、鉄嶺、安東に出張員を常駐させ

表1　東北における三井物産の支店・出張所の変遷

年	1896	1898	1899	1900	1905	1906	1907	1908	1909	1910	1911	1912
営口	出張員	支店	出張員			支店			出張所	満洲営業部（1912年廃止）		
関東省				出張員（1903年大連に移転）								
大連					出張員		出張所					支店
奉天						出張員			出張所			
鉄嶺						出張員			出張所			
安東						出張員			出張所			
長春（寛城子）							出張員		出張所			
ハルビン								出張員			出張所	
ウラジオストク								出張員				

注　吉林出張員は1908年に置かれたが，1909年には存在していない。満洲営業部は大連におかれ，全支店・出張所を統轄。
〔出典〕「職員録」三井文庫所蔵各年版から作成。

内陸部での活動に着手した（表1）。営業網拡大の背景について、営口支店長は〇七年の支店長諮問会議で次のように述べていた。[22]

満洲ニ於ケル肥料商売ハ此処一両年間大ニ其趣ヲ異ニシ、年一年其状態ヒ《ママ》異ニシ来リ、即チ十年若クハ五年前ノ肥料取扱振ハ営口ニ一ノ店舗ヲ有シ、之ニ神戸支店肥料部ノ出張員ヲ両名程置キタルニ過キスシテ、当時ハ豆・豆粕モ一々神戸支店ノ指揮ニ依リテ買入ヲ為シツヽアリシカ、日露戦争後満洲方面ノ商売ハ大ニ拡張スルノ必要アリ、遂ニ営口ニ支店ヲ置キ又満洲内地ノ枢要ナル地ニハ新ニ店舗ヲ開キ、大ニ豆・豆粕商売ニ力ヲ用ヒントスル場合ニ至レリ。

東北での大豆取引は日露戦争後に大きく増えたので、営口を支店に格上げし、各地に出張員を派遣して大豆取引をおこなうという積極的な営業方針に転換したと指摘できよう。営業拠点が増えたことに対応して取引の制度化も進め、一九〇七年に「満洲貿易共通計算取扱規則」を制定して、各地の出張員がばらばらな基準で取り引きしないようにした。[23] 三井物産が内陸部での活動を始めた〇六年は、大豆輸送ルートに変化が生じた年度でもあった。〇七年の支店長諮問会議で営口支店長は次のように報告した。[24]

昨年［一九〇六年］冬ノ収穫ハ鉄道沿線ノモノハ殆ト全部満洲鉄

道各停車場ニ集中セリト不可ナキ程云フモ集散ノ模様ヲ一変セリ、従来満洲ニ於ケル農家ハ春季遼河ノ開通ヲ待チ、初メテ営口ニ送出ス方法ヲ執リタリシモ、大ニ其不利ヲ覚リ、大豆ノ収穫アルニ従ヒ満洲鉄道ノ各停車場ニ運搬シ……。

一九〇六年から大豆は遼河の水運により営口に輸送されるのではなく、鉄道が使われるようになった状況を指摘している。そのため大連に集まる大豆は増え、大豆の輸送ルートは遼河―営口から満鉄―大連へと変化した(25)。

内陸部にも営業拠点が設けられたこと、大豆輸送ルートの変化により大連が大豆取引地として台頭したため、営口支店の役割は地盤沈下した。それゆえ大豆取引の拠点は従来のように営口に置くのか、それとも大連に置くのかという、大豆取引の中心地をめぐる議論が三井物産内ではおこなわれた。

かつて営口で働いた依田治作は一九〇六年秋に東北を視察し、鉄嶺以北の大豆は営口よりも大連に輸送するほうが安いこと、さらに鉄道により大連に輸送される大豆が増えたことを知った。そのため〇七年の米穀肥料打合会議において、今後の大豆取引は大連を中心にすることを主張した。この主張に対して営口支店長の井上泰三は、大連は新開地のため金融機関や取引機構が不備な点を指摘し、営口に金融機関は集中していることから、今後も営口を中心に大豆取引をおこなう必要があると主張した(26)。

このように三井物産内では大豆取引の拠点について意見が分かれ、決着がつかない状況であったが、営口支店の経営状況はよくなかった。その原因は、日露戦争以前と同様に中国商人に依存するという状況が依然として改まっていない点にあった。

一九〇六年の支店長諮問会議で山本条太郎は、大量の豆粕を取り扱おうとするならば、中国商人（東永茂、東盛和など）との協力が不可欠なのかと質問した。これに対して井上泰三（営口支店長）は、「然リ買入レ難シ」と答えた。山本はさらに中国商人に依存した取引では利益は少ないので、三井物産が「支那人ノ地位ニ立チ、自カラ問屋トナルコトハ困難ナルヤ」と質問した。井上は「何分我々外国人ナレハ支那人ト互ニ往来シテ煙草ヲ飲ミ合フトカ、茶ヲ飲ムト云フ事ヲ為シ悪キ場合モアリ」と述べ、中国人問屋に取って代わることはできないと答えた。[27] 井上は〇七年の支店長会議でも、大豆・豆粕の買い入れでも、綿製品などの輸入品を売りさばくにも中国商人を経る必要があり、三井物産が独自でおこなうのは困難だと述べていた。[28]

営口支店の収支はかんばしくなく、一九〇七年上半期には一一万円あまりの損失を出し、下半期も約五万円の損失を出してしまった。[29] 井上泰三（営口支店長）は〇七年九月に営業方針の刷新を出張員に伝え、支店の立て直しを図るなか、[30] 十一月に営口の巨商東盛和が倒産し、営口市場は混乱に陥った。[31] 東盛和と提携して豆粕を取り引きしていた三井物産の被害も大きく、〇八年上半期の損失は約四八万円にのぼった。[32] この責任をとって井上は営口支店長を辞めた。この後、三井物産は大連を拠点とする営業活動へと移行し、〇九年に営口は支店から出張所に降格された。

三井物産は内陸部に営業網を拡大する一方で、ウラジオストクから輸出される東北産大豆にも着目していた。[33] 日露戦争後に中東鉄道が本格的な運行を始めたため、ウラジオストクから輸出される東北産の大豆・豆粕の輸出も増えた。[34] その輸出先はおもに日本であり、[35] 三井物産は一九〇七年から日本への大豆・豆粕輸出に関わった。[36]

ウラジオストクから輸出された大豆は、日本国内で良好な評価を得ていた。一九〇七年の支店長諮問会議で遠藤大三郎（神戸支店長）は、ウラジオストクから来る大豆は「牛荘［営口］物ヨリ一割余モ割安ナリ、其品質如何ト云フニ是亦牛荘物ト大差ナシ」なので、今後は輸入を増やす必要があると述べている。[37]

ウラジオストクから輸出する大豆を買い付ける場合、ウラジオストクを拠点にするロシア商人から買うことも選択肢の一つであったが、三井物産はこうした取引は「姑息ノ事」であり、ハルビンに出張員を置いて取引することにした。[38] このため一九〇七年四月に大連出張員の藤岡清太郎がハルビンに派遣され、大豆の買い付けを始めた。[39] 翌〇八年にはハルビン出張員とウラジオストク出張員が置かれた。

一九〇八年までに三井物産は営口、大連、安東、奉天、鉄嶺、長春、ハルビン、ウラジオストクに営業拠点を設けた。東北各地の支店・出張所に勤める三井物産の社員数は、〇八年三月には約七〇名に増えた。[40] 以後、これら以外の場所に臨時的な出張員が派遣されることはあったが、常設的な営業拠点は置かれなかった。つまり、〇八年は東北における三井物産の営業拠点ができ上がった年度だと指摘できる。

こうしたなか、一九〇八年に三井物産はヨーロッパ市場への大豆輸出を始めた。そのため翌〇九年からは欧米商人が大豆取引に参入し、東北での大豆取引をめぐる状況はより複雑化した。以下では〇八年以降の状況についてみてみたい。

三　ヨーロッパ市場開拓後の大豆取引

大連からヨーロッパへの東北産大豆の輸出は、三井物産が一九〇八年に始めた。[41] 〇八年、〇九年ともに二七万トンの大豆が大連からヨーロッパへ輸出されたが、一〇年以降の輸出量は低迷している（表2）。表2は、一〇年以降大連からヨーロッパへ輸出された大豆は少なく、ウラジオストクから輸出された大豆は多かったことを示している。

ウラジオストクからヨーロッパへの東北産大豆の輸出は、一九〇八年二月にロシア商人がはじめておこなった。[42] ヨーロッパへの大豆輸出は三井物産が始めたという見解が根強いが、三井物産が始めたのは大連からヨーロッパへの輸出であり、ウラジオストクからヨーロッパへの輸出ではない。[43] 三井物産はウラジオストクから日本への大豆輸出は〇七年に始めたが、ウラジオストクからヨーロッパへ輸出を始めた年月について、三井物産の「支店長会議録」や「営業報告書」は述べていない。ハルビン総領事の川上俊彦が小村寿太郎外務大臣に宛てた報告によると、三井物産がウラジオストクからヨーロッパに大豆輸出を始めたのは〇八年後半であったとしている。[44]

中国関内に移出された大豆の多くは、営口から積み出された。大連から積み出された大豆もあったが、大連からの増

表2　大豆の仕向け地別輸移出動向　（千トン）

年	日本向 大連	ウラジオ	営口	合計	ヨーロッパ向 大連	ウラジオ	営口	合計	中国向 大連	ウラジオ	営口	合計
1907	87	44	11	142	12	10	—	21	104	24	103	232
1908	141	1	9	151	271	239	—	510	73	—	181	254
1909	74	8	17	99	270	276	—	546	38	—	126	164
1910	154	22	15	191	23	357	—	380	94	—	135	230
1911	102	35	7	144	19	358	—	377	63	6	91	160
1912	77	87	12	177	—	259	—	259	59	16	73	148
1913	127	64	6	197	5	267	—	272	35	—	68	103
1914	109	141	—	251	41	264	—	305	170	4	108	282
1915	29	203	—	232	49	116	—	165	47	—	92	139
1916	59	230	—	290	51	25	—	75	81	—	56	137
1917	217	166	2	385	—	—	—	-	58	—	39	98
1918	293	41	32	365	207	21	—	228	34	—	35	68
1919	335	13	2	350	63	26	—	89	58	—	54	112

注　年度は11月から翌年10月まで。
〔出典〕 1907〜11年は関東都督府民政部庶務課『満蒙経済要覧』(1917年)543-544頁，1912〜19年は満洲重要物産同業組合編『満洲重要物産統計年鑑　自明治42年10月至大正9年9月』(1921年) 252頁，より作成。

加が営口からの減少をもたらすような対抗的な傾向は読み取ることはできない。

従来の東北産大豆の輸移出をめぐる議論は、大連と日本との関係から論じられており、ウラジオストクや営口の動向は等閑視されてきた。日露戦争後、東北産大豆は営口、大連、ウラジオストクの三港から輸移出されるようになり、大豆を取り引きする商人は取引に有利な積出港を利用していた。三井物産がヨーロッパへの大豆輸出を始めて以後、大連から輸移出された大豆は急増したかのようなイメージがある。しかしながら、一九一一年から一六年にかけてはウラジオストクからの輸出量のほうが大連を上回っていた（図2）。国境の内側だけではなく、その外側でおこなわれた大豆取引をも視野に入れ、総体的な大豆の輸移出動向を考察しなければ、一面的な理解になってしまう。

一九〇八年に東北産大豆はヨーロッパ市場へ輸出されるようになったため、翌〇九年から欧米商人も東北で大豆を買い付け始めた。〇九年の大豆買い付けは、サミュール、ジャーデンなどの欧米商人、三井物産などの日本商人、奉天官銀号下の公済桟などの中国商人という三者が争う展開となった。(45)

そうしたなかで問題となったのは、大豆生産農民との先物契約（青田契約）の不履行であった。各商人は争って大豆を買い付けたため、大豆価格は先物契約時より高騰した。その結果、先物契約を履行せず、ほかへ売却する農民が続出した。先物契約の履行を監督する機関も、不履行に関する法的保護もなかったため、欧米商人や日本商人は大きな損害を受けた。[46] 翌一〇年以降、大豆取引商の間には先物契約への警戒感が強まり、[47] 三井物産は堅実な先物契約しかおこなわないことにした。

大連からの大豆輸出は伸び悩んでいたが、東北貿易の中心地は営口ではなく大連に移動することが明白になった。そこで三井物産は大連に満洲営業部を置き、満洲営業部が営口、奉天、鉄嶺、長春、ハルビン、ウラジオストクの六営業所を統括するという組織変更を一九一〇年におこなった。[48] 満洲営業部は一二年に大連支店が設置されるに伴い廃止され、以後大連支店が営業の中心になった。[49] 大連支店に勤務する使用人は、一三年には日本人一三二名、中国人九六名の総計二二八名に達した。[50]

ウラジオストクから輸出された大豆の大半はハルビンで取り引きされた。ハルビンの大豆取引商は一九〇八年の時点では一〇軒ほどしかなかったが、[51] 以後大豆取引は盛んになり、ハルビン相場は大豆取引に影響を及ぼすようになった。[52] 三井物産も〇八年に出張所を置き、ハルビン出張所は一三年十一月には一三名の社員が駐在するまでに拡充され、営口出張所の社員数一一名を上回った。[53] このときハルビン出張所は大連支店に次ぐ規模になり、以後も東北第二の営業拠点として存続した。

第一次世界大戦までに三井物産は、大連支店を頂点とする営業網、取引拠点を東北市場につくり上げた。とはいえ、三井物産が大豆取引において優位を占めたのは、海外に輸出する局面だけであった。農民から大豆を買い付ける段階では中国商人が優位にあり、外国商人の参入はむずかしかった。三井物産が多数の営業拠点、社員を配置したという事実から、大豆取引の全過程を掌握したという見解を導くことはできない。

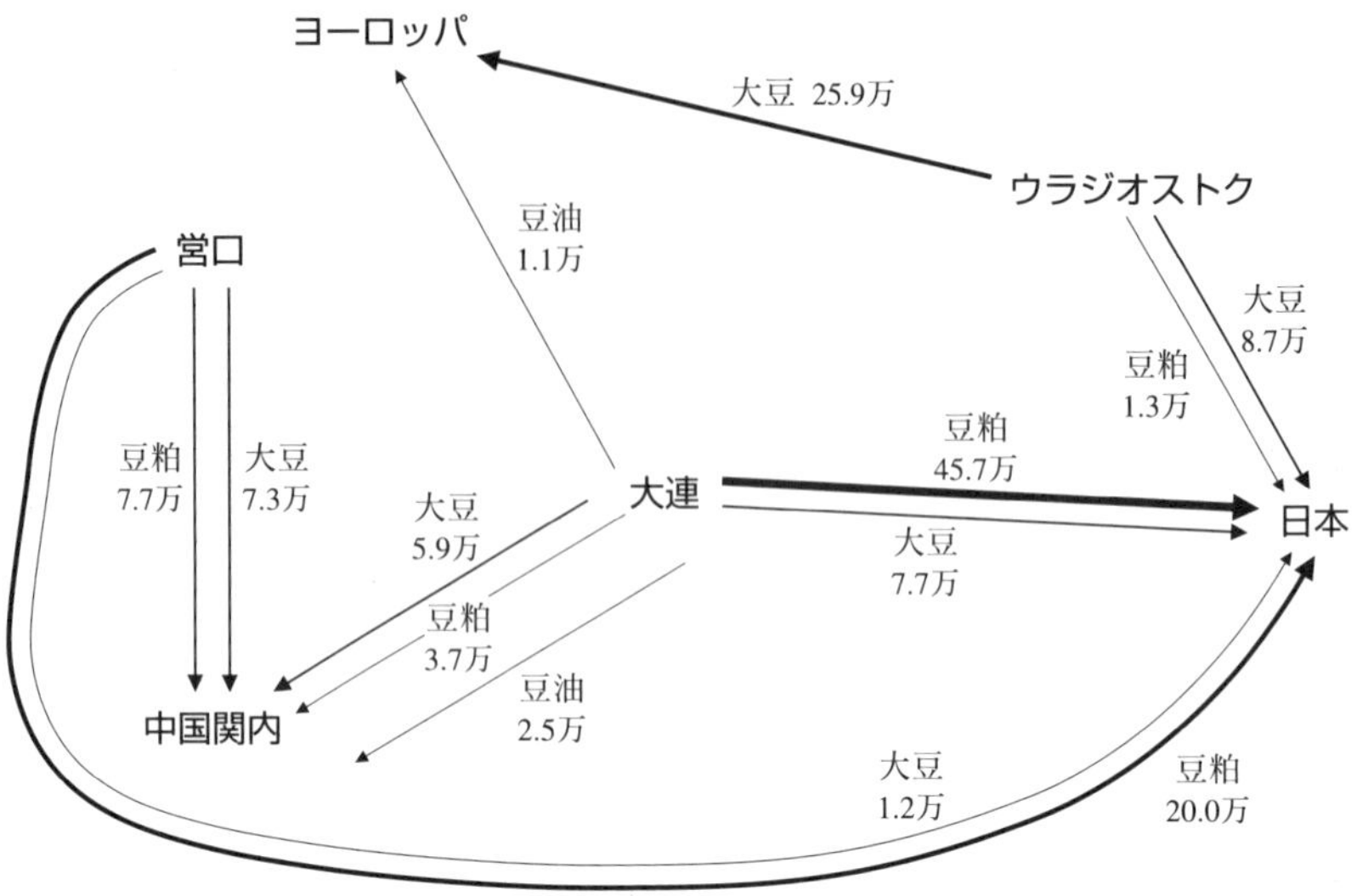

図３　大豆三品の輸移出状況(1912年)

注　1万トン以下は省略した。
〔出典〕『満洲重要物産統計年鑑　自明治42年10月至大正９年９月』(1921年)252頁より作成。

また、営業網の拡大は必ずしも利益の増加には結び付いていなかった。一九一三年の支店長会議で安川雄之助(大連支店長)は、東北の支店・出張所の使用人一人あたりの取扱高は他支店より少なく、にもかかわらず、その給料は他支店より高く、人件費が利益を食いつぶしているのは事実だと認めた。しかしながら出張所を減らし、経費を削減することは無理だとも主張した。その理由として、取引相手の中国商人は資本が乏しく、多額の注文をこなす力量がないため、もしその地の商人と「多額ノ取扱ヲ為サントセハ、危険多クシテ僅ノ数量ヨリ約定出来サル始末ナレハ、結局集中ノ方針ハ甚タ見込少シ」と説明した(54)。

内陸部に設けた倉庫についても、「本年多クノ数量集ルコトアルモ、翌年ハ集マラスト云フカ如ク、品物ノ集散場所一定セス、折角設備ヲ為スモ必要ナキニ至ルコト多キ」と述べ、倉庫を持つことがほかの商人との競争上決定的な差を生む要因ではないので、今後は新たに設ける必要はないとも主張していた(55)。

資本の乏しい取引相手の中国商人、毎年変化する大豆の出回りといった東北市場の動向に、三井物産の活動も規定されていたと指摘できよう。

日露戦争後、東北産大豆は大連、営口、ウラジオストクから積み出され、日本、中国関内、ヨーロッパに向かうようになった。つまり積出港と輸移出先が増え、東北産大豆の輸送経路は多様化したのである。図3は一九一二年の大豆三品の輸移出状況を示している。これによると、大連からヨーロッパに輸出された大豆はなく、営口からヨーロッパに輸出された大豆もない。また大連から日本へは豆粕のほうが大豆より多く、ウラジオストクから日本へはその反対で大豆のほうが豆粕より多い。その時々の相場動向、取引状況が積出港と販売先を決めていたと考えられる。

三井物産もこうした市場状況と無関係ではなかった。三井物産が毎年どれだけの大豆をあつかったのか、その詳細はわからないが、一九一〇年十一月から一一年十月までについては「事業報告書」に取扱高が掲載されている。これによると、大連から日本へ輸出された大豆の一一%、ウラジオストクから日本へ輸出された大豆の六五%、ウラジオストクからヨーロッパへ輸出された大豆の二一%をあつかったとしている。大連からヨーロッパへ輸出する大豆はあつかっていない。(56) この期間、三井物産は大連よりウラジオストクから多くの大豆を積み出し、その輸出先はヨーロッパより日本のほうが多かったとまとめられよう。

ヨーロッパへの大豆輸出が少ない理由として、一九一三年の支店長会議で大連支店長の安川雄之助は、ロンドンの大豆相場は安く、とても引き合わないので、やむなく日本で売却したと述べている。(57) 三井物産は大豆相場を勘案して利益の出る場所に大豆を売却していたのであり、損失を出してまでロンドンで売却することにこだわってはいなかった。

四　大豆取引をめぐる問題点

三井物産は日本とは異なる市場状況にある東北で大豆取引をしたので、当然のことながら日本国内と同じ取引はできなかった。日本には存在しない東北固有の取引慣習、経済状況に対して三井物産はどのように対応したのか、以下では取引方法や金融面での問題点を指摘したい。

まず、三井物産は大豆取引にあたって、どのような方針で臨んでいたのか、一九一〇年十月に制定された「満洲営業部大豆取扱規定」を考察してみたい[58]。この規定の特徴は、以下の四点にまとめられる。第一に、大豆取引にあたっては反対商との競争が激しいだけでなく、取引先の商人の信用は薄弱な場合が多いので、「安全鞏固ヲ旨トシ、取扱高ノ多キヲ競ハ」ないようにする。第二に、現物大豆の購入を基本とし、先物は一五日以内に受け渡されるものに限り、期間の長い先物契約は禁止している。第三に、先物契約をする相手には信用確実な生産者または大豆商を選び、一度に巨額の契約をしない。第四に、先物契約にあたって前貸金を渡す場合には、契約相手の信用に注意し、一回の契約ごとに精算すること、といった内容が決められている。

この規定は先物契約にあたっての注意を詳しく決めており、思惑的、投機的な先物契約は避け、安全、確実さを基本方針にしている。一九一〇年の時点で三井物産は先物契約の危険性を認識し、信用不確かな中国商人や大豆生産農民と先物契約はしないことを規定化していたのである。

一九一三年十月に「大連支店大豆取扱規定」が新たに制定されたが、この規定は「満洲営業部大豆取扱規定」の内容を受け継いでつくられており、先物契約に関する基本方針はかわっていない[59]。第一次大戦前において、三井物産は東北市場では堅実な大豆取引を基本方針にし、先物契約を拡大する方針はとっていなかったと指摘できよう。

一九一一年の「事業報告書」には堅実な先物契約をしていた様子として、「北満大豆ノ反対商トシテハ東亜、カバルキン、ニウマン、ナタンソン、マンチュリア」があり、なかでも「東亜ハ依然トシテ当社ノ一大競争者ニシテ盛ニ手ヲ拡ケ、前貸金ノ慣例ヲ踏襲」しているが、前貸金を踏み倒された損害も大きいので、「当社ノ手堅キ方針ヲ学ハントスルニ至レリ」という記述がある[60]。

堅実な大豆取引をおこなうという方針の結果、東北の支店・出張所は確実な取引をおこない、かつ利益をあげるというむずかしい要求に応えなければならなかった。一九一三年におこなわれた支店長会議での安川雄之助（大連支店長）の発言からは、確実さと利益の間に挟まれ、動きづらくなっていた様子がうかがえる。

安川は、ヨーロッパ向けの大豆をもう少し増やすことはできないかという質問に対し、大豆の買い付けを増やそうとするならば、規定からはずれた先物契約をする必要があると述べた。(61) つまり、規定を守っていては大量に大豆を買い付けるのはむずかしく、利益を増やすこともできないと認識していたのである。さらに安川は、東北市場での大豆取引は注文に従って売買するような取引とは異なり、「見込ニテ為ス外ナキモノ」だと理解していた。それゆえ利益をあげようとするならば市場状況に則した臨機応変な対応が必要であり、「只徒ラニ規則ニ拘泥シテハ取扱ヲ為シ得サル」と述べ、重役たちに大豆取引に関する規定の見直しを提案した。しかしながら、この安川の提案は取り上げられなかった。(62)

三井物産は中国商人を通して大豆を買い付け、大豆生産農民と直接取り引きすることはほとんどなかったと考えられる。その理由として金融状況をあげたい。

東北の中国商人や農民が日常的に使っていた通貨は小銀貨であった。しかし、各種の小銀貨が流通しており、また大量に用意するには時間がかかり、大豆取引の決済に苦労することもあった。たとえば一九〇九年の『満洲日日新聞』には、豆粕一万枚の購入には代金として約一万一五〇〇円が必要となる。これを小銀貨で用意するのだが、「各種小額の購買力を有する混合貨幣」を使わなければならないので、一万一五〇〇円を用意するには「熟練せる支那人を使用して尚ほ五人が約半日を要」したという。(63)

小銀貨の流通状況は大豆取引にも影響を及ぼしていた。たとえば、一九一二年には小銀貨が不足したことから小銀貨の相場は上昇し、金一〇〇円に対して小銀貨一一九円になった。そのため大豆価格も高騰してしまい、大豆をあつかう商人はその買い付けに苦慮していた。(64) また、小銀貨が払底した場所に大豆は出回らず、小銀貨が豊富な場所に大豆は向かう傾向があった[65]。

こうした金融状況に対して、日本商人は横浜正金銀行が発行する鈔票を使うことで対応した。しかしながら、大豆生産農民は鈔票を受け取る習慣に乏しかったので、農民から大豆を買い付ける際には小銀貨が不可欠であった。にもかかわらず、横浜正金銀行は小銀貨の兌換を拒否していた[66]。それゆえ、日本商人は小銀貨の確保がうまくできず、大豆生産農民と直接取り引きすることをむずかしくしていた。

三井物産が大豆生産農民との先物契約を拡大しなかった原因は、その制度が不完全な点にもあったが、大豆生産農民との取引に必要な小銀貨の入手がむずかしかった点も原因の一つとしてあげられる。

次に、三井物産が日本では遭遇しなかった、東北市場ならではのトラブルを取り上げ、大豆取引をめぐる日本商人と中国商人の意識の違いについて考察してみたい。

一九〇九年十一月に三井物産奉天出張所は購入した期餅（受け渡し期日を指定して購入した豆粕）を日本に輸出せず、奉天で売却したのがことの発端であった。期餅七五〇〇枚を聚順東、永興海などの中国商人に売却し、その代金を奉天出張所が保有する泰興順という中国商が振り出した「飛字」で払うことにした。「飛字」とは有価証券のようなもので、この場合は豆粕の受け渡しを約束したものであった。聚順東は豆粕一〇〇〇枚の「飛字」を一〇九〇円で買い、永興海は豆粕二〇〇〇枚の「飛字」を二一六三円で買った。

ところが「飛字」に記された受け渡しの期日前に泰興順は破産してしまい、聚順東と永興海は豆粕を受け取ることができなくなった。そこで聚順東と永興海は、泰興順の振り出した「飛字」を売った三井物産奉天出張所に損害賠償を要求した。しかし、三井物産はその要求を拒絶した。聚順東と永興海は納得せず、商務総会に訴え、あくまで三井物産からの損害賠償にこだわった[67]。三井物産は、「飛字」の権利義務は発行人と持参人の両者の関係にとどまると主張し、損害賠償の必要はないとした。これに対して商務総会は、三井物産の「飛字」に関する理解は適正でない点があるとして、損以下のように反論した。

A商からB商が定期渡貨物についての「飛字」を購入し、いまだ受け渡し期限が到来する前にB商がC商に転売するときは、B商はA商に対して帳簿上の名義変更を申し出る必要がある。もしA商が倒産したときは、帳簿上の名義人がその損失を負うことが中国の「商規」である。今回の場合、三井物産は帳簿の名義変更をしていないので、三井物産にも責任は及ぶ。また聚順東、永興海と契約した受け渡しの期日以前に泰興順は倒産しており、聚順東と永興海は三井物産との取引であるからこそ、泰興順の「飛字」を受け取ったのである。いわば聚順東と永興海は三井物産を信用して取り引きしたのであるから、受け渡しの期日以前に泰興順が倒産したことに、三井物産も責任を負う必要があると主張した。さらに、三井物産は多額の資本を有する大商社なので、その信用は高い。それゆえ、商売上トラブルが生じたときには、大商社ならではの対応をしてほしいとも主張した。

こうした商務総会の主張に日本人が組織する奉天商業会議所も同調し、三井物産に責任があると主張した。しかし、三井物産は納得しなかった。領事館や外務省とも相談して反論すると息巻いたが、その後三井物産の主張が認められたという報道はない(68)。

「飛字」の権利義務関係は、発行人と持参人の両者間にとどまるという三井物産の見解は否定された。このトラブルからは「飛字」の法的理解の違いだけでなく、取引をする当事者の社会的信用といった側面も重視された点を知ることができる。

むすびにかえて

日露戦争後に三井物産は東北市場での営業網を拡大し、数万トンの大豆を買い付け、大連やウラジオストクから日本やヨーロッパへ輸出することを始めた。こうした三井物産の東北市場での活動を日本側からみるならば、日本資本による東北市場支配の一翼を担ったと評価できよう。しかしながら東北側からみるならば、鉄道の運行開始に起因した移民の増加による農業生産の増加と大豆商品化の進行という東北経済の変化に、三井物産が乗っかった結果とも指摘できる。日露戦争により「満洲権益」を得たことから三井物産は東北での営業活動を拡大したという側面もあるが、移民が増えずに大豆生産が増加しなければ、どんなに三井物産が活動しようにも大豆を買い付けることはむずかしかった。

三井物産は東北市場でほかの商社の追随を許さない営業網をつくり上げたが、大豆取引において主導的な位置に立ったのは輸出局面に限られた。実際に内陸部で取引を始めた後、取引制度や金融状況に起因した問題から、大量の大豆を確実に買い付けることはむずかしい状況が明らかになった。その結果三井物産が選択した方針は、堅実な取引に専念し、その範囲で利益をあげるというものであった。三井物産は大豆取引を妨げている東北市場固有の状況を刷新するのではなく、優位に立てる局面に活動を制限する方針をとったといえよう。

日露戦争後に大豆輸出が増え、外国商人の活動が東北市場で活発化したことがこれまでの研究では指摘されてきたが、大豆輸出の増加に着目したのは外国商人だけではなかった。張作霖政権は大豆流通をポイントにした徴税政策、金融政策を実施していた。そのため財政収入を増やそうとするならば、大豆の海外輸出を増やすことが求められた。だが、張作霖政権に大量の大豆を海外市場で売りさばく力量はなかった。ここに張作霖政権と三井物産が「協力」する局面が開かれた。大豆輸出の増加が東北社会にどのような影響を及ぼしたのか、という観点に立つならば、大豆をめぐる「競合」だけでなく「協力」も視野に入れる必要がある。

大豆の生産・輸出を基軸に東北経済が成長する過程で、大豆の輸出市場を開拓した三井物産が重要な役割を果たしたのは事実である。しかしながら、三井物産はその思惑どおりに大豆取引をしていたわけではなかった。外国資本が新たな経済成長の契機をつくり出すが、外国資本も地域経済側の状況に規定され、優位に立てる局面に活動を制限していくという関係は、「支配―従属」という二項対立的な枠組みからでは理解できない。今後は、第一次大戦後に生じた東北大豆市場の変化とともに、三井物産の活動がどのように変化したのか、両者の相互連関のなかから考察を試みたい。

注

(1) 拙著『中国近代東北経済史研究――鉄道敷設と中国東北経済の変化』(東方書店、一九九三年)。

(2) 東北産大豆の輸移出量とは、大連、営口、安東、ウラジオストクから輸移出された数量の合計をさしている。大連、営口、ウラジオストクからの大豆輸移出を示す統計としては、満洲重要物産同業組合が刊行していた統計がある。大連に設立された満洲重要物産同業組合は一九〇六年十月から「日報」「旬報」を、〇九年十月から「月報」「年報」を刊行し、輸出業者に情報を提供していた(満洲重要物産同業組合編『満洲重要物産統計年鑑 自明治四十二年十月至大正九年九月』一九二一年、序)。この統計は大豆の出回り期間にあわせて、十月から翌年九月までの年度を採用している。「海関統計」も大豆三品の輸移出について示している。「海関統計」をもとに満鉄が作成した『北支那貿易年報』は大連、営口の貿易動向を知るうえで有用である。だが、ウラジオストクには海関はなかったので、そのデータは掲載されていない。ウラジオストクの貿易統計の種類、特徴について明らかにはできていない。ウラジオストクの貿易統計が公的機関から発表されたことはないという(「浦鹽港輸入統計」『満蒙事情』一〇一号、一九三〇年)。ウラジオストクの貿易動向については「領事報告」を使用した。

このほかに、三井物産が集計していた統計がいくつかの資料に掲載されている(十一月から翌年十月までの年度で計上している)。この統計でほかではみられないものとして、各港別の大豆仕向け地別の統計(たとえば大連→日本、ウラジオストク→ヨーロッパなど)があげられる。満洲重要物産同業組合もこの点の統計については、三井物産の統計を掲載している(前掲『満洲重要物産統計年鑑 自明治四十二年十月至大正九年九月』二五二―二五三頁。また関東都督府民政部庶務課『満蒙経済要覧』一九一七年、五四三―五四九頁にも掲載されている)。

積荷目録書をもとに大連埠頭事務所がつくっていた統計も、大豆の輸出先について詳しい数値を掲載している(四月から翌年三月までの年度で計上している)。しかし大連からの輸出に限られ、営口やウラジオストクの統計は作成していない(満鉄

『営業一班——昭和一五年度』一九四二年)。

(3) 東北から輸移出された大豆三品の数量として、これまで筆者は、拙稿「中国近代東北地域における農業発展と鉄道」『社会経済史学』五八巻三号(一九九二年)図2(四八頁)および前掲拙著、図6(三一頁)を発表した。しかし、以下に述べる理由から、この図は削除したい。

第一に、右の図は大豆、豆粕、豆油の数量を単純に合計した数値を示しているが、この数値が何を示すのか不明確である。大豆を加工して豆粕と豆油をつくるのだが、原料と加工品を合計した数値の変化を検証しても、経済現象の変化を説明する材料にはならないと判断した。第二に、典拠とした雷慧児『東北的豆貨貿易(一九〇七～一九三一年)』国立台湾師範大学歴史研究所専刊(七)(一九八一年)一二七—一二八頁の数値には疑問が多い。たとえば、ウラジオストクからの豆粕の輸出は一九一三年から始まったとしているが、一三年以前でも輸出されている。

また数量の単位が一万～六万ピクルになっているが、一〇〇〇万～六〇〇〇万ピクルの誤りである。本稿では新たに図1を作成し、大豆三品の輸移出動向を検証した。

(4) 山村睦夫「日本帝国主義成立過程における三井物産の発展」『土地制度史学』七三号(一九七六年)。金子文夫『近代日本における対満州投資の研究』(近藤出版社、一九九一年)。

(5) 東北での営業活動について、その動向を明らかにできる資料を残しているのは三井物産だけである点も、三井物産を取り上げた理由の一つである。

(6) 関東都督府民政部庶務課『満洲穀物取引慣習一班　草稿』(一九一〇年)、関東都督府民政部庶務課『満洲大豆ニ関スル調査』(一九一〇年、『明治後期産業発達史資料』五二五巻〈龍渓書舎、二〇〇〇年〉所収)。拓殖局『大豆ニ関スル調査』(一九一一年)、駒井徳三『満洲大豆論』(一九一一年)。

(7) 本稿は、拙稿「満洲事変前、大豆取引における大連取引所の機能と特徴」『東洋学報』八一巻三号(一九九九年)に続く、東北市場における大豆取引に関する研究の一部分である。

(8) 「牛荘港視察ノ記事」『通商彙纂』六号(一八九四年)。

(9) 三井文庫『三井事業史』本篇第三巻上(一九八〇年)五二頁。

(10) 佐々木正哉「営口商人の研究」『近代中国研究』第一輯(一九五八年)。

(11)　三井文庫『三井事業史』資料篇第四巻上（一九七一年）四八三頁。
(12)　「明治三五年支店長諮問会議事録」（三井文庫所蔵）丁4—丁9。
(13)　「明治三六年支店長諮問会議事録」（三井文庫所蔵）三一—三二頁、六八—六九頁。
(14)　『明治三六年度事業報告』（三井文庫所蔵）。
(15)　『明治三三年度上半季事業報告』（三井文庫所蔵）。
(16)　山村睦夫「日清戦後における三井物産会社の中国市場認識と『支那化』」『和光経済』二二巻三号（一九九〇年）一二五頁。
(17)　『明治三六年上半季事業報告』（三井文庫所蔵）。
(18)　「三井物産合名会社店別職員録　明治三六年二月」（三井文庫所蔵）。
(19)　『明治三七年度事業報告』（三井文庫所蔵）一頁。
(20)　山村睦夫、前掲「日本帝国主義成立過程における三井物産の発展」三五—三七頁。
(21)　「明治三八年支店長諮問会議事録」（三井文庫所蔵）六頁。
(22)　「明治四〇年支店長諮問会議事録」（三井文庫所蔵）六六—六七頁。
(23)　「米穀肥料打合会議事録」（三井文庫所蔵）一三—一九頁。
(24)　前掲「明治四〇年支店長諮問会議事録」一五頁。
(25)　前掲拙著、九八—一〇六頁。
(26)　前掲「米穀肥料打合会議事録」四頁。
(27)　「明治三九年支店長諮問会議事録」（三井文庫所蔵）三八—四一頁。
(28)　前掲「明治四〇年支店長諮問会議事録」三二一—三二五頁。
(29)　井上泰三「陳情書」一九〇八年八月（三井文庫所蔵「明治四一年管理部会議案」所収）。
(30)　井上泰三「内訓」一九〇七年九月（三井文庫所蔵「明治四一年管理部会議案」所収）。
(31)　東盛和の倒産については、倉橋正直「営口の公議会」『歴史学研究』四八一号（一九八〇年）、同「営口の巨商東盛和の倒産」『東洋学報』六三巻一・二号（一九八一年）を参照。
(32)　前掲『三井事業史』本篇第三巻上、五五頁。

(33) ウラジオストクの貿易動向については、以下の論文を参照。高嶋雅明「ウラジボストク貿易と外国為替金融」『土地制度史学』五六号(一九七二年)、同「ウラジボストク貿易概観」『経済理論』一三三号(一九七三年)、深水明美「日露貿易時代のウラジオストク港」『文化と言語(札幌大学外国語学部紀要)』一二巻二号(一九七九年、のちに『ソ連東欧貿易調査月報』一九八七年四月号に再掲載)、原暉之「対岸航路と対岸貿易──日本海を挟む日露海運の歴史から」『ロシア研究』二五号(一九九七年)。

(34) ウラジオストクから東北産大豆が最初に輸出された年月については明確にできなかったが、一九〇三年十月付のウラジオストク貿易事務官の報告によると、一九〇〇年前後に始まったらしい(「浦潮港三十五年貿易年報」『通商彙纂』一八号〈一九〇三年〉)。

(35) 「満洲産豆及穀類ノ浦潮斯徳経由外国輸出状況ノ過去、現在及将来」『通商彙纂』四四号(一九一一年)。

(36) 前掲「明治四〇年支店長諮問会議事録」三六頁。

(37) 同右、三五─三六頁。

(38) 同右、三六頁。

(39) 「哈爾浜出張所報告書」一九三二年(三井文庫所蔵　川村貞次郎資料一四ノ四)。

(40) 「三井物産職員録」一九〇八年三月(三井文庫所蔵)。

(41) 「大豆輸出の由来(続)」『満洲日日新聞』一九〇九年十一月二十五日。

(42) 「二〇年前に於ける北満特産物輸出事情」『満鉄調査時報』八巻六号(一九二八年)。なお、「北満穀産輸出史」『露亜時報』一〇二号(一九二八年)、「北満洲特産輸出の回顧」『満蒙』一〇〇号(一九二八年)も同じ内容である。これらは『東省雑誌(露文)』一九二八年第二号に掲載された論説の翻訳であるが、ロシア語文は未見である。

(43) 東北産大豆のヨーロッパへの輸出は、大連から三井物産が始める以前に、ウラジオストクからロシア商人が始めたほうが早かったことは戦前においても指摘されていた。木谷一彦「大豆の上に育った満洲の金融を語る(1)」『ダイヤモンド』二〇巻二七号(一九三二年)、三三頁は次のように述べている。

満洲大豆を初めて欧州に紹介したのは三井物産であると一般に信ぜられてゐるやうである。併し、三井が満洲大豆を初めて英国の市場に紹介したのは一九〇八年の秋である。然るにこれより先、同年二月、既に北満大豆は浦鹽からペテログラード（今のレニングラード）の巨商エス・カ・ナタンソン氏の手で、英船グレネスク号に依つて欧州市場に紹介された事実がある。そして三井物産が日本内地及び欧州向輸出大豆の大口買付を始めたのは、其の翌一九〇九年からのことである。満洲大豆を世界市場に進出させた三井の功績も、没すべきからざるものであるが、併し、これを世界市場に初めて紹介したのは露の巨商ナタンソン氏ではあるまいか。

(44) ハルビン総領事川上俊彦→小村寿太郎外務大臣、一九〇九年一月六日（外務省外交史料館1.1.2.56「哈爾浜地方ニ於ケル帝国ノ政治的及経済的状態ニ関スル在同地川上総領事報告一件」所収）。

(45) 「大豆戦の前景気」『満洲日日新聞』一九〇九年十月十日。

(46) 「先約逃れの悪傾向」『満洲日日新聞』一九一〇年三月二日。とくにサミュール商会は大損害を受けていたという（「サミュル成績」『満洲日日新聞』一九一〇年十月三日）。

(47) 「豆戦は準備中」『満洲日日新聞』一九一〇年十二月六日。

(48) 前掲『三井事業史　本篇第三巻上』五七―五八頁。

(49) 同右、一〇六頁。

(50) 「第二回支店長会議議事録（大正二年）」（三井文庫所蔵）六四頁。

(51) 「哈爾浜の穀物商」『満洲日日新聞』一九〇八年三月十日。

(52) 満鉄調査課『北満洲経済調査資料』一九一〇年、六三頁。

(53) 「三井物産職員録」一九一三年十一月（三井文庫所蔵）。

(54) 前掲「第二回支店長会議議事録（大正二年）」六八―六九頁。

(55) 同右、三五二―三五三頁。

(56) 『第四回事業報告書　明治四四年下半季』（三井文庫所蔵）三六―三七頁。

(57) 前掲「第二回支店長会議議事録（大正二年）」七三―七四頁。

(58) 「満洲営業部大豆取扱規定」達三五号（三井文庫所蔵「達」物産七五所収）。

(59) 「大連支店大豆取扱規定」達二九号（三井文庫所蔵「達」物産七六所収）。

(60) 前掲『第四回事業報告書　明治四四年下半季』三四頁。

(61) 前掲「第二回支店長会議議事録（大正二年）」七二頁。
(62) 同右、四八九―四九〇頁。
(63)「大豆買付と通貨」『満洲日日新聞』一九〇九年七月九日。
(64)「小銀貨と出廻」『満洲日日新聞』一九一二年二月七日
(65)「各駅と特産物（三）昌図」『満洲日日新聞』一九一二年一月二十二日。
(66)「小銀貨勘定の必要」『満洲日日新聞』一九〇九年六月七日。
(67)「日清商人間の紛議」『満洲日日新聞』一九一〇年一月十七日。
(68)「期餅飛字事件」『満洲日日新聞』一九一〇年一月二十一日、「期餅飛字事件（続）」『満洲日日新聞』一九一〇年一月二十二日、「期餅飛字事件（上）」『満洲日日新聞』一九一〇年二月十七日、「期餅飛字事件（下）」『満洲日日新聞』一九一〇年二月十八日。

国策会社のなかの満鉄

小林英夫

はじめに

満鉄は、国策実現を目的とした株式会社として一九〇六年十一月中国東北（「満洲」）の大連を本社にその産声を上げた。したがって、この会社は、誕生直後から、株式会社としての社益追及と国策会社としての国策追求の狭間にあって、複雑な動きを示さざるをえなかった。本稿は、一九二〇年代後半の山本条太郎時代の国際協調時期と、一九三〇年代初頭の満洲事変時点のアウタルキー志向が前面に登場したときの二つの時期を選択して、その各時期の満鉄の活動状況を比較検討してみることにある。本稿は最初に(1)満鉄概史を、次に(2)山本条太郎時代を、最後に(3)満洲事変時期の満鉄に焦点をあててみてみたい。

一　満鉄概史

満鉄の誕生は一九〇六年十一月で前年の〇五年九月に締結されたポーツマス条約の結果、ロシアから譲渡された東清鉄道の南半分、長春郊外の寛城子以南の鉄道とその付属地権利をもとに発足した。資本金は二億円で、うち一億円は日本政府の現物出資、残りの一億円は日本での株式募集とロンドンで募集された外債に依存していた。〇六年十一月に後藤新平が初代総裁に任命され創立大会を開き十二月に設立登記を完了し〇七年四月に営業を開始した。

初代総裁は後藤新平で二代目は中村是公だが、この二人が事実上満鉄の基盤をつくり上げた。後藤は、「文装的武備」をスローガンに調査活動を重視した組織をめざし調査部を充実させる（以下名称はいろいろ変わるが調査部で統一する）。営業開始と同時に大連本社に調査部を、さらに中央試験所、地質調査所をつくり、東京に東亜経済調査局を設置する。また撫順炭鉱の開発にも着手した。後藤が手がけた満鉄の経営事業は、中村に引き継がれた。中村は、全線の国際標準軌化（四フィート八インチ半）、大連・蘇家屯間の複線工事、吉長線（吉林・長春間）の建設などを手がけ、輸送力の拡大に全力をあげ満鉄の経営基盤を確立した。

第一次世界大戦を経過するなかで満鉄も大きくかわる。これを前後する時期から満鉄は日本の民政・政友両党の政争の具と化し政権交代のたびごとに総裁（当初総裁と呼ばれていたが中途で理事長、社長と名称変更され山本条太郎のときに再び総裁に戻った）が交代した。満鉄の経営は鉄道収益と撫順炭鉱の石炭収益が中心だったが、さらに社外投資を通じて鉄道以外の輸送関連、石炭・製鉄、電気・ガス・農事といった付属地事業分野に事業を拡張することでコンツェルン化した。

他方で第一次世界大戦後には中国の民族運動がかつてない高まりをみせた。一九一五年の日本政府が突きつけた「二十一カ条の要求」が中国での民族運動に火をつけ、それは中国全土へと拡大したからである。東北も例外ではなく反日の烽火が表面化した。二八年六月東北に引き揚げる張作霖の列車を関東軍は爆破、張を暗殺したことで中国東北の民族運動にいっきょに火をつけることとなる。

一九三一年九月の満洲事変は満鉄の役割を大きくかえることとなる。創立以来鉄道を中心に沿線の付属地経営をおこないながら「小国家」の観を成していた満鉄は、翌三二年三月に誕生した「満洲国」に吸収され徐々に鉄道部門に集中していくことを余儀なくされたからである。事変後間もなく再編に動いたのは調査部で、それを裏でリードしたのが当時満鉄調査部のロシア担当の宮崎正義だった。関東軍の「満洲国」づくりに協力するために三二年一月に満鉄調査部員を中心に新たに満鉄経済調査会が発足したのである。委員長は当時満鉄理事だった十河信二で、戦後は国鉄総裁として新幹線の建設に尽力した。この満鉄経済調査会は、「満洲国」の「建国」に大きな役割を演じ、三六年十月に産業部に改組されるまでの四年半の間に立案調査書類八二九件、調査資料関係一〇五三件、合計一八八二件の調査業績をとりまとめていた。単純計算しても年間四〇〇件以上、一日一件以上という計算になる。調査報告の量的膨大さもさることながら、この委員会が果たした役割はその調査内容にあった。「満洲国」の基本国策となる三三年三月の「満洲国経済建設綱要」を立案したのはこの満鉄経済調査会の第一部であった。これは、「満洲国」の産業は国家統制に依るが、産業全体を国家統制するのではなく、重要産業は国家統制のもとに置くが、それに準ずるものは法律や株主派遣でコントロールし、それ以外の産業は自由競争に委ねるというもので、全体的に官僚統制の強い資本主義的産業をつくっていこうというものであった。

この「満洲国」での経済統制政策は、宮崎の手で日本国内に移され、「昭和十二年度以降五年間歳入及歳出計画　付緊急実施国策大綱」として結実し、これはさらに企画院の手による物資動員・生産力拡充計画へと発展し、日本の戦時体制の骨格となっていく。さらにこの戦時統制は戦後まで引き継がれ、五五年以降の官主導の高度成長を実現する基本体制となっていく。

ところで、一九三三年以降満鉄経済調査会はその調査対象を次第に満洲から華北へと移し始める。折から関東軍は次第にその軍事活動の矛先を華北に向け始めており、それにつれて経済調査会もその活動舞台を華北にシフトさせたのである。彼らが担当したのは華北の資源調査だった。甲、乙、丙と称された三つの調査班のなかで、甲は満洲国の官吏が中心だったが、残りの乙、丙はいずれも満鉄経済調査会が中心となって華北の経済・資源調査を担当した。三五年十二月には満鉄などが出資するかたちで中国での投資活動を展開するための新会社・興中公司が設立される。一九三七年七月華北北平郊外の盧溝橋での日中両軍の衝突を契機に日中戦争が勃発すると満鉄は関東軍と一体になってこの軍事作戦を支持し、華北の鉄道運営など運輸部門を中心に軍に協力した。

日中戦争下で新しい動きが満鉄のなかに現れる。それは満鉄改組と日産の満洲移住に伴う満洲重工業開発株式会社(満業)の設立である。満洲国の成立で満鉄改組は決定的になった。それまで「小国家」としての機能を持っていた満鉄は、その機能を新生「満洲国」に委ねて自らは鉄道事業に特化していくことが求められたからである。むろん満鉄社員は、満鉄の権限縮小に猛反対したが、時勢には抗すべくもなかった。満鉄の機能を代替したのは三七年十二月に満洲国法人として発足した満洲重工業開発株式会社(満業)であった。満業は、満鉄の主要な鉱山、工場を引き継いで満洲重工業化に邁進することとなった。主要な重工業や鉱山事業を満業に譲った満鉄は鉄道と調査活動に特化していくこととなる。

満鉄は一九三四年九月北満を東西に横切る東支鉄道をソ連から一億七〇〇〇万円で買い取り満洲国全体の鉄道を自社の傘下に収めた。また三九年四月には調査部を大拡充して総合調査体制を整備した。調査部は四〇年代に入ると「支那抗戦力調査」「日満支ブロック・インフレーション調査」「世界情勢調査並北方調査」などを次々と手がけ、調査部の「黄金時代」をつくり上げた。しかしこうした調査部の活動も四一年までがピークで、後は下火になった。戦局の悪化は調査活動を困難なものにし、言論の統制は自由な調査活動を封殺したからである。四二年九月と四三年七月の二度にわたる満鉄調査部員検挙事件で調査部員が多数逮捕され、調査活動は事実上終焉した。満鉄の鉄道経営も四〇年代に入り軍の要請を受けて非営利的な軍事線の拡充に資金・資材が投入されることで疲弊していった。

一九四五年八月九日、ソ連が対日戦線布告し、大軍がソ満国境からなだれ込んだ。八月十五日敗戦。八月十八日満洲国皇帝退位。日本降伏後の九月二十二日満鉄は中ソ共同で経営されることとなり、その名も中国長春鉄路へと変更された。満鉄を接収するためにソ連代表のカルギン中将が長春に着任した。ソ連軍が東北から撤兵するのは四六年五月のことだが、それまでの間に彼らは鉄道施設や工場から機関車、貨車、レール、プラント設備などをロシアへ運び去った。当初この地域は中共軍が押さえていたが、四五年十月以降国民党軍が北上し東北を掌握した。しかし奥地に退いた中共軍が再び勢いを取り戻し、四六年十月には瀋陽、長春は中共軍に包囲され、国民党軍は次第に駆逐されていった。四九年の革命の成功で中国長春鉄路は中共の所有となり、復興の道を歩むのである。

一九四五年八月に日本が敗戦を迎え、「満洲国」が消滅すると、満鉄もまたその四〇年の歴史に終止符を打った。満鉄はGHQによって九月三十日付で閉鎖され業務を停止するが、実質的には九月二十二日の段階ですべて中国長春鉄路に引き継がれている。この鉄道会社は終戦直前に締結された中ソ友好同盟条約にもとづいて中ソ合弁で設立され、ソ連はその後この鉄道権益を通して、中国東北部に対する影響力を維持することができた。一方で、ソ連は中国東北部の鉄道をかなり大規模に破壊した。戦前、戦中を通じて、満鉄は、それまでに満洲国線を含めて一万キロを超える営業キロを管理し、それは中国の全鉄道の半分を占めていた。そして、業務に従事していた約一四万人の日本人従業員は、多くがそのまま中国長春鉄路に留用されることになった。そして、旧満鉄の指導層は中国長春鉄路の顧問として、実質的に鉄道運営を指揮した。中国長春鉄路自体は、中華人民共和国建国後の一九五〇年に締結された中ソ友好同盟相互援助条約で管理に関しての規定の改定を経て五二年に中国に返還され、国営鉄道の一部として編入された。

二　一九二〇年代の満鉄社益の追求行動

満鉄全史のなかで山本条太郎が社長だった時代に絞って検討を試みよう。ところで、一九二七年十一月、山本条太郎社長のもとで臨時経済調査委員会が設立された。二七年七月山本条太郎が満鉄社長に就任すると組織の実務合理化に着手し、「社業に直接有効な資料を提供すべき調査機関を設置すべし」[1]との趣旨のもとに臨時経済調査委員会を設立したのである。この委員会は、石川鉄雄を委員長に満鉄調査部と並立するかたちで四部構成で設置され、多方面にわたる調査を実施し、最高時には一三〇名の人員を擁して活動したが、二九年八月山本条太郎社長の退任とともに推進主体を喪失した同委員会は、調査成果を生かすことなく三〇年六月にその幕を閉じた。[2]臨時経済調査委員会は、山本条太郎の満鉄経営の目標と特徴を明確に示す事業の一つにほかならなかった。ここでは、同委員会の活動の実態と資料を追うことを通じて、山本条太郎の満鉄経営の特徴に迫ることとしたい。[3]

山本条太郎と松岡洋右

一九二七年四月、田中義一政友会内閣の成立に伴い、同年七月満鉄社長には政友会系の山本条太郎が、副社長には松岡洋右が就任した。以降山本・松岡のコンビによる満鉄経営が開始された。

山本は三井物産に入社後上海勤務で貿易手腕を発揮し、一九〇一年には弱冠三十三歳で上海支店長に就任している。帰国後は三井物産理事、常務取締役を歴任、工場、鉱山の経営に着手した。二〇年には政友会に入党し衆議院選挙に立候補し当選、その後は政界にあって重きをなし二七年には幹事長に就任している。政友会の幹事長として山本は「産業立国策」を掲げ、人口問題、食糧問題、金融恐慌・失業問題の解決を主張し、そのため「満蒙分離」を前提に、該地の鉄道網の拡充による満洲開発の促進を強調した。また満洲を農業、鉱工業および移民受け入れ地とするため満鉄を活用する方針をとり、「大満鉄主義」「満鉄第一主義」を掲げ、権力の集中化を図ったのである。[4]この方針を実現するため山本は、自ら満鉄社長となり腹心の松岡を副社長にそえて満鉄経営に乗り出すこととなる。

松岡は、アメリカのオレゴン大学を卒業後外務省に入り外交官としてのスタートを切っている。首席で外交官試験に合格した松岡は、赴任地上海で山本条太郎と邂逅し、「刎頸の交わり」を結び、一九二一年には満鉄の理事に就任し、その後山本のもとで副社長として活動した。

山本と松岡は、満鉄の経営再建に乗り出す。具体的には、山本は就任後に製鉄事業、製油事業、肥料工業の振興、化学工業（マグネシウム、アルミニウム工業）、移民拓殖の必要性を訴え、「経済化」および「実務化」を標語に傘下会社の統廃合を図り経営合理化を促進したのである。また山本は、懸案の満鉄敷設問題を松岡と語らって具体化し、張作霖との交渉を通じて吉敦延長線（吉会線）、長大、吉五、洮索、延海の五線の敷設に関する基本的合意を締結した。しかしこの件は、細目の交渉を進める前に張作霖が爆殺されたため交渉は中断してしまった。(5)

山本は、こうした一連の政策を実現するために新たに臨時経済調査委員会をつくり、ここに実際の立案に関わる調査活動を委託することとなる。従来の調査部と並存して設置された臨時経済調査委員会は、より実践的課題の調査が求められたのである。

臨時経済調査委員会の構成

臨時経済調査委員会は一九二七年十一月十八日付達甲第一一八号「臨時経済調査委員会規程」にもとづき設立された。山本の社長就任が同年七月だから、就任後の引き継ぎそのほかのことから考えれば比較的早い時期に発足したことになる。

まず、臨時経済調査委員会の内容をみておこう。同規程によれば、「本社ニ臨時経済調査委員会ヲ設ク」（第一条）とした後で「委員会ハ社長ニ直属シ次ノ調査ヲ為スヲ以テ目的トス」（第二条）とし具体的に同委員会は「満蒙ノ経済事情ニ関シ会社各調査機関ノ未調査ニ懸ル事項ニシテ緊急調査ヲ要スルモノ」（同上）や「経済調査ノ基本タルヘキモノノ統計的調査」（同上）をおこなう目的で設立された。委員会は、「委員長及委員若干名ヲ以テ之ヲ組織ス」（第三条）としたうえで、「委員長及委員ハ社長之ヲ命ス」（同上）としていた。委員会は四部構成となっており、各部に幹事一名を置き、幹事は委員長の申請で社長が任命するとしており（第五条）、また委員会には委員長の申請で社長が任命する常務幹事が置かれ、庶務を担当することとなっていた(6)（第六条）。

四部構成のうち、第一部は交通、港湾、工場、電気を、第二部は金融、満蒙牛、外商、特産輸送機関、大豆などの実業を、第三部は水田、林業、土地制度、畜産、鉱山・鉱物といった資源調査を、第四部は華工、税制、国勢、物価といった労働、社会、地方事務を含む民勢調査を担当することとなっていた(7)。もっとも調査課題のなかには、沙河口工場における日中両国職工の能力比較のように第一部に入れるのがいいのか、第四部のほうがいいのか判別しにくいものもあった。

委員会のメンバーをみてみよう。委員長兼第一部幹事には審査役兼育成学校長・育成青年訓練所主事だった石川鉄雄が、委員兼第二部幹事には興農部商工課の五十嵐保司が、委員兼第三部幹事には哈爾濱事務所調査課長の佐藤貞次郎が、委員兼第四部幹事には社長室情報課の石本憲治がそれぞれ任命された。このほか、満鉄各部局から予備員が集められ、調査活動を補助した(8)。第三部幹事の佐藤貞次郎は、廃止された哈爾濱事務所から転じて来たように、委員の多くは「多年社業に携はり卓越した基礎的智識と豊富な経験とを有した人によつて占められ(9)」ており、並立して活動していた調査部が必ずしも実務とは直結しないメンバーによって占められていたのとは著しい対照をなしていた(10)。山本や松岡らの満鉄首脳陣は、調査員がベテラン揃いであったため、課題は与えたものの、実際の調査活動は、彼らの経験に任せて比較的自由におこなわせた、というのが実状に近いものであったようだ。

委員会の調査活動

A　全体的活動

では各委員会はどのような活動を展開したのか。各部の活動をみてみることとしよう。

第一部の活動は交通、港湾、工場、電気部門の検討であったが、出版された報告書は、『敦化哈爾濱間鉄道予定線踏査報告』『満鮮国境横断鉄道と終端港』『松花江の水運』『遼陽付近を中心とする太子河の流勢と洪水記録』『沙河口工場に於ける日華両工の能力比較』『大連港仲継貿易振興委員会報告書』の六種類である。このなかで、鉄道に関しては「鉄道港湾業務を掌握した人が携はつたので適切な調査が行はれた」[11]というように比較的詳しいもので、『敦化哈爾濱間鉄道予定線踏査報告』『満鮮国境横断鉄道と終端港』の二つが報告書として残されている。満洲東部地域に利権を伸ばしていこうという山本の構想からすれば、満鉄幹線を東に敦化まで延ばす支線は重要であったし、さらに満洲朝鮮国境を横断して延びる鉄道の位置は一層重要だったといえよう。

第二部は、金融、満蒙牛、外商、特産輸送機関、大豆などの実業調査であったが、印刷された報告書三五編のなかには、『丸粕輸出試験報告・欧州に於ける満洲大豆工業の現況』『満洲大豆品質等級査定に関する調査』『日本内地に於ける家畜飼料の需給』『満洲に於ける外商の勢力』『満蒙牛日本輸出に関する調査』『大連に於ける主要外商と其業態』『混保大豆規格調査』『大豆ニ関スル調査報告書』が成果としてあげられる。このなかで、『大連に於ける主要外商と其業態』は極秘ということもあって、筆者は現物を目にしてはいない。この印刷状況から判断できるように第二部の主要な課題が大豆輸出とその規格化にあったことは明白である。

第三部は水田、林業、土地制度、畜産、鉱山・鉱物といった資源調査を主体にした調査活動を展開した。報告書としては『吉敦沿線水田候補地調査報告書　附日本内地朝鮮台湾産米増殖に関する方策（要約）』『吉林省ニ於ケル土地整理ニ関スル法律』『支那毛皮』『本邦及朝鮮に於ける無煙炭の需給並満洲無煙炭に関する調査』『満蒙に於ける工業用家庭用燃料需要調査報告書』『高粱稈蒐集調査報告書　附製紙原料トシテノ高粱稈』『黒龍江省植民ニ関スル省単行土地法令』『満洲主要都市の木材需給状況』『日本内地ニ於ける撫順炭及本邦炭ニ関スル調査』『田師付溝炭ノ販売考察並需要予想』『支那羊毛』が出されている。

第四部は華工、税制、国勢、物価といった労働、社会、地方事務を含む民勢調査を担当することとなっていたが、調査報告として残されているものは『満鉄各箇所使役華工調査報告』『満鉄各箇使役華工調査報告(2)調査諸表』『在満法人現状調査要覧』『帝国植民地課税一覧』などであった。

B　大豆輸出問題と臨時経済調査委員会

臨時経済調査委員会が比較的多くのレポートを残しているのは大豆関連である。満鉄の収益を創立以来一貫して支えていたのが大豆と石炭であったことを考えれば、山本が大豆に着目し、その輸出振興策を考えるのはけだし当然のことだったといえよう。ましてや一九二七年から二九年にかけては金融恐慌から世界恐慌にさしかかる時期であり、満鉄の収益が大きく揺らぎかねないときであったから、山本がここに重点を置くのは当然のことだった。

臨時経済調査委員会が出した大豆関連報告書は、『丸粕輸出試験報告・欧州に於ける満洲大豆工業の現況』『満洲大豆品質等級査定に関する調査』『日本内地に於ける家畜飼料の需給』『混保大豆規格調査』『大豆ニ関スル調査報告書』などをあげることができる。

なかでも重要視されたのは大豆等級を設定し規格を統一すること、および大豆粕の日本への輸出増加を図ることであった。後者に関していえば、昭和期に入り硫安などの化学肥料の日本農村への普及に伴い大豆粕の需要が減少したため、『日本内地に於ける家畜飼料の需給』において大豆粕の肥料から家畜飼料への転換の可能性が検討されたのである。

しかしこの間の一番の重点は大豆等級を設定し規格を統一することであった。これは満鉄が実施していた大豆混合保管制度を拡大するためには不可欠の前提だった。大豆混合保管制度というのは、満鉄沿線の駅で大豆発送を依頼したものは、依頼した際受け取った証券を持参さえすれば、送った大豆が到着していなくても最終地大連に集積された大豆をもってこれに代え所定の大豆を受け取れるという制度で、大連での混乱を避けスムーズに荷受を可能にするために一九二〇年から実施された制度なのである[12]。しかしこれを円滑に実施するには規格の統一が絶対的な前提となる。これまでは、各駅ごとに出回りの時期に出回り高に応じて試料を採取して農事試験場に送り、標準品をつくりこれを査定会議にかけて決定していたのである。臨時経済調査委員会では、こうした煩雑さを省略しより合理的な基準の模索を求めて検討を開始したのである。

一九二九年三月に出された『満洲大豆品質等級査定に関する調査』では、種類が多く品種が混交して雑種が多いこと、また同じ大豆でも乾燥度が違えば出油率が大きく異なること、それゆえに産地別での大豆の品質等級の決定は非常に困難であると結論で述べていた。ところが三〇年二月に出された『混保大豆規格調査』になると等級設定が困難な作業であることは認めつつも、まず黄、白眉、改良、黒、青の五種類の大豆に分割し、外観および完全粒・不完全粒の比率によってそれぞれ特等・一等・二等・三等に分割し、標準見本を設定し、これを基本に出回り大豆の等級の設定を試みたのである。そして輸移出の際、大連埠頭において検査証明書を発行し、もって品質の保証を試みようという提言だった。大豆混合保管制度を編み出したという田村羊三の戦後の回顧談によれば「この制度を完成するのには、目で見ただけではいかん、規格を定め、水分はいくらとか油分または重量と容積の関係はどうとかいう規定をつくらねばならないと主張してきましたが、とうとう実施にはいたりませんでした[13]」と述べていることから判断するとこの臨時経済調査委員会の提言は実現しなかったようである。

C　鉄道問題と臨時経済調査委員会

では、山本体制のもと張作霖との交渉でもっとも大きなウエイトを占めた鉄道問題に関してはどうであろうか。山本が構想していた鉄道敷設交渉の眼目は、吉敦延長線（吉会線）、長大、吉五、洮索、延海の五線の敷設権を張作霖との交渉で獲得する点にあった。したがって、この鉄道に関する調査が臨時経済調査委員会に委ねられたことはいうまでもない。現在我々がみることができる鉄道関連の調査資料は『敦化哈爾濱間鉄道予定線踏査報告』および『満鮮国境横断鉄道と終端港』の二つである。『敦化哈爾濱間鉄道予定線踏査報告』に出てくる敦化哈爾濱間の鉄道というのは、満蒙五鉄道の一つである吉会線の一部から哈爾濱に延びる線路をいうわけで、この地域の予定線の踏破は山本の五鉄道敷設計画と連動して重要な意味を持っていたのである。その意味では『満鮮国境横断鉄道と終端港』も同様の重要性を持っていた。というのは、吉会線の延長は、満洲と朝鮮との国境線に至るわけで、海港に出る可能性を探ることは、吉会線の経済的価値を評価するうえでも重要な点であった。また同委員会が調査した『吉敦沿線水田候補地調査報告書』も日本の食糧問題を解決し、あわせて吉会線の経済的価値を高めるためにも必要な作業であった。吉敦線が開通するならば、「吉林省面積の約三分の一強、其広さに於て約吾が北海道に匹敵する地方」[14]の開発が可能となり、「同鉄道は更に東に延び海に至りて日本海に」[15]達し、その経済的価値は大きく飛躍すると考えられたのである。『吉林省ニ於ケル土地整理ニ関スル法律』も同様の意味を持っていた。将来水田候補地を確保するためにも複雑な土地所有に関係した旧慣を調査しておくことは必須の前提であった。もっとも『吉林省ニ於ケル土地整理ニ関スル法律』は、そのタイトルにあるように法律の紹介にとどまって、その実態調査にまでは及んでいなかった。

D 物産調査と臨時経済調査委員会

臨時経済調査委員会は、満洲の物産調査にも多くのエネルギーを注いでいた。『支那毛皮』は、上下二冊本であるが、上巻では中国での毛皮の生産、流通・取引、輸出状況を検討し、下巻では中国での毛皮取引市場の実状を検討している。また『本邦及朝鮮に於ける無煙炭の需給並満洲無煙炭に関する調査』は、満洲に埋蔵されている無煙炭の商品価値を確定するため、日本や朝鮮での無煙炭需給状況を調査したものである。同様の視点からおこなわれたものに『日本内地ニ於ケル撫順炭及本邦炭ニ関スル調査』がある。これは、満鉄撫順炭の日本国内での販売状況を調べるため、その市場関係、用途などを調査したものである。『満蒙に於ける工業用家庭用燃料需要調査報告書』は満鉄社内炭の満蒙での需給状況を把握するため満鉄沿線およびその奥地市場を踏査し、踏査地の官衙、工場、商家、農家について事情聴取をおこない、将来の満洲全域の満鉄社内炭需要増加予想を策定したものである。『高粱稈蒐集調査報告書』は満洲で豊富に産する高粱稈をパルプ・製紙工業原料に利用できないか否かを調査したものであった。『満蒙牛日本輸出に関する調査』は、満蒙牛を肉牛として日本市場に輸出できないか否かを検討したもので、満蒙牛の一般的考察、輸出市場調査、大連を通じた輸出市場の趨勢、輸出採算、屠殺施設状況、冷蔵輸送機関、青島牛・朝鮮牛の日本輸出趨勢などが調べられた。『満洲主要都市の木材需給状況』は満洲での木材需要量を調査したもので、当該各都市での木材需給、取引状況、価格などに関して調べたものである。この種の調査報告は、全体的に満鉄の石炭の販売・輸出促進および満洲の資源の発掘・商品化、日本市場への輸出の可能性について論じたものが大半であった。

臨時経済調査委員会の機能と役割

臨時経済調査委員会は一九三〇年六月十四日に改正職制実施に伴い廃止された。同委員会が廃止される以前の二九年八月には山本条太郎が社長の地位を退き、松岡洋右も山本と共に副社長の座を降りていた。最初の報告書が完成するのが二八年十二月で、山本・松岡のコンビが辞任する二九年八月までに完成していた報告書はわずかに七部にしかすぎず、ほかは調査進行中であり、それらが完成して報告書となるのは彼らが辞任した後のことであった。「会々出来上つた調査資料を活用する時期になつて両社長の更任を見其の抱負は具体化せられなかつた憾があつた」(16)というのが『南満洲鉄道株式会社第三次十年史』の総括の弁であった。

しかし当面する重要課題にこたえるために調査部と並行して臨時に調査委員会をつくって立案に関連した活動を展開するといった臨時経済調査委員会方式は、次節で論ずる満洲事変後の満鉄経済調査会の活動に引き継がれていく。たしかに臨時経済調査委員会が山本・松岡の要望にこたえるものであったとすれば、満洲事変後の満鉄経済調査会は関東軍参謀石原莞爾の要望にこたえるものであり、その諮問内容も前者が満鉄の経営方針に役立てることにあったとすれば、後者は満洲国の方針立案にあったというように、細かい点での相違はみられた。しかし大局的にみれば後者は前者の目的と形式を踏襲して組織された。

三　満洲事変と満鉄

満鉄が関東軍の軍事作戦に準じて行動したのが満洲事変のときだった。ここでは満洲事変に焦点をあてて満鉄の行動をみてみることとしよう。

満洲事変の勃発

一九三一年九月十八日に満洲事変が勃発した。関東軍はこの日、満鉄の線路が爆破されたことを口実に張学良の拠点である奉天の北大営（奉天軍閥の兵営）を奇襲したのである。日本から二八センチ砲を分解して持ち込みこれを組み立てて巨弾を北大営めがけて撃ち込むなど、心理作戦を織りまぜた日本の攻撃で張学良軍は短時間に駆逐された。張学良が部下に命じた「無抵抗・撤退」の命令が日本軍の作戦行動を容易にした。こうした指令を張学良が出した理由について、彼はのちに「日本軍があそこまでやるとは予想だにしていませんでした」「私は日本はこの軍事行動によって、我々を挑発しようとしているのだと思いました(17)」と回想している。

関東軍は引き続き奉天城を占領するとともに満鉄沿線に沿って兵を進め、短期間のうちに満鉄の沿線地域を占領した。関東軍の作戦に満鉄が全面的に協力した結果であった。満鉄の協力なかりせば、関東軍の短期間での満洲占領作戦はありえなかった。関東軍は政府の不拡大方針を次々と無視して作戦を進行させた。九月二十一日には朝鮮軍が無断で国境を越えて吉林から北満へと向かい、十月に入ると関東軍は張学良が仮政府を置いた錦州を空爆し和平の動きを封じた。関東軍は、張学良から離反して日本軍に降った張海鵬軍を使って黒龍江省の馬占山軍を攻撃させ、十一月にはチチハルを占領した。十二月に入ると錦州が日本軍の手に落ちた。翌三二年一月になると関東軍は吉林へと進み、ここを占領した。こうして事変勃発から四カ月で、関東軍は満洲の主要都市と鉄道沿線地域の制圧に成功したのである。

こうした事態に対して三二年一月にはアメリカのスチムソン国務長官が抗議声明を発し、国際連盟も事態究明のためにリットン調査団の派遣を決定した。リットン調査団は三二年二月にヨーロッパを出発し、アメリカ経由で日本へと向かった。関東軍首脳は当初は満洲直接占領を構想していた。ところが軍中央の反対もあって次第に独立国を樹立する方向へとかわっていった。すでに三一年十一月には、奉天特務機関長の土肥原賢二の手びきで天津に潜んでいた清朝最後の皇帝溥儀の満洲入りが強行されていた。関東軍はリットン調査団が満洲に来る前に占領を既成事実化するために、三二年一月から準備を進め、同じ一月には経済調査会を設立、(18)抗日運動を武力でおさえて三月一日に建国を宣言し、溥儀を執政に長春を新京と改めて首都とし、年号を大同と定めて満洲国をスタートさせた。同年九月に、日本は満洲国との間で日満議定書を締結してこれを承認した。

満洲国の出現

一九三二年三月に満洲国が建国された。満洲国を演出した中心人物はいうまでもなく関東軍の幕僚たちであった。満洲事変勃発時の関東軍司令官は本庄繁中将で、参謀長は三宅光治少将、そのもとに板垣征四郎大佐、石原莞爾中佐、竹下義晴中佐、片倉衷大尉らが幕僚として作戦指導をおこなっていた。占領地行政は三一年十二月に設立された統治部が担当していた。統治部長には東北帝大から満鉄に入社し、外務省、陸軍省の嘱託、関東軍財務顧問を経験し、満洲の事情に明るかった駒井徳三が就任した。ところが三二年八月の異動で軍司令官は本庄繁中将から武藤信義大将に、参謀長は三宅光治少将から橋本虎之助少将そして小磯國昭中将に交替した。軍司令官は中将から大将に参謀長は少将から中将へとそれぞれ一階級上昇しスタッフの数も大幅に増員されて、全体的に軍中央からの統制が強化された。幕僚たちも板垣、竹下を除いて半数近くが満洲を去った。板垣は関東軍司令部付として満洲国執政顧問になり、竹下もまた関東軍司令部付として哈爾濱にあったが、石原は陸軍兵器本廠付として東京に去り、片倉もまた第十二師団参謀に転出した。

満洲国の内政を指導する統治部は三二年二月に特務部に改編され、八月には参謀長兼任として小磯國昭が部長に就任した。それまで部長だった駒井徳三は満洲国建国と同時に国務院総務長官に転出した。いずれにしても関東軍の力が大幅に増強されたのである。

中国側でも満洲国を担う新しい人物が登場した。その頂点に立ったのは溥儀であった。辛亥革命で清朝皇帝の座を追われた溥儀は天津に身を寄せていたが、満洲事変直後に脱出、三二年三月の満洲国の建国には執政という名で満洲国の頭首の座に就いた。関東軍の幕僚たちは当初は満洲軍事占領をめざしたが、中途で軍中央の意向も入れて溥儀を頭首とする独立国案にかわった。石原莞爾も独立国建設案に転向した一人であった。溥儀もまた関東軍の力で満洲の地に復位できることに期待をかけた。こうして溥儀を頂点に清朝の復活に期待をかけるグループが満洲国建国の一翼を形成した。鄭孝胥はその代表であった。彼は復辟を強く期待して溥儀と行動をともにし、満洲国建国と同時に国務総理の地位に就いた。このほかに満洲国の建国に参加したのは張学良と距離を置き、復辟に共感する親日派の政治家、官吏、武人たちであった。参議府議長の張景恵は馬賊の頭目で、張作霖に認められて哈爾濱を中心に勢力を拡大した。彼は鄭孝胥が失脚した三五年五月に国務総理に就任し、四五年八月までその職にあった。監察院長には于冲漢が就いた。彼は日本留学経験があり日本語が堪能で、袁金鎧と並ぶ奉天文治派の代表の一人だった。袁金鎧は張作霖とはそりが合わず不遇をかこっていたが、事変後は参議府参議として建国に協力した。民政部総長には臧式毅が就任した。彼は事変後は関東軍の手で軟禁され、日本軍に協力することを約束してはじめて解放された経歴を持つ。これと対照的に日本に積極的協力をしたのが、財政部総長になった吉林省の煕洽だった。彼は日本の陸軍士官学校出身で、日本軍が吉林省に進出するとこれに積極的に応じた。複雑な動きをしたのが軍政部長に就任した馬占山だった。彼は一旦関東軍に協力する動きを示しながら再び反旗をひるがえし、ソ連経由で満洲を脱出し、ヨーロッパを経て中国に戻り抗日戦を続けた。このほかに外交部総長は謝介石、実業部総長は張燕卿、司法部総長は馮涵清、そして交通部総長は丁鑑修。いずれも清朝との距離が近く、日本留学などを通じて「親日派」とみなされ、張学良との間には距離を持つ面々であった(19)。

このように満洲国が建国され、国の体裁が整い始めたものの、当初、満洲国の治安は不安定だった。抗日土着武装勢力が出没し各地で武装闘争を繰り広げたからである。日本軍憲兵隊の調査によれば、満洲事変勃発直後の三一年末で抗日土着武装勢力の兵力一〇万、翌三二年六月時点でその数三〇万を数えていた。したがって、しばしば列車などが彼らの攻撃の的となった。建国直後の満洲を訪問した東京帝大教授の矢内原忠雄も三二年九月、哈爾濱の南の五家駅の近くで彼らの襲撃を受けた。彼はその模様を「匪賊に遭った話」のなかで次のように述べていた。

あと一時間ばかりでハルビンに到着する時でありました。私どもはすでに横になって眠っていたのでありますが、突然車体の激しい動揺で目が覚めました。列車の進行は止り、瞬間電燈は消えて真暗になりました。窓外の月光で時計を見ると十時半です。列車が止り、電燈の消えたのは、匪賊がレールをはずして待ち伏せしていたため脱線したからであります。後で見ると機関車と次の手荷物車二両とが脱線していましたが、幸い客車は一つも脱線しなくてすみました。急停車と同時に左手の側から小銃の急射撃を受けました。それは私が列車内からの発砲であると初め思い違いしたほど耳許近く響きました。匪賊は暫らく射撃した後、一種異様な叫び声を挙げて列車に飛び込んで来ました。その人数は百人位でもあったろうということです。私どもは部屋の鍵を内側から掛けて静かにしていました。その中に賊の足音がして私どもの部屋の戸を二、三度激しくたたいて「カイ(開)」と叫びましたが、そのまま通り過ぎてしまいました。私はうつむけに寝たまま祈っていました。賊の通り過ぎた後では、専ら他の乗客に被害の少きよう祈りました。あちらこちらで窓ガラスを破壊する凄じい音がして、後は怒鳴る声泣く声一つ聞えないで、無気味な時が経過しました。約五十分の後呼ぶ子の笛が二声響いて、賊は引あげた様子であります。暫くして誰か合鍵で私どもの戸を外から開けました。私は車掌が安否を見届けに来たのだと直感しましたが、言葉も解らず、様子も不明でしたから、息を殺してやはりじっとしていました。車掌が賊の手引をして部屋を開けて廻ることも時にはあるそうですが、この場合はほんとうの安全な車掌の見廻りでありました。これは支那人の車掌でしたが、暫くしてまたロシヤ人の車掌が合鍵で戸を開けて声をかけて行きました。大分空気は安全になりました。やがて機関銃の発射の音をたてながら救援列車の近づく音。その汽笛の響が前方からも後方からも聞えます。双城堡からとハルビンからと救援が到着したのです。私はまだ横になったまま窓のカーテンをかかげて外を窺いますと、澄み渡った空には月明かに、星も燦として、こぼれるばかりに輝いておりました。列車の付近には満洲国の兵士が警戒に立っています。やがてまた合鍵で部屋の戸を開けて、今度は日本人の声で安否を問うて来ましたので危険がまったく去ったことを知り、私どもも起き上がりました。それは賊の引上げて後約一時間位で、午前零時半頃でありました。(20)

こうした抗日土着武装勢力の活動に対し、関東軍は様々な対策を講じていた。とくに一九三二年三月の満洲国成立以降は、各地に清郷委員会を組織し治安の維持に軍事力を集中した。そして三三年後半以降になると、清郷委員会を引き継いだ治安維持会をつくり、保甲制度(21)を実施して治安の確保に努めた。この治安維持会は関東軍参謀長を委員長に軍政・民政部次長を副委員長、日満両軍関係者を委員とする関東軍主体の治安組織であり、省では地区部隊参謀長を委員長に、日満軍警関係者を委員に、県では県長を委員長に守備隊長を顧問にして日満軍関係者、商会長、農会長を含む地方有力者を構成メンバーとしていた。この治安維持会が中心となって治安維持工作全般、つまり「帰順工作」「宣撫工作」「戸口調査」「武器回収」「自衛団の組織・育成」がおこなわれたのである。こうした治安対策の整備によって関東軍の力が農村に及び始めるのは三五年以降のことだった。

満洲事変と満鉄社報

一九三一年九月十八日満洲事変が勃発、関東軍が満洲全域で軍事活動を展開すると満鉄は、その作戦活動の一翼を担って活動した。しかし、社報をみるかぎり、社告、示達、通達、法令抄録、雑録どれ一つとっても九月十八日前後の社報に事変と関連した記事を見出すことはむずかしい。しかしその後の社報の記事を追ってみると、満鉄が事変に深く関わったことが浮き彫りとなってくる。

満鉄社報のなかで、満洲事変に関する最初の記事が出てくるのは、十月十三日付社報以降である。[22] そこには、戦死者の輸送、慰問活動、などが展開されたことが記述されている。

満鉄が、事変勃発以降関東軍に協力、その軍事作戦の展開に多大な寄与をしたことは事実だが、そうした動きは、また社報のなかで報じられた関東軍司令官の社員への感謝状や満洲事変殉職者名簿、追悼会を報ずる記事によって具体的に知ることができる。たとえば、事変勃発一年後の一九三二年八月三十一日付社報は、冒頭に「関東軍司令官ヨリ社員ニ対スル感謝状」を掲げ、感謝状の全文を掲載していた。満鉄がいかに事変に関連していたかを示す資料なので注に紹介しておこう。[23]「神速ナル関東軍ノ行動ハ……貴鉄道厳存ノ賜ナリ」という表現は満鉄社員の活動がいかに関東軍の作戦を容易にしたかを示して余りある。

結語

以上一九二〇年代から三〇年代初頭の満鉄の激変期を分析した。この時期は、満鉄が大きく関東軍の戦略に組み込まれていく時期に該当した。それは同時にまた、国際協調の満鉄が関東軍の軍事路線に大きく転換していく過程でもあった。この転換は同時にまた満鉄が滅亡していく序曲でもあったのである。

注

(1) 松本豊三編『南満洲鉄道株式会社第三次十年史』(龍渓書舎、復刻版、一九三八年)下、二三七六頁。
(2) 同右、二三七六—二三七七頁。
(3) 拙著『満鉄』(吉川弘文館、一九九六年)八三—八九頁、李力「論満鉄臨時経済調査委員会的特産調査」(シンポジウム「近代中国東北鉄路与日本」沈陽、一九九七年八月)、加藤聖文「松岡洋右と満鉄」、佐藤元英「田中内閣の対中国経済発展策と満鉄」(小林英夫編『近代日本と満鉄』吉川弘文館、二〇〇〇年)参照。
(4) 前掲「田中内閣の対中国経済発展策と満鉄」参照。
(5) 山本条太郎翁伝記編纂会『山本条太郎伝記』(一九四二年)参照。
(6) 『南満洲鉄道株式会社社報』一九二七年十一月十九日。
(7) 前掲『南満洲鉄道株式会社第三次十年史』二三七七—二三八〇頁。
(8) 前掲『南満洲鉄道株式会社社報』一九二七年十一月十九日。
(9) 前掲『南満洲鉄道株式会社第三次十年史』二三七六頁。
(10) 同右、二三七七頁。
(11) 同右、二三七六頁。
(12) 山崎元幹・田村羊三『思い出の満鉄』(龍渓書舎、一九八六年)一四八—一五五頁。
(13) 同右、一五三頁。
(14) 臨時経済調査委員会『吉敦沿線水田候補地調査報告書』(一九二八年)一頁。
(15) 同右。
(16) 前掲『南満洲鉄道株式会社第三次十年史』二三八三頁。

(17) NHK取材班・臼井勝美『張学良の昭和史最後の証言』(角川書店、一九九一年)一二三—一二四頁。

(18) 原朗「一九三〇年代の満洲経済統制政策」(満洲史研究会編『日本帝国主義下の満洲』〈御茶の水書房、一九七二年〉所収)山田豪一『満鉄調査部』(日本経済新聞社、一九七七年)、草柳大蔵『実録満鉄調査部』上下(朝日新聞社、一九七七年)、拙著『「日本株式会社」を創った男 宮崎正義の生涯』(小学館、一九九五年)、同『満鉄』(吉川弘文館、一九九六年)および『経済調査会立案調査書目録』第一〜三巻、解題・原朗(本の本社、一九九六年)など参照。

(19) 山室信一『キメラ』(中央公論社、一九九三年)および浜口祐子『日本統治と東アジア社会』(勁草書房、一九九六年)。

(20) 矢内原忠雄「匪賊に遭った話」(『矢内原忠雄全集』第二六巻、岩波書店、一九六五年)八五—八六頁。

(21) 保甲制度とは一〇戸をもって一牌となし、牌を集めて甲をつくり、警察管轄区内の甲をもって保を形成した制度をいう。

(22) 『南満洲鉄道株式会社社報』一九三一年十月十三日付には次のように報じられている。

◎鉄営乙第四八号

満洲事変戦死者遺骨三九個ヲ輸送スル下記ノ通取計フヘシ

昭和六年十月一二日　　　　鉄道部長

一、輸送区間　公主嶺大連間

二、輸送月日及列車　十月一五日　第一二列車

三、輸送方法　第一二列車機関車ノ次位ニ大連所属「イ1」一輛連結専用ニ供ス仍テ大連駅ハ一三日第一五列車ニテ「イ1」一輛ヲ公主嶺宛回送ノコト

四、専用車ニハ護衛トシテ将校以下六名乗車ス

五、専用車料金ハ諸口仮払金、総務部庶務課、雑口(時局費)ニ振替処理ノコト

しかし、より明白になるのは、翌一九三二年一月七日付『社報』第七四一六号「訓諭」であろう。つまり、

訓諭

(副総裁宛)

昭和七年ノ新春ヲ迎フルニ当リ遥ニ貴職始メ理事社員各位ニ祝意ヲ表ス

昨年事変勃発以来我社一同カ皇軍ノ活動援助ノ為身命ヲ賭シテ各任務ニ尽瘁セラレタルニ対シテハ茲ニ更メテ感謝ノ意

ヲ表ス今錦州占領ニ依リ和平ノ曙光ヲ見ルニ至リタルモ時局愈重大ヲ加ヘツツアル際有終ノ美ヲ完ウスル為各位一層ノ御奮励ヲ希フ右全社員ニ御伝ヘ乞フ

昭和七年一月四日　　総裁

また、事変の慰問も登場する。一九三二年一月十二日付「社員ニ対シ感謝状並慰問金寄贈」では、つぎのように述べている。

社員ニ対シ感謝状並慰問金寄贈（総、人事課）

感謝状（社線外派遣満鉄鉄道従事員宛）

今次ノ事変勃発以来多大ノ危険ヲ冒シ厳寒ト戦ヒ真ニ粉骨砕身至難ノ業務ニ従事シテ皇軍ト共ニ帝国ノ威信ト生命線確保ノ為ニ日夜尽瘁セラルル御労苦ニ対シ衷心ヨリ感謝ノ誠ヲ捧ケマス

茲ニ私共相謀リ御労苦ノ万一ニ報ント街頭ニ立チテ大連市民一般ヨリ喜捨ヲ仰キ其ノ心ヨリ献ケラレタル金一〇〇円也ヲ贈呈シ以テ大連市民ノ方々ト共ニ謹テ感謝ノ意ヲ表シマス

今ヤ各位ノ使命益重キヲ加フルニ当リ帝国ノ為各位ノ健康ヲ祈リ益御奮闘アランコトヲ切ニ希上マス

昭和六年一二月二九日

大連市山城町五修養園満洲連合会内

修養園大連七支部連盟

修養園大連　白百合会

慰問金（東京支社長宛）

東京市本所区江東橋汽車製造株式会社東京支店従事員御一同ヨリ東京支社ヲ通シ時局ノ為派遣中ノ社員ニ対シ鄭重ナル謝辞ヲ述ヘラレ尚慰問金七一円二三銭寄贈アリタリ

(23)「感謝状」

客歳九月一八日満洲事変勃発スルヤ社員各位ハ能ク今次事変ノ重大性ヲ認識シ真ニ軍民一致ノ範ヲ垂レタリ

抑々大作戦ハ鉄道ナクシテ遂行シ難ク機動作戦ハ愈々之ニ依テ光彩ヲ放ツ

神速ナル関東軍ノ行動ハ実ニ帝国ノ実力ヲ背景トスル貴鉄道厳存ノ賜ナリ

而モ武装ナキ社員各位カ繁劇ナル軍事輸送ニ従ヒツツ勇躍シテ危地ニ赴クトコロ伝統ノ日本精神ノ発露トハ謂ヘ

本職ノ尤モ欣快トシ尤モ感謝ニ堪ヘサル所ナリ
唯々兇刃ニ斃レタル社員ト遺族トヲ想ヘハ寔ニ断腸ノ思アリ
茲ニ大命ニ接シ終生思出ノ地タルヘキ満洲ヲ離ルルニ方リ社員各位ノ偉績ト後援トニ対シ衷心ヨリ感謝ノ意ヲ表ス

昭和七年八月八日

関東軍司令官陸軍中将従三位勲二等功三級　本庄　繁

南満洲鉄道株式会社総裁伯爵

林　博太郎殿

Ⅱ　外交と国際関係

満洲国の〝外務省〟

──その組織と人事

中見立夫

はじめに、本稿の課題

アジア・太平洋戦争、第二次世界大戦の終結から、そして日本の「傀儡国家」、満洲国が崩壊して、すでに六〇年の歳月が過ぎている。ところが満洲国という存在は、我々の記憶から次第に忘却されるどころか、近年、様々な視点からますます関心を集めている。しかし満洲国の国家機構のなかでも、こと〝外務省〟の組織と活動に関しては、ほとんど取りあげられることはなかった。正確にいえば、田嶋信雄氏によるヴァチカンあるいはナチス・ドイツと満洲国との関係、寺山恭輔氏のソヴィエト外交からみた満洲事変、満洲国への対応、さらには飯島みどり氏による、エル・サルヴァドルの満洲国承認問題など、当該国からみた対満洲国関係の研究はありえても、満洲国自体の外交活動と〝外務省〟は研究テーマたりえなかった。

近代国家における「外交」の命題とは、国家を構成する「国民」の権利を対外的に保障し、国家と国民の利益、つまり「国益」を外国政府との間で、合理的に調整し増大させることに、おおむね設定されてきたといえる。日本により樹立された傀儡国家、しかも国籍法によって、「国民」を定義することにも失敗した、満洲国の「外交」などは、誰も研究対象とはしなかった。官僚および官僚により立案、執行される政策という観点からみると、満洲国の経済政策は、戦後の日本においても一定の影響をあたえている。満洲国の日系官僚のなかでも、岸信介、椎名悦三郎、あるいは星野直樹のように満洲国での実績をもとに日本政府へ復帰し、さらには戦後日本の政界においてさえ指導的役割を演じた者もいる。また満洲国時代に整備された産業インフラは、新中国へと継承され活用された。ところが満洲国外交関係者のなかでは、わずかに大橋忠一が松岡洋右外相のもとで外務次官へ就任し、戦後も国会議員として活動したのを例外として、まず人材的にも戦中・戦後の日本へほとんど影響を残すことはなかった。いわんや満洲国の外交実績が、なんらかのかたちで戦後へ継承されることなどありえなかった。

本稿はこのような満洲国の「外交」を再評価しようとするものではない。むしろ具体的なデータから満洲国の〝外務省〟の組織と人事の実態をみて、社会科学的概念というよりは、通俗的呼称である「傀儡国家」の「傀儡」性を検証する。

一　満洲国における〝外務省〟の成立

一九三一年九月十八日、つまり「満洲事変」が勃発した時点において、関東軍による中国東北地域占領ののち、いかなる統治形態を採用するかについて、首謀者である石原莞爾は、はじめ「満蒙領有」を構想していたが、九月二十二日に策定された「満蒙問題解決策案」では「我国ノ支持ヲ受ケ東北四省及蒙古ヲ領域トセル宣統帝ヲ頭首トスル支那政権ヲ樹立」する方針が決まった。ついで十月二十一日に、関東軍国際法顧問松木侠は、板垣征四郎、石原莞爾、片倉衷ら関東軍参謀と意見交換したうえで、片倉によれば「満洲建国第一次の具体的策案」というべき「満蒙共和国統治大綱案」をまとめている。この「大綱案」では、樹立される国家の政体は「立憲共和制」とし、「大総統」のもとに「行政院」が置かれ、そのなかに「外交部」が予定されていた。結果からみると、翌年に成立する満洲国とはかなり異なる統治組織を想定していたが、独立国家をめざす以上、当然、政府機構のなかに〝外務省〟設置が予定されていたといえる。「大綱案」を作成した松木は、事変前は満鉄調査課法制係に属し、石原の委嘱により、佐多弘治郎調査課長や宮崎正義などとともに占領地統治の研究をおこなっており、満洲国の統治機構案作成に重要な役割を演じている。

一方、日本国内でも十二月十一日に若槻礼次郎内閣が辞職、政治情勢は変化していた。上京した板垣に対して、翌一九三二年一月六日、陸軍・海軍・外務三省による「支那問題処理方針要綱」が提示され、事実上、関東軍による独立国家樹立案が日本政府により承認された。これとほぼ同時に、「国防ハ全部日本ニ委任シ外交ハ形式上新国家ニ外交部ヲ設クルモ其最高級職員ハ全部日本人ヲ採用シ軍部ノ内面的指令ノ下ニ行動セシムヘク……我方ハ新ニ満洲総督ヲ設クヘシ」[1]との、関東軍幕僚の意向が外務省へ伝えられた。二月五日からは「新国家建設幕僚会議」が、板垣、石原、片倉などの関東軍参謀、そして松木、駒井徳三などにより開催され、「先づ三省聯合を以て独立宣言を発布し次で政務委員会を組織せしめ新国家の建設を準備し次で国家の成立を声明す」と、新国家樹立に至る段取りが決定された。具体的には二月十七日に東北政務委員会が発足し、三月一日に満洲国の「建国宣言」がおこなわれ、次いで九日、溥儀の執政就任式が挙行された。新たに組織される国家機構にとって、もっとも重要であったのは、日本との関係であり、その点に関して、片倉衷は、のちの一九四一年に満洲国・新京でおこなった、部外秘の「満洲建国の回想」という講演のなかで、

扨て十二月に於ては満洲都督案といふような考へを持つて居りました対満機構の考案が、建国に伴ひ当然変化を来し、進化して来たのであります。詰り満洲国内の官吏、特に日系官吏を通じて政治、外交を実質的に収め、調整して行く。軍政をやる代りに日系官吏の方々が、中央、地方の政治の官署に入つて満洲の政治をやつて行く。単（マヽ）的に申しますと軍事国防上よりすれば一つの軍政の全然新しき形であるといふことも出来るのであります。[2]

と経緯を説明している。そして関東軍による「内面指導」という原則も確立された。執政就任式当日、つまり三月九日、

「政府組織法竝諸官制」が公布された。おそらく松木を中心に起草されたものだろうが、簡単な条文からなり、その〝外務省〟、すなわち「外交部」については、「国務院各部官制」の第三章（第一九条から第二五条まで）で規定されている。しかし官制制定以上にもめたのは、院長、部長など、のちの表現でいえば「満系」首脳の人事であったようだ。その原因としては片倉がいうように「奉天系、吉林系、或は皇帝直属の者と、その勢力の均衡」をとるむずかしさがあった。「満洲国政府重要職員の決定は容易に纏らず」溥儀の招聘により、板垣は二月二十九日、飛行機で旅順へ赴き協議している。同日夕刻に奉天へ届いた電報によると、主要人事では「国務院長、鄭孝胥」「同副院長、臧式毅」「監察院長、于沖漢」、そして「外交、謝介石又は王栄寶」で「意見の一致を見た」のだが、これに対して「片倉参謀は松木顧問等と研究の結果副院長の存置は二頭となり総務庁長の仕事困難となり中央独裁的に処断し難きこと于沖漢を外交部長とし臧式毅を監察院長とするの要なきや」と意見具申している。(3) 予定される政府においては、「日系」が占める総務庁長こそが官僚の最高権力者であったのだが、その人事も緊張関係を惹起していた。片倉の日誌によれば、

駒井顧問は過半和知〔鷹二〕参謀が満洲国国務院総務庁長として十河〔信二満鉄〕理事を推挙するや心好しとせず或は引退すべきを称え或は之を固辞し単に軍司令部の顧問を以て足れりとし或は特務部部長たらんとする等其の言動鮮明ならず、然れども其の内心に於て総務庁長たらんとするの底意充分に在り、和知参謀、松木顧問等は駒井顧問の居常に慊らず殊に人事選衡を笠木〔良明〕氏と選任すべく委せられたる関係上之を拒否せんとし遂に感情的に相容れざるに至る。(4)

と書かれている。この記述より、新政府首脳の人事選考が、和知、松木、笠木のラインでおこなわれていたことが明らかとなる。

最終的に大臣級人事が確定したのは三月六日で、「外交部総長」に就任したのは、当初の予定どおり謝介石であった。謝は一八七八（光緒四）年生まれ、台湾の新竹出身。明治大学で学び、辛亥革命後は吉林都督府政治顧問、一九一三年

には天津に移り、張勲の秘書長となり、張勲の復辟失敗後は在野の政客、満洲事変後は吉林で旗人出身の熙洽に協力して吉林交渉署長の任にあった。その履歴からもわかるように、日本語に堪能であるとともに、吉林閥に属しながらも、張勲との関係から旧清朝遺臣グループとも接点があった。この謝について、三五年当時、関東局司政部長であった武部六蔵は、「外交部大臣として之亦食へない処を見せて居る。人物のない満洲要人では上等の部類に属する」と短評をしている。[5] 満洲国外交部として、最初に手がけるべき仕事は、「建国後の外交声明」であったろうが、この時点では外交部にスタッフはいない。前記片倉日誌三月六日の条では「松木起案し、森島〔守人〕領事、片倉参謀協議修正す」[6]としるされている。これは森島が「〔建国〕宣言中国際関係ニ付テハ……文意甚タ曖昧ナルニ付軍部ニ注意シタル」との事情があった。森島は戦後、回想録『陰謀・暗殺・軍刀』で満洲事変当時の苦慮をつづっているが、こと日本政府自体が満洲国樹立支持を明確化して以降は、彼は積極的に協力している。

満洲国では、「満系」大臣を「日系」次長が補佐することとなるが、実際の各部の責任者は「日系」の次長であった。謝介石外交部総長のもとで、次長となったのが大橋忠一ハルビン総領事であるが、なぜ大橋が選ばれ、また外交部はどのように産声をあげたか。

二　大橋忠一と創立期の満洲国外交部

森島守人は「満洲国が独立に至った過程は満洲新政権の人事政策推移の跡から見ても、その一端を窺知し得るが、満洲国の人事は、大別して、満鉄中心、駒井派中心、官僚中心の三時代に劃し得る」と指摘し、「実際のところ、満洲政権初期の人事は、昔の田舎芝居の初日と同様、早いもの勝ちに思い思いの地位を占めたもので、満鉄の衛生課長が一躍大奉天省の総務司長となったり、司法事務に全然経験のない病院の一事務長が、司法部の総務司長になったりしたような事例は、稀有ではなかった[7]」と書いている。ただ日系高官人事は、前述したように、和知、松木、笠木が掌握しており、大橋忠一が外交部次長に任じられた。しかも外交部業務の特殊性もあって、「全然経験のない病院の一事務長」が、「司長」に任命されることはなかったものの、ここでも以下で検討するように「昔の田舎芝居の初日」のような事態が出現している。

外交部次長を選ぶ基準は、「満系」の大臣のもと、実際上は大臣として外交事務の指揮をとる能力を備えている、したがって外務官僚として一定の履歴と経験を有すること、次に満洲事変へ至る現地状況を理解していること、そして何よりも関東軍と良好な関係の人物、という三つの要素があったといえよう。第一の条件にかなう日本外務省関係者としては、満洲事変勃発時においては、林久治郎奉天総領事、石射猪太郎吉林総領事、大橋忠一ハルビン総領事、そして木村鋭市満鉄理事が中国東北地方に在勤していた。林奉天総領事は満洲事変勃発時の対応によって、板垣ら事変を計画した関東軍幕僚から反発を受け、一九三一年十二月には離任、翌三二年、ブラジル大使へと転じている。

石射吉林総領事は片倉日誌によれば、「事変開始以来其行動免角（ママ）面白からず、動もすれば軍部の行動を白眼視し妨害を敢へてし又出先局地軍憲竝吉林政府とは好からず、吉七八号を以て大迫中佐より通報ありしを以て参謀長より関参五二八号を以て中央部に之を打電し外務側より警告せしめ要すれば交迭を要求せり[8]」というほど険悪な関係にあったが、一九三二年七月に上海総領事へ発令されている。木村は外務省アジア局長、チェコスロヴァキア公使を経て満鉄理事に就任したが、片倉日誌三一年十月十日の記述に、「木村理事張学良と通ずるの風聞と対策」との項目があり、同日、矢崎勘十少佐から片倉へ「本日木村理事が張学良に対し満鉄の要望する事項を全部容るるに於ては東北復帰を許すべしとの件は関東庁の手より記事差止めになれり」との情報がもたらされた。片倉は「木村理事が近時暗中飛躍をなせるは之を窺知せる所にして之を糺明するは大に利とするものあり、直に北京天津に手配すると共に憲兵隊に木村理事の監視方を依頼せり[9]」と対応している。木村に対する関東軍の評価は最悪であった、彼も三二年七月には満鉄理事を退任している。ちなみに林と木村の更迭に関して、森島は「両氏の離満は中央の政府が出先の軍に押された何よりの證據で、満洲事変処理に対する中央の無気力と無方針とを如実に反映したもの[10]」と回顧しているが、総じて中国東北地方在勤日本外務省関係者は、独走する関東軍に批判的ないしは冷淡であったといえよう。

ところが、森島によれば「ハルピン（ママ）の大橋総領事は、事件発生当初から、北満出兵論の急先鋒で、いろいろ外務省とのあいだで摩擦を起していた[11]」。一方、一九三一年九月二十六日、関東軍が発した電報では「些々タル問題ニ神経ヲ尖セル当地外務官憲モ軍ノ熱烈ナル誠意ニ引ツラレアリ一方哈市大橋総領事ノ如キ気骨アル外交官アルハ不幸中ノ幸[12]」と関東軍側は激賞している。つまり例外的に関東軍へ協力的、ないしは迎合的であったことこそが、大橋が選ばれた理由とみなせる。森島は大橋の性格に関して「人情味に富んだ男気の性格で、理窟よりは、人情や義理に動かされることが多く、霞ヶ関には稀な存在[13]」と評している。戦後、おそらくは極東軍事裁判証人出廷の件で、片倉へ宛てた書翰[14]において、大橋は「自分が外交部に腰を落ちつけたるは満洲に関し特異の考を持ちその考を擁護せんが為に外ならず」として、「満洲国を満人の意思を主とする独立国に盛り立つる事」「満洲の日本化朝鮮化傀儡化に反対する事」など、彼の「特異の考」をあげているが、はたして満洲国外交部入りの時点では、そのように考えていたかは大いに疑問である。

三月九日に予定されていた、溥儀の執政就任式へは、奉天・吉林・ハルビンの三総領事が招待されていた。ただ奉天については、すでに林は離任しており、森島が総領事代理であった。はたして総領事が出席すべきか、微妙な問題であった。森島は、

軍側ニテハ本官等各地領事ノ執政就任式参列ハ当然ノ儀トシテ熱望シ居ル処外務省系機関ハ対外関係上関東軍又ハ関東庁等トモ立場ヲ異ニスル点アリ承認問題等ニ関連シ機微ナル関係アリト思考セラルルモ他方新国家成立後ニ於テハ事実上ノ政権トシテ諸般ノ事項ニ関シ折衝ヲ要スル次第モアリ本官自ラ参列スルコト無ク資格云々ニ触レス漠然ト館員ヲ出席セシメ置ク方然ルヘシ[15]。

と二度も本省へ指示を請訓しており、田代重徳長春領事、石射吉林総領事からも同様な請訓電が本省へ届いていた。これに対して、外務省は「新政権ヨリ招待アリタル際ニハ「ローカルコンサル」トシテ非公式ニ（帝国政府ノ代表トシテニ非ス）長春ヨリハ田代領事、奉天、吉林、哈爾賓ヨリハ適当ノ館員参列スルコトト致度」と訓令した。(16)

就任式へ出席した日本外交官は、席次順にあげれば、石射吉林総領事、田代長春領事、滝川ハルビン領事、森岡奉天領事である。石射が出席していることが、従来の経緯からみて奇異であるとともに、大橋の欠席が注目される。大橋は一九三一年六月三日にハルビン総領事に発令され、六月六日に着任し、ほどなく満洲事変を迎えた。ところが三二年二月十五日には総領事代理として長岡半六が指名されており、結局、大橋は帰任することなく、十二月十四日には森島守人が総領事のポストに就いている。大橋の公館長としての在職は、八カ月あまりであったが、三月二十七日に在長春田代領事から、大橋の動静と進退を伝える、奇妙な公電が外務大臣へ発せられた。

大橋総領事ヨリ

帰朝ハ連盟委員ノ来満後トシ夫レ迄ハ引続キ当地ニ滞在シ新国家ノ仕事ニ携リ度ニ付至急本官辞職方御聴許ノ上御発表アリ度尚家族ハ直ニ帰朝スヘキ処旅費計算ハ本官辞職前一応帰朝シタルモノトシ御計算方特ニ御詮議ヲ請フ。(17)

想像しうることとして、大橋本人が申し出たか、外務省が指令したかわからないが、一時帰朝することになり、二月十五日には総領事代理が指名された。ただ帰任命令が出ていないことは、家族がハルビンにとどまっていることから明らかである。おそらく大橋は長春か奉天へと向かい、そこで関東軍幕僚との間で、自身の満洲国転出と外交部組織に関する細部の協議がおこなわれたと考えられるが、一旦ハルビンへと戻る。現存する大橋忠一の日記は、まさに上記電文が発せられる前日、三月二十六日夜一〇時、ハルビン駅を「露支要人在留民多数見送リ……軍楽隊ノ見送リアリ盛況ヲ極ム」という、新たな外交官人生への鹿島立ちの記述で始まる。「随行者ハ下村［信貞］君門野君藤川君」三名と家族であったようだが、翌日早朝、長春で下車するが、家族は日本へと向かった。長春でまず会ったのが田代領事、ついで(18)

石射吉林総領事で、ここから上記電報、つまり辞職願が出された。

「帝都新京」としての建設事業が始まる前の長春は、一地方都市にすぎず、ゆえに吉林には総領事館が置かれていたが、長春の日本公館は領事館にすぎなかった。同日から大橋は駅前の満鉄系大和ホテルを仮寓とするが「夜ハ外交部官制細則、定員、予算ヲ起草」していたところへ外交部総長となった謝介石が来訪、田代領事邸で阪谷希一と「税関接収問題」で協議するなど、早速、公務を開始している。長春での最初の仕事が「外交部官制細則、定員、予算」の起草であるように、大臣（外交部総長）は任命されているものの、外交部やほかの省庁も組織としては、いまだ成立していなかった。四月十五日の段階でも「現在〔満洲国政府へ〕採用内定セル邦人約二百三十名アリ大体事実上執務シ居ルモ大部分ニ対シ辞令ハ未タ発令シ居ラサル為職名確定シ居ラサル[19]」という状態にあった。そして大橋の「外交部総務司長」への任命が公表されたのは四月二十二日である。「新国家ノ組織ハ……国務院ノ下ニ……七部アリ各部ハ更ニ三乃至七ノ司ニ分タルル処本邦人ハ各部ノ司長格ノ地位ニ大体一名宛採用セラレ居ルモ大部分ハ未タ辞令発セラレス[20]」であったが、駒井徳三国務院総務長官、大橋、阪谷財政部総務司長、三谷清奉天省警務庁長のみが公表されている。この段階でも、日本人官僚の最高ポストである国務院総務長官は別として、各部院の幹部人事は選考中であった。大橋や阪谷はとりあえず総務司長で発令され、ついで組織体として最低限度固まった時点、具体的には同年六月、次長ポストに就いている。そして外交部に関しては、先にふれたように、その「官制細則」や人事を決めたのが、大橋であった。

三月二十八日から本当の仕事は開始されたが、大橋日記によれば、まず謝介石総長が訪れ、国務院より謝が受領した「二万五千元ヲ領収シタル内五千元ヲ差引タル残額二万元ヲ受取リ……正金銀行ニ換金シチエキカウントヲ開キタリ」。この時点では、もちろん外交部に会計担当者もいない。当座の必要経費を大橋は小切手により自由裁量で決済していたようだ。また「新国家日本人主脳者会議ヲ隔日ニ開催スル」ことを知らされた。焦眉の急は、外交部の組織をつくりあげることであったが、「日本政府ニ於テハ新政府ニ日本人ヲ一割三分以上入ルヘカラズトノ意見ヲ有シ」ていたが、

「〔国際〕聯盟委員ノ手前ヲ憚ッテ左様ナル姑息ナル態度ニ出ツルハ不可ナルコト」と所感を書いている。外交部スタッフ選任について、「〔長春〕領事館ニ到リ哈爾賓総領事館ニ対シ松本〔益雄〕杉原〔千畝〕両人ノ至急来長手続方ヲ電報並ニ外務省ニ対シ赤塚正助ノ新国家入リ慫慂電報発電方以依頼ス田代領事モ新国家入ニ付一旦帰朝シ状勢ヲ見極メタル上懇義ヲ言明ス」とあるが、奉天総領事、オーストリア公使を歴任し、当時、衆議院議員を辞めたばかりの赤塚が満洲国入りすることはなかった。

田代重徳（一九一九年高文外交科合格）は長春領事として、なにかと外務省入省では一年先輩にあたる大橋を助けていた。実際、この時点の外交部は庁舎もなければ独自の電信施設もない。したがって、満洲国外交部の電報は、在長春日本領事館を経由して発せられた。これより二カ月後、大橋日記五月二十四日の条では、「午後七時ヨリ謝外交総長ハ新タニ外交部来任ニ決シタル田代領事並駒井長官張実業総長ヲ招宴セリ」とある。この時点では、田代は満洲国外交部への転出を個人としては決意していたのであろう。おそらくは本省の承認をえられず、三三年外務省情報部二課長に異動、天津総領事などを経て、大橋が満洲国を去ってのちの、三九年十月、満洲国外交局次長に就任するが、一年足らずで外務省へ復帰している。このときの田代の例や、先の執政就任式においても明らかなように、「国家承認」をしていない満洲国に対して、日本外務省は慎重な対応をしていた。このような状況のなかで大橋は、いわば一方的に外務省を離れたのであった。

四月六日に大橋は「外交部官制案」を駒井総務長官へ提出、ほぼ組織のアウトラインは固まったが、八日に前記松本、杉原と川崎寅雄、田原〔義夫〕の履歴書を人事処へ提出しているが、この時点では外交部の「日系」スタッフとは、この四名にハルビンから同行した下村信貞程度であったろう。十一日には、「外交部及外交部総長」の官印が交付されている。『大同元年版満洲国政府職員録附法令集覧』（大連：満洲書院、昭和七年九月七日発行）には、外交部の職員名簿と、七月二十日より施行された、大橋が作成した「外交部分科規定」が掲載されており、おそらく当時の出版状況を考慮するならば、同年七月末から八月初めまでに採用された職員が記載されているとおもわれる。その大略を摘記したのが表1である。姓名をあげたのは、それぞれの長である。なお満洲国政府の文官は、「特任官」、「高等官」（一等～二等官は「簡任官」、三等～八等官は「薦任官」）、「委任官」に分けられる。また四角で囲んだ部局は、「外交部分科規定」にはあげられているが、人材配置がなされていないことをしめす。科長以下の員数のうち、「日」は「日系」、「満」は「満系」の略。ただし、そのような記載が当該『職員録』にあるのではなく、筆者が人名より判断した。「駐日代表公署」は、三二年十月設置のため、「外交部分科規定」にはあげられるが、当然、職員名はない。「外交部北満特派員辨《ママ》公処」（三二年六月設置）は、『職員録』巻末の「訂正事項」で、「外交部令」で「外交部北満特派員公処」と改称されたとある。職員名は未掲載であるが筆者が補った。なお、この司・科組織は、のちに外務局に組織変更されるまで、維持された。

人員数をみても、総務司二四名（満一七、日七）、通商司一名（満一）、政務司四名（満二、日二）、宣化司九名（満七、日二）、これに総長、次長を加えても、総員四〇名（満二八、日一二）にすぎず、外交部北満特派員公処数名をいれても五〇名に及ばず、しかも雇員（タイピスト、運転手など）をも含めた数である。「司長」（＝局長）クラスをみると、朱之正総務司長は、一八九三（光緒一九）年、江蘇の生まれ。大総統府政治諮議、広東巡按使河釐金局総弁、内務部参事などを務めたというから、謝介石に近い中国本土からきた政客と考えられる。彼に対し、外交部北満特派員に任命された施履本は湖北出身、日本の中央大学卒業。北京政府外交部科長、駐日代理公使、外交部参事代理、外交部駐ハルビン特派員などを歴任した外交官出身で、かつ日本語もできた[21]。

川崎寅雄宣化司長は、戦後に本人が書いた履歴書によると、一八九〇年岡山県生まれだが、ハワイに移民し、ホノルルの高校卒業ののち、米国マサチューセッツ州スプリングフィールド大学を卒業、ホノルルYMCA総主事を経て、一九二〇年より外務省嘱託となり、サンフランシスコ総領事館、本省情報部に勤務した。正規の外務省職員ではなく、中国との関わりもほとんどない。しかし、三一年十月二十七日、つまり満洲事変発生直後、在奉天日本総領事館に勤務す

表1　発足時の満洲国外交部陣容（一九三二年）

総長　謝介石（特任）
次長　大橋忠一（簡任一等）
　総務司　朱之正（薦任四等）
　　秘書科　葉堯公（薦任五等）／秘書官（薦任）：満1、翻訳官（薦任）：満1、属官（委任）：満1、雇員：満2、計6名
　　文書科　呂宜文（薦任七等）／属官（委任）：日1、満3、雇員：満3、日3［すべて女性］、計11名
　　庶務科　科長欠／属官（委任）：日1、満2、計3名
　　計画科　下村信貞（薦任五等）／属官（委任）：日1、雇員：満1、計3名
　通商司　司長欠
　　商政科　継先（薦任）／計1名
　　僑務科
　政務司　神吉正一（簡任）
　　亜細亜科　松本益雄（心得、薦任六等）／属官（委任）：満2、計3名
　　欧美科
　　俄国科
　宣化司　川崎寅雄（薦任三等）
　　宣伝科　科長欠／事務官（薦任）：満1、属官（委任）：満2、雇員：日1、計4名
　　文化科　際彪（薦任七等）／属官（委任）：満3、計4名
　外交部北満特派員【辨】公処　【施履本（簡任二等）】／事務官（薦任）【杉原千畝（薦任六等）】、属官（委任）
　駐日代表公署　代表（特任）1名／参事官（簡任または薦任）2名、事務官（薦任）2名、属官（委任）3名

ることになった。「対外国人関係事務、英文翻訳、通訳一切」をおこなったという。大橋は二〇年代前半、米国西海岸地区に駐在していたので、そのころから関係があった可能性がある。おそらくは履歴からみて、抜群の英語能力を買われて、事変直後の奉天へ領事館事務の応援に赴き、そのまま八月一日付で、満洲国外交部の、高等官、局長として採用されている。

満洲国入りまで「官歴」を持たなかった川崎に比べ、神吉正一政務司長は一見、正統派の外交官にみえる。[22] 彼は一八

九七年生まれ、東大法科在学中、一九一九年高等文官試験、ただし行政科に合格している。だが三井銀行に就職し、二一年、外務省臨時平和条約事務局事務官に任官している。つまり「高文合格組」ではあるものの、パリ講和会議の際におこなわれた外務省人員強化策に応じて入省した「中途採用組」であった。一八九三年生まれで一九一八年高文外交科合格の大橋、一八九六年生まれで一九一九年高文外交科合格の森島と比べて、年齢は大差ないものの、外務省では傍流であった。在外勤務経験も英国のみで、二八年五月からアジア局第一課に勤務していた。そして三二年七月に奉天総領事館へ赴任、八月に辞職し、外交部へ入っている。前掲『大同元年版満洲国政府職員録』では、神吉に関して「簡任」とあるだけで、具体的等級が記載されていないのも、入部直後で処遇が決定していなかったことと関連あろう。大橋日記によれば、神吉はもう一人の外務省職員、梅谷斌雄とともに、八月十日、「来任」とある。梅谷は上記「大同元(一九三二)年」版職員録に記載されていないが「大同二(一九三三)年」版では文書科長とある。神吉は七月に奉天へ赴任し、八月辞職という事実は、外交部転出を前提とした異動であったと推察される。

次に「科長」(＝課長)クラスをみると、「満系」では葉堯公秘書科長は、一八九九(光緒二五)年、河北の生まれ、北京大学卒。黒龍江督軍公署委員、吉林森林局股長などを歴任したとあるが、黒龍江、吉林方面での官僚経験が買われ、職掌からみて謝総長の補佐的地位にあったとみられる。呂宜文文書科長は九七(光緒二三)年、関東州・金州の出身、明治大学専門部卒業。東北航空軍司令部教務主任兼秘書長から転身した。継先商政科長は、八五(光緒一一)年、直隷省出身。駐米国公使館員、駐米公使館一等翻訳官、外交部参事の経験があるが、外交官経験と英語能力を評価されたと考えうるが、どのような経緯で満洲国外交部入りしたかは不明。際彪文化科長も八五年、吉林省出身。外国留学ののち、津浦鉄路管理局商務調査員、天津電車電灯公司華務処翻訳秘書などを務めた。宣伝科事務官姚仁は科長ではないが、「薦任七等」で高等官である。一九〇〇(光緒二六)年、浙江の生まれ、早稲田大学政経科卒業。北京政府財政部秘書、東海関監督公署総務科長、掖口分関長を経験している。外交というよりは税関関係者である。

一方、日系「科長」クラスでは、大橋がハルビンから帯同した下村信貞計画科長は一九二三年東大法科卒、満鉄入社。大連工業専門学校教授、満鉄ハルビン事務所などに在職。大橋がハルビン総領事館から呼び寄せた、かつての部下、松本亜細亜科長心得、杉原外交部北満特派員公処事務官は、前者は漢語、後者はロシア語に堪能な人材である。そして、神吉とともに三二年八月外交部に転じ文書科長となった、前記梅谷斌雄、この三人は、外交部に入ることによって「高等官」(ともに薦任六等)としての地位をえた。以上が外交部発足時の幹部職員だが、年齢構成をみると、謝総長の五〇代なかごろを別として、司長クラスでも川崎、朱は四〇代前半、大橋、神吉は三〇代後半であった。総じて、急遽、寄せ集めたとの感を免れず、その意味では、森島が揶揄する、「昔の田舎芝居の初日」的光景が、ここでもみられたのである。

三　満洲国外交部の展開

組織、人事の面からみると、満洲国の〝外務省〟はいくつかの時期に区分できる。第一期が一九三二年の創立といっても、組織体としての外交部が一応まがりなりにも整ったのは同年六月から八月のころだが、それ以降、三五年五月、鄭孝胥国務総理大臣の辞任とともに、外交部大臣も謝介石から張燕卿へと交替し、七月、謝介石は初代駐日大使に転出する。このころまでが第一期である。なお三四年三月に外交部総長は大臣と職称が変更されている。第二の時期は、三五年五~七月を起点として、三七年七月外交部が外務局に組織変更となり大橋は局長となるが、同年十二月に辞職する。この時点までが第二期であるが、大橋は長官辞職とともに、閑職の参議に「昇進」するものの、おそらく大橋の影響力と役割も、ここで終わったと理解される。第三期は外務局が存在した時期、つまりほぼ三七年七月から四二年四月までである。四二年四月、再び「外交部」は復活するものの、第二次世界大戦が勃発しており、満洲国がなんらかの「外交」活動をおこなうこと自体が不可能であった。そして四五年八月の日本敗戦、満洲国崩壊へと至る。

第一期についてみれば、いかにして人材を集めるかが焦点であった。大橋の日記をみると、草創期外交部設営について、いかに腐心していたかがうかがえる。前述したように、一九三二年三月二十七日に長春入りした、その日から辞令交付もないままに大橋は仕事を開始しているが、緊急に対応せざるをえない問題は、海関接収問題と来訪中のリットン調査団への応接であった。ところが、作成した書類を打字すべきタイピスト（そして邦文タイプライター）、とくに英文タイピストでさえ確保できていない。しかも当時の長春においては、適材を求めることはむずかしかった。満鉄本社から応援を求めるとともに、候補者の試験・面接も自らおこなっている。しかし日本政府が国家承認をしていない段階では、職員採用については外務省に限らず、表向き慎重な対応をとっていた。たとえば、ソヴィエト領内に設置する領事館のため、七月、朝鮮銀行へ人材割愛を求めたが拒否されている。そして九月十五日、日満議定書が交換されて、日本が満洲国を承認すると、事態は好転しつつあった。とくに満洲国を独立国家として育成するためには、将来の幹部職員候補の確保は、外交部に限らず、全政府機構、関係組織にとって重要な問題である。このころ日本国内は不況にあえぎ、大学卒業者は就職難の状況にあった。そこに満洲事変がおこり、満洲国が成立し、職を求めて「満洲ブーム」がおこったことは、よく知られている。

おそらく、もっとも安全で、かつ安易な人材確保方法は、日本の高等文官試験合格者から選ぶことであったろう。一九三三年十月の行政科合格者のなかから一四名（この年度では満洲中央銀行も二名、満洲電電も一名採用）、三四年度では一一名、三五年度七名が満洲国政府に就職している。さらに、それ以前の年度の合格者からも、二九年度四名、三〇年度三名、三一年度八名、三二年度一名が、おおむね三三～三四年に採用されている。そして三六年以降の高文合格者で満洲国政府任官者がほとんどいないことは、その時点までに満洲国独自の日系職員幹部候補生採用基準が確立したとみなせる。

高文外交科でも、一九三二年十月の第四一回合格者から二名（伊吹幸隆と糸賀篤）、三六年第四五回の二名（朝山進と岡田渉）、三九年第四八回では一名（黒田力）が外交部へ配属された。つまり三回、合計五名だけが、例外的に高文外交科合格者のなかから採用されているのだが、日本外務省が満洲国外交部へ「配属」したのか、外交部側が独自に接触し採用したのか、詳細は不明である。外交部関係者による同窓会では、この五名を、「外務省・外交部人事交流該当者」とはみなしていない。さらに五人の履歴を詳しくみると、不可思議な事実が浮かぶ。高文のなかでも外交科は最難関といわれたが、たとえば三二年の第四一回合格者は、おおむね三〇年から三二年大学卒業者で占められている。つまり大学在学中か卒業後さほど年数を置かずに合格しているが、伊吹（一高、東大法卒）は二八年卒、糸賀（水戸高、東大法卒）は二六年卒で、おそらくは転職者と考えられる。また朝山の場合も二七年の「専検」合格者で、あるいは外務省下級官吏として在職中に外交科試験に合格した可能性もある。岡田、黒田も大学卒業後の受験合格者である。

一方、外交部草創期において、いわゆる「満系」高等官相当者人事は、その政治的態度と履歴を勘案し、さらに縁故関係で決定されたと想像される。ただし若年の新規採用者は公募と試験によって選考されたのも事実である。外交部「満系」官吏の回想録は、ほとんどないが、そのようななかにあって王替夫は例外的存在である。[23] 王は、一九一〇年、吉林省永吉県で生まれ、十八歳で東省特別区法政大学へ入学。満洲事変勃発後、馬占山慰問団に参加。そのため日本軍に逮捕され入獄する。そして釈放されたところに、青木という名の日本人が現れ、やがてその勧めにより、北満特派員公署の「外交雇員」募集に受験する。漢語文作文とロシア語会話の試験を受けたのち、最後に施履本特派員、杉原千畝による日本語の面接があった。これに合格した後、杉原に伴われ首都新京へ赴き、大橋忠一次長の試問に臨んだ。大橋は、王の成績が突出しており、外見が外交官にふさわしいといったが、「ロシア語ができるから、ソ連に通じているのではないか」と聞き、王は「わたくしは日本語もできる。では日本にも通じているか」と応酬し笑いとなったと回顧している。王はチタに開設される領事館に派遣されることになったが、領事の李垣は北京大学でロシア語を修めた人物で、謝介石との縁故で入省したという。

また玉聞精一は、一九〇八年、当時の名称では新疆省伊犂地方恵遠城に生まれた人物で、今日の「中国民族識別」によれば「シボ族」である。したがって口語満洲語（シボ語）のネイティヴ・スピーカーである。ウルムチの中学校、次いで現在のアルマトイの州立中学、さらにウルムチの新疆省立俄文法政学院を卒業。新疆省政府から派遣されてハルビンの中東鉄路局附属工業大学に留学し、二三年に卒業。日本へ留学して、鉄道講習所を修了後、三四年、在日満洲国公使館での外交部採用試験で合格したというが、大橋が「世話をして、「日本から」満洲国に連れて来られた」という[24]。王、玉聞の二人は、比較的初期の外交部へ採用されたが、ともに語学能力が決め手であり、公募と試験によって、しかも最後は大橋の判断を経て人事がおこなわれていることに注目しなければならない。

前記の筆者による区分で、第一期と第二期は大橋が外交部を掌握していたという点では連続している。しかし大臣がかわったという以上に、人事と組織という点からも考察しなければならない（表2）。第一期の外交部陣容をみると、謝総長、大橋次長のもとに、総務司（朱之正司長）、通商司（呂宜文司長）、政務司（神吉正一司長）、宣化司（川崎寅雄司長）の四司があり、総務司には、秘書科（葉堯公科長）、文書科（梅谷斌雄科長）、庶務科（はじめ空席ののち、田中正一科長）、計画科（下村信貞科長、下村のハルビン転出ののち、杉原千畝が兼務）、通商司は商政科（加藤日吉科長）と遅れて設置された僑務科（夏紹康科長）からなる。外交部の中枢部局というべき政務司は、亜細亜科（松本益雄ののち、田中正一科長）、欧美科（林景仁科長）と俄国科（杉原千畝科長）からなる。宣化司は宣伝科（際彪ののち、松村寛が科長）と文化（連絡）科の二科構成であった。

日本人幹部のなかで、下村、松本、杉原は大橋がハルビンから連れてきた人物で、次いで川崎、神吉、梅谷が入部した。梅谷は東京外国語学校支那語部を卒業後、一九二二年、外務へ通訳生として入省。前述のように、奉天領事を経て外交部へ神吉とともに入省しているが、神吉と同様、外交部入りを前提とした奉天発令であったようだ。田中正一（一

表2　満洲国外交部の陣容（一九三三～三七年）

	一九三三年	一九三四年	一九三五年	一九三七年
総長⇩大臣	総長／謝介石	大臣／謝介石	大臣／張燕卿	大臣／張燕卿
次長	大橋忠一	大橋忠一	大橋忠一	大橋忠一
総務司長	（心得）朱之正	朱之正	欠	欠
秘書科長	葉堯公	葉堯公	高崇禄	高崇禄
文書科長	梅谷斌雄	梅谷斌雄	梅谷斌雄	梅谷斌雄
庶務科長	欠	田中正一	森豊	森豊
計画科長	下村信貞	杉原千畝（兼）	欠	松村寛（兼）
	事務官 4③ 翻訳官 1 属官 10④	事務官 4③ 属官 14⑥	秘書官 1 事務官 4③ 属官 19⑪	秘書官 1 事務官 6④ 属官 19⑩
通商司長	（心得）呂宜文	呂宜文	筒井潔（兼）	筒井潔（兼）
商政科長	加藤日吉	加藤日吉	加藤日吉	三城晃雄
僑務科長	未設	夏紹康	夏紹康	夏紹康
	翻訳官 1 事務官 1	事務官 10② 属官 24⑩ 警察関係（兼）10⑩	事務官 10③ 属官 26⑨ 警察関係（兼）9⑨	事務官 6 属官 24⑩ 警察関係（兼）15⑮
政務司長	神吉正一	神吉正一	神吉正一	矢野征記
亜細亜科長	松本益雄	田中正一（兼）	矢野征記	欠
欧美科長	林景仁	林景仁	林景仁	林景仁
俄国科長	未設	杉原千畝	広瀬節男	広瀬節男
	属官 3	事務官 3② 翻訳官 1 属官 7⑤	事務官 4③ 属官 12⑨	事務官 7⑤ 翻訳官 1① 属官 10⑥
宣化司長	（心得）川崎寅雄	川崎寅雄	筒井潔	筒井潔
宣伝科長	際彪	松村寛	松村寛	松村寛
文化連絡科長 ⇩文化科長	姚仁	文化科長：林景仁（兼）	際彪	萛鴻埠
	属官 6	事務官 4①	事務官 1	事務官 2

	外交部雇員 10④	属官 10②	属官 6	属官 3①
駐日代表 ⇩駐日公使・大使	代表／鮑観澄 参事官 1① 事務官 2①	公使／丁士源 参事官 3① 商務秘書官(兼)3③ 二等秘書官 1 三等秘書官 1 随習秘書官 2 主事 3②	大使／謝介石 参事官 2① 商務参事官 1 一等秘書官 2① 三等秘書官 1 随習秘書官 1 商務秘書官(兼)3③	大使／謝介石 参事官 1① 一等秘書官 1 二等秘書官 1① 三等秘書官 1 商務秘書官(兼)3② 随習秘書官 1 主事 7③
北満特派員	施履本 事務官 2① 属官 9②	施履本 理事官 1① 属官 11③	施履本(ハルビン特別市長) 理事官 1① 属官 10②	施履本(ハルビン特別市長) 理事官 2② 事務官 1① 属官 8③
武市(ブラゴヴェシチェンスク)領事	蓂鴻埠 副領事 1① 事務官 1 雇員 1①	蓂鴻埠 副領事 1① 主事 4①	蓂鴻埠 副領事 2② 主事 3	際彪 副領事 2② 主事 4②
赤塔(チタ)領事	李垣 副領事 1① 事務官 2②	李垣 副領事 1① 主事 3②	李垣 副領事 2② 主事 3②	李義順 副領事 2② 主事 3②
新義州領事	未設	欠 副領事 1 主事 3①	欠 副領事 1 主事 3①	袁濤 主事 3①

注 (1)一九三三年より科長級の職位として、「理事官」の名称が現れる。
(2)各部局の職員数は科長職以上の管理職を除いた数。
(3)職員数のうち、丸で囲んだ数は「日系」の人数。『職員録』より判定。ただし、残りが「満系」とは限らないことに注意。なぜならば、モンゴル系、日本帝国領内の朝鮮半島、台湾出身者も含む。
(4)科長級以上の幹部職員は人名をあげた。ゴシックでしめした人物は日本外務省出身者。
〔出典〕『満洲国職員録』から作成。一九三三年のみは、雇員数もあげている。

八八八年生まれ）は、日大を中退し、外務書記生となり、長春副領事を経て外交部へ入った。大橋日記にも頻繁に登場するところをみると、大橋により勧誘されたのかもしれない。上司の田代領事の外交部入りは外務省の許可するところとはならなかったが、軽位ゆえに承認されたとみなせる。加藤（一八九二年生まれ）は東亜同文書院卒。三菱合資会社上海支店に入社。中国各地を勤務のあと、一九二二年、外務省副商務官、副領事などをしていた。松村は一八九九年生まれ、ハワイ大学を卒業。ジャパンタイムズ、駐日カナダ公使館翻訳官などを経て、外交部に就職した。その履歴からみて川崎との関係で外交部に入ったと想像される。第一期の外交部日系高級職員をみれば、大橋次長、神吉司長（ただし前述のように高文合格者ではあったが傍流であったとみなされる）および満鉄幹部職員の下村を除くと、すべて外務省下級職員か嘱託、ジャーナリストからの転進者であり、なによりも、まず即戦力となる人材を採用するという方針であったと考えられる。ところが第二期になると、これらの人々は、ほぼ淘汰されるのである。

一九三五年五月、鄭孝胥は国務総理大臣を辞任し、これと同時に大幅な内閣改造人事がおこなわれる。当時、満洲国関東局総長であった武部六蔵は、この改造にともなう内幕を日記のなかでふれている。五月二十日の条では、「［実業部大臣］張燕卿も利権漁りの機会少き外交部大臣では敬遠の形であるが、馘首するよりよいと言はねばならぬ」。次いで翌二十一日に「張燕卿は外交部大臣がイヤだとて今晩二時迄頑張り、それなら辞職せよと云ふ処迄行つたが遂に応諾したとの事。張らしい処がある」と書いている。そして「大橋［忠一］外交部次長は、自分に黙つて外交部大臣を代へたと云ふので、今後職務執行出来ぬとて、長岡氏に辞表を提出した。一応慰留したそうであるが、長岡氏の腹は去る者は追はずに在るらしい。之は当然だと思ふ(25)」と大橋の動向を伝える。もっとも「謝介石は将来、駐日公使館が大使館に昇格した場合の大使候補者として軍では予定して居る」のであった。

結果的に大橋は慰留を受け入れて外交部次長として残った。外交部の第二期の幹部陣容をみると、総務司長朱之正は更迭され、司長ポストは空席となる。梅谷文書科長は残留したが、田中庶務科長は森豊にかわり、計画科長は空席ののち松村寛が兼職する。通商と宣化両司は新たに筒井潔が兼務する。筒井は一九一九年の高文行政科合格、つまり神吉と高文行政科同期で、しかも三菱を経て、同じ二一年に外務省へ入省している。加藤商政科長も第二期の途中で三城晃雄と交代している。三城は二四年の高文外交科合格者だが、外務省へは入省せず、商工省から二六年、中国海関へ配属された経験を持つ。政務司については、まず田中が兼務していた亜細亜科長のポストへ、三五年八月、矢野征記が就任する。矢野は二五年の高文外交科合格で、三六年十一月、神吉が総務庁次長へ異動したのち、政務司長心得を経て、三六年九月、正式に司長となる。神吉についてみれば、総務庁こそ、満洲国日系官僚の中枢機関であることを考慮すると、「栄転」といえよう。杉原千畝俄国科長も更迭され、広瀬節男が科長に就任する。広瀬は早大政経卒、おそらく外務省へ嘱託として入ったのち、二八年の高文外交科で合格している。このように、外交部の主要日系幹部職は、第二期の後半までに、日本内地から送り込まれた高文合格組で占められることになる。

ちなみに第一期で辞任した川崎宣化司長と杉原俄国科長についてふれると、川崎は三五年六月、駐日大使館参事官に転じるが、一年後、辞職。三七年十二月北京日本大使館の嘱託となったのち、三八年九月一等通訳官、四一年に三等書記官となり、日本敗戦まで中国で外務省官吏として暮らしたが、二度と満洲国内で在勤することはなかった。一方、杉原も三五年七月、外交部を辞職、外務省情報部へ復帰、ついでペトロパブロフスクに駐在ののち、フィンランド公使館二等通訳官となり、のちにリトアニア駐在中、亡命を求めるユダヤ人に対しヴィザを発給した人道的行為で、今日はその名が知られ、彼を顕彰する肖像切手も発行されている。

川崎は建国まもない満洲国において、その英語能力を買われ、外国人訪問者に対して、「宣化司長」つまり「宣伝文化局長」としてスポークスマンの役割を演じた。事実、「上海イヴニング・ポスト」紙の記事では、「恐らく川崎氏は新京の日本人官吏中の最も理想主義的な一人であろう。……川崎夫妻の接待振りは満洲国首都を訪れる殆んど凡ての外国人記者の愉快な記憶として残るであらう」と紹介されていた。杉原も中東鉄道譲渡交渉に参与したことで知られている。

川崎の場合、その功績に報いるためか、一年だけ大使館参事官つまり謝大使に次ぐポストをあたえられたものの、すぐに辞職している。川崎や杉原にとって、満洲国政府での、司長（＝局長）、科長（＝課長）体験は、その後も続いた、彼らの下積みの外交官人生で、いわば一時の夢であった。森島の表現を用いるならば、「田舎芝居の初日」に、大橋という演出家兼主役によって、それまで裏方であった川崎、杉原は役者として突如、舞台へ駆り出された。しかし、いまや初日の幕は降ろされたのである。

四　外交部から外務局へ

一九三七年七月におこなわれた行政機構改革において外交部は、「行政簡素化の線に沿って国務総理大臣直轄の外務局となり、外交権を行使する大臣の補佐並びに事務処理機関に格下げされた」。これより前、大橋は三七年一月、ヨーロッパへ出張、七月に「格下げ」された外務局長官に任命されるが、十二月には閑職といわれた参議へ転じている。そして大橋辞任を受けて外務局局長を兼務したのが、総務庁次長となっていた神吉正一であったが、翌三八年四月に蔡運升が長官に任命され、欠員であった次長へは、かつて大橋が外交部入りを働きかけ失敗した田代重徳が三九年十月に天津総領事から異動するものの、前述のごとく、わずか一年で本省へ復帰している。その後を引き継いで、四〇年十月、次長となったのは、三浦武美（一九二〇年高文外交科合格）であったが、三浦は三六年から在新京日本大使館に駐在しており、参事官からの異動であった。

外交部が外務局に「格下げ」された理由と影響について、戦後に関係者により編纂された『満洲国史』においては、対日外交が一外交部大臣をもってしては処理困難であることと、情報、調査関係や、若干の対欧洲通商関係を除いて事務量の少なくなったことなどがその理由で、日本外務省からの出向官吏はこれを不満として袂を連ねて辞任帰国した(26)。

と書かれている。しかし、まず満洲国には、外交部大臣が処理しうる「対日外交」が構造的に存在しなかったことへ、注目しなければならない。「グローバル化」が進んだ今日、あるいは経済案件を中心に外交交渉の担い手が変化した一九八〇年代以前においては、通常、独立国家の「外交」は、国内各部署の意見が集約されたのち、外務省から在外公館を経由して、相手国外務省に伝達される、という経路でおこなわれる。相手国からも、同様な回路を通じて反応が返る。このチャネルを逸脱すると、「二重外交」との批判がおこる。

満洲国と日本との間の交渉をみれば、一九三四年十二月に陸軍大臣を長とする対満事務局が設立されており、省庁間の政策協議・調整はここでおこなわれ、一方、満洲国側の窓口となるのは関東軍と総務庁であった。のみならず満洲国の各部庁では、日本の対応する省庁から送り込まれた官僚が実権を握っており、直接、出身省庁とのやりとりもおこなわれた。したがって政策の「協議・調整」といっても、実態は日本と満洲国間ではなく、日本・満洲国を「一体」とする地域での、軍部が関与した、日本省庁間の協議・調整であった。満洲国は「独立国家」という建前をとり、はじめ外交部次いで外務局が存在するものの、日本との間には実質的に「外交」は存在しなかった。東京に置かれていた大使館も、それゆえに形式的・儀礼的機関にすぎなかった。したがって、附属地行政権移譲問題をめぐって、内務省出身の武部六蔵満洲国関東局総裁と谷正之在満日本大使館参事官は激しく対立するが、これは満洲国対日本国の対立ではなく、外務省官吏と内務省出身官吏の政策をめぐる反目で、さらに満洲国の日系官吏の人事権は関東軍司令官が握り、谷の上司である在満日本大使は、関東軍司令官が兼務していた。これゆえに外交部大臣が「対日外交」を処理していたなどということは、構造的にありえないのであった。

次に外交部が外務局へ「格下げ」されて、「日本外務省からの出向官吏はこれを不満として袂を連ねて辞任帰国した」などという事実はあったのだろうか。表3でみるように、外交部は組織上、総務・通商・政務・宣化四司からなったが、

表3　満洲国外交局・外交部の陣容(一九三八～四二年)

	一九三八年	一九三九年	一九四〇年	一九四一年	一九四二年
長官⇩大臣	長官／蔡運升	長官／蔡運升	長官／蔡運升	長官／韋煥林	大臣／李紹庚
次長			田代重徳	三浦武美	三浦武美
長官官房					
参事官	李順義	尾形昭二	尾形昭二	尾形昭二	朴錫胤
参事官		中根不覇雄	荒川海太郎	荒川海太郎	大江晃
参事官		李順義	張蔭棠		吉津清
理事官(科長)		文書／中根不覇雄	文書／荒川海太郎	文書／荒川海太郎	吉津清(兼)
理事官(科長)	庶務／森豊	庶務／竹之内安己	庶務／竹之内安己	庶務／竹之内安己	庶務／竹之内安己
理事官(科長)	交際／丁文蔚	交際／丁文蔚	交際／丁文蔚	交際／丁文蔚	交際／施肇和
	秘書官　1①	秘書官　1①	秘書官　1	秘書官　1①	秘書官　1①
	事務官　4②	事務官　3③	事務官　6③	事務官　9⑤	事務官　8④
	翻訳官　2①	翻訳官　2②	翻訳官　2②	翻訳官　3①	翻訳官　1①
		高等官試補　2②	高等官試補　2②	高等官試補　2②	
	属官　17⑨	属官　22⑬	属官　19⑭		属官　31⑳
					委任官試補　7④
政務処⇩政務司	処長／亀山一二	処長／亀山一二	処長／亀山一二	処長／下村信貞	司長／下村信貞
理事官(科長)	第一・二科長／河野達一	第一科長／河野達一	第一科長／河野達一	第一科長／河野達一	第一科長／上野正夫
理事官(科長)	第三科長／袁濤	第二・四科長／田付景一	第二科長／岡田渉	第二科長／深井富之助	第二科長／深井富之助
理事官(科長)		第三科長／袁濤	第三科長／朱世偉	第三科長／朱世偉	第三科長／谷中山
理事官(科長)			第四科長／田付景一	第四科長／岡田渉	第四科長／岡田渉
	事務官　12⑥	事務官　8③	事務官　9⑥	事務官　9⑥	事務官　10⑥
	警察兼任事務官　2②	警察兼任事務官　1①	警察兼任事務官　1①		
		高等官試補　5③	高等官試補　4③	高等官試補　4③	高等官試補　1①
	属官　20⑫	属官　21⑭	属官　7⑤		属官　19⑧
					委任官試補　1①
	警察兼任属官　10⑩	警察兼任属官　15⑮	警察兼任属官　13⑬		
調査処⇩調査司	処長／朴錫胤		処長(兼)／何春魁	処長／何春魁	司長／何春魁

理事官（科長）	第一科長／松村寛	第一科長／吉津清	第一科長／吉津清	第一科長／吉津清	第一科長／佐藤一郎
理事官（科長）	第二科長／李順義（兼）	第二科長／李順義（兼）	第二科長／張蔭棠（兼）	第二科長／兪暁嵐	第二科長／津田十雄
理事官（科長）					第三科長／荘開永（兼）
理事官	岡田益吉（兼）	岡田益吉（兼）			
	属官 6② 兼任属官 4④	事務官 7③ 高等官試補 1① 属官 9④	事務官 6② 高等官試補 2② 属官 5②	事務官 5② 高等官試補 2②	事務官 7⑤ 高等官試補 1① 属官 13⑥ 委任官試補 1①
駐哈特派員公署	特派員／下村信貞 事務官 1① 属官 7②	特派員／下村信貞 事務官 1 属官 12⑨ 委任官試補 2②	特派員／下村信貞 事務官 2① 属官 7⑤	事務官 2①	理事官 1① 事務官 2② 属官 10④ 委任官試補 1
駐日大使館	大使／阮振鐸 参事官 2① 二等秘書官 4② 三等秘書官 1 商務秘書官（兼）3② 主事 10⑤	大使／阮振鐸 参事官 3② 理事官 7⑥ 理事官補 3① 高等官試補 1① 主事 13⑦	大使／阮振鐸 参事官 3② 理事官 8⑦ 理事官補 4② 高等官試補 1① 主事 14⑧	大使／阮振鐸 参事官 3② 理事官 8⑦ 理事官補 4② 高等官試補 1①	大使／王允卿 参事官 3② 理事官 7⑤ 理事官補 13⑬ 高等官試補 2 主事 30㉗ 委任官試補 9⑨
大阪総領事館					総領事／星野金之助 領事 1① 副領事 3② 主事 5③
駐イタリア公使館	公使／徐紹卿 参事官 1① 一等秘書官 1 二等秘書官 1①	公使／徐紹卿 参事官 1① 理事官 2① 主事 3①	参事官 1① 理事官 2① 主事 3① 翻訳官 1①	公使／羅振邦 参事官 1① 理事官 2①	公使／羅振邦 参事官 1① 理事官 1① 主事 3②
駐ドイツ通商代表部⇒公使館	代表／加藤日吉 事務官 2①	公使／呂宜文 参事官 1①	公使／呂宜文 参事官 1①	公使／呂宜文 参事官 1①	公使／呂宜文 参事官 1①

	主事 2②	理事官 2① 理事官補 1 高等官試補 3②	理事官 2① 理事官補 1 高等官試補 3②	理事官 2① 理事官補 1 高等官試補 3 ②	理事官補 1 高等官試補 4③
駐スペイン公使館		[イタリア公使兼務] 理事官 1① 高等官試補 1	[イタリア公使兼務] 理事官 1① 高等官試補 1	[イタリア公使兼務] 理事官 1①	[イタリア公使兼務] 理事官 2② 高等官試補 1
ハンブルグ総領事館		総領事／安集雲 副領事 1① 主事 1	総領事／安集雲 副領事 1① 主事 2①	副領事 1①	副領事 1① 主事 2①
ワルシャワ総領事館		総領事／朴錫胤 副領事 1① 高等官試補 1① 主事 1	総領事／朴錫胤 副領事 1① 高等官試補 1①	総領事／朴錫胤 領事 1① 副領事 1① 高等官試補 1①	[閉館]
ブラゴヴェシチェンスク領事館	領事／際彪 副領事 2② 主事 4②	領事／際彪 副領事 2② 高等官試補 1① 主事 3①	領事／袁濤 副領事 2② 主事 4②	領事／袁濤 副領事 2②	領事／趙徳蔚 副領事 2② 主事 4③
チタ領事館	領事／朱世偉 副領事 2② 主事 3②	領事／朱世偉 副領事 2② 高等官試補 1① 主事 2	領事／谷中山 副領事 2① 主事 2②	領事／谷中山 副領事 2②	領事／久松一郎 副領事 2② 主事 4③
新義州領事館	領事／谷中山 主事 3①	領事／谷中山 主事 3①	領事／玉春 主事 3①	領事／玉春	領事／薛大昌 主事 5① 委任官試補 1
中華民国(北京)通商代表部⇒大使館		代表／生松浄 事務官 2① 主事 3②	[在華公館については、当該年度未掲載]	代表／中根不覇雄 理事官 3② 事務官 7⑥ 高等官試補 1	大使／呂栄寰 参事官 3② 理事官 6④ 理事官補 8⑤ 委任官試補 2①
天津辨事処⇒総領事館		理事官 1①			領事 1①

済南辨事処⇩領事館		主事 1			副領事 1① 主事 4② 領事／宋畛賔 副領事 1① 主事 1①
済南領事館青島分館		理事官 1 主事 1①			委任官試補 2① 副領事 1① 主事 1① 委任官試補 1
上海通商代表部⇩総領事館		代表／王慶璋 高等官試補 2② 主事 2①		代表／王慶璋 理事官 1① 事務官 1① 高等官試補 2②	総領事／葉堯公 領事 2② 副領事 3③ 高等官試補 2② 主事 6④ 委任官試補 3③
蒙疆代表部		代表／何春魁 事務官 1① 高等官試補(兼) 1① 主事 1		代表／李義順 理事官 1 事務官 1①	代表／李義順 事務官 1① 主事 1 委任官試補 1①
厚和豪特辨事処		理事官 1 主事 1①			理事官 1 主事 1①
駐タイ公使館					公使／鄭禹 参事官 1① 理事官 2① 理事官補 2① 主事 3②

注 (1)四〇年分には在華公館に関する記載が欠けている。
(2)四一年分は「事務官」までの人名をあげ、「属官」「主事」の姓名は掲載されていない。
〔出典〕『満洲国職員録』から作成。収録方法は、表2とおなじ。

外務局では官房と政務・調査二処へと縮小されている。しかし、日本外務省はおおむね次長ポストと大臣官房参事官あるいは政務処長、政務処科長ポストを掌握し続けている。外務省が外務局へ送り込んだのは、次長には前記田代と三浦、参事官に大江晃（一九二七年高文外交科）、政務処長として亀山一二（二一年高文行政科）、科長には河野達一（三〇年高文外交科）、田付景一（三〇年高文外交科）で、また外務局で科長をつとめた岡田渉も、前述したように、満洲国の採用ではあるが高文外交科合格組である。

ちなみに外務局へと組織替えされたとき、新設された調査処の処長となったのが、朝鮮出身の朴錫胤[27]である。朴は、一八九八年生まれ、東大法学部を卒業した後、法学部副手となり、朝鮮総督府在外研究員に任命され英国へ渡り、一九二八年にケンブリッジ大学を修了し、京城毎日申報副社長に就任。さらに国際連盟日本代表の随員を経て、満洲国外務局へ移ったが、石原莞爾の信奉者でもあった。朴は調査処長からワルシャワ総領事に異動し、ポーランドという国家が消滅すると、満洲国へ帰還し、大臣官房参事官となった。満洲国政府に任官した朝鮮出身者のなかで、官職はもっとも高い人物である。満洲国は「五族協和」を掲げる多民族国家であり、外交部・外務局にも、朝鮮出身者のほか、台湾出身者、モンゴル系などが含まれている。ただし「白系露人」の正規職員はいなかった模様。なお満洲国は表3にみられるように在外公館を設置したが、総領事以上のクラスでは、大阪総領事を例外として、日系官吏が起用されることはなかった。これは独立国家としての建前からみれば、当然の配慮であったかもしれない。

五　結論、傀儡国家における人事

一九四五年八月、日本の敗北とともに満洲国は消滅した。最後の外交部次長は下村信貞であり、前述のように外交部発足のとき、大橋忠一がハルビンから伴った満鉄出身者である。この下村を唯一の例外として、外交部次長・外務局長はすべて外務省出身者で占められた。満洲国の十数年にすぎない短い生命のなかで、日本外務省からの移籍者は、七・八名程度にすぎない。大半は幹部ポストを三年程度務めた後、外務省へ復帰している。比較的若い世代の移籍者、大江晃、河野達一、田付景一、広瀬節男の四人は、戦後の外務省から日本国大使として海外へ送り出されたが、とくに満洲国時代の回想を残していない。あるいは戦後の日本外交官、とりわけ大使としては、満洲国での職歴などは、ふれられたくない過去であったのかもしれない。総じて、日本外務省は、満洲国外交部を低くみており、冷淡であったという。実際、外交官としての能力を発揮する余地も限られていたのであった。外交部には、日本国内他省庁から転じた者もおり、そのなかの一人で、東京大使館参事官をつとめた、大蔵省出身の内田常雄は、戦後、代議士となり、三木武夫内閣の時期、自民党幹事長となっている。

日系職員以外の戦後消息はほとんどわからない。朴錫胤は、大臣官房参事官の後、協和会中央委員をつとめていたが、日本の敗戦が近づくころ、満洲国から朝鮮へ帰り、四五年八月十五日前後からは、朝鮮総督府、朝鮮軍と、呂運亨らの建国準備委員会との交渉へ委員として参加したといわれる。その後の活動は不明だが、朝鮮戦争以前ないし戦争中に「民族反逆者」として北朝鮮で処刑されたらしい。

モンゴル系で、東京大使館理事官（ほぼ一等書記官に相当）をつとめた、オヨンダライ、ハーフンガは、戦後は内モンゴル自治運動の指導者となった。ハーフンガは内モンゴル自治区政府副主席となるが、「文化大革命」のとき、戦前の経歴を激しく批判され失意のうちに亡くなった。オヨンダライも「文革」のとき、過酷な体験をしたが、その後、内モンゴル社会科学院で『元朝秘史』の研究に従事した。亡くなる前に、筆者は何度か会う機会をえたが、日本駐在中、高田保馬を尊敬し、京都まで訪ねたと語った。

満系で回想録を書いているのは、前述の王替夫が例外である。ドイツ公使館に勤務した劉茂才は、戦後、ドイツで正教授資格をえてボン大学教授となり、古代中央アジア史研究家として名高い。またシボ族の玉聞精一は、台湾を経て日本に逃れた。大橋忠一とも連絡があり、大橋を介して、言語学者、服部四郎、山本謙吾と出会い、山本謙吾著、アジア・アフリカ言語文化研究所編『満洲語口語基礎語彙集』は、玉聞をインフォーマントとしている。

結局のところ、満洲国は傀儡国家なるがゆえに、その支配国、日本との間に「外交」はありえず日本の傀儡国、友好国と、極めて限定された「外交活動」をおこなったにすぎない。その意味では、いわゆるノモンハン事件の後、満洲国とモンゴル人民共和国の間でおこなわれた国境画定交渉は、極めて例外的ともいえる、本格的な外交交渉であった[28]。ただ、満洲国建国にも協力し、この交渉に参加した、モンゴル人凌陞は関東軍にモンゴル人民共和国への「通謀」を疑われ処刑され、悲惨な最期を遂げた。

スターリンは、ソ連庇護下のモンゴル人民共和国と日本のもとの満洲国を相似形国家とみていた傾向がある。一方、日本も両国の相互承認、あるいは領事館の相互設置を検討したことがある。日ソ中立条約ではモンゴル人民共和国の領土不可侵を日本側は認めている。このことをもって、民主化以降のモンゴル国学者の一部には、モンゴル人民共和国に対する日本の「暗黙の承認」として、モンゴル側にとって画期的意味があるという説さえ出ている。モンゴル人民共和国はソ連の「衛星国」といわれた。「衛星国（Satellite State）」という術語は、オーエン・ラティモアによる造語といわれるが、価値中立的な概念とはいえず、しかも現在では歴史的概念となっている。

ラティモアの「衛星国」に関する記述を、もう少し敷衍し整理してみれば、「衛星国」とは、形態としては独立国家だが、近接して主導国があり、その政治・軍事介入によって衛星国の政治体制は成立するとともに、その存立も主導国に依存する。主導国と衛星国の関係は、独立国間の条約形式によって規定されるが、安全保障をはじめ、あらゆる面で主導国の意向で運営され、衛星国の独自の行動を束縛する。それゆえに衛星国は国際社会においては、主導国に従って、つねに同一歩調をとる。衛星国の政治エリート層は、主導国の指導部と価値体系と利害を共有しており、国内の政治・

社会体制や組織も主導国を模倣して建設される、と要約できよう。[29] もとより一九二一年のモンゴルにおける人民革命は、一〇年後の満洲事変が関東軍の武力によっておこされたのとは異なり、そこにはモンゴル人の意思が反映されている。だが第二次大戦後の東欧諸国における社会主義体制は、ほとんどの場合、当該国民の意向とは無縁に、ソ連の軍事力でつくられたこと、またモンゴルの「人民革命」はソ連赤軍の軍事介入によって達成されたのも事実である。上記の「衛星国」に関する定義は、ほとんど日本の傀儡国家（Puppet State）、満洲国にも当てはまる。だが「衛星国」と「傀儡国」との間では、決定的な違いがある。[30] 満洲国の場合、支配国である日本は、人事を通じて、国家機構の末端に至るまで日本人を送り込んで支配した。一方、ソ連は、その支配圏下の衛星国に対して、大量のアドヴァイザーを送り、軍事力のプレゼンスで威圧しても、そこまで支配を徹底させることはなかった。ソ連の支配体制が変動し崩壊すると、衛星国は一斉に民主化へと進んだが、日本の傀儡国家、満洲国は、日本の崩壊とともに、消滅するしか途はなかった。傀儡国家の傀儡性とは、まさに支配国による人事を通じての支配に、その特徴が現われているといえよう。

注

（1）在奉天森島総領事代理発犬養外務大臣宛電報、昭和七年一月四日、『日本外交文書／満州事変（第二巻第一冊）』（外務省、昭和五十四年）三四一頁。なお、当該『日本外交文書』は外務省記録原本で「満洲」とあるところを、「満州」と誤って印刷しているが、引用にあたっては、訂正した。

（2）国立国会図書館憲政資料室所蔵片倉衷文書、片倉大佐述「満洲建国の回想（上篇）」（昭和十六年九月十五日、於新京・日満軍人会館）一八頁。

（3）片倉衷「満洲事変機密政略日誌」『現代史資料(7)満洲事変』（みすず書房、昭和三十九年）三九五—三九六頁。

（4）片倉衷、前掲「満洲事変機密政略日誌」四〇七頁。

（5）『武部六蔵日記』（芙蓉書房出版、一九九九年）一七、二〇頁。

(6) 在奉天森島総領事代理発芳沢外務大臣宛電報、昭和七年二月二十九日、前掲『日本外交文書／満州事変（第二巻第一冊）』四一〇頁。
(7) 森島守人『陰謀・暗殺・軍刀――一外交官の回想』（岩波書店、一九五〇年）七八―八〇頁。
(8) 片倉衷、前掲「満洲事変機密政略日誌」二九〇頁。
(9) 片倉衷、前掲「満洲事変機密政略日誌」二〇八頁。
(10) 森島守人、前掲書、五七頁。
(11) 森島守人、前掲書、六六頁。
(12) 片倉衷、前掲「満洲事変機密政略日誌」一九四頁。
(13) 森島守人、前掲書、九〇頁。
(14) 国立国会図書館憲政資料室所蔵片倉衷文書、二八―四：大橋忠一書翰。
(15) 在奉天森島総領事代理発芳沢外務大臣宛電報、昭和七年三月六日、前掲『日本外交文書／満州事変（第二巻第一冊）』四三三頁。
(16) 芳沢外務大臣発在奉天森島総領事代理宛電報、昭和七年三月七日、前掲『日本外交文書／満州事変（第二巻第一冊）』四三六頁。
(17) 在長春田代領事発芳沢外務大臣宛電報、昭和七年三月二十七日、前掲『日本外交文書／満州事変（第二巻第一冊）』四六八頁。
(18) 以下、「大橋忠一日記」とは、大橋の昭和七年分「日記」をさす。小池聖一氏の御好意で利用することができた。また本稿執筆に対し、同氏からは多くの御教示をいただいた。あわせて厚く御礼申しあげたい。
(19) 在長春田代領事発芳沢外務大臣宛電報、昭和七年四月十五日、前掲『日本外交文書／満州事変（第二巻第一冊）』四八五頁。
(20) 芳沢外務大臣発在ジュネーヴ沢田連盟事務局長宛電報、昭和七年四月二十三日、前掲『日本外交文書／満州事変（第二巻第一冊）』四九三―四九四頁。
(21) 国立国会図書館憲政資料室所蔵川崎寅雄文書、番外：川崎寅雄履歴書。
(22) 本稿でふれる日本人官僚の履歴については、おもに戦前期官僚制度研究会編、秦郁彦著『戦前期日本官僚制の制度・組織・

人事』（東京大学出版会、一九八一年）採録データを参照した。

(23) 王替夫口述、金淑梅整理『偽満外交官的回憶／黒龍江文史資料第二五輯』（哈爾濱：黒龍江人民出版社、一九八八年）を参照。

(24) 山本謙吾著、アジア・アフリカ言語文化研究所編『満洲語口語基礎語彙集』（東京外国語大学アジア・アフリカ言語文化研究所、一九六九年）九頁。

(25) 前掲『武部六蔵日記』二〇—二二頁。

(26) 満洲国史編纂刊行会『満洲国史：各論』（満蒙同胞援護会、昭和四十六年）三六八頁。

(27) 朴錫胤をはじめとする、満洲国外交部に在職した人物については、拙稿「様々な「満洲国」体験——満洲国の外交官と満洲国へ行った台湾人」『近現代東北アジア地域史研究会ニューズレター』第一四号（二〇〇二年十二月）三—二五頁を参照。

(28) この交渉に関しては、最近、モンゴル国から研究と文書史料が公表されている。Ц. Батбаяр, Д. Гомбосүрэн, *Монгол Манжгогийн хилийн хэлэлцээ, 1935–1941 он* (Улаанбаатар: "Алтан Үсэг" хэвлэл, 2004) を参照。

(29) 「衛星国」（中見立夫執筆）『世界民族問題事典』（平凡社、一九九五年）二〇七—二〇八頁。

(30) ちなみに、森島守人は、その戦後に書かれた著書で、「満洲国は王道楽土、五族協和の美名の下に独立を宣言した。しかし右は名目だけに止って実質は完全なる日本の衛星国、顧維鈞のいわゆる偽国であった」（森島守人、前掲書、八一頁）と書いており、森島の理解では「衛星国」も「傀儡国」も同一であったと理解できる。

スターリンと中東鉄道売却

寺山恭輔

はじめに

ソ連による中東鉄道（または東清鉄道、東支鉄道）売却（一九三五年）をめぐるソ連の対日、対満洲国政策についてソ連共産党中央委員会政治局、なかでもスターリンの個人的な役割に焦点を絞り、主として最近公開されたロシア側史料に依拠しながら論ずることが本稿の目的である。そのほかの満洲の諸問題に対するソ連の政策については別稿(1)を参照していただきたい。

一　満洲事変直後の中東鉄道政策

一九三一年九月二十三日、スターリンは休暇先のソチからモスクワの政治局員カガノーヴィチ、モロトフに満洲事変後最初の対応策を送ったが(2)、九月二十五日の政治局会議はこれを受けて、中東鉄道に関する問題を中ソ間の協定に則って解決するよう現地に指示した。その後モスクワに帰還する十月初旬まで、スターリンと政治局員の意見交換は続いた(3)。

事変後の中東鉄道の状況を聞き、直接指示をあたえるためか政治局は十月二十七日、中東鉄道のソ連側責任者クズネツォフ（中東鉄道理事会副理事長）召喚を決定し、同時にカラハン（外務人民委員代理）が提案したクズネツォフへの指示草案を採択した(4)。同年十一月十日、クズネツォフはモスクワで「中東鉄道における無条件の中立政策の枠内に厳格にとどまる」よう指示され、カラハンは「クズネツォフを我々の政策の進路にとどめる」よう命じられ、カラハンの委員会は「中東鉄道のロシア側経営陣が列挙したあらゆる問題を早急に検討する」ことになった(5)。

チチハル南部への関東軍の接近を「重大で長期的な性格を有する」ものとみなし、「中東鉄道における最大限の厳しい中立策」をめざす政治局は十一月十一日、スターリン、モロトフの提案で「鉄道守備隊は軍事活動には使用しないと中国側に伝えること、日中両軍の輸送には絶対合意しないこと、軍事拠点構築のため鉄道関連施設を両軍に使用させないこと、鉄道の中立をおかす試みには厳しく抗議すること、鉄道でのストは許さず鉄道、車両を損壊する試みも許さないこと」を現地に指示した(6)。政治局の懸念したとおり関東軍は十一月十九日にソ連の勢力範囲たる中東鉄道の一拠点チチハルに到達した。関東軍の北進により中東鉄道の被害が拡大すると、政治局会議は十二月一日、「ルードゥイ（中東鉄道管理局長）、クズネツォフは中東鉄道ルート、スラヴツキー（駐ハルビンソ連総領事）は外交ルートを通じて白衛派と武装集団による中東鉄道への妨害工作に中国人の注目を喚起し厳格な対策を要求(7)」させた。

関東軍はソ連の中立政策に乗じて中東鉄道を使って北上、一九三二年二月五日にハルビンを占拠した(8)。その後、中東鉄道東部支線を使っての満ソ国境への関東軍部隊の移動がソ連側の懸念を引き起こしたが(9)、二月二十三日に政治局は現地ではなくモスクワが政治的な解決策をさぐることを決定したとハルビンの出先機関に伝えた(10)。この危機的状況のなかでスターリンは駐日ソ連全権代表トロヤノフスキーに山本条太郎との交渉について指示（一九三二年三月二十六日）を出した。満洲国政府が中東鉄道に関するこれまでの中ソ間の協定を遵守するならば、以前同様の関係を維持することを約束する一方、条件さえあえば山本の意向どおり中東鉄道売却の用意があると表明させることを内容としていた(11)。

この時期中東鉄道では、蒸気機関車および貨車のソ連領への引き込みが問題になっていた。一九三二年四月一日政治局会議は、「我々は中国人の懸念に驚いている。というのも蒸気機関車がソ連に入ったのははじめてではないからだ。蒸気機関車デカポドはソ連が所有し干渉戦争時に中国に残されたままとなったのであり、中国人が我々に請求する権利はない。今後我々にこれらの蒸気機関車の使用権がある。しかし中国側が心配する必要はない。我々は中東鉄道の正常運行に配慮しており、蒸気機関車がソ連領内に入っても中東鉄道の正常運行に支障をきたすことにはならない」と理事会で中国側に伝えるよう決定した。[12] 四月七日、クズネツォフが中東鉄道理事会でこの主張を中国側に伝えたが、五月二十八日吉林政府の外交コミッサールは、ソ連が中東鉄道からウスリー鉄道へ引き入れた蒸気機関車は購入以来、中東鉄道の共同所有であったと不当性を強調した。三カ月以上経過した九月十二日にもスラヴツキーは以前の主張を繰り返し、その内容は九月十六日のイズヴェスチアに掲載された。[13] いずれにせよ、ソ連は日本との戦争に備え極東地方で軍事力・動員力を強化しており、蒸気機関車、貨車などの輸送手段が緊急に必要であったことは間違いない。[14]

二　ハルビンの埠頭問題

満洲の占領と満洲国樹立により関東軍当局は中東鉄道の経営自体に強い圧力をかけ始める。一九三二年七月に表面化するハルビン埠頭の占拠と、それに対するスターリンらの反応をみてみることにしよう。三二年七月三日モロトフ、カガノーヴィチは「日本人は中国の河川艦隊の参謀部を利用し、蒸気船からの荷降ろしを禁じ、労働者を追い払い、中東鉄道のエージェントには貨車への大豆の積み込みを禁じ、埠頭における荷積み作業を妨害している」とのハルビンからの情報について、「中東鉄道の権利を制限し、実質的にあらゆる荷積み、輸送作業を日本の会社に引き渡す」日本の試みは、「鉄道の貨物輸送量に深刻な打撃」を及ぼすとみなし、「(1)スラヴツキーは満洲国政府に抗議すること、(2)トロヤノフスキーは中東鉄道の正常な商業活動への妨害について日本政府の注意を促し、対策を要請すること」をスターリンに提案した。スターリンは同意し、スラヴツキーが七月八日、満洲国政府に抗議した。[15]

続く七月十日、政治局は「カガノーヴィチ、モロトフ、カラハンは意見交換をもとに、クズネツォフへの電報草案を二種類作成し、スターリンの意見を聞く」よう決定した。[16] 同日カガノーヴィチ、モロトフがスターリンへ報告した事実経過を以下に要約する。ハルビンのスンガリ川河岸の埠頭、倉庫、引き込み線など中東鉄道の所有財産を奪取しようとした一九二六年の張作霖の試みは成功せず、中国艦隊の参謀部とは埠頭への協力を名目に毎年二万五〇〇〇ルーブルを支払うことに合意していたが、三二年三月十九日、中東鉄道からの恒例の納付金を参謀部は拒否し、中東鉄道のすべての河岸地域は満鉄の子会社である日本の国際運輸が賃借することになったと宣言した。七月二日参謀部は貨物の積み込みを禁止し、七月七日埠頭に参謀部の日本人補佐官を筆頭に五人の日本人が現れ倉庫の鍵の提出を要求、拒否されると彼らは中国警察の力で強制的に倉庫を奪い埠頭を占拠、鉄道職員を逮捕した。日満側はスラヴツキーに埠頭が参謀部の所有であり、その賃借に関する協定締結を中東鉄道が拒否したので占拠したと説明した、以上である。カガノーヴィチらは「埠頭の奪取は中東鉄道の力を殺ぎ、満鉄や日本の輸送会社を利するための行動である」とみなし、二つの対策案を提示した。(1)トロヤノフスキーは、このような方法でソ連との摩擦の口実を探している日本人もいると強調し、日本政府には中東鉄道におけるソ連の利益を侵害しない義務があると外務省に抗議し対策を求める。報道機関は中東鉄道における利益の侵害を強調せず、鉄道の実際的な状況を穏やかに報告する。スラヴツキーは満洲国に書面で抗議する。(2)第一案のとおり、報道機関は報道する。スラヴツキーとクズネツォフはハルビンで、交渉により商取引のかたちで事態を収拾する、以上である。[17] スターリンは翌七月十一日、二人に「日本人と満洲に圧力をかけ二案を統合する必要がある。報道機関への掲載は不可欠だ」と回答した。[18] 同日政治局は、彼の指示どおり二案を並べた決定を採択した。[19] 埠頭を奪われてもあくまでも協定のかたちで事態収拾をめざし、報道機関にも攻撃的な非難を控えさせるというこの対応は、日本をできるだけ刺激しないという当初のスターリンの戦略に沿ったものであった。八月十二日にカガノーヴィチはこの問題について、「中東鉄道が実質的に利用できるよう埠頭の返還に同意したが、その所有権が満洲国にあると解釈できる協定の締結を同国が要求している」とのスラヴツキーからの情報を伝えた。さらに「情報によればこの妥協案は日本からの指示で提起された。我々はスラヴツキーに、もし三~五年の範囲で合意されるならばこの妥協案は受諾可能であると伝え、彼には検討、確認するために最終的な文案の送付を求める」としてスターリンの意見を尋ねた[20]。この埠頭問題に表れているとおり、スターリンの休暇中モスクワに残った幹部は重大な問題に関して彼の指示を仰ぎ、同意の返事を受けるかあるいは修正を文字どおり受け入れてそれを政治局の決定として公式化し、地方や報道機関への指示を出す作業をおこなっていたということが往復の暗号電報から判明する。埠頭問題はスターリンの指示どおり、新たな協定の締結をめざして交渉がおこなわれた模様だが、結局一九三二年末に決裂した[21]。

日本のマスコミ報道もソ連当局の関心を惹いていた。一九三二年七月十六日政治局はカラハンに「中東鉄道における爆破に関する新聞連合の報道を引用、それにコメントをつけ報道機関に公表するための草案」をつくるよう委任し、草案についてスターリンの同意を得るよう指示した。翌十七日カガノーヴィチがスターリンに「彼らの挑発的な報道にくってかかる必要がある」と意見を求めたところ、彼は七月二十日の返信でその掲載に同意した[22]。

一九三二年後半、日本との不可侵条約締結をめざすソ連はトロヤノフスキーと日本政府、藤原銀次郎らとの交渉に期待し、中東鉄道も取引材料として使われたが、結局はその売却に関して話は深まらずトロヤノフスキーは一九三三年初めに帰国した[23]。彼の後任ユレネフの時代に中東鉄道は満洲国に売却されることになった。

三　中東鉄道とザバイカル鉄道の連絡をめぐる紛争

一九三三年春には中東鉄道西部支線とソ連のザバイカル鉄道の接続をめぐるソ連・満洲国間の紛糾が生じた。四月七日、満洲里駅の国境警察隊長が満洲国政府の決定により両国政府が協定を結ぶまで貨物連絡は停止されるとの書面を同駅長に渡し転轍機に鍵をかけたと、中東鉄道管理局長ルードゥイが報告した。翌八日、公式の協定締結まで中東鉄道とザバイカル鉄道の連絡は決して許されないとの満洲国交通部総長（大臣）の意見を述べた書簡をクズネツォフが中東鉄道督弁李紹庚より受け取った。これに対しクズネツォフは四月十日、中東鉄道のトランジット権を認める北京、奉天協定などを無視するものと李紹庚に抗議した。李紹庚は逆に四月十二日、ウスリー鉄道が引き込んだ中東鉄道の財産である多数の蒸気機関車、貨車の返還を求めた。(24)

以上の経過を経てソ連政府は四月十六日、中東鉄道におけるソ連の権益を守るとの日本の保証にもかかわらず、それが脅かされていると六項目を列挙して日本政府の適切な措置を求めた。(1)日本政府は一九三二年七月に先鋭化したハルビン埠頭接収問題の早期解決を怠り、四月十一日には日本の軍人が埠頭の事務所を占拠し日本国旗を掲げ衛兵を立てた。(2)ソ連政府は純粋に商業的判断から中東鉄道での日本軍輸送に同意したが、運賃交渉がたびたび中断して莫大な未払いが蓄積され、事変後の輸送量の低下とあいまって財政的な苦境に陥った。(3)中東鉄道とザバイカル鉄道の分断やトランジットのソ連貨物の奪取など、日本人官僚の要求に従い最近満洲の官憲が中東鉄道に暴力的に振舞いソ連に被害をあたえている。(4)秩序回復のために日本軍は東部支線で中東鉄道を利用したにもかかわらず、列車や鉄道施設への体系的な攻撃、列車の転覆、ソ連人職員への攻撃、盗み、殺害など秩序、安全状態は劣悪である。(5)日満政府がたびたび要求してきたソ連へ引き込んだといわれる蒸気機関車、貨車はソ連の正当な所有物である。(6)ソ連市民が大量に逮捕され一年以上も悲惨な刑務所に拘束されている、以上である。この内容は一九三三年四月十八日のイズヴェスチアにも掲載された。(25)

李紹庚は四月十八日に書簡で、転轍機への妨害に関する四月十六日付のソ連側の非難に対し鉄道の財産を守るべく満洲国交通部の指示で実行されたものであると反論したが、クズネツォフは二十日、李紹庚が十日付の書簡に何も答えていないと抗議した。続く四月二十一日カラハンはスラヴツキーにザバイカルへの連絡が中断した際、中東鉄道上でソ連のトランジット貨物が留め置かれたことに口頭で抗議するよう指示した。このような事件の経過も四月二十四日のイズヴェスチアに掲載された。[26]

四　中東鉄道売却交渉と中断（一九三三年）

このように正常な鉄道運行に支障をきたしていたことも、ソ連に売却への真剣な取り組みを促したのだろうか。一九三三年春より交渉が本格化する。五月二日の外務人民委員リトヴィノフと駐ソ大使太田為吉の会見で売却問題が俎上に上った。[27]五月十二日には太田との会談に関してリトヴィノフのインタビューがイズヴェスチアに掲載された。彼は中東鉄道の悲惨な現状、それを解決するラディカルな対策として売却が話し合われたと答え、ソ連による売却を批判している南京政府の議論を否定した。一方でカラハンがユレネフに五月十七日、売却は対ソ戦争肯定派への打撃となるとし、日本国内で穏健派とともに彼らの動きを研究するよう指示していたことは、[28]ソ連政府が本格的に売却に取り組もうとしていた兆候であるとみなせよう。ネガティヴな事件もおきたが、[29]五月三十一日、ソ連政府は日本に売却交渉に入る用意があると表明、六月三日、日本を仲介役とした東京での満洲国側との会議開催に同意した。[30]売却には軍部が強硬に反対していた模様である。[31]六月二十六日に会議は始まり、ソ連は七月三日、売却の対象、価格や支払い方に関する基本的立場をメモランダムのかたちで表明した。公式会議は八月四日までに六回、非公式の中間会合が九月二十二日までに五回開かれた。ソ連側は売却価格を二億五〇〇〇万ルーブルから八月四日には二億ルーブルへ下げる一方、日本側は五〇〇〇万円という額を提示した。ソ連は八月十二日に円で計算することに同意したが、八月十七日満洲国は一金ルーブル二五銭というソ連にとっては「非現実的な」交換比率、換算すると五〇〇〇万円という提示額を繰り返した。[32]

この時期についても休暇中のスターリンとモスクワの幹部の間で交わされていたやり取りから、売却問題に関するスターリンの考えを知ることができる。八月十九日、モロトフ、カガノーヴィチはスターリンに、八月十八日の会話で大橋（忠一満洲国外交部次長）が非公式に決済価格二五銭、買い取り価格五〇〇〇万円を提示し、金額は経済的にではなく政治的に決めることを宣言したと指摘、二十二日の非公式会話での満洲国側への回答案を提示した。⑴金ルーブルを銭に換算することに同意する、これは満洲国側に比率引き下げの用意があることを示す、⑵大橋の二五銭という換算比率はこれまでの買い取り価格五〇〇〇万円を繰り返したにすぎず、譲歩する用意のあるソ連への回答になっていない、⑶作業委員会による検討を認めないとの大橋の発言は交渉を破綻させる、⑷実際的な諸問題に関する小委員会の設立を主張する、以上である。政治局の議事録には正式な決定として記録されていないが、この四項目が八月二十日の決定として以下に言及されることになる。[33] 八月二十日、カザン滞在中のスターリンはヴォロシーロフ（政治局員、陸海軍事人民委員）とともにこの提案に同意した。四回目の中間会合が八月二十三日に開かれ（代表団からの報告は文書に添付されておらず以下の指示がどのような報告への反応なのか不明）、八月二十六日にカガノーヴィチはスターリンに代表団への指示案の承認を求めた。代表団には八月二十日の四項目の指示を念頭に行動し、「決裂に驚き、威嚇に屈服して、交渉決裂を先延ばしするよう満洲人を説得する必要はない。大橋が決裂をちらつかせて威嚇するならば、決裂のすべての責任は満洲側にあると答える」厳しい対応を求めた。一方でソコーリニコフ（外務人民委員代理）による別の案を提示した。内容は、交換比率の検討は財務の専門家で根拠ある提案を出せるバルィシニコフの到着まで延期すること、交換比率に関する作業委員会の検討を拒否し政治的な決定で充分だとする大橋は、交換比率のあらゆる実質的な討議を拒否するものだと指摘すること、満洲国側は政治的な交換比率の検討を提案し実際には「金」ルーブルをルーブル紙幣と同等にみなすよう迫っていること、ソ連は経済的な比率の決定と二億金ルーブルという価格を主張し続けているということ、威嚇に恐れず決裂も辞さずの態度で臨むこと、以上である。八月二十九日スターリンはヴォロシーロフとともにこの案に同意し[34]、その日に政治局が外務人民委員部から代表団への指示として決定を採択した[35]。

九月に入り中東鉄道をめぐって日ソ間の緊張が高まると売却交渉は頓挫してしまう。九月一日に政治局は、満洲の補佐官（すなわち日本人）を副理事長にし、現実の力関係のもとでは実質的にソ連の理事を排除するような権限をあたえることにソ連は断固反対すると強調、その方向で発言、行動している管理局長ルードゥイを支持する、という内容の決定を外務人民委員部名で満洲のソ連人幹部に送ることを決めた[36]。さらに九月十三日、カガノーヴィチはスターリンに「中東鉄道の実質的な奪取に関する軍人の話し合いに関して極めて重要な情報がある。李紹庚は理事会会合で、理事の中国人補佐官の新たな権限に関する要求をおこなったが、今のところいかなる行動もなされていない。しかし対応を準備しておく必要がある」として、新聞に掲載する報告案を提示し、スターリンの意見を聞いた[37]。

九月十八日、スターリンはカガノーヴィチに「中東鉄道奪取の脅威とかペルシャとの国境変更などの問題は普通のかたちで処理しては駄目だ。欠席しているすべての政治局員に必ず意見を聞くべし。本日私とヴォロシーロフの意見を受け取ること」と伝えた[38]。修正案に添えて、スターリンは「我々は修正案を主張する。報道機関は満洲におけるあらゆる恥知らずな行為の直接的な責任をすべて日本政府に負わせねばならない」と主張した[39]。九月二十日に政治局で採択されユレネフに送られた指示は、当初のカガノーヴィチの案にスターリンの手でかなりの追加修正が施された。要約すれば、満洲国政府が日本政府の指示により、これまでの中東鉄道運営において「確立された秩序を破壊する変更」、すなわちこれまでソ連側管理者に属していた権利を、日本人に譲り渡し、ソ連の情報によれば中東鉄道のソ連人従業員に対して一連の警察的方策を予定していることを、「許しがたい鉄道略奪の試み」とみなし、「これらの侵犯に対する直接の責任は日本政府にある」と非難し、さらに「満洲での事件に責任を持つには無力で不能な満洲国ではなく、満洲の実質的な主人である日本政府が、準備されている鉄道の奪取と同様、中東鉄道における諸協定のあらゆる侵犯についても直接の責任を負うべきである」と述べ、この内容が報道機関に公表されること、この委任の実行を報告するよう指示した[40]。

ソ連側が事前に得ていた情報は正確であった。九月二十四日、カガノーヴィチはスターリンにハルビンで二人の鉄道運行部長、満洲里とポグラニチナヤの駅長二人が逮捕されたこと、スラヴツキーが抗議したことなどを知らせた。続いて九月二十六日カガノーヴィチ、モロトノは東京のユレネフが日本政府に渡す抗議文案についてスターリンの意見を求め[41]、彼の同意後、翌九月二十七日に政治局が決定を公式化した。ユレネフは九月二十八日、広田弘毅外相に口頭で抗議した。この「許しがたい行為」を日満当局が準備していることをモスクワの太田大使や東京に通報したこと、ソ連の有する情報によれば、この行為は満洲の日本の軍部や満洲国政府の責任ある日本の指導者も参加した長春の会議で採択された詳細な計画の始まりであること、必要ならば彼らの「行動の手法を細部にわたって完全に立証する文書を公表する」つもりであり、中東鉄道におけるソ連の権限を侵す不当な企てのすべての責任は日本政府が負うべきだと警告し、「ソ連人職員の逮捕には日本の国境警備隊と日本の官憲も加わった」ことを強調、「進行中の中東鉄道売却交渉の決裂を狙ったもの」であると述べた[42]。

広田は、中東鉄道の責任的立場にある六人の逮捕に政治性はなく法にもとづいたものであり、日本の責任に言及することは満洲国の独立を無視したものだと反論した。広田はそれでも中東鉄道売却交渉に言及し円建てによる売却額の提示を促したが、ユレネフは満洲の鉄道職員に対する不法行動の停止こそ先に解決されるべき問題だと答えた。スラヴツキーも十月三日、中東鉄道督弁李紹庚に同様に抗議したが、彼も逮捕の政治性を否定した[43]。

十月六日、カガノーヴィチ、モロトフ、ヴォロシーロフはスターリンに、広田のユレネフへの回答を引用し、「広田の回答は日ソの報道機関に報道されていない。広田と彼の代理人はこの数日一度ならず中東鉄道に関する非公式な会合の継続を提案してきているが、満洲で生じた状況を口実に我々はそれを拒否している」と述べ、「我々の覚書をうやむやにしようとする日本政府の意向を考慮し」、(1)逮捕の準備、それへの日本人の参加に関する交信をタスから公表し、

(2)中東鉄道における日満の恥知らずな行為を明らかにするアンドレーエフのインタビューをおこなうよう提案した。公表するのが傍受した日本側の内部資料であったため、「逮捕者がすぐに釈放されないと文書を公表すると、日本人に事前に警告する必要がある」とのソコーリニコフの考えを添えてスターリンの意見を尋ねた。同日スターリンは「逮捕は法に基づいたものではなく、逮捕者の罪を証明するデータはまったく何も存在せず、乱暴で独断的な性格を持っていると広田に発言する必要がある。彼に文書の公表を警告する必要はない。我々の以前の覚書でそのような警告をすでに公表しているからだ。文書の公表とアンドレーエフのインタビューに関する貴殿らの意見に同意する」と答えた。(44)

こうして一九三三年十月九日のイズヴェスチアに、「中東鉄道奪取に関する日本軍部の準備に関する文書」が掲載された。菱刈隆駐満洲国大使から日本の外務大臣への三通(九月四日と九月九日の二通)、九月十九日の森島守人ハルビン総領事から満洲国大使への一通、計四通である。(45) 十月十二日カガノーヴィチはスターリンへの電報で、この文書公開に対する日本の各紙(朝日、日々、都など)の反応を分析した。(46) この後一九三三年末にかけて、ソ連は様々なルートを通じて中東鉄道職員の不法逮捕に対する抗議を続けたが、日満側は逮捕が法的なもので中東鉄道交渉とは関係ないとのスタンスを崩さなかった。(47)

五　中東鉄道売却交渉の再開(一九三四年)

一九三三年末から三四年初めにかけて中東鉄道売却交渉の再開に向けて日ソ双方が動き出した。三三年十二月十四日、広田がユレネフに交渉再開について言及したところ、ユレネフはソ連職員の即時解放と鉄道の原状回復を条件に応じる姿勢をみせ、広田は満洲国が中東鉄道について一定の過ちを犯したと述べ、交渉のなかでは価格が最大の問題だと指摘した。三四年一月八日、ユレネフはソ連従業員が即時に解放されるならば、金ルーブルではなく円紙幣価で新たな低い価格を提示する用意があると述べると、広田は価格について満洲国と連絡をとることを約束し、紛争回避のため解放されたソ連人の満洲からの出国が望ましいと述べた[48]。一方でモロトフ、リトヴィノフの激烈な対日発言について日ソ関係の先行きを危ぶむ太田に一月二十一日、ソ連側は逮捕された六人の即時解放後の交渉再開を提案した。その約一カ月後、二月二十五日にスラヴツキーは、三三年九月に逮捕された六人が二月二十四日に解放され解雇された（三月十六～十七日にソ連へ帰国した）と外務人民委員部に報告した[49]。

このような経過をたどり売却交渉は再開されたが、夏までの交渉について政治局プロトコールや外交文書集に交渉を跡付けるまとまった資料はなく、八月十八日にタスが公表した交渉経過に頼ることにする。再開後の一九三四年二月にソ連は二億円を提示、半分を日本製品購入でも可能としたが、満洲側は四月二十六日、購入金額を一億円に引き上げた。うち三〇〇〇万円は解雇者の退職金、年金分とした。五月二十五日に広田がさらに値下げを要求するとソ連は一〇〇〇万円の追加引き下げを認めた。六月二十三日、広田が仲介者としてソ連に一億円での売却と退職金、年金の満洲国による支払いを提起した。ソ連が六月二十八日、「交渉の速やかな妥結」をめざし一億七〇〇〇万円に価格を下げると広田は七月二十三日、一億二〇〇〇万円プラス満洲国の負担による退職金、年金支払案でこたえた[50]。これ以降、我々が利用可能な史料は増加する。加えて前年同様、休暇先からの指示でスターリンの考えをうかがうことができるのである。

一九三四年七月二十六日、政治局は七月二十三日の広田案への回答を採択した。「六月二十八日の一億七〇〇〇万円でも実際の価格より低いが、早く交渉を妥結させるため好意の印としてさらに価格を下げ一億六〇〇〇万円（解雇手当は満洲国の負担）を提示」することにし、売却条件に関する三三年七月三日のメモランダムに修正を加えた[51]。カガノーヴィチ、モロトフは八月八日、売却交渉について日本の報道機関が大々的なキャンペーンを展開したと伝え、ユレネフとコズロフスキー（外務人民委員部極東第二部長）への指示案についてスターリンの意見を尋ねた。それは、(1)広田と満洲国にすでに大幅な譲歩をおこなったが広田の最後の金額が著しく低く、しかも最後通牒的であったので受諾できないとユレネフは広田に伝える、(2)コズロフスキーは、ユレネフが上の発言を広田にする晩に、東郷あるいはそのほかの影響力ある日本人との私的会話のなかで、日満側が原因となって交渉に生じた新たな困難からの出口を探るため、一億五〇〇〇万ルーブル（おそらく円の誤りであろう）で中東鉄道を売却するという新たな提案を広田がするのであれば、それを彼がモスクワで提案し擁護する準備があるとの個人的意見を述べる、という二案であった[52]。

硬軟とりまぜて日本の出方を探るというプランであった。これに対しスターリンは八月九日、コズロフスキーが個人的意見として広田に価格を述べるのは「日本人のあつかましさをさらに増幅させることになるだけ」だと引き下げに反対し、「日本人のキャンペーンに対しては、日本人には中東鉄道を購入する気がなく、それをただでもらうかあるいは力ずくで奪い取るかソ連に戦争をしかけたいのだ、日本人は攻撃的な路線をとっており戦争のための口実を探しているのだ、という論調で報道機関が対抗キャンペーンをおこなう」よう主張した。あくまでもスターリンに忠実なカガノーヴィチは同日、スターリンの反対に「我々はこれにまったく同意する。本日の新聞にはすでに「ハバロフスクからの特派員報告」が掲載されたが、あなたの電報の精神で明日の記事を準備しているところだ。彼らは今元気に吠えている。太田でさえ最近の電信の一つで勇気を出していた」と伝えた[53]（ソ連の対抗報道に対する太田の反応を傍受した日本大使館の通信のことを意味しているのだろうか）。

対日キャンペーンに関してカガノーヴィチは八月十二日スターリンに、「あなたの指摘どおり、我々は日本問題に関する電報、論文を報道機関に掲載することで適切な解説を展開した。ユレネフの最近の暗号電報によれば、広田は彼が最初に描写したほど最後通牒的な態度ではないとのことだ。今後どのような方向に進むべきか知るために日本に関する最近の電信、論文の成否について指摘してほしい」と尋ねた。次いで八月十五日、カガノーヴィチはスターリンに満洲国政府が公式声明のなかで、交渉決裂の場合その責任はすべてソ連が負うべきだと表明し、現在交渉が決裂したとはみなしていないものの東京では何もすることがないので満洲国への帰国を決めたと大橋がユレネフに述べたことを伝え、

「日本政府が日本の世論および海外で我々が攻撃的であるとのイメージを喚起する傾向が最近ますます顕著になってきた」。「いまや我々と日本人が提示してきた円換算による価格を引用し、中東鉄道に関する交渉の基本的段階をタスが手短かに報道することが、妥当ではないだろうか」と問い合わせた。八月十六日スターリンはこれに賛成し「すべての人に我々が大きく譲歩したことが明らかになるように、まず金ルーブルでの価格、その後で現在の円紙幣による価格を提示すべきである。我々が現在提示している円紙幣による価格一億六〇〇〇万円は、換算するとかろうじて五〇〇〇万金円あるいは金ルーブルに相当する。このことについてもタスの報道で述べられるべきだ」と主張した。[54]

スターリンは対日キャンペーンの弱さも指摘した。八月十六日以降（正確な日付は文書集編者にも不明）になるが、カガノーヴィチへ「日本の嘘と挑発に対する我々の対抗キャンペーンは満足のいくものではなく力不足でもある。あなたたちは体系的に、日本の報道機関や公的な人物の正しくない報道のあるたびにそれらを否定せねばならない。これは日本、ヨーロッパ、ソ連の世論を獲得するためには不可欠なことだ。あなたたちは寝ていて、何もしていないではないか。無気力、盲目、先見性のなさを理由に外務人民委員部を鞭打つ必要がある。こうするかわりにあなたたちは外務人民委員部の暇人のあとをついてのそのそ歩いているだけだ。添付したソ連と中国の間の秘密協定に関する「日々」（新聞）の報道にタスを通じて反駁するよう提案する。ソ連に関する日本の報道機関の嘘をタスや独立した論文を通じて体系的に反駁するよう提案する。権力を握っているときにあくびをしたり寝ていてはだめだ！」。[55]痛烈な外務人民委員部、報道機関批判である。八月十七日、カガノーヴィチ、モロトフはスターリンに売却交渉の過程を記録したテキスト原案を送り「本日印刷にまわすことが必要」として意見を求め、同日彼の同意を得た。[56]この記事は八月十八日にタスが報道し、結論として当初の金額からの比較でソ連が日本以上に譲歩してきたのに、満洲国代表団が最後通牒的に交渉の席を立ったこと、中東鉄道職員の大量逮捕などの挑発的行為についても言及していた。[57]これに日本の外務省も反論した。一方で中東鉄道のソ連人職員の逮捕に抗議するカガノーヴィチ、モロトフによる覚書テキストもスターリンが八月二十日、添削、修正した。この抗議文は八月二十二日に日本の外相に手交され、八月二十四日の諸新聞に掲載された(58)。

同時期に満洲のスラヴツキーは八月二十一日、満洲国官憲によるソ連市民の恣意的な逮捕、迫害について東部支線とハルビンで逮捕された三八人の氏名リストを添えて抗議し、即時釈放と拘留時の正常な扱いを要求した。一方でユレネフは八月二十二日、広田に八月十三日から十四日にかけて中東鉄道東部支線の主として指導的立場にあるソ連人職員一九人、八月十六日にさらに三人が逮捕され、その正当化のための誹謗中傷やハルビン総領事館、ポグラニチナヤ領事、極東軍に対する非難がなされたこと、とくに日本の陸軍省が鉄道の転覆、攻撃は極東軍の命令だと八月十七日に公式に表明したことに抗議した(59)。

先のスターリンの批判に対し、一九三四年八月二十二日、カガノーヴィチは忠実にも自己批判し、さらに彼の指示に従って仕事を進めていく決意を表明した。「日本やその他の報道機関の偽りと挑発的なでっちあげに対する我々の報道機関の反応が極めて不充分であるとのあなたの指摘はまったく正しい。我々はいくつかの材料を我々と外国の報道機関に提供したばかりだが、これではまったく不充分である」とし、とくに「ソ中秘密協定」について外国の報道機関にだけ流した反論が短かったことを反省し、より強力に取り組む意向を示した。中東鉄道交渉については、「今日日本の外務省が、もちろん彼らの解釈によるものだが交渉の全過程を述べた。数字は同じものだ。最後に彼らはもちろん我々を攻撃しているが、それでもやはり妥結が可能だということを当てにしているようなトーンがみられる」と評し、これと関連して外務人民委員部に対案あるいは誰かのインタビューを作成するよう委任したことを伝えた。そしてストモニャコフ(外務人民委員代理)の情報として、(1)ソ連が価格交渉を公表したことに日本政府は抗議する、(2)タスの報道はソ連が最終的に交渉を決裂させようとしているとすべての人に印象をあたえている、(3)一マイルの建設に一〇万円を要する満洲での鉄道価格は一億円となるはずで、広田の提示した一億二〇〇〇万プラス補助金という価格は妥当である、との太田駐ソ大使の発言を伝えた。ストモニャコフはソ連に交渉を決裂させる意図はないと反論し、価格については自分の権限を越えると発言を控えたところ、太田は価格については実務的に解決されるのが好ましいとこたえた。カガノーヴィチは「外務省の発言と太田の会談を並列させると、彼らは瀬踏みしていることが明らかだ。タスの報道が彼らを壁に追い詰めた」とソ連の報道姿勢が日本の対応に変化をもたらしたと評価した。さらに逮捕されたソ連人が自白を引き出すため拷問、暴行されているとの情報が同日入ったことを伝え、彼らが事故の組織化に参加したと自白させるべく日満当局が拷問、暴行し反ソキャンペーンに利用していることについて報道機関に情報を流すと述べ、「我々はより精力的に暴露する必要があるのだからなおさらあなたは正しい。したがって我々は価格や中東鉄道売却の問題を取り上げることで事故に関する彼らのキャンペーンを弱めるべく、さらにもう一つの報道やインタビューを提供したい」[60]と付け加えた。

前年に続くソ連の暴露作戦に日本側も驚き妥協を図ったのかもしれない。八月二十二日、ユレネフを外務省欧亜局長東郷茂徳が訪れ、交渉データを公表したソ連の協定違反に太田がモスクワで抗議すると述べ、満洲における大量逮捕については単なる偶然で交渉中断とは関係ないと主張したが、交渉の継続は希望し最後の一〇〇〇万円の譲歩では足りず、退職金を除く一億三〇〇〇万円ならば広田も賛成するだろうし満洲国も説得できるとの私見を述べた[61]。

この提案に交渉妥結の可能性を感じたのか八月二十五日、カガノーヴィチはスターリンに東郷の来訪と日本が一〇〇〇万円上積みする用意があるとのユレネフからの情報があり、同日スターリン宛にユレネフへの指示原案を送ったことを伝え、ユレネフからの別の暗号電報によれば「価格にある差額を均等に分割する妥協案」を日本が考えているとして、「我々がここで足踏みする可能性もあるので、来週にかけてどのように問題を処理すべきか、あなたからの指示が我々には必要だ」[62]とスターリンに指示を仰いだ。翌二十六日カガノーヴィチ、モロトフはスターリンに、東郷のユレネフ訪問（外交文書集には八月二十二日、スターリン・カガノーヴィチ書簡集では八月二十三日となっている）について上述した情報のほか、この提案に対するモスクワの反応をできるだけ早く知るように東郷が求めたことを伝えた。カガノーヴィチはコズロフスキーに東郷を訪問させ、モスクワやユレネフの委任ではなくあくまでも個人的意見として述べさせる予定の次の内容を列挙しスターリンの考えを聞いた。(1)日本の譲歩に満足してはいるがまったく不充分だ。(2)ソ連はユレネフが七月三十日に述べた価格やそのほかの条件に関する提案から出発しているが、もし日本が東郷案に上乗せしソ連の最近の提示額に接近するならば、合意に向けた道を探し出すことが可能だと期待する。(3)もちろん前提条件として逮捕されたソ連市民が解放され、日本の政府や報道機関による満洲での暴力行為や反ソ的発言が停止されるべきである、以上である。同日スターリンは「日本人が表明した新たな、本当のことだが、わずかな譲歩をしようという願いを考慮し、コズロフスキーには個人的意見として、七月三十日にユレネフの発言のなかで言及された中東鉄道売却の条件が日本人により受け入れられるという必須条件のもとで、一〇〇〇万円価格を下げ、一億五〇〇〇万円まで下げるようソ連政府を説得する準備があると発言させるよう提案する」[63]。前回カガノーヴィチの価格引き下げ提案を拒否したスターリンが、それに倣ってコズロフスキーによる強硬な回答を準備したと思われるカガノーヴィチに、今度は譲歩案を提示したことになる。

続けて八月二十六日カガノーヴィチ、モロトフは、中東鉄道交渉に関して日本の外務省が八月二十一日、満洲国政府が八月二十二日に発表した声明をタスからの新たなコメントを付して公表することを提案し、スターリンの考えを聞いた。その趣旨は日満側が発表した声明が八月十八日のタスによる数字を一字一句繰り返したものだが、日満側が譲歩したことを示すべく「極めて偏向的、一方的に」述べられているというものであった。一例として日満側が提示した一億七〇〇〇万円には、解雇されるソ連と満洲の従業員に支払われるべき解雇手当五〇〇〇万円が含まれていることをあげ、「鉄道従業員の解雇や雇用の継続はその購入後、鉄道の新たな所有者となる日満側の仕事であり、彼らが解雇に関連した解雇手当の支出を負担するのは当然である。したがってこれに類した支出はいかなることがあっても中東鉄道の価格の中に入りえないということは明白である（傍線部をスターリンが書き加えた）。日満側の一方的な考えを正当化するための声明のあらゆる論拠にみられるこじつけ、不自然さのため、タスはこれらと論争する必要性を認めない」と締めくくるものであった。同日、スターリンは上述の修正を加えてこの草案に同意した。これに従い同日、政治局はこのタスの声明の発表を決定し、八月二十七日の諸新聞に掲載された。(64)

ともあれ、一億五〇〇〇万円まで値段を下げるように指示を出したスターリンの妥協策は奏功したのだろうか。九月一日カガノーヴィチ、モロトフはスターリンに、(1)ユレネフへの指示と、(2)ハルビンの中東鉄道職員への弾圧に関するタスの報道について意見を聞いた。(1)は、東郷がコズロフスキーからの回答に対し、ユレネフからの公式回答を待つと発言したことについてユレネフには八月二十六日の指示を堅持し、非公式に個人的な提案をおこなった東郷に、ソ連側が公式の回答をおこなういかなる根拠もないと東郷に述べること、同時にコズロフスキーは個人の資格で非公式交渉を続行するよう東郷に提案することを指示する内容であった。東郷との間ですんなりと妥結に向かって交渉が進まなかったが、非公式交渉のチャンネルを一応確保しておく意図が読み取れる。(2)は、八月二十二日にハルビンで中東鉄道のソ連人女性職員が日本の憲兵に逮捕、拘禁され尋問、拷問を受け重傷の状態で解放された件に関して、「自白を強要するために逮捕された中東鉄道従業員が蒙っている非人間的な拷問に関する報道機関の報道が正しいことを証明した」と八月三十一日に、太田大使がストモニャコフを訪問した際に抗議し断固たる措置を求めた、という記事の内容に関するものであった。スターリンは同日、(1)、(2)の案に同意した。(65)

ユレネフと東郷の交渉も結局は結実しなかった。ユレネフによる外務人民委員部への九月四日の報告によれば、彼はモスクワからの指示を守り来訪した東郷になんら回答しなかった。すると東郷はユレネフと国民同盟の安達謙蔵が八月二十九日に会談したことを広田に話したと述べた。(66)ユレネフは広田からの招待があれば交渉を再開するとの安達への発言を肯定し、広田に安達との会談内容を伝えることも認めると、東郷は広田がユレネフを招待するだろうと述べた。東郷が仲介した広田・ユレネフ会談は九月六日に実現したが、広田は退職金、年金を除く一億二〇〇〇万円という以前の考えの妥当性を主張、満洲国政府がさらに一〇〇〇万円を商品で追加するのに同意したと伝えた。満洲国は契約時の一〇〇〇万を含め三分の一にあたる四〇〇〇万円を現金で、残りを三年で四分割して支払うこと、九〇〇〇万円分の商品は五年で納入することとした。これにユレネフは落胆を表明、交渉はすぐにまとまらないと述べた(67)。

九月十日にストモニャコフがユレネフに渡した広田への回答案の趣旨は、広田の譲歩額は小さく、一五カ月の交渉経過後に細かい取引にこだわるべきでない、ソ連が七月三十日に提示した一億六〇〇〇万でも大きな犠牲だが、取引を早く終了し日本政府がすぐに同意するという条件で、一億三〇〇〇万との差額の半分を折半したい、広田が九月六日に提示したそのほかの条件に関しては価格の基本的な合意の後でおこなうこととし、ほかの問題については妥協の方法で進めたいというものであった(68)。差額を等分すると一億四五〇〇万ということになる。

この指示を受けて九月十二日におこなわれた会談の結果がユレネフから伝えられた。「委任は実行した。長時間の議論のあと……広田は一億六〇〇〇万と一億二〇〇〇万の間の差異を等分して一億四〇〇〇万にすることを提示した。繰り返す、一億四〇〇〇万である」。党中央委員会書記ジダーノフと政治局員クイブィシェフからこの電報を受け取ったスターリンは九月十四日、「一定条件のもとで中東鉄道を一億四〇〇〇万で売却することに同意する」よう指示した(69)。

ここで外交文書集と、スターリン・カガノーヴィチ往復書簡集の文書の間に矛盾が生じる。外交文書集には九月十九日に広田を訪問したユレネフが「ソ連政府は九月十二日の決定的な譲歩のあとで日本側が五〇〇〇万円の新たな譲歩を求めて交渉の延長を主張していることに驚いている、九月六日にはソ連側に交渉の早期終了を求めていたのでなおさらである。それでも交渉を引き延ばしたくないので一億四〇〇〇万で妥結したい」と述べ各種の提案をおこなった(70)。九月十二日の時点で広田がすでに一億四〇〇〇万という数字を本当に出していたのであれば、日本が新たな譲歩を求めたなどという苦情を述べる必要はなかったはずだ。したがって九月十二日段階における合意価格は一億四五〇〇万だった可能性も出てくる。

カガノーヴィチは九月二十日、スターリンに「日本政府が我々の注文を六カ月間、輸出品については輸出価格で、設備品については世界価格で割り当てることを保証する問題」を広田に提起することが必要だとのユレネフの主張について、「今になって再び交渉を複雑化させるのが果たして適切か疑問だ」として、ユレネフからの暗号電報についてスターリンの意見を尋ねた。これにスターリンは九月二十二日、「新しい条件を出して中東鉄道問題を複雑化するには値しないとのあなたの意見に同意する」とカガノーヴィチに伝えた[71]。

続いて九月二十六日モロトフ、カガノーヴィチは、ユレネフから広田への八項目にわたる発言内容をスターリンに送った。これに対してスターリンは九月二十七日、「日本人への回答案に同意するが、修正部分がある。第一に第五、第八項目を最後通牒的にしないこと、第二に中東鉄道購入価格の残債分として彼らに提供するクレジットに対して日本人が我々に支払うべき利子に関する項目を挿入すること、年利五％かそれ以下でもよい」「もし日本人が鉄道をいち早く獲得しようとし、その支払いに数年を要するならば、これはそれにふさわしい利子を必要とするクレジットである。これは基本だ」とカガノーヴィチらに送った[72]。

一方で売却金額以外の問題についても話し合いは続いた。中東鉄道従業員の逮捕に関する九月四日の広田の覚書に対して、カガノーヴィチ、モロトフは十月一日、六項目の回答草案を準備してスターリンの意見を聞いた。同日の彼の同意後、この覚書は十月十日の諸新聞に掲載された。十月二十七日カガノーヴィチらが、十月二十二日の広田の回答に対する八項目の回答草案を準備したが、同日これにもスターリンは同意した[73]。鉄道売却協定の細部に関する交渉である。このようなか十月三十一日にタスが中東鉄道交渉の現状について日本の報道機関が再び嘘のキャンペーンを始めたこと、交渉は引き渡しや支払いの方法などが残っているだけであると報道した[74]。十一月二十一日には再び中東鉄道交渉について、十月三十一日の報道にもかかわらず、日本・満洲で勝手な報道が続いているとする記事が掲載された[75]。

六　協定調印と非武装地帯、両国軍隊削減構想（一九三五年）

一九三五年に交渉は最終段階を迎えることになる。一月二十八日、第七回ソヴィエト大会でモロトフは中東鉄道売却交渉が最終局面にあること、ソ連による一貫した譲歩、日ソ関係改善への努力が極東における安全を保証し実りある結果をもたらすことへの希望を述べたが[76]、交渉の最終段階では極東ソ連軍の増大という事実を背景に、中東鉄道問題がソ連軍隊の削減、撤退とリンクされるという事態も生むことになった。冬季を中心とする協定調印までの以下の記述は主としてソ連の外交文書集に頼った淡白な記述にならざるをえない。

一九三五年二月には斉藤博駐米大使の発言が反ソ的であると、ソ連が日本政府に抗議する局面もあったが、二月十三日に広田はユレネフにソ連側が約束した債務関係に関する調査資料の提出を要求、交渉の早期終結のための努力を約束しテンポを上げるよう依頼し、最後に最近の日ソ関係が著しく好転し、世論も以前よりソ連を理解していると述べた[77]。

ユレネフは広田[78]、太田[79]のほか、三月四日には貴族院議長近衛文麿とも会見した。近衛は日ソ関係に関し、両国の軍隊を国境から引き離し非武装地帯を拡大すれば相互信頼の雰囲気が醸成され、ひいては不可侵条約も可能となるだろうと述べた。この報告を受けたリトヴィノフは三月五日ユレネフに、中東鉄道協定の調印で日本の平和的な意向の真剣さがわかれば、極東での相互の軍隊の削減や引き離しといった近衛の提起した問題の検討を決して拒否するつもりはないと、近衛と会見して細部に立ち入ることなく伝えるよう指示した[80]。三月十日ストモニャコフはユレネフに、協定に仮調印する際、正式調印までに逮捕されたソ連人従業員の解放を期待すると広田に表明するよう指示した[81]。同日政治局は中東鉄道従業員のソ連への帰還と宿舎の手配について決定、ルードゥイ、スラヴツキーには彼らの財産は現今の関税規定に関係なく満洲であたえられる身分証明書にもとづいて自由に、非関税で持込みを許可するという政府の方針を伝えるよう委ねた。国境の税関には疎開の開始を待たずに以後満洲から帰還する鉄道員にこの特典を適用するよう指示した。[82]三月十二日にユレネフが広田にこの問題の解決を要請すると、広田はすぐに満洲国に伝えると約束した。[83]

中東鉄道売却協定が三月十一日仮調印されると三月十五日にイズヴェスチアは、リトヴィノフがモスクワ駐在の日本のマスコミに対しておこなったインタビュー記事を掲載した。彼は極東でもっとも複雑な問題の一つが解決されたと高く評価し、ユレネフに促していた非武装地帯に関する議論については双方による非武装化は避け、この四年間に高まった緊張が減ずるにつれ、両国軍隊が一定距離後退することを両国関係者が研究し穏やかに議論すべきだと主張した。[84]トーンが少し落ちていることがわかる。インタビューは近衛との会談セット後に報道されたため、ユレネフは「近衛の発言にモスクワは大きな関心を抱いていた」と会談で伝えるにとどめると三月十五日モスクワに打電、これを受けてリトヴィノフは三月十六日、インタビュー掲載後に先の三月五日の指示は効力を失ったが、近衛による国境地帯での軍隊削減案には応じる用意があると強調すること、一方で広田がインタビュー内容について尋ねてきた場合、これは公式的なもので協定調印後に軍隊の一部の後退問題について検討する用意があると答えるようユレネフに指示した。[85]三月十九日にユレネフが近衛にソ連政府は彼の構想に興味を抱いていると伝えると、近衛はリトヴィノフ発言の翻訳を読んでいないとしつつ、「航空兵力を含めソ満国境で一定距離軍隊を後退させる」問題の審議に入る用意があることに満足の意を表明した。三月二十日、ユレネフはリトヴィノフに協定調印が広範に肯定的印象をあたえているが、一方で対ソ強硬派には狼狽と敵意を生み出したと報告、ヒトラーの行動が日本でも大きな影響を及ぼしソ連が将来的に西側国境に釘付けになるだろうとの希望をあたえていると付け加えた。[86]

三月二十一日リトヴィノフはユレネフに、広田と東郷の約束にもかかわらずハルビンで逮捕されたソ連人はいまだに解放されず、三月十九日には二二人のソ連人鉄道従業員に対する裁判が始まったとし広田に再度、正式調印までの全員解放という約束の遵守を要請させた。翌三月二十二日ユレネフは指示どおり、広田に再度ソ連市民の解放に協力するよう要請し、それまでにも満洲に解放を促していた広田もさらなる尽力を約束した。広田は同日林銑十郎陸相に解放について同意をとりつけ、満洲とも連絡をとった(87)。こうして一九三五年三月二十三日、最終的に中東鉄道売却交渉が終了しソ連と満洲国代表が協定に調印した(88)。

おわりに

一九三一年から三五年にかけての中東鉄道の売却をめぐる日本、満洲国とソ連の交渉を概観した。交渉の最大の関心事は売却価格の設定にあり、ロシアが建設に要した費用を当時の金額に換算するといった作業をおこなえば鉄道自体の妥当な価格を導き出せるかもしれないが、鉄道の持つ戦略的な意味や他国が大きな影響力を維持する地域での運営上の問題、国際関係など、考慮すべき問題は多岐にわたるため価格の妥当性には踏み込まず、単に双方の主張を跡付けることにつとめた。この問題をケーススタディーとして、とくに夏季休暇中のスターリンとモスクワに残った幹部のやり取りから当時のソ連における政策決定過程がある程度明らかになったのではないかと考える。

注

（1）拙稿「スターリンと満洲——一九三〇年代前半のスターリンの対満州政策」『東北アジア研究』第九号（東北大学東北アジア研究センター、二〇〇五年三月）八九—一一〇頁。ソ連による満洲国の承認問題、南京政府との国交回復、不可侵条約締結問題などにもふれた。

（2）*Сталин и Каганович. Переписка. 1931–1936гг.*, Москва, 2001, *док.* 75. 前掲拙稿「スターリンと満州」に訳出した。この文書集は夏季休暇中のスターリンがモスクワに残ったカガノーヴィチら政治局員との間でやり取りした暗号電報を収集したもの。スターリンの夏季休暇、一九三〇年代まで南部保養地とモスクワ間の電話連絡が未発達だったという歴史家にとっては幸運な要素が重なり、政治局のプロトコール以上にスターリンの政策判断解明に役立つ。

（3）拙稿「一九三〇年代初頭のソ連の対日政策――満洲事変をめぐって」『ロシア研究』（日本国際問題研究所）第二五号（一九九七年十月）八八―一〇一頁。

（4）Российский Государственный Архив Социально-Политической Истории（ロシア国立政治社会史史料館）（以下РГАСПИと略）、ф. 17, оп. 162, д. 11, л. 40. опросом. 指示の内容については不明。

（5）Там же, л. 47. 政治局が九月二十五日、モスクワの意向に反した言動を批判していたこともクズネツォフ召還の理由として考えられる。前掲拙稿「一九三〇年代初頭のソ連の対日政策」。

（6）Там же, л. 49. опросом.

（7）Там же, л. 70. 同時に中東鉄道従業員の削減問題も議論された模様だが、結局一九三二年三月二十五日、「中東鉄道での定員削減を差し控えるというアンドレーエフ（運輸人民委員）の提案」を政治局が採択した（Там же, ф. 17, оп. 162, д. 12, л. 36. опросом）。

（8）スラヴツキーは一月二十七日、二十八日、関東軍の代表がクズネツォフに関東軍のハルビンへの輸送に中東鉄道の使用許可を求めてきたことへの対処をモスクワに尋ねた（*Документы Внешней Политики СССР*（以下*ДВП*と略す）, т. 15, док. 49, прим. 34.）。カラハンは一月二十八日、中東鉄道は中国領内を走行し中ソ共同で運行しているので勝手に決定できないが、中国側が反対しなければ軍の輸送に反対しないと答えさせた（Там же, док. 50.）。同じ二十八日スラヴツキーは関東軍代表の再訪を報告し問題の緊急性を訴えた（Там же, док. 51, прим. 35.）。一月三十日には広田弘毅駐ソ大使が同様の要請をおこなったが、カラハンは関東軍の一部が寛城子で勝手に物資を積み込み北上したことに懸念を表し、ソ連の立場は中国側の態度にかかっていると繰り返した（Там же, док. 54.）。その後関東軍による中東鉄道の駅や宿舎の占領、ソ連人職員の逮捕などが報告された（Там же, док. 56, 58, 31, 66, 70.）。

（9）拙稿「不可侵条約をめぐる満州事変前後のソ日関係」『史林』七四巻四号（一九九一年七月）六二―九五頁。

（10）РГАСПИ, ф. 17, оп. 162, д. 11, л. 188. 同日の決定にはカラハン、クレスチンスキー（外務人民委員代理）に、⑴一面坡駅からポグラニチナヤ駅への日満軍の輸送、⑵軍隊の輸送とその費用に関する中東鉄道との全般的な合意、⑶独立の満洲・モンゴル国家と満洲における白衛派などの問題について駐ソ日本大使に説明を求めることも含んでいた。

(11) 拙稿「駐日ソ連全権代表アレクサンドル・トロヤノフスキーと一九三二年の日ソ関係」『東北アジア研究』第五号（二〇〇一年四月）六七—九一頁。山本との交渉が続行できなくなると、一九三二年後半のソ連は主として藤原銀次郎との交渉に重点を置いた。

(12) РГАСПИ, ф. 17, оп. 162, д. 12, л. 33. 中東鉄道に関しては⑴奉天から長春への中東鉄道理事会の移管に同意する、⑵モンゴルにおける滞貨の問題（内容は不明）、⑶ニングト（今日の寧安）における中東鉄道の商業代理店での捜索に関してハルビンの日本人へ抗議する、⑷一面坡への日本軍の軍用列車三本の輸送に合意する、以上も決定した。ニングトではソ連側史料によれば一九三二年三月二十八日、日本の将校が白系ロシア人三人を伴って中東鉄道の商店を訪れ無線通信機を探すという口実で支店支配人のアパートを捜索したという。スラヴツキーは四月五日に抗議した（*ДВП*, т. 15, прим. 108.）。

(13) *ДВП*, т. 15, док. 371. さらに翌一九三三年四月十六日カラハンは駐ソ大使太田為吉に、一一四台のEシリーズ蒸気機関車（デカポド）はロシアがアメリカで購入し、ウラジオストックとハルビンで組み立てたが内戦の影響で入国できなかったこと、貨車の引き込みについてもソ連国内にある中東鉄道の貨車数とほぼ同じ数量のソ連の貨車が中東鉄道に存在すると指摘して非難には当たらないと強調した（*ДВП*, т. 16, док. 122.）。

(14) 拙稿「ソ連極東における動員政策——一九三二—一九三四年」『ロシア史研究』第六六号（二〇〇〇年四月）六一—八二頁、同「ソ連極東における鉄道政策——軍事化と政治部設置（一九三二—三四年）」『西洋史学論集』第三六号（一九九八年十二月）一—一八頁、同「ソ連極東における鉄道政策（二）——バムと鉄道軍特別軍団」『西洋史学論集』第三八号（二〇〇〇年十二月）八〇—九七頁。

(15) *Сталин и Каганович*, док. 178. スターリンへの提案は同日の政治局決定にもとづく（РГАСПИ, ф. 17, оп. 162, д. 13, л. 13.）。同時に政治局は、中東鉄道での仕事のため二〜三人を派遣するというアンドレーエフの提案を採択した。七月五日のカラハンからスラヴツキーへの指示は *ДВП*, т. 15, док. 274.、七月十五日のトロヤノフスキーから有田八郎外務次官への抗議は *ДВП*, т. 15, док. 286. を参照。

(16) РГАСПИ, ф. 17, оп. 162, д. 13, л. 12.

(17) *Сталин и Каганович*, док. 189. 事件の経緯については *ДВП*, т. 15, прим. 190. の説明と一九三二年七月一日にカラハンに送られた報告（*ДВП*, т. 15, док. 270.）、七月七日の事件については *ДВП*, т. 15, прим. 202.、七月八日の最終的な施設占拠

は *ДВП*, т. 15, док. 282. を参照。
（18） *Сталин и Каганович*, док. 190.
（19） РГАСПИ, ф. 17, оп. 162, д. 13, л. 32. опросом.
（20） *Сталин и Каганович*, док. 250. 翌日スターリンは同意し、政治局は十三日にこれを公式化した（РГАСПИ, ф. 17, оп. 162, д. 13, л. 64.）。
（21） *ДВП*, т. 15, прим. 190.
（22） РГАСПИ, ф. 17. оп. 162, д. 13, л. 28, *Сталин и Каганович*, док. 203, 205.
（23） 前掲拙稿「駐日ソ連全権代表アレクサンドル・トロヤノフスキーと一九三二年の日ソ関係」。
（24） *ДВП*, т. 16, док. 133, прим. 107.
（25） Там же, т. 16, док. 121. 同じ四月十六日、ソ連のポグラニチナヤ領事が線路の破壊や脱線が日常茶飯事であると中東鉄道東部線の混乱状況を報告した（*ДВП*, т 16, док. 123.）。職員の逮捕についてはТам же, док. 6, 38. を参照のこと。
（26） Там же, док. 133, 130, прим. 104. 満洲里駅での貨物の引き渡しは五月十三日に開始された。
（27） Там же, док. 141. 四月二十四日、カラハンに太田が中東鉄道を「政治的に解決」する必要があり、トロヤノフスキー・藤原会談を引き合いに出したことから、中東鉄道売却を想定しているとみなし、ソ連政府に売却の意欲があることを表明した（Там же, прим. 114.）。
（28） Там же, док. 147, 152.
（29） 五月末に中東鉄道とウスリー鉄道の連絡遮断の試みが長春で話し合われているとの情報を太田大使に伝えその阻止を頼んでいたが、五月三十一日に実際に関東軍が両鉄道の連絡を遮断したことでこの情報は裏付けられた（Там же, док. 165, 173.）。太田には六月四日に日本政府への抗議を伝え、六月五日のイズヴェスチアにその内容が掲載された。
（30） Там же, док. 168, 172. 一九三三年六月一日、四日のイズヴェスチアに内容が掲載された。
（31） 六月四日付のエヌキッゼへの書簡のなかでカラハンは、売却交渉によって「我々は軍人たちのプランを実際に打ち砕いた。彼らは怒り狂っているので妨害してくるかもしれないが、今となっては交渉を決裂させるのはとても困難になった」と述べている。А. В. Квашонкин, Л. П. Кошелева, Л. А. Роговая, О. В. Хлевнюк, *Советское руководство. Переписка. 1928*–

1941гг., Москва, 1999, но. 126.

(32) *ДВП*, т. 16, док, 215, прим. 136.

(33) *Сталин и Каганович*, док. 288.

(34) Там же, док. 296. 政治局は一九三三年八月十七日、バルィシニコフをすぐに東京に出張させるよう命じた（РГАСПИ, ф. 17, оп. 3, д. 929, л. 9. опросом.）。

(35) РГАСПИ, ф. 17, оп. 162, д. 15, л. 51. опросом.

(36) Там же, л. 54. опросом.

(37) *Сталин и Каганович*, док. 337. 九月十六日カガノーヴィチはスターリンに「今のところハルビン、東京から特別な情報はまったくない」とし、広田が外相になることについて「なんらかの重大なことがおこるようには思えない」（Там же, док. 342.）と述べた。

(38) Там же, док. 344, 346. 同日カガノーヴィチは「私が中東鉄道、ペルシャについてあなたに送ったのは案にすぎない。決定は採択していない」と一応反論した（Там же, док. 348.）。

(39) Там же, док. 349.

(40) РГАСПИ, ф. 17, оп. 162, д. 15, л. 81–82. опросом. この声明は九月二十一日に日本政府に伝えられ、九月二十二日にイズヴェスチアに掲載（*ДВП*, т. 16, док. 295.）。またユレネフに電報を打つ際に外務人民委員部で過ち（九月二十四日付のカガノーヴィチからスターリンへの説明は、*Сталин и Каганович*, док. 364.）があり関係者が処罰された。処罰者と懲罰の内容について、九月二十三日の政治局で決定された（РГАСПИ, ф. 17, оп. 162, д. 15, л. 88. опросом.）。

(41) *Сталин и Каганович*, док. 364, 367.

(42) РГАСПИ, ф. 17, оп. 162, д. 15, л. 86, 92. опросом. この政治局決定に逮捕者らの具体的な氏名は書かれていなかった。書簡集にはこの文書が九月二十六日に日本政府に伝えられたと解説されているが二十八日の誤り。このテキストは外交史料集（*ДВП*, т. 16. док. 305.）にすでに掲載されている。さらに九月三十日にはイズヴェスチアにもこの文章が掲載された。

(43) *ДВП*. т. 16, док. 306, 310.

(44) *Сталин и Каганович*, док. 380, 381.

(45) *ДВП*, т. 16, док. 314. これらの文書の公表と、それが引き起した反響について、秦郁彦『太平洋国際関係史』（福村出版、一九七二年）二七五—二七六頁を参照のこと。

(46) *Сталин и Каганович*, док. 394. 十月十四日のプラウダに論評が掲載された。

(47) たとえば十月二十四日、十一月二十三日、十二月十五日のスラヴツキーによる満洲国外交部北満洲特別エージェントへの抗議（*ДВП*. т. 16, док. 324, 389, 430.）を参照、十二月十五日の会談内容について十二月十七日のイズヴェスチアが掲載した。

(48) *ДВП*, т. 17, прим. 10, док. 9.

(49) Там же, док. 25, прим. 65. ちなみに政治局は一九三四年四月二十九日、この六人の職員のうち三～四人を、ソ連中央執行委員会の賞状で、残りを賞金で表彰することを決めた（РГАСПИ, ф. 17, оп. 3, д. 944, л. 33. опросом.）。

(50) *ДВП*, т. 17, док. 310.

(51) РГАСПИ, ф. 17, оп. 162, д. 16, л. 142, 183. опросом. ⑴価格の三分の二は商品でも可、ただし二年以内に四分割して納入、六年は不可、⑵価格の三分の一にあたる現金のうち半分を協定調印時に現金、残りを四期に分けて三年で納付、⑶将来的な円の下落とそれに伴う商品価格の上昇を想定し、現金は調印時の金価格に換算し、商品は調印時に品目、価格リストを作成、調印直後に日本の企業が注文を実行、⑷解雇手当のソ連人従業員への支払い、六カ月前の解雇通告と解雇後の二カ月以内の出国、など。

(52) *Сталин и Каганович*, док. 448. カガノーヴィチは「ソヴィエト市民に対する日本の憲兵によるハルビンでの弾圧の計画」に関する内務人民委員部の情報を付け加えた。

(53) Там же, док. 451, 456.

(54) Там же, док. 460, 468, 469. ロシアは一九二四年に兌換券チェルヴォーネツを発行することで、革命後の通貨の混乱を収拾した。この一金ルーブルは金貨一円とほぼ等しかった。一九三一年末、日本政府はイギリスなどに続いて金本位制より離脱し、以後円安が進んでいた。

(55) Там же, док. 470. 傍線部分はスターリン自身による強調。この問題に関する決議（РГАСПИ, ф. 17, оп. 162, д. 17, л. 12.）は八月二十二日に政治局が決定したとのこと。特別ファイルの第一七巻以降は現在閲覧不可のため参照していない。

(56) *Сталин и Каганович*, док. 471

(57) *ДВП*, т. 17, док. 310, прим 239, 240. ソ連は七月三十日、最終的な引き下げ価格一億六〇〇〇万円、商品の割合を三分の二でも可能だと提案したが広田が拒否、八月十日の会談でも広田は拒否の姿勢を崩さず、その後日本、満洲で反ソキャンペーンが拡大した。

(58) *Сталин и Каганович*, док. 477.

(59) *ДВП*, т. 17, док. 312, 313. 広田は九月四日、彼らは秘密組織に属し破壊活動に関与していたと逮捕を正当化した。

(60) *Сталин и Каганович*, док. 483.

(61) *ДВП*, т. 17, док. 314.

(62) *Сталин и Каганович*, док. 489.

(63) Там же, док. 491, 492.

(64) Там же, док. 493. 翌八月二十八日カガノーヴィチは「日本から今のところ回答はなく、逮捕は続けられている」とスターリンに伝えた（Там же, док. 494.）。

(65) Там же, док. 509.

(66) *ДВП*, т. 17, прим. 253. 中東鉄道の価格について安達は、日満が七月二十三日に一億二〇〇〇万円、ソ連が七月三十日に一億六〇〇〇万円を提示したので、双方がその中間、差額四〇〇〇万円を等分して妥協すればよいと発言、ユレネフはそのような提案は誰もしなかったが、もし提案があればほかのあらゆるビジネス提案と同様、検討されるだろうと答えた。

(67) Там же, док. 325, прим. 254.

(68) Там же, док. 328.

(69) *Сталин и Каганович*, док. 536.

(70) *ДВП*, т. 17, док. 336. 提案は、鉄道は広田の提案に従い締結後、批准なしに満洲国の所有へ移管（例外として総領事館の土地、建物、学校、図書館などの施設）、日本での物価高の可能性を考慮し全額の三分の二の商品は調印後六カ月以内にソ連が注文し二年以内に納入、現金は調印時に半分、残りは三年で四分割して支払い、巨額の現金は円の下落リスクを回避すべく特別条項（金換算）を設定、譲歩として満洲側管理局はソ連従業員に四カ月前に解雇を通告、解雇者は解雇後三カ月以内に満洲国を出国、など。

(71) *Сталин и Каганович*, док. 536, 542. 傍線部分は原文強調。

(72) Там же, док. 550, 551.

(73) Там же, док. 562, 579.

(74) *ДВП*, т. 17, док. 375. 十一月一日のイズヴェスチアにも掲載。

(75) Там же, док. 396. 十一月二十一日のイズヴェスチアにも掲載。

(76) *ДВП*, т. 18, док. 27.

(77) Там же, док. 49, 53.

(78) 二月十八日には、主として斉藤の発言と不可侵条約に対する広田の考え方について議論（Там же, док. 68.）、二月二十七日には満洲の白系ロシア人の国境、バルガへの移動、石油採掘、漁業問題、日本への木材輸出（Там же, док. 87.）などを議論した。

(79) 三月末にモスクワに戻る予定の太田と二月二十一日に会談、太田は不可侵条約と沿海地方から西へのソ連軍の撤退を結び付けることを提案（Там же, док. 74.）。

(80) Там же, прим. 61, док. 103. この間三月八日、九日に政治局が中東鉄道について決議（РГАСПИ, ф. 17, оп. 3, д. 961, л. 12. но. 44, но. 46.）しているが特別ファイルが未公開のため内容は不明。

(81) *ДВП*, т. 18, док. 106. ソ連側の執拗な要求の結果、満洲国政府は一九三五年二月、中東鉄道勤務のソ連市民七四人を解放、ハルビン総領事館のデータによれば三月十二日現在さらに六八人が拘束されていたが三月末までに彼らは全員解放された（Там же, прим. 68.）。東郷は三月十六日、駐日ソ連大使館参事官に逮捕者全員の解放予定を伝達した（Там же, прим. 83.）。

(82) РГАСПИ, ф. 17, оп. 3, д. 961, л. 13, л. 83–86. 帰還する中東鉄道職員に関する対策を列挙。

(83) *ДВП*, т. 18, док. 107. 前日の三月十一日、広田はユレネフに中東鉄道の次は漁業協定、国境委員会、その後石油、木材問題の検討が必要であると発言（Там же, прим. 69.）。

(84) Там же, док. 111.

(85) Там же, прим. 61, док. 117.

(86) Там же, прим. 61, док. 124.

（87）　Там же, док. 126, 131, 133. 一九三五年一月半ば、八カ月間拘束されていた中東鉄道ソ連人従業員二一人に対する裁判が開始された。一月二十六日の被告への公式の告発は警察規則の違反、テロの準備の疑いを理由とした。審理は三月十九日一日のみで警察規則違反の罪で禁固三カ月執行猶予二年が言い渡されたが三月二十六日、解放された（Там же, прим. 84.）。

（88）　Там же, док. 134. その条文は一四項からなる。

リュシコフ・リスナー・ゾルゲ

――「満洲国」をめぐる日独ソ関係の一側面

田嶋信雄

はじめに

一九三一年九月十八日の「満洲事変」の勃発と、翌三二年三月一日の「満洲国」建国、および同年九月十五日の日本による満洲国承認により、日本とソ連はその勢力圏を接するに至り、満ソ国境および満洲国・モンゴル人民共和国国境において政治的・軍事的な緊張がいっきょに高まることになった。

関東軍情報部参謀であった西原征夫は、一九三〇年代の満ソ国境・満蒙国境をめぐる緊張について、小規模紛争期（一九三二～三四年）、中規模紛争期（三五～三六年）、大規模紛争期（三七～三九年）に分けて考察している。小規模紛争期は、「彼我いずれも斥候または諜者等により、情報収集を行った時代」であり、中規模紛争期は「彼我共に国境兵力を増強し、これがため国境侵犯も積極的となった時期」であるとされる。[1] 大規模紛争期には、代表的な国境紛争である乾岔子事件（三七年六月）、張鼓峰事件（三八年七月）、ノモンハン事件（三九年五月～九月）などが発生している。

こうした満洲国国境の軍事的な紛争そのものについては、すでに多くの研究が出されており、その発生・展開・収束の諸相が詳細に明らかにされているといえよう。[2] しかし、満洲国国境をめぐり各国がどのように情報を収集し、また各国の情報機関がいかなる相互の対抗関係にあったかに関しては、史料上の制約もあり、関東軍の情報収集活動に関する一般的な叙述を除き、[3]必ずしもまとまった記述があるわけではない。

そこで本稿では、一九三〇〜四〇年代におけるドイツの中国東北部での情報活動を考察することにより、この地域を舞台とする各国情報活動およびそこに反映される国際政治の錯綜した関係の一端を明らかにすることとしたい。

一　ロシア極東地域の朝鮮人と極東内務人民委員部長官リュシコフ

現在の中国延辺地区およびロシア沿海州地域には歴史的に多くの朝鮮人が移住していった。[4]帝国日本の支配下にある朝鮮人と中国東北地域・ロシア極東地域に住む朝鮮人の間には国境を越えた交流があったが、そのことは、国境を越えた情報の移動をも可能にし、各国の情報・治安当局に多くの警戒心をあたえることとなった。日中戦争勃発後、こうした警戒心は異常なレベルにまで高められた。その顕著な現れが、一九三七年八月二十一日にスターリンおよび人民委員会議議長モロトフの名において極秘に下された決定「極東地方国境地区の朝鮮人住民の移住について」である。この決定は、「極東地方への日本のスパイ活動の浸透を阻止するため」に下されたのであった。さらに、同年九月二十八日には、強制移住の対象を極東地方全域にまで拡大する命令がモロトフと人民委員会議総務部長ペトゥルニチェフの名において下されることとなった。[5]こうした決定にもとづき実行されたソ連極東地域からカザフ共和国への朝鮮族の強制移住は、当該地域の朝鮮族に極めて悲惨な結果をもたらしたのである。[6]

現地極東で朝鮮人強制移住を執行した責任者は極東内務人民委員部長官ゲンリッヒ・リュシコフであった。彼のキャリアについてはよく紹介されていると思われるが、ここで簡単にまとめておきたい。リュシコフは一九〇〇年、黒海の港町オデッサで生まれた。小学校を卒業後、働きながら上級学校の夜学に通った。ボルシェヴィキであった兄の影響もあり、リュシコフも十七歳のときにロシア革命に参加した。二〇年、ウクライナの非常委員会（チェカ）で働くことになり、彼の政治警察畑での活動が始まる。リュシコフによれば、三四年のキーロフ暗殺事件のとき、「レニングラードにあって、直接キーロフ殺害事件の捜査に当たったばかりでなく、エジョフの指導の下にその後引き続いておこなわれた処刑事件や公判事件に積極的に関与した」。三六年ロストフ州内務人民委員部長官、三七年極東内務人民委員部長官に転出した。レーニン勲章を授与され、最高ソヴィエトの代議員でもあった。

その後リュシコフは、スターリンによる粛清の魔の手が次は自分に向かうことに恐怖し、亡命を決意するに至った。一九三八年六月十三日未明、彼は「国境視察」と称して琿春市東南約四〇キロの長嶺子高地を越えて満洲国に越境してきたのである。大物政治家の亡命としてはトロツキーに次ぐといわれた。(7)

二　ドイツ人作家イーヴァー・リスナーの満洲国探検旅行

リュシコフ亡命事件と同じころ、イーヴァー・リスナーという一人の若いドイツ人作家が取材のため満洲国を旅行中であった。リスナーはその後、ナチス・ドイツにおける極東問題専門家としてのキャリアを重ねていくことになるが、そのきっかけとなったのがリュシコフ亡命事件についての取材であった。彼は、宣伝大臣ゲッベルスの主宰するベルリンのナチ党機関紙『アングリフ』に、リュシコフに関する詳細なレポートを次々に投稿することとなる。そこには、日本側とりわけ関東軍の便宜提供があったといわれている。(8)

ここでイーヴァー・リスナーの経歴を簡単にみておきたい。(9) 彼は一九〇九年、ユダヤ系の富裕なバルト・ドイツ人の息子としてラトヴィアのリガ近郊で生まれた。父はイーヴァーの生まれる五年ほど前、姓をドイツ風のリスナーに改め、ドイツ領ケーニヒスベルクでユダヤ教からプロテスタントに改宗した。父は子どもたちにこの改宗についていっさい話さなかったようで、リスナーは自分を純粋なドイツ人と意識して育った。ロシア革命前に一家はモスクワへ転居したが、ツァーリ警察からドイツのスパイとの嫌疑をかけられ、ボルガ地方への流刑に処せられた。ロシア革命の渦中をラトヴィアに戻り、さらにラトヴィアでの革命情勢の到来および赤軍の進攻を受けて、最後にはドイツに脱出した。この時期に植え付けられた強い反共産主義意識は、その後のリスナーの行動に決定的な意味を持つことになる。

ベルリンで高校を卒業したリスナーは、その後ベルリン、リヨンの大学で学んだのち、一九三六年、エアランゲン大学で法学博士号を取得している。三三年一月のヒトラー政権成立後ナチ党に加入し、親衛隊（SS）に所属して積極的な活動家となった。学位取得後、彼は作家を志し、出版社と契約してアメリカ合衆国に関する著作を出版するため北米旅行へと出発した。その成果は『諸民族と諸大陸』として出版され、ベストセラーとなった。さらに、その後リスナーの記事は、先に述べたベルリンのナチ党機関紙『アングリフ』にも掲載されるようになった。

作家・ジャーナリストとしての華々しい一歩を踏み出したリスナーではあったが、一九三七年一月に、彼のその後の政治的運命に暗い影を投げかける事件がおこった。父親が「アーリア人種」証明書類偽造の容疑で国家秘密警察（ゲシュタポ）に逮捕されたのである。父親は数週間の拘留ののち嫌疑不充分として釈放されたが、この事件は結果的にリスナーをより熱心な親ナチス的行動に駆り立てていくこととなった。ナチスへの忠誠を過剰なまでに示すことにより「ユダヤ人」としての差別から逃れようとしたのである。ハインツ・ヘーネはこれを「反ユダヤ主義者の追跡から身を守るため、逆に彼の方からナチスという虎穴に入りこもうとした」と表現している。(10)

一九三八年初頭、ハンザ出版社と『アングリフ』の委託を受けてリスナーは、今度は日本および満洲国の取材のため極東へと旅立った。彼の内部では、ナチ党員である自己とユダヤ人の血をひく自己との間での葛藤があったはずだが、彼はそれを押し殺した。満洲国でリスナーは、満洲国在住ドイツ人社会の有力者エミール・ヒュッテラーの助力を得て、武器と紹介状を携行しつつ満洲国辺境の調査旅行を開始したのである。ヒュッテラーは満洲国の百貨店チェーン「秋林」の支配人で、同時にドイツ国防軍防諜部のハルビンでの情報員でもあった。この冒険旅行の途中、リスナーは、奇しくもリュシコフ亡命事件に遭遇したのである。[11]

三　リュシコフの記者会見とリヒャルト・ゾルゲ

ソ連からの脱出成功後、リュシコフは朝鮮軍司令部に身柄を拘束されていたが、彼の利用価値が極めて大きいと確認されたため、三八年六月末、彼は東京の陸軍参謀本部に移送されることになった。彼に対する尋問は、参謀本部第一部ロシア課を中心におこなわれた。その尋問に立ち会った東京駐在ドイツ大使館付陸軍武官補佐官ショル中佐は、そのとき日本側が「リュシコフを捕虜ではなく将軍として扱い」、彼とともに「スターリン体制の破壊のための準備をおこなっている」様子を、一種の驚きをもってドイツ国防軍最高司令部に報告している。[12]

ドイツ陸軍のショル中佐が、本来極秘であるべきリュシコフの尋問に立ち会ったことにはもちろん理由があった。リュシコフ亡命事件がおこる約一年前の一九三七年五月十一日、ドイツ駐在日本陸軍武官大島浩とドイツ国防軍防諜部長カナーリスとの間で、ソ連に対する情報交換および破壊工作の推進を規定した協定が調印されていたからである。情報交換協定の第一条では、「日本側にて得たる資料は東京においてドイツ大使館附陸軍武官に交付し、ただちに伝書使を以て国防省に送付せらるるものとす」と規定されていた。[13]こうして、リュシコフの提供した極東赤軍情報は、日本駐在ドイツ陸軍武官を通じてドイツ国防軍防諜部にそっくり流されることとなった。

日本陸軍はさらに、リュシコフ亡命事件に関しソ連側から予想される「デマ情報」との非難をかわす目的で、一九三八年七月十三日、東京・赤坂の山王ホテルに外国人特派員を集め、リュシコフに一時間にわたる長い記者会見を開かせている。出席した記者には質疑応答の時間まであたえられることとなった。

この記者会見に出席した外国人特派員のなかには『アングリフ』紙のリスナーの姿もあったが、[14]さらにドイツ『フランクフルター・ツァイトゥング』（以下『FZ』）紙の記者リヒャルト・ゾルゲも出席していた。改めて述べるまでもなくゾルゲは、赤軍第四本部（情報部）から東京に派遣されていたソ連の諜報員であった。

ゾルゲにとってリュシコフ亡命事件は、彼がモスクワに送った様々な分野の情勢報告のなかでも、とりわけ大きな意味を持っていたはずである。なぜなら第一に、ゾルゲが東京に派遣されたときにあたえられた重要な任務の筆頭には、「満洲国情勢、とくに日本がソ連を攻撃する可能性」についての情報収集があり、リュシコフの情報は、まさしく満ソ国境の軍事情勢に極めて密接な関連を持つものであったからである。ゾルゲが満洲国に並々ならぬ関心を抱いていたことは、一九三五年六月、彼が『ゲオポリティーク』（「地政学」）誌に載せた「再建途上の満洲国」なる論文からもうかがわれよう。[15]

第二に、共産主義者としてのゾルゲは、リュシコフを複雑な目でみていたに違いない。ゾルゲにとってリュシコフは、何よりも、彼が命をかけて防衛しようと決意していたプロレタリア革命の祖国＝ソ連に対する許しがたい裏切り者であった。ゾルゲがのちにリュシコフを評し、「裏切り者の言動は何時も決まり切ったことなので特に彼には興味を持たなかった」[16]と語るとき、それはリュシコフに対するゾルゲの軽蔑の念を確かに表現していたといえよう。

しかし第三に、リュシコフがもたらしたスターリンの粛清に関する詳細な情報は、おそらくゾルゲを動揺させるに充分であったろう。一九三五年にゾルゲとは別に日本に派遣されていたアイノ・クーシネンによれば、彼は三七年末、スターリンの粛清に批判的な言を漏らしたといわれる。[17]さらに、ゾルゲの上司、赤軍第四本部長ベルジンは、三七年末に「人民の敵」という汚名のもとに粛清されていた。

リュシコフはそうした粛清のあからさまな実態を、ゾルゲの目の前で、粛清のメカニズムを熟知する幹部として滔々と暴露したのである。ゾルゲがいかにリュシコフの発言を注視したかは、リュシコフ会見に関する彼の報告が、公式発表からの引用を含め約一六五〇語と非常に長いものであったことからもうかがわれよう。しかも決定的であったのは、スターリンも読むであろうと想定された報告のなかで、ゾルゲが次のようにリュシコフの発言を引用していることである。「政府や軍の責任を負っている中心的な指導者のなかで、逮捕された人は一万人を数えると思われる。スターリンに反対する運動がはっきり形成されたとまではいえないが、ソヴィエトの雰囲気のなかで強力な反スターリン的気分が感じられることはまったく明らかだ」。「現在ソヴィエトは、恣意によりプロレタリア独裁を一掃したスターリンの個人独裁のもとにある。もはや組織された共産党は存在しないともいえる」[18]。

いくら「裏切り者」リュシコフの公式発言の引用とはいえ、これはあからさまにスターリンを批判したものであり、その内容が当時のソ連において持つ含意をゾルゲが理解できなかったはずはない。ゾルゲはこの報告を送信する際、スターリンとの関係において重大な躊躇を克服したものと思われる。

いずれにせよこのリュシコフ会見は、リュシコフ、リスナー、ゾルゲの三人が、最初にして最後に、一堂に会した瞬間であった。しかしながら、もちろん本人たちはそのことをまったく意識することがなかったのである。

四　張鼓峰事件とドイツ・ソ連の情報活動

リュシコフ亡命事件直後の一九三八年七月十一日、満ソ国境では大規模な国境紛争である張鼓峰事件が勃発した。張鼓峰はポシェト地区を見下ろす戦略拠点であり、リュシコフが脱出してきた場所の近くにあった。その時期および発生場所の近接性から、張鼓峰事件は、リュシコフ情報の真偽を試すために関東軍が仕組んだ挑発との理解がなされてきたが、今日ではむしろソ連側が意図的に越境してきたことが明らかにされている。しかも極東赤軍司令官ブリュッヘル将軍がこの挑発を批判したためスターリンの怒りを買い、ブリュッヘル粛清の原因となったことも知られるようになった[19]。

ドイツ国防軍防諜部長カナーリス提督は、リュシコフ事件に続いて、この張鼓峰事件についても大きな関心を抱いた。すでにみたように、ドイツ国防軍防諜部・カナーリスは、東京駐在陸軍武官補佐官ショル少佐をリュシコフの尋問に立ち会わせていたが、一九三八年八月、彼はさらに防諜部のロシア問題専門家グライリング大佐を東京に派遣し、リュシコフを直接尋問させることとしたのである。この尋問に関する報告はドイツに大量に送られ、ドイツ国防軍の極東軍事情勢判断に新たな基礎を提供することとなった(20)。

他方赤軍第四本部はドイツ国防軍防諜部以上にショルとグライリングによるリュシコフ尋問に重大な関心を寄せていた。極東赤軍についてリュシコフがどのような供述をおこなったかは、極東ソ連防衛上死活的な重要性を持たざるをえないからである。ゾルゲによれば、赤軍第四本部は九月上旬、「カナリス（ママ）の特使［グライリング］が日本陸軍より受領する文書の写し若しくは該特使が直接リュシコフとの会見において受領する文書の写しを獲得する様全努力と全能力を尽くせ」（傍点引用者）という非常に切迫した指令をゾルゲに送っているのである(21)。

ゾルゲとショルは第一次世界大戦における西部戦線の戦いにともに参加しており、そのことが両者の関係を極めて親密にし、ショル情報がゾルゲに流れる重要な背景となっていた。ゾルゲによれば、彼はショルから得たリュシコフ尋問情報をマイクロフィルムに収めることに成功し、一九三九年一月にクーリエで上海経由モスクワに送ったという(22)。これが事実であれば、ゾルゲは、彼の重要な業績とされる独ソ戦予測や日本の南進予測と同等の貴重な情報をモスクワに伝えたことになる(23)。

グライリングはリュシコフへの尋問を終えた後、滞在期間を二週間延長して朝鮮軍司令部を訪問し、張鼓峰での戦闘について調査をおこなった(24)。ショルも、リュシコフ情報を現地で確認するため、一九三八年十月一日から十一月一日までの間、満洲国視察旅行に出かけることとなった(25)。ゾルゲは、視察旅行後日本に戻ったショルから張鼓峰事件に関する情報を得、それを数通の報告にまとめてモスクワへと打電している(26)。

作家リスナーも、八月、リュシコフ事件で中断していた満洲国辺境旅行を再開していた。しかもリスナーが向かったのは、やはり張鼓峰であった。これには日本陸軍の特別の計らいがあったようだが、八月十二日、リスナーは早速『アングリフ』に張鼓峰事件に関する記事を送っている。満洲国問題専門家としてのリスナーのデビューであった。張鼓峰事件の取材ののち関東軍はリスナーに満ソ国境地域の探検を許可している。彼はハルビンから北へ向けて北河を訪れ、そこでアムール側沿いを北西に進路を取り、満洲国最北端まで到達した。さらにモンゴル人民共和国との国境地帯を探検し、詳細に調査をおこなった。

リスナーは調査の結果を『アングリフ』に送っているが、その報告は、ショルやグライリングを通じてやはり満洲国国境の状況をフォローしていた国防軍防諜部長カナーリスの目にとまり、カナーリスのリスナーに対する関心の一因になったように思われる。ハインツ・ヘーネによれば、帰国したリスナーは防諜部に招かれ、満洲国の軍事情勢に関する講演をおこなっているのである。(27)

五　カナーリス・リスナー・ゾルゲ

ここでドイツ国防軍防諜部長カナーリス提督についてふれておきたい。カナーリスは一八八七年一月一日、ドルトムント近郊の町でギリシャ系の家庭に生まれた。第一次世界大戦ではフォークランド沖海戦で沈没する艦から脱出し、幾多の冒険を経てドイツ本国にたどりついた。一九一八年十一月のドイツ革命後には、社会民主党出身の国防大臣ノスケのもとで活動し、とりわけキール軍港での水兵反乱の鎮圧に力を尽くした（ちなみにこのときゾルゲはキール大学の学生で、独立社会民主党に属し、兵士の革命のために働いていた）。一九年一月のドイツ共産党の武装蜂起失敗後にカナーリスは、カール・リープクネヒトおよびローザ・ルクセンブルグの暗殺者に援助をあたえてオランダに逃走させている。ここにみられるように、強烈な反共産主義意識がカナーリスの思想的バックボーンの一つをなしていた[28]。

以後カナーリスはドイツ海軍にあってその再建のために努力するが、一九二四年夏には日本を訪問し、Uボートをモデルとする日本の伊号潜水艦建設に協力している。ここでカナーリスは親日的な考えを持つが、このときのカナーリスの訪日報告書は、のちのドイツ海軍の日本イメージに大きな影響をあたえたといわれている[29]。

一九三五年一月、カナーリスは海軍からドイツ国防軍防諜部長に転出する。彼の防諜部長としての初期の主要な活動は、第一は情報交換協定としての日独防共協定成立への努力であり[30]、第二は、三六年七月に勃発したスペイン内戦への積極的な介入政策であった[31]。カナーリスは内戦勃発後、繰り返しスペインやイタリアに出張し、反共産主義を標榜するフランコ派への援助のために精力的に活動していたのである[32]（ちなみに赤軍第四本部長ベルジンは、このとき自らスペインに赴き、共和国側の軍事顧問として積極的な貢献をおこなっていた）。

このような反ソ連・反共産主義・親日的な活動を続ける一方で、カナーリスは、一九三〇年代後半から、ヒトラー政権の犯罪性・暴力性に懐疑的となっていき、彼の率いる防諜部は、オースター大佐らを中心とするドイツ国防軍反ヒトラー派の拠点となっていった[33]。外部に対する情報防衛（防諜）を目的とする防諜部組織は、まさしく反ヒトラー活動を、外部、とりわけ国家秘密警察や国家保安本部の追及から守るのにうってつけであった。

強烈な反共産主義意識とヒトラー政権の犯罪性への懐疑――ここに、カナーリスの防諜部と「非アーリア人」リスナーを結び付ける根拠が存在していたのである。

一方ゾルゲも、東京においてカナーリス・ドイツ国防軍防諜部の存在およびその活動を強く意識せざるをえなかった。もちろんゾルゲといえども、キール軍港の水兵反乱のとき、カナーリスと自身がバリケードを挟んで別の陣営にいたとは思いもよらなかったし、また、二年前、上司ベルジンとカナーリスがスペイン内戦を舞台に対峙していたことも知らなかった。しかし、駐日ドイツ大使館付武官オット（三八年二月から大使）の活動や、ショルやグライリングの情報を通じて、ゾルゲは、ドイツ国防軍防諜部の実態をつぶさに観察し、それにある種の政治的ないし職業的な対抗心を持っていた節がある。たとえばゾルゲは自筆の検事調書で、赤軍第四本部とドイツ国防軍防諜部について次のように述べている。「第四本部は、軍事諜報だけを専門とする狭い範囲の諜報機関だと考えるのは当たらない。それはまたドイツの防衛機関［防諜部］と同一に見るべきものでもない。一例をあげるなら、ドイツ国家防衛局［防諜部］のように防諜事務に従事することはない。それは、かなり広範にわたって活動し、絶えず優秀な職員を補充採用し、かつ高度の技術的水準を備えた諜報機関である」[34]。つまりゾルゲはここで、ドイツ国防軍防諜部とは異なって、赤軍第四本部は防諜的・警察的活動などはせず、活動対象は一般的かつ広範であり、職員は優秀で技術水準も高いと誇っているのである。ドイツ国防軍防諜部に対するゾルゲの強い対抗心がうかがわれよう。

なお、リスナーは一九三九年、東京の帝国ホテルでゾルゲとはじめて言葉を交わすが、そのときの印象を回想録で次のように記している。「玄関のホールには、茶色の背広を着、何を考えているかわからないような表情で、一人の男が座っていた。男の顔は、交錯するしわで少しゆがんでいた。彼の姿は他を圧していた。こぶしで荒っぽくテーブルをたたき、両足を延ばし、大声で政治についてのコメントを発していた」[35]。その後リスナーはゾルゲの友人になったと主張している。「ゾルゲは私のよい友人だった。私は東京に行くたびにゾルゲに会った。そして彼は私と会うことによって真の友を得たことになる」[36]。ただし、ゾルゲ自身はリスナーのことを「真の友」と思ったことは一度もなかったようで、ゾルゲの検事調書にリスナーの名前はまったく出てこない。

リスナーの性格にはややエキセントリックな面があり、友人が少なく、いつも周囲から孤立していたといわれている。ゾルゲを措くとしても、東京でリスナーの「真の友」であったのは、『ハムブルガー・ハンデルスブラット』（以下『HH』）紙の東京特派員ヴェルナー・クローメのみであった。やがてこのクローメはリスナーと悲惨な運命をともにすることになる。

六　ノモンハン事件とリスナーの危機

一九三九年初頭にリスナーが極東旅行を終えてドイツに帰国したとき、すでにみたように、リスナーと防諜部の間では緩やかな連絡ができたが、彼はまだ防諜部の諜報員とはならなかった。代わりに彼が新しいスポンサーとして選んだのは、ナチ党機関紙『フェルキッシャー・ベオーバハター』（以下『VB』）であった。同年三月リスナーは、今度は『VB』の極東特派員という肩書きで再び極東へと向かった。

リスナーはさしあたり東京を活動の場所として選ぶが、一九三九年の夏、満洲国国境で大規模な日ソ両軍の国境紛争すなわちノモンハン事件が勃発することになる。ノモンハンは満洲国とモンゴル人民共和国の国境地帯にあり、まさしくリスナーが張鼓峰事件後に調査旅行をおこなった地域に存在していたのである。

日本陸軍が外国人特派員に現地での取材を許可したので、リスナーはクローメを誘い、六月下旬、再び満洲国への取材旅行に出発した。外国人特派員一行は、まず新京に入り、ハイラル、ノモンハンに向かい、前線のすぐ近くまで進むことを許され、七月十四日にはハルビンに戻った[37]。リスナーはこの草原の戦車戦について『VB』に次のようなルポルタージュを送ることができたのである。「その一部分は、浮き橋を使って、他の部分は水陸両用戦車を使って、隊商の小さな休息地であるノモンハンの西から越境してきたのである。そして、我々がいま滞在しているこの開拓地区の目前にまで肉薄している[38]」。なおこの外国人視察団には、フランス・アバス通信社の特派員でゾルゲ機関のメンバーでもあったブランコ・ド・ブーケリッチも参加しており、ノモンハン事件の現地情報は彼を通じてゾルゲに伝えられていた[39]。

だが、こうして『VB』特派員として縦横の活動をしていた最中の一九三九年九月、ベルリンからリスナーに最悪の通知が届けられた。彼の父親が再び検挙され、しかも今回は「アーリア人種」証明書類の偽造が立証されたというのである。この事件により彼自身も党から除名され、『VB』紙極東特派員という地位も剥奪されることになった[40]。リスナーは今までの作家としての活動の場と『VB』紙特派員という特権的な地位をいっきょに失うこととなったのである。

この人生上の大きな危機からリスナーを救ったのがドイツ国防軍防諜部であった。すでにみたように、リスナーの満洲国情報に注目していたカナーリスは、彼を防諜部の満洲国駐在諜報員として採用することとしたのである。しかも防諜部はライバル関係にあった国家秘密警察に強力に働きかけ、リスナーの両親を救出して上海に脱出させることに成功したのであった。防諜部のブッシュ大尉は、一九四一年七月二十八日、リスナーに次のように書き記している。「あなたの個人的な事案は私が解決した[41]」。

七　ハルビンにおけるリスナーの情報活動

リスナーは満洲国に渡り、ハルビンに居を構えて情報組織を構築することになった。彼のハルビンでの活動には、新京駐在ドイツ公使館・ヴァーグナー公使が協力することとなり、ヴァーグナー公使は、ハルビン在住のリスナーとの連絡を公使館書記官ガリンスキーに委ねた。ハルビン駐在ドイツ領事ポンシャープもリスナーに協力することとされた。「秋林」の支配人ヒュッテラーも、満洲国中に張りめぐらされた「秋林」の営業網から得られる情報をリスナーに提供することとなった[42]。

一九四一年七月二十八日、防諜部のブッシュ大尉はリスナーに、彼の報告が防諜部で「非常に大きな関心」を引き起こしたと伝えた。さらに「赤軍師団の実質兵員数、飛行機の数と機種、極東軍の主要な部族構成」についてのデータを送るようリスナーに要求さえしていたのである[43]。

こうしてリスナーが活動するなかで、一九四一年八月二十日付の驚くべき「ヒトラー決定」がベルリンから届けられた。「一九〇九年リガ生まれ、現在ハルビンに居住する作家イーヴァー・リスナー博士は、ドイツ人の血統を持つものと同格とする」。このヒトラー決定は、明らかに防諜部が工作して獲得したものであり、防諜部がいかにリスナーの満洲国での活動を不可欠とするものであったかを明瞭に示すものであった(44)。実際ドイツ国防軍最高司令部は、四二年十月、「リスナーは長年にわたり防諜部のために活動し成果をあげた」と彼の満洲国における活動を極めて高く評価しているのである(45)。

しかしリスナーは、こうした防諜部の支援と「ヒトラー決定」に増長してしまった。すなわち彼はその後、自分を「親衛隊(SS)の元指導者」「満洲国におけるゲシュタポの代表者」、さらには「満洲国におけるヒトラーの代理人」とまで吹聴するに至るのである。明らかにリスナーは「非アーリア人」としての自己を取り巻く極めて危険な政治状況を読み誤り、目眩く権力欲に身を委ねてしまったのである。

こうしたリスナーの態度は満洲国のドイツ人社会で反感を買い、多くの人間を敵に回すこととなった。まずハルビン駐在ポンシャープ領事との関係が悪化し、リスナーは領事館を避けるようになった。以後リスナーは、防諜部との連絡をもっぱら新京のヴァーグナー領事およびガリンスキー書記官を通じておこなうこととなる。また「秋林」支配人ヒュッテラーも、「新参」の諜報員リスナーの尊大さに反感を持つようになった。さらに決定的であったのは、彼がナチ党ハルビン支部長アダルベルト・シュルツェと敵対関係に入ってしまったことであった。こうしてリスナーは、情報活動では成果を上げつつも、ハルビンおよび満洲国のドイツ人社会では四面楚歌の状態に陥っていくのである(46)。

リスナーの運命にとってさらに決定的であったのは、彼が、情報を取るためではあろうが、軽率にもハルビン駐在ソ連領事館員と接触し、あまつさえソ連領事館に出入りしていたことである。彼はそのような行為が当時の満洲国で持つ政治的な意味を明らかに過小評価していた。ハルビンの憲兵隊(隊長春日馨中佐)はもちろんそうしたリスナーの行為を見逃さず、彼を厳重な監視のもとに置いたのである(47)。

八　警察アタッシェ・マイジンガー親衛隊大佐とゾルゲ

一九四〇年五月、日独防共協定の取り決めにもとづき一人のドイツ人警察官が東京のドイツ大使館に警察アタッシェとして着任した。ヨーゼフ・マイジンガー親衛隊大佐である。

マイジンガーは忌まわしい過去を持つ人物であった。バイエルンの警察官時代からナチ党員であった彼は、国家秘密警察長官ミュラーのもとで出世を重ねるとともに、一九三八年二月のいわゆる「ブロムベルク・フリッチュ危機」（ヒトラー、ゲーリング、ヒムラーらが汚い情報を使って国防軍首脳を追い落とした事件）ではヒムラーらにフリッチュ陸軍最高司令官の「同性愛」情報をでっち上げ、またブロムベルク国防大臣の新婦についての私的な情報を探して「功績」をあげた。第二次世界大戦が勃発してからは、ポーランドで「ユダヤ人」狩りを推進し「ワルシャワの殺戮者」と恐れられていたのである。

マイジンガーは来日前、国家保安本部保安情報局のシェーレンベルクと協議し、任務の一つとして、『FZ』紙記者リヒャルト・ゾルゲの監視を命じられたといわれる。しかし東京到着後にゾルゲと知りあったマイジンガーは、ゾルゲに打ちとけ、すっかり警戒心を解いてしまったのである[48]。

さらに、マイジンガーから「ゾルゲは絶対に間違いのない人物である」と保証された日本の憲兵隊（外事課防諜班）も、着手していたゾルゲの尾行を中止したのである[49]。

マイジンガーおよび憲兵隊が警戒を解く一方で、日本の特高はゾルゲ・グループへの包囲を狭めていった。特高は、アメリカ共産党員であった北林トモの自白を利用して、四一年十月十六日、ゾルゲ・グループの一斉検挙に乗り出したのである。当事者であるドイツの警察アタッシェにはまったく通知をおこなっていない逮捕であり、マイジンガーにとってこの検挙は大いなる恥辱であった。さらに憲兵隊も、「マイジンガー大佐の保証を信頼したばかりに、網中の大魚を逸してしまった」。特高によるゾルゲ事件摘発は、「憲兵隊の面目も丸潰れ」と受けとめられたのである[50]。

事件発覚後、ドイツ大使館はゾルゲと面会させるよう繰り返し要求していたが、この要求は日本側によって拒否されていた[51]。オット大使はゾルゲの無実を信じており、当然のことながら、ゾルゲと東京駐在ドイツ大使館の緊密な関係、とりわけオット大使自身が重要な政治・外交・軍事案件についてつねにゾルゲに情報をあたえ、相談していたことなどは、いっさいドイツ外務省に報告していなかったのである[52]。

九　リスナーの東京駐在ドイツ大使館告発

しかしハルビンのリスナーは事件をまったく別の角度からみていた。彼は「真の友」ゾルゲの逮捕を奇貨として、満洲国ドイツ人社会での孤立を克服し、極東での彼の影響力を一挙に拡大することをめざしたのである。彼はゾルゲ事件を利用し、東京駐在ドイツ大使館・オット大使および警察アタッシェ＝マイジンガーを告発するという無謀な行動に出たのであった。

一九四二年三月二十三日、ベルリンのドイツ外務省に、新京駐在ドイツ公使館から、ゾルゲ事件の情報を伝えるリスナーの報告書が転送された。それには、次のように書かれていたのである。「私に極秘に伝えられた日本側の調査結果によれば、ゾルゲはドイツの最良の消息筋から将来の外交政策のコースについてつねに内密に情報を与えられ、長年ソ連、とりわけ赤軍のために活動してきた。日本およびドイツの利益の重大な侵害である。ゾルゲは、クラウゼン某が設置した電信設備を利用していた。アバス通信社特派員のクロアチア系ユダヤ人ブーケリッチは、日本の女性共産主義者と結婚し、日本の内政の情報を収集していた」。「一九四一年夏、共産主義者に対する一斉捜査で、帰国した若い女性共産主義者が逮捕された。尋問で彼女は、東京に到着したらゾルゲのところに行き、ゾルゲからさらに指示を得るよう命令されていたことを白状した。そのためゾルゲが監視されることになったが、成果はなかった」。「警察に尋問されたゾルゲの愛人も、毎朝ゾルゲが、しばしば酔っ払って、ドイツ大使館に行き、そこで記事を書いていること以外、何の話もできなかった」。「そのうちゾルゲとブーケリッチおよびクラウゼンの面会現場が浮かび上がり、無線通信基地でのゾルゲおよびクラウゼンの逮捕となった」。最後にリスナーは、日本側の説明としながらも、かつて自分が「真の友」と認めたゾルゲについて、次のように吐き捨てるように書きなぐっていたのである。「ナチズムに対する激烈な敵対者、ロシアに洗脳されたソヴィエト世界支配理念の支持者、精神的には完全なニヒリスト[53]」。

リスナーはこの情報を東京の友人、『HH』紙東京特派員のクローメから得たものと思われる。いくつかの誤りはあるが、クラウゼンもブーケリッチも、さらには北林トモも三宅華子（「ゾルゲの愛人」）も登場しており、この報告は、当時の状況からすれば、ゾルゲ事件の実態を極めてよく把握していたといわなければならない。しかもこの報告は激しいゾルゲ告発であるとともに、ゾルゲに重要な外交情報などを流していた「ドイツの最良の消息筋」すなわちオット大使、およびゾルゲ監視の任務に失敗したマイジンガーへの厳しい批判を含んでいたのである。

このリスナーの告発に、ドイツ外務大臣リッベントロップは恐慌に陥った。リスナー報告によれば、ソヴィエトのスパイに東京駐在ドイツ大使館が完全に手玉に取られ、重要な外交政策情報がソ連に筒抜けになっていたわけであり、しかもそれは日独関係の帰趨に重大な影響を及ぼさざるをえないからである。リッベントロップは早速三月二十六日に東京大使館に打電し、オットを厳しく問い糾したのである。「もしゾルゲが毎日継続的に大使館であたえられた情報を秘密送信でモスクワに送っていたとしたら、それはどのような情報であったのか、ゾルゲは誰からそれを得たのか、完全に明らかにすることが私にとって無条件に必要である」。「ゾルゲが継続的に貴下とも内密の会談を持っていたと伝えられているが、これは本当か？[54]」。

このリッベントロップの詰問を受けたオットは大いに動揺したに違いない。彼は電報を受け取ったのち、三月二十六日、ただちにリスナー報告を激しく批判する電報を外務省に送った。「リスナーの諜報報告は、まったく馬鹿げたうわさ話の寄せ集めであり、こうしたうわさは一時期東京でも出回っていたが、いまは沈静化している(55)」。しかし数日後、オットはやや冷静さを取り戻し、この詰問に対する一種の開き直りともとれる報告をリッベントロップに提出したのである。「ゾルゲはしばしばアルコールの飲み過ぎで、ときおり誇大妄想的な自己評価の傾向があったが、東京のドイツ人たちの間では非常に好感を持たれていた」。「戦時の開幕以来、ゾルゲは『トランスオーツェアン』通信社からの情報を集めて大使館編集の広報誌『ドイッチャー・ディーンスト』を作成しており、この目的のため毎週三回ドイツ大使館の部屋で仕事をしていた。もちろんその際いかなる秘密情報も彼にあたえられたことはないし［!］、また彼は、私との会談においても、私的な交際においても、私や大使館員から秘密情報を得たことはない［!］」。さらにオットは、ゾルゲ事件の背景を次のように説明しようと試みる。「松岡の退陣後、第三次近衛内閣期に、宮中、経済界、政界、海軍において、さらには陸軍においても、親英米派が、アメリカ合衆国との和解を実現するため、日独関係を攪乱すべく全力を尽くしているのである」。最後にオットは辞職を賭して身の潔白を主張する。「私の態度が［日本政府に］抗議のきっかけをあたえたり、私の地位への疑念が生じたりするのであれば、私を解任することを提案したい(56)」。

このオットの弁明に対するリッベントロップの反応は、今からみると驚くべくナイーヴなものであった。彼はオット報告を鵜呑みにし、リスナー告発を根拠のないものと断じ、逆にオット大使を擁護したのである。「ゾルゲが最良のドイツ情報筋から、すなわち東京駐在ドイツ大使館から、継続的に秘密情報を獲得し、この機密にすべき情報をモスクワに送信していたというリスナーの主張は、なにひとつ証拠のない憶測である。なぜなら、実際ゾルゲには機密にすべき情報が伝達されていないのであるから［!］、彼はそれを転送できるはずがないからである［!］」。「リスナー報告のなかにあるそのほかの主張も明らかに偏向した誇張である」。「リスナーは、こうした誤った主張をまき散らすことが、ドイツ帝国の名声にとって有害であることを知るべきである」[57]。

こうしてリスナーの告発は完全な空振りに終わったのみでなく、彼はリッベントロップ外相、オット大使とドイツ外務省を、さらにマイジンガーと国家秘密警察をも敵に回してしまったのである。

十　憲兵隊によるリスナーの逮捕

「面目丸潰れ」[58]となったマイジンガーは、リスナーを許そうとはしなかった。四カ月後の八月十五日、マイジンガーはナチ党満洲国支部長キルシュバウムおよびハルビン支部長シュルツェからの報告にもとづき、ドイツ外務省および国家保安本部に宛ててリスナーを以下のように断罪した。それによれば、リスナーは「総統により承認されたアーリア証明書」を有しており、ナチ党満洲国支部に、党籍およびそれに見合った厚遇を求めている、というのである。加えてリスナーは、自らを、満洲国におけるゲシュタポの長官であり、親衛隊（ＳＳ）の元指導者であり、国防軍最高司令部の協力者であると称していた。さらにマイジンガーによれば、日本当局は「リスナーを疑わしいとしている」が、党の高官に支援されているので「処置を見合わせている」というのであった[59]。

この告発を外務省から知らされた国防軍防諜部は、ただちに国家保安本部と協議を開始し「リスナーは長年にわたる防諜部のための活動で成果をあげた」と強く主張した。こうした観点にもとづき防諜部と国家保安本部は、「帝国防衛の必要性」から、ナチ党ハルビン支部に対し、「リスナーの活動を妨害すべきではない」との警告を発することで一致した。こうして防諜部はドイツ国内の敵対機関の攻撃からリスナーを守ることに、からくも成功したのである[60]。

しかし一方マイジンガーは、日本の憲兵隊にもリスナーを激しく告発していた。すなわちマイジンガーは、リスナーが日本の政治上・軍事上の秘密情報をハルビンのソ連領事館に流し、その代償として英米の対独戦に関する情報を得ていると憲兵隊に密告したのである。リスナーの動向を注視していた憲兵隊は、以後彼に対する監視を強化していくことになる[61]。

約一年後の一九四三年五月、憲兵隊はマイジンガーに対し、満洲国へ調査に行くよう繰り返し要求した。憲兵隊によれば、リスナーはハルビン駐在ソ連領事館に出入りしているが、新京駐在ドイツ公使ヴァーグナーもガリンスキー書記官もリスナーと結び付いているため、憲兵隊は直接手出しするのを控えている、というのであった。また憲兵隊は、満洲国経由のソ連情報は東京駐在ドイツ大使館のパウル・ヴェネカー武官に渡しているから、満洲国にドイツ防諜部の情報員は不要である、との見解を述べた。こうした理由から憲兵隊は、リスナーの満洲国退去と本国送還を要求したのである[62]。

東京駐在ドイツ大使シュターマー（一九四三年二月よりオットの後任）は事態の解明のため四三年五月二十八日、リスナーを東京に召還するよう新京駐在ドイツ公使館に打電した。五月三十一日、この命令をリスナーに伝えるため、新京公使館のガリンスキー書記官がハルビンに出張し、その晩リスナーと会談した。この会談でリスナーは、事態が非常に危機的であることを悟り、シュターマー大使による東京への召還命令を拒否することにしたのである[63]。

リスナーの行動を監視していた憲兵隊は、これを機会にリスナーの逮捕に踏み切った。同じころ東京では、『HH』紙記者クローメ、秘書のウルズラ・シュヴァルツおよび小池某も逮捕されたのである[64]。憲兵隊は、リスナーに対する告発は「マイジンガーの嫉妬心」から出ていることを正しく見抜いてはいた。しかし彼らは、あえてリスナーを検挙することにより、「マイジンガーの好意に憲兵司令部として報いた」のであった[65]。同時に憲兵隊は、特高によるゾルゲ事件検挙により失していた面目を回復することができたのである。

一方ドイツの諸機関はこのリスナー事件に激しく当惑した。それは「第二のゾルゲ事件」となって当時の日独関係を悪化させる可能性を秘めていたからである。防諜部および国家保安本部は「リスナーはソ連のスパイであるという日本の非難は信じられない」という点で一致していた。彼らは、日本は「リスナーにより極東におけるドイツ情報機関の存在が明らかとなり、（日本の）統制が効かず不快なので根絶しようとしたのだろう」と推測していた。しかしドイツ外務省は、日本を刺激しないため、もっぱら「現実政治上の目的合理性」の観点から行動せよと東京駐在ドイツ大使館に指示する以外になかったのである。(66)

リスナーは自身への防諜部の支援を過信してしまった。国防軍防諜部はリスナー情報を重視し、しばしば彼の支援に努力したが、その努力にも限度があった。リスナーはナチズムの強烈な反ユダヤ主義イデオロギーの持つ重要性を見誤り、外務省と国家秘密警察・マイジンガーを敵に回し、さらには満洲国在留ドイツ人社会からも孤立してしまった。加えて、特高によるゾルゲ事件摘発に面目を失っていた憲兵隊も、マイジンガーの告発に歩調を合わせることとなったのである。

一九四三年七月初旬、憲兵隊本部からマイジンガーに、リスナーとクローメが「ソ連のために活動していた」ことは「自供と証拠により」疑問の余地なく明らかとなった旨の報告がおこなわれた。(67) リスナーには憲兵隊により厳しい拷問が加えられたと伝えられている。

おわりに

スターリングラードでのドイツ軍の降伏と、ガダルカナルにおける日本軍の敗北を経て、一九四三年の軍事的展開のなかで、日独の敗色はいよいよ濃くなっていった。関東軍は対ソ戦を挑発するような行動を極力避けるようになる。こうした情勢のなかで日本の憲兵隊は、リスナーおよびドイツ国防軍防諜部の満洲国での存在および活動を容認することができなくなったのだといえよう。こうした流れは翌四四年九月二十八日の最高戦争指導会議決定（「静謐確保」）へと連なっていく。しかしながらソ連にかけた日本の期待は、独ソ戦終了三カ月後にソ連が対日参戦することを約束した四五年二月のヤルタ会談により、結果的にもろくも崩壊していく。四五年五月七日にドイツは連合国に無条件降伏した。三カ月後の四五年八月九日、ソ連軍はついに満洲国との国境を越えたのである。

最後に、本稿に登場した若干の人物の運命について述べることにより、本稿を閉じることとしよう。

赤軍第四本部長ベルジンが、一九三七年末に「人民の敵」の汚名を着せられてスターリンに粛清されたことはすでに述べた。四一年十月十八日に逮捕されたゾルゲは、四四年十一月七日のロシア革命二七周年記念日に刑場の露と消えた。ドイツ国防軍防諜部長カナーリスは、反ヒトラー運動への関わりにより四四年七月二十日のヒトラー暗殺未遂事件後に逮捕され、四五年四月九日、ミュンヘンのフロッセンビュルク刑務所で絞首刑に処せられた。リュシコフは、四五年八月二十日、大連の特務機関において、彼の身柄がソ連軍の手に渡ることを恐れた竹岡豊大尉に射殺された(68)。マイジンガーは、四五年九月八日に日本でアメリカ軍に逮捕された。アメリカで尋問を受けたのちにポーランドに送られ、四七年三月八日に処刑された。

リスナーは獄中で厳しい拷問を受けたが、一九四五年一月に無罪で釈放されている。戦後、アメリカ合衆国への亡命を希望したが、「好ましからざるドイツ人」としてドイツに送還された。その後彼はドイツ連邦共和国で著作活動を再開し、多くの著書を出版したが、満洲国および日本での諜報活動には固く口を閉ざし、六七年にスイスで死去した。

満洲国におけるリスナーの協力者ガリンスキー書記官は戦後ドイツへ送還後、再び来日し、一九六三年から一〇年間は、大阪神戸ドイツ総領事として活躍した。七三年退職後、京都外国語大学、関西大学、神戸ドイツ学校などで教鞭をとったのち、一九九八年八月十五日に神戸で死去した。彼も終生リスナー事件について沈黙を守ったようである(69)。

注

（1）西原征夫『全記録　ハルビン特務機関――関東軍情報部の軌跡』（毎日新聞社、一九八〇年）四六―五八頁。

（2）アルヴィン・D・クックス『ノモンハン　草原の日ソ戦――一九三九』上下（毎日新聞社、一九八九年）、同『もう一つのノモンハン　張鼓峯事件』（原書房、一九九八年）、およびそれらに掲げられた参考文献を参照のこと。

（3）西原前掲著が代表的である。

（4）延辺地区における朝鮮人については、李盛煥『近代東アジアの政治力学――間島をめぐる日中朝関係の史的展開』（錦正社、一九九一年）参照。ロシア極東地区の朝鮮人については、国際的にも先駆的な研究として、和田春樹「ロシア極東の朝鮮人一八六三〜一九三七」東京大学社会科学研究所『社会科学研究』第四〇巻第六号（一九八九年）がある。和田論文に続き、その後のロシアにおける史料公開状況をふまえて書かれた論文として、岡奈津子「ロシア極東の朝鮮人――ソビエト民族政策と強制移住」『スラヴ研究』第四五号（一九九八年）をも参照のこと。

（5）岡前掲論文にこの二つの決定の全文が翻訳されている。

（6）この悲劇につき、さしあたり、金賛汀『シルクロードの朝鮮人――スターリンと日本による一九三七年秋の悲劇』（情報センター出版局、一九九〇年）を参照のこと。

（7）リュシコフの経歴については、現在までのところ、西野辰吉『謎の亡命者リュシコフ』（三一書房、一九七九年）がもっとも詳しい。「リュシコフ大将越境逃亡事件」『外事月報』（一九三八年八月）、石突美香「亡命者リュシコフ」明治大学大学院『政治学研究論集』第一二号（二〇〇〇年九月）なども参照のこと。アルヴィン・D・クックス、小林康男訳「リュシコフ保安委員の亡命」『軍事史学』第九二号（一九八八年六月）は、記述の根拠を示していない。

（8）リスナーに関する論文を書いたドイツ人ジャーナリスト、ハインツ・ヘーネによれば、リスナーはちょうどこのとき琿春を訪れており、リュシコフ亡命事件に関し、ロシア語通訳に不足していた日本側の窮状をみて自ら「通訳を買って出」て、しかものちに「リュシコフの尋問の全過程を観察した」と主張している。が、関東軍の情報当局がロシア語通訳に窮するはずはなく、またちょうどそのとき偶然に琿春にいた、というのもできすぎで、根拠も示されておらず、ただちに信用を置くことはできない。Heinz Höhne, "Nachwort: Fall Lissner", in: Ivar Lissner, *Mein gefährlicher Weg. Vergessen aber nicht vergeben.* Bearbeitung und Nachwort von Heinz Höhne（Frankfurt / M.: Ullstein 1970）S. 233, 邦訳、ハインツ・ヘーネ、北村喜義訳・勝

部元解説「リスナー事件」(1)(2)(3)、桃山学院大学『総合研究所報』第一六巻一〜三号(一九九〇〜九一年)(1)四七頁。

(9) 以下リスナーの経歴については、リスナー自身の記述に依拠している。Ivar Lissner, ebenda.

(10) Heinz Höhne, "Nachwort: Fall Lissner", in: Ivar Lissner, ebenda, S. 230, 邦訳(1)四四頁。

(11) Heinz Höhne, "Nachwort: Fall Lissner", ebenda, S. 233, 邦訳(1)四七頁。

(12) Scholl an Tippelskirch vom 10. August 1938, in: Bundesarchiv-Militärarchiv Freiburg(以下 BA-MA と略), RH2 / v. 2939.

(13) 「大島=カナーリス協定」の成立過程について、詳しくは、田嶋信雄『ナチズム極東戦略』(講談社、一九九七年)一七一—二〇六頁を参照のこと。

(14) 前掲『外事月報』一九三八年八月号二五頁には「独逸『アングリッフ』紙記者との会談内容」が要約されており、リスナーの出席が確認できる。

(15) 「再建途上の満洲国」『現代史資料』第二四巻『ゾルゲ事件(四)』(みすず書房、一九七一年)五四九—五五五頁に収録。

(16) 『現代史資料』第一巻『ゾルゲ事件(一)』(みすず書房、一九六四年)二六五頁。

(17) アイノ・クーシネン、坂内知子訳『革命の堕天使たち——回想のスターリン時代』(平凡社、一九九二年)一七五—一七九頁。

(18) Из информационного бюллетеня общества друзей Японии—Высказывания бежавшего в Маньчжоу-Го начальника управления НКВД по Дальнему Востоку Генерала Люшкова о политической ситуации в СССР, 26. Августа 1938, №. 102, *Русский Архив*, 7 (1) (Москва: ТЕРРА, 1997) стр. 148–151. ソ連崩壊により、今日ゾルゲの報告の多くは公表され日本語訳されているが、このリュシコフ会見に関する報告は、管見の限り邦訳がない。このロシア語史料集の存在について稲葉千晴氏(名城大学教授)のご教示を得た。

(19) ボリス・スラヴィンスキー、加藤幸広訳『日ソ戦争への道』(共同通信社、一九九九年)一五五—一六四頁。

(20) Scholl an Tippelskirch vom 10. August 1938, in: BA-MA, RH2 / v. 2939.

(21) 『ゾルゲ事件(一)』七七頁。

(22) 同右、三七九頁。

(23) リュシコフの尋問に関する報告書は、ショルによりベルリンのドイツ国防軍最高司令部に複数部送付されたが(Scholl an Tippelskirch vom 10. August 1938, in: BA-MA, RH2 / v. 2939.)、今日、当該文書綴りのなかに肝心の報告書は存在しない。現在までドイツのアルヒーフでこの文書の存在が確認されたとは伝えられておらず、行方は不明である。戦後、ドイツの文書を大量に押収したアメリカ合衆国ないしソ連が持ち帰り、その秘密性ゆえにいまだドイツに返還していない可能性がある。また、日本軍においては、リュシコフ関係資料は焼却・湮滅されたものと思われる。結局、現在、リュシコフ供述書の原型あるいはそれに近いものの存在が確実視されうるのは、ゾルゲがマイクロフィルムでモスクワに送ったとされる報告書であろうが、残念ながらその報告書も、なんらかの理由で、現在まで刊行されているゾルゲ関係史料集には掲載されていない。

（24） Scholl an Tippelskirch vom 30. August 1938, in: BA-MA, RH2 / v. 2939.

（25） Matzky an Tippelskirch vom 28. November 1938, in: BA-MA, RH2 / v. 2939.

（26） Донесение Р. Зорге о составе и дислокации частей Квантунской Армии, 16. Ноября 1938, №. 104, стр. 152; Донесение Р.Зорге о Дислокации японских укрепрайонов в Маньчжурии, 21. Ноября 1938, №. 105, стр. 153; Донесение Р. Зорге о стратегических пранах японского командования на случай войны с СССР, 27. Ноября 1938, №. 106, стр. 153; Донесение Р. Зорге о пранах японского командования на случай войны с СССР, 20. Декабря 1938, №. 107, стр. 154, *Русский Архив*, 7 (1)（Москва: ТЕРРА, 1997）.

（27） Heinz Höhne, "Nachwort: Fall Lissner", S. 234–238, 邦訳⑴四八―五〇頁。

（28） Heinz Höhne, *Canaris. Patriot im Zwielicht*（München: C. Bertelsmann, 1976）.

（29） Bericht Canaris über seine Reise nach Japan vom 30. September 1924, in: BA-MA, RM20 / 16.

（30） 日独防共協定成立におけるカナーリスの関与について、参照、田嶋信雄『ナチズム極東戦略』（講談社、一九九七年）。

（31） スペイン内戦をめぐるカナーリスの活動について、Angel Vinãs, *La Alemania nazi y el 18 de julio. Antecedentes de la intervención alemana en la Guerra civil española*（Madrid: Alianza, 1974）, 田嶋信雄「スペイン内戦とドイツの軍事介入」スペイン史学会（編）『スペイン内戦と国際政治』（彩流社、一九九〇年）参照。

（32） Марклен Тихонович Мещеряков, *Испанская Республика и Коминтерн*（Москва: Мысль, 1981）, стр. 53.

（33） Romedio Galeazzo Graf von Thun-Hohenstein, *Der Verschwörer. General Hans Oster und die Militäropposition*（Berlin: Severin und Siedler, 1982）.

（34） 『ゾルゲ事件（一）』二一一―二一二頁。

(35) Ivar Lissner, *Mein gefährlicher Weg*, S. 165–167.
(36) Busch an Lissner vom 17. Oktober 1942.
(37) ロベール・ギラン『ゾルゲの時代』(中央公論社、一九八〇年)三七頁。
(38) Heinz Höhne, "Nachwort: Fall Lissner", S. 240–241, 邦訳(2)七六―七七頁。
(39) ロベール・ギラン、前掲書、三七頁。
(40) Der Botschafter in Tokio Ott an das AA vom 29. März 1942, in: *Akten zur Deutschen Auswärtigen Politik 1918–1945* (folgend zitiert als *ADAP*), Serie E, Bd. 2, Dok. Nr. 94, S. 162–166.
(41) Busch an Lissner vom 28. Juli 1941, Politisches Archiv des Auswärtigen Amtes (folgend zitiert als PAdAA), Abwehr Russland, R101862, Bl. 1–2.
(42) ハルビンの「秋林」は一九〇〇年にロシア人によって開設され、その後しばしば経営者が変遷した。石方・刘爽・高凌『哈尔滨俄侨史』(哈尔滨・黑龙江人民出版社、二〇〇三年)二二六―二三二頁。
(43) Busch an Lissner vom 17. Oktober 1942.
(44) Aufzeichnung Luthers vom 17. Oktober 1942, in: PAdAA, Inland II-Geheim / Einzelfälle / Dr. Ivar Lissner 1942–43.
(45) Dr. Plötz an Picot vom 7. Oktober 1942, in: Dr. Ivar Lissner.
(46) ナチズム外交において、多くの政治的投機分子が自らを「ヒトラーの代理人」と意識し行動する病理について、田嶋信雄『ナチズム外交と「満洲国」』(千倉書房、一九九二年)九九―一〇〇頁、および大木毅「フリードリヒ・ハックと日本海軍」『国際政治』第一〇九号(一九九五年五月)参照。
(47) 全国憲友会全国連合会編纂委員会『日本憲兵正史』(研文書院、一九七六年)六八八―六九〇頁。なおこの書ではリスナーとクローメを取り違えている。
(48) シェレンベルク、大久保和郎訳『秘密機関長の手記』(角川書店、一九六〇年)一四二―一四八頁。
(49) 『日本憲兵正史』六八三頁。
(50) 『日本憲兵正史』六八三頁。
(51) Aufzeichnung Baßlers vom 5. Februar 1942, zitiert in: Anmerkung des Herausgebers, in: *ADAP*, Serie E, Bd. 2, S. 111, Anm. (2).

(52) ゾルゲとマイジンガーについて、F・W・ディーキン／R・ストーリィ、河合秀和訳『ゾルゲ追跡――リヒャルト・ゾルゲの時代と生涯』（筑摩書房、一九八〇年）第一七章「マイジンガー大佐の報復」二五一―二六五頁をも参照。

(53) Generalkonsul Kühlborn（Hsinking）an das AA vom 23. März 1942, in: *ADAP*, Serie E, Bd. 2, Dok. Nr. 65, S. 111–112.

(54) Reichsaußenminister von Ribbentrop an die deutsche Botschaft in Tokio vom 26. März 1942, in: *ADAP*, Serie E,Bd. 2, Dok. Nr. 83, S. 146–147.

(55) Ott an das AA vom 26. März 1942, zitiert in: *ADAP*, Serie E, Bd. 2, S. 162, Anmerkung der Herausgeber（3）.

(56) Der Botschafter in Tokio Ott an das AA vom 29. März 1942, in: *ADAP*, Serie E, Bd. 2, Dok. Nr. 94, S. 162–166.

(57) Weizsäcker an die Gesandtschaft in Hsinking vom 7. April 1942, zitiert in: *ADAP*, Serie E, Bd. 2, S. 165–166, Anmerkung der Herausgeber（15）.

(58) 『日本憲兵正史』六八九頁。

(59) Meisinger an Müller vom 15. August 1942, in: PAdAA, Dr. Ivar Lissner.

(60) Luther an Meisinger vom 7.Oktover 1942, in: PAdAA, Dr. Ivar Lissner.

(61) 『日本憲兵正史』六八三頁。

(62) Stahmer an das AA vom 25. Mai 1943, in: PAdAA, Dr. Ivar Lissner.

(63) Stahmer an das AA vom 3. Juni 1943, in: PAdAA, Dr. Ivar Lissner.

(64) Meisinger an Müller vom 8. Juli 1943, in: PAdAA, Dr. Ivar Lissner.

(65) 『日本憲兵正史』六九〇頁。

(66) Aufzeichnung Grothes an Ribbentrop vom 28. Juni 1943, in: PAdAA, Dr. Ivar Lissner.

(67) Meisinger an Müller vom 9. Juli 1943, in: PAdAA, Dr. Ivar Lissner.

(68) 西原征夫、前掲書、一二九―一三二頁。竹岡豊「私がリュシコフを撃った」『文芸春秋』一九七九年八月号、三四八―三五五頁。竹岡はのちにフジテレビ取締役を経てフジ・サンケイエージェンシー社長となり、二〇〇三年十一月に死去した。

(69) Franziska Ehmcke / Peter Pantzer（Hrsg.）, *Gelebte Zeitgeschichte. Alltag von Deutschen in Japan 1923–1947*（München: iudicium, 2000）S. 134–143.

第二次世界大戦終結期の中ソ関係

――旅順・大連問題を中心に

石井　明

はじめに

遼東半島の南端部は、現在は行政的には遼寧省大連市に属する。もっとも中華人民共和国建国後は旅大市と呼ばれてきたが、一九八一年二月九日、国務院が旅大市を大連市と改称することを承認した。それまでは旅順と大連を合わせた旅大という呼称がよく使われた。

旅大地区はハルビンから南下する中東鉄道の支線の終点に位置している戦略上の要地であり、ロシアの租界が置かれていた。一九〇四～〇五年には日露戦争における主要な戦場の一つとなり、同戦争後、若干の曲折はあったが、日本の支配が四〇年、続いた。

太平洋戦争の末期、アメリカから対日戦参加を要請されたソ連は、その見返り条件の一つとして旅大における特殊権益を要求した。ヤルタ会談において、米英首脳は中国政府の了解もないまま、旅順にソ連の租界を置くことを了承した。この件を含め、米英がソ連の対日戦参加を求めるため、中国に設定することを認めた特殊権益を、中ソ間の条約に盛り込むため、一九四五年夏、モスクワで中ソ友好同盟条約締結交渉がおこなわれた。

筆者は一九九〇年に「中ソ関係における旅順・大連問題」と題する論文を発表し（日本国際政治学会機関誌『国際政治』九五）、太平洋戦争末期から中華人民共和国建国初期、旅順・大連が中ソ間でどのように取り扱われたか、検討したことがある（以下、「旧稿」と略す）。そこでは、執拗に旅順・大連の確保を求めたソ連の意図を探るとともに、当時の中央政府であった中華民国国民政府の対応について考察した。この時期、ソ連外交の最終的策定者スターリン首相が、日本軍国主義は必ずカムバックする、という信念にもとづいて、東アジア政策を立案していたことを明らかにした。

一方、中華民国政府は中ソ友好同盟条約締結交渉においては、不平等条約の主要な内容である、屈辱的な「租界」という名称は受け入れなかったが、旅順軍港の中ソ「共同使用」、実質的にはソ連の単独使用を認めた。中ソ友好同盟条約締結後、中華民国政府は外交ルートで、旅順・大連の接収に取り組んだが、成功せず、中国共産党との内戦に破れ、一九四九年十二月、台北に遷都した。

その後、旅順・大連接収事業は中華人民共和国政府に引き継がれた。新中国政府は中国に残されたソ連の権益の回収に努め、一九五五年五月二十六日、旅順海軍基地からソ連軍の撤退が完了し、基本的に中国からソ連の特殊権益はなくなった。

しかし、一九九〇年の旧稿では、なぜ、ソ連は旅大の返還に同意したのか、対日観を含め、ソ連の対外政策が変わったのかどうか、について充分な検討を加えることができなかった。それ以来、一五年近くがたち、台湾において外交部檔案叢書・界務類第二冊『中蘇関係巻』が出版され、中国でも、ロシアの外交文書を使った沈志華の一連の著述や大連市檔案館の文書を使った王真「中ソ戦略同盟と旅大（一九五〇〜一九五五）」（『中共党史資料』二〇〇三年第二期）など、研究論文が出ている。こうした文献を使い、旧稿に加筆し、もう一度、第二次世界大戦終結期の旅順・大連問題について検討してみたい。

一　中ソ友好同盟条約締結交渉における旅順・大連問題

周知のことであるが、スターリンが連合国首脳の前で、極東に不凍港が欲しいという要求を出したのはテヘラン会議（一九四三年十一月）においてであった。その際、ローズベルト大統領は国際的な保障のもとで大連港を自由港にしたらどうか、という案を出している。その後、旅順・大連を租借したい、というソ連側と、両港を自由港とすべきだというアメリカ側との間で折衝が続いていた。結局、ヤルタ会談（一九四五年二月）の最終局面で、旅順については租借して海軍基地として使いたいというソ連側の意向が通り、大連については自由港とすることで了解ができた。

一九四五年六月十二日、蔣介石は重慶で、ソ連のペトロフ中国駐在大使に対し、中国人は租借地といった類の言葉を国家の恥辱と考えているので、再びそのような用語を使うのはよろしくない、と述べ、さらに軍港をソ連と共同で使用するということにすれば、それはソ連との友好的な協力であり、両国にとってともに有益ではないか、と指摘した。[1] その三日後、蔣介石はハーレー大使と会い、(1)アメリカが旅順港の使用に加わり、そこを中ソ英米四カ国が共同で使う海軍基地にできないだろうか、(2)アメリカが、中ソが結ぶ協定に第三者として加わることにより、協定を有利なものとすることはできないだろうか、と述べた。[2] しかし、アメリカ側の回答は、ヤルタ協定は旅順港をソ連に租借させて、海軍基地とすることを認めており、アメリカは海軍基地としての旅順港を共同使用することにも同意できない、そして、第三者として中ソ交渉に加わるつもりもない、というものであった。[3]

こうして、中国代表はアメリカの充分な支援を受けられないまま、モスクワでの中ソ友好同盟条約締結交渉に臨まざるをえなかった。行政院長で外交部長を兼任する宋子文を団長とする国民政府代表団がモスクワに着いたのが六月三十日。以後、ソ連首脳がポツダム宣言参加のためモスクワを離れる七月十二日までが中ソ交渉の第一段階であった。七月一日、スターリンは宋子文との会談で、中国側が強い反発を示した「租借」という用語を使わないことを約した。[4]むろん、ソ連の、旅順を海軍基地として確保するという基本方針に変更はない。中国側は、旅順については、軍港の行政管理権は中国に属するとし、ソ連との「共同使用」は認めるが、「共同管理」は認めない、との立場をとった。[5]

大連の問題については、ソ連側は、中ソの共同管理とし、ほかの国が干渉するのを許さず、しかも大連港においてはソ連が「優越的な利益」を持つべきであるとした。大連港に関する中国側の立場は、自由港とし、ほかの自由港の例にならい、中国の主権のもとに置かれる、というものであった。[6]

それでは、ソ連はなぜ執拗に旅順・大連を確保しようとしたのであろうか。旧稿でも指摘したとおり、一九四五年夏の中ソ交渉の際、スターリンは宋子文に対し、しばしば日本の再起の可能性を指摘し、注意を促している。七月二日の会談では、スターリンは宋子文に対し、次のように述べた。

日本に対するソ連の戦略的地位を強化するため、ソ連は中国と同盟を結ぶことを提案する。両国の軍事力に、アメリカ、イギリスの力を加えれば、我が方は永遠に日本に打ち勝つことができる。旅順、中東鉄道、クリール島南部及び外モンゴルに対する我が方の要求は、均しく我が方の日本に立ち向かうための戦略的地位を強化するためである。以上の要求は一つとして利潤追求という考慮に基づくものではない。[7]

スターリンは続けて、七月七日の宋子文との会談の際には、復活するであろう日本に立ち向かうため、次のようなグランド・デザインを打ち明けた。

日本は敗北するであろうが、二〇年ないし三〇年後にはその力を回復させるであろう。我が方のすべての、中国に対する全般的計画はこの点に基づいて立てられている。極東で日本が再び勢力を回復させようとしていることに対する、ソ連の準備は実際のところ不足気味だ。我が方はウラジオストクに港をもっているが、これは完全無欠な港とはいえない。その他にソビエツカヤ・ガワニを建設中だが、今のところまだ港ができあがっていない。第一の軍港としてカムチャッカのペテロパブロフスクがあるが、現在ある鉄道と連結させるためには二五〇〇キロの鉄道を敷かねばならない。我が方は二〇年ないし三〇年の年月をかけてペテロパブロフスクの設備を整える必要がある。その他にもデ・カストリ港があるが、そこにも鉄道を敷かねばならない。極東におけるソ連の国防システムを完成させるためには、バイカル湖以北にシベリアを横断する鉄道を築かねばならない。これらの件はどれもこれも四〇年の年月が必要だ。だから我が方は中国との同盟が必要なのだ。この期間は満洲で若干の権益を確保するが、期間が満了すれば、我が方は満洲の権益を放棄するつもりだ。外モンゴルの独立もこの計画の一部なのだ。モンゴルが独立しなければ、我が方は兵を進駐させることができないのだ(8)。

スターリンは極東の地図を使いながら、日本の再起に備えた、このような国防計画を説明した。要するに旅順口に強力な海軍基地をつくりたい(その後、中ソ間で、三〇年間、ソ連の海軍基地を存続させることで合意ができる)。その期間中に、ソ連がウラジオストク以北の各港に、日本に立ち向かう海軍基地をつくり、そこを鉄道によってソ連中央部と結び付けようというわけである。ここには、旅順・大連に執着したソ連の指導者の狙いが率直に表明されている。

さて、モスクワではハリマン大使も、宋子文に東北問題で譲歩するよう勧告した。七月九日、ハリマンは、旅順の問題について、アメリカには特別な困難がある、と述べ、その理由として、アメリカは日本付近の島々を永久に占領するつもりであるから、ソ連が旅順を使うのを拒むすべがない、と指摘している(9)。さらに、もし中国が旅順の管理権が中国に属するということを堅持すれば、ソ連は砲台やそのほかの軍事施設を建造できなくなり、旅順防衛の安全を保障できなくなる、とも述べた(10)。

宋子文は七月十七日、一旦、重慶に戻った。そこで、兼任していた外交部長職を辞し、新任の外交部長王世杰を伴い、八月七日、モスクワに帰着した。以後、中ソ友好同盟条約締結交渉の第二段階が始まる。同夜、ただちにスターリンとの交渉がおこなわれているが、スターリンは、ソ連は決してツァー・ロシア時代のような土地を征服する野心はないと述べながらも、日本が必ず再起するという持論を繰り返し、そのための安全措置をとらねばならない、と説いた。[11]

八月八日、中国側は中ソ旅順港共同使用協定案を出している。全六条の内容は次のとおり。[12]

(1)中国は旅順を海軍軍港とし、防備上の必要から、必要な軍港区域を確定し、軍港司令長官一名を置き、本区域内の陸海軍の一切の事務を主管させる。

(2)中国政府は旅順軍港区域内に「旅順行政公署」を設け、民政長官一名を置き、およそ中国の国家と地方の主権に関わる事務、土地・民生・司法・市政・港務および陸海の警備などは等しくその管轄に帰するものとし、軍港司令官とは軍民分治、両者が交じり合わないようにする。

(3)中ソ海軍の軍用および双方の軍事協力に利するように、「旅順港中ソ軍事委員会」を設置し、委員五名をもって組織する。旅順軍港司令長官は当然、委員となり、本委員会委員長を兼任する。ほかの委員四名は中ソ折半とし、中ソ両国政府がそれぞれ委任するとともに、ソ連政府はそのなかのソ連委員一名を副委員長に指名する。すべての本港の軍事港務の施設および両国海軍間のすべての事項については、等しく本会が詳細に決定し、本港の中国軍政長官にそれぞれ処置するよう提案する。

(4)中国政府は軍港司令長官公署に、要塞司令部、海軍司令部および海陸軍務に関わる諸機関を設置し、軍港司令長官の命を受け、本港海陸軍防御施設および、そのほかの中ソ双方の軍用に関わる事項を執行する。

(5)中国政府は旅順行政公署のもとにとくに港務局を設け、本港のすべての施設設備管理の責任を負わせる。この港務施設に関しては、行政公署は軍港司令長官公署と密接に連携し、中ソ海軍の用に立てるようにしなければならない。

(6)中国政府は旅順港の軍事防備および港湾設備を強化するために、中国の地方軍政長官を通じ、ソ連軍事顧問あるいは技術顧問を任用して、協力を求めることができる。

この中国側案によれば、中国側は旅順の民政を握ることはもとより、中国人の軍港司令長官が中ソ軍事委員会委員長を兼ねることになっており、ソ連軍の旅順港使用は認めてもその管理権は中国側にあることになっている。

さて、この中ソ交渉の第二段階になると、アメリカは積極的に会談に介入してきた。アメリカ側が強気に出てきた背景には、すでに原爆を保有し、ソ連の対日参戦がなくても、日本を降伏に追い込むことに自信を深めていたことがあろう。八月五日、バーンズ国務長官は、ハリマン大使に電報を送り、スターリンに要旨、次のように伝えるよう指示した。(1)スターリンがこれ以上、中国に譲歩を求めないよう切に望む。(2)アメリカ側と協議せずに、中国側との間で、大連港をソ連の軍事区に組み入れる問題に関し、アメリカに損害をあたえるような協定を結んではならない。(3)スターリンの、満洲の門戸開放政策を尊重するという口頭の承諾を書面の形式にして、中ソ条約と同時に公表する。[13] この電報はさらに、アメリカは大連港を中国の管理下の自由港とする考え方に傾いており、港の一部は商業用にソ連に貸すことはよいであろうし、また、必要があれば、宋子文とスターリンに、中ソ英米の四者で構成する委員会をつくって、自由港大連を管理する最高機関とすることにアメリカは反対しない、と伝えてよい、と述べている。[14] モスクワで、アメリカ側はこのような考え方に立って、積極的にソ連側に働きかけた。

八月十日、スターリンとの交渉で、中国側は大連の行政権の確保を強く求めた。王世杰は、ソ連が中国に大連の行政権の回復をさせなければ、九龍・香港の回収も不可能になる、とソ連側に譲歩を求めた。『王世杰日記』には、このときの情景について、次のように記されている。「スターリンはひとしきり考えていたが、遂にこの件に関して重要な譲歩をした」。[15]「重要な譲歩」とは、スターリンが、中国側による大連の行政権の回復を認めたことである。同日のスターリンとの会談での合意事項について、宋子文、王世杰はただちに蔣介石に対し、電報を送った。[16] 大連市の問題については、次のような合意ができた——スターリンは市の行政権をすべて中国側に渡すことを認めた。中ソ混合委員会はつくらないが、ソ連国籍の要員を一名、任用して港の船務を管理させる。対日戦争時には、大連市は旅順軍港の統制を受ける。この電報は、旅順については、中ソ軍事委員会を設立するという提案をソ連側は受け入れようとしない、と述べている。

この中ソ旅順軍事委員会については、八月十一日のモロトフ外相との交渉でも、中国側が重ねて設立を提案しているが、モロトフはその性質が明らかでない、という理由で拒んでいる。その際、王世杰は、旅順の共同使用問題および軍事・民政に関わるトラブルを解決するための委員会であり、ソ連側がメンバーを一名多く出して、委員会の委員長にしたらどうか、と述べたところ、モロトフは検討を約した[17]。

その後、八月十四日まで交渉が続けられた。旅順・大連の問題で、スターリンは次第に中国側に歩み寄る姿勢をみせている。大連に関しては、スターリンは中国側が保有している埠頭およびそのほかの設備をほかの国に貸さないよう要求していた。中国側が書面では認めることはできないが、口頭では絶対に他国に貸すつもりはないことを認めてもよいと伝えると、スターリンはそれに賛同した[18]。

このような経緯を経て、中ソ友好同盟条約とその付属協定の成文がまとまったのが、八月十四日午前十一時であった。そのうち、大連におけるソ連の利益を確保するために結ばれた「大連港に関する協定」の主要な内容は次のとおりであった[19]。
(1)大連をすべての国に開放された自由港と宣言する。
(2)大連港における埠頭および倉庫を指定してソ連に貸与する。
(3)大連における行政権は中国に属する。港長は、中国長春鉄道支配人によってソ連人のなかから選出される。
(4)この協定は三〇年の期間、効力を有する。
この「大連港に関する協定」には議定書が付いており、それによると、中国政府は港湾のあらゆる施設および設備の半分を無償でソ連に貸与する（貸与期間三〇年）とともに、ほかの半分の港湾施設および設備は中国により保持され、使用されることになっている。しかし、自由港とはいいながら、前述したとおり、中国が保有し、使用する港湾施設および設備は第三国には使わせない、との口頭の約束があったことに注意を払わなければならない。大連を経由して、第三国の勢力が東北に入ってくることに、ソ連側が強い警戒心を抱いていたことをうかがわせる。

次に、「旅順口に関する協定」の主要な内容は次のとおりである。[20]
(1)中ソ両国の安全を強化し、それにより日本国による再度の侵略を防止する目的をもって、中華民国政府は、両国が旅順口を海軍基地として共同で使用することに同意する。
(2)締約国は、旅順口を中ソ両国の軍艦および商船のみの自由使用に任せられる純然たる海軍基地とすることに同意した。この海軍基地の共同使用に関する事項は中ソ軍事委員会を設置して、これを処理する。同委員会は、二名の中国人代表者および三名のソ連人代表者をもって組織される。委員長はソ連人によって、また副委員長は中華民国側によって任命される。
(3)旅順口海軍基地の地域の民政は、中国に属する。
(4)この協定は三〇年間、有効とする。
これらの付属協定を含め、中ソ友好同盟条約は八月十四日午後十時に調印されることになった。しかし条約文の清書など準備に手間取り、調印式が始まったのは翌十五日午前六時であった（ソ連側はそれより数時間前に、調印されたと放送して調印の日付は八月十四日となっている）。条約に調印したのは、中国側は王世杰外相、ソ連側はモロトフ外相であった。

かくて、王世杰らは条約に調印した後、八月十八日、帰国の途に着き、同月二十日、重慶に戻った。それでは、モスクワでの宋子文、王世杰らの外交活動はどのように評価されるだろうか。大連を自由港とし、その行政権を中国側で確保したこと、大連港の施設や設備の半分は無償でソ連側に貸与することを認めたが、その所有権は中国側にあることを認めさせたこと、ソ連海軍が大連港を軍港にすることを認めず、対日作戦以外は大連市内にソ連軍を駐屯できなくしたことなどは、中国側が交渉を通じてソ連に呑ませた結果である。中華人民共和国で発表された呉景平「アメリカと一九四五年の中ソ会談」(『歴史研究』一九九〇年第一期)も、ソ連側がこれらの「譲歩」を示したのは、もとより中国側が頑張った結果である、と述べつつ、同時にアメリカの介入と中国政府のはっきりとした態度表明も重要な役割を果たした、と指摘している。(21)

二　旅順・大連の接収交渉(一九四五〜四七年)

ソ連軍がソ満国境を突破して、日本軍、満洲国軍に対する攻撃を始めたのが、一九四五年八月九日未明。同月二十二日にはソ連軍空挺部隊が旅順・大連に進駐した。以後、ソ連軍は旅順・大連を五年間、軍事管制のもとに置いた。前掲の王真「中ソ戦略同盟と旅大(一九五〇〜一九五五)」(『中共党史資料』二〇〇三年第二期)は、旅順・大連は国共内戦の波及を免れ、中国共産党指導下の、特色ある解放区となり、力強く人民解放戦争を支援した、と指摘している。(22)確かに、ソ連軍の軍事管制下、旅順・大連は内戦を戦う中国共産党の隠れた後方支援基地になっていったが、はじめからそうであったわけではない。そこで、日本降伏直後の旅順・大連の状況を振り返り、さらに旅順・大連の接収に取り組んだ中国政府の動きとそれに対するソ連当局の対応について検討してみたい。

日本の降伏後、大連では、八月十八日、日本に協力していた有力者を中心とした大連地方自衛委員会がつくられ、治安を維持していた。ソ連軍は当初、こうした対日協力者を利用し、さらに国民党勢力をも集めて軍政を進めていた。この組織は、八月二十三日、大連中国人会と改称し、さらに九月十二日、大連地方治安維持委員会と改称した。この後の、大連における国民党勢力、ソ連軍、中国共産党勢力の関係については、汪朝光「戦後旅大接収問題研究」(中国中俄関係史研究会『中俄関係的歴史与現実』二〇〇四年所収)が詳しい。(23)

それによると、十月二十七日、この治安維持委員会、大連市職工総会、医師公会、仏教会、商会などの代表十数人が集まって、大連市自治政府を成立させ、治安維持委員会副会長の遅子群を市長に、職工総会の陳雲濤を副市長に推し、以後、治安維持委員会は活動を停止した。もちろん、この会議はソ連軍の主宰によるもので、会場はヤマトホテル（現在の大連賓館）であった。

遅子群は、大連に四〇年以上住み、満洲国時代は大連商会会長を務めた人物であったが、ソ連軍が進攻してくると、いち早くソ連軍支持を表明し、ソ連側も遅子群が大連の商業界の事情に通じているところから、市長に担ぎ出したのである。

中国共産党側は本来、遅子群の市長就任には同意していなかったが、ソ連側は、中国共産党に対し、共産党員を副市長とすることを提案し、商人を市長にしても我々の活動の妨げにはならない、副市長に加え、秘書長と公安総局長を握れば、実権は共産党の側にある、と説得した。

共産党側も、共産党側の者が市長になれば、アメリカ・蔣介石に対し、ソ連が中ソ条約を破壊していると攻撃する口実をあたえることになる、さらに、ソ連側が現地の商人を市長にするのは、我々の大連の政権支配に影響をあたえることがないばかりか、アメリカ・蔣介石の口を塞がせることもできる、と判断して、賛同した。

一九三九年四月以来、大連市長の任にあった別宮秀夫は一九四五年十月三十日、ソ連軍司令部より市長解任の通告を受け、新任市長遅子群に任務を引き継いだ。(24) 以後、大連では次第に共産党勢力の力が強まっていった。翌四六年九月二十六日、大連、旅順、金県などの地方政権を基礎にして、旅大連合弁事処が成立し、遅子群が主席となり、副主席には共産党の龍順元が就いた。

さて、東北の接収問題であるが、同年十月一日、中国外交部は、ソ連側に対して、中国軍は十月十日、九龍よりアメリカの軍艦で大連に向かい、そこから上陸すると通告した。中国政府は、中ソ友好同盟条約においても、大連の主権は中国に属すると明記されているとして、大連から中国軍を上陸させようとしたのである。ところが、ソ連側は、十月六日、大連は商港であり、貨物の運輸に使われるべきところであり、いかなる軍隊の上陸にも反対である、と回答してきた。中国軍の大連上陸は中ソ友好同盟条約違反である、という立場をとったのである。むろん、これは表面上の反対理由で、本音は、アメリカの軍艦で運ばれてきた国民党軍が大連に上陸するのは、ソ連が勢力範囲とみなす東北に外国勢力、とりわけアメリカの勢力が侵入してくることにほかならない、との判断があったと思われる。

この中国軍の大連上陸問題をめぐる中ソ交渉は進展せず、十月下旬、中国政府はこれ以上、この問題について時間を消耗すると、東北の接収を誤ることになりかねない、と判断して、先に営口、胡蘆島の両地に部隊を輸送し、上陸させることを決めた[25]。

その後、一九四六年に入り、二月五日、中国軍の軍令部長徐永昌は、蔣介石に対し、速やかに旅順口海軍基地の共同使用に関する中ソ軍事委員会を設置するよう意見具申した[26]。徐永昌は、同委員会が成立して、旅順市の民政機構が整ったならば、旅順口の海軍基地区域の境界を現地で画定する中ソ合同委員会もただちに組織するよう求めている[27]。「旅順口に関する協定」で設置が決まっている中ソ軍事委員会の中国側代表を通じて、旅順口海軍基地の共同使用に関する事項について、中国側の主張を伝え、中国の主権を守ろうとしたのである。蔣介石は、中ソ軍事委員会の中国側代表には黄埔軍官学校第一期生で、京（南京）滬（上海）総司令部副総司令の鄭洞国を充てる考えを固めた[28]。

中国国内でも、旅順・大連の行政権を回収すべしとの声は強くなり、一九四六年十月には、国民参政会の王晋煥ら五名の参政員が同会の駐会委員会第一〇回会議に、旅順・大連の回収決議案を提出し、採択されている。この決議案は、中ソ友好同盟条約によれば、旅順・大連の行政権は中国側に属することになっており、さらに中ソ両国は軍事委員会を組織することになっているが、条約が締結されてすでに一年以上たつのに、いまだ履行されていないとして、政府に対し、速やかにソ連側と交渉して、最短期間内に旅順・大連の行政権を回収するとともに、旅順の軍事委員会を組織して、条約上の権益を保つよう求めている[29]。しかし、中ソ軍事委員会設置の件は、その後、中ソ間の話し合いがまとまらず、沙汰止みとなった。

それより半年前、一九四六年四月七日、アメリカの大連駐在総領事ベニンホフが海路、大連に着いた。ベニンホフは、五月十日付のロバートソン中国駐在代理大使宛の報告のなかで、ロシア人が大連において、できるだけ長くアメリカおよびほかの同盟国の利益を排除しようというやり方で自らの利益を図ろうとしていること、そして、その目的のためにロシアの条約上の立場と中国政府当局者の不在ということを利用しようとしていることは明白のようだ、と記している。[30]同年十二月十八日、大連のアメリカ総領事館への外交文書を積んだ米海軍の輸送艦が大連に入港した。その際、ベニンホフ総領事は、同乗していたスタンダード・ヴァキューム・オイルの代表プールの上陸許可を得るため、ソ連軍当局とかけあうが、拒否される。[31]ソ連側は、外交文書使以外は、事前の許可がなければいかなる人物も上陸させるつもりはない、という立場をとっていた。

同年十二月三十一日、バーンズ国務長官はスチュアート中国駐在大使に電報を送り、大連港は中国政府の管理下の国際商港となるべきであり、中ソ両国政府は大連の現在の不正常な状態に早めに終止符を打ち、アメリカの市民が大連を訪れ、居住できるようにすべきである、というアメリカ側の見解を伝えた。[32]

翌一九四七年三月～四月、モスクワで米英ソ仏四カ国外相会議が開かれ、中国問題についての討議もおこなわれたが、それに先立ち、三月七日、ペトロフ大使が王世杰外交部長に覚書を送り、旅順の海軍基地および大連市に中国が行政機構を樹立するのを認めた。[33]中国政府は、国際的に中国問題が討議され、そのうえ、ソ連側が旅順・大連の行政接収を認めたという機会を利用して、旅順・大連の行政権の接収を企画している。三月二十二日には参謀総長官邸で旅大接収会議が開かれ、(1)四月三日から十日の間に行動をおこし、四月二十日以前に接収を完了する、(2)東北保安司令長官の部隊を動員する、(3)旅順・大連の北方から陸軍が南下し、海軍および行政要員は海から旅順・大連に進み、南北呼応する、という計画をまとめた。[34]

当時すでに、中国軍は大連の北の金県石河駅のソ連の検問所以北の地区まで進出し、旅順・大連を海陸から事実上、封鎖する態勢をとっていた。四月六日、中国軍の前方部隊は普蘭店でソ連軍と出会い、指揮官同士が会談している。中国側指揮官が「我が方は石河より南の地区の不法部隊を武装解除しようとしているが、あなたがたはどう思っているのか」と尋ねたのに対し、ソ連側指揮官は「私の防衛地区内には地方政権の武装警察がいるだけで、その他には如何なる中国軍隊もいない」と答えている[35]。中国軍側からみて「不法部隊」とはいうまでもなく共産党系の武装力をさしている。

しかし、ソ連側は中ソ友好同盟条約の規定に則り、中国政府が旅順・大連の行政権を接収することは認めても、中国軍の旅順・大連進駐を認めるつもりはなかった。汪朝光が指摘するように、ソ連が旅順・大連の行政権を国民政府に返還すると表明したことも、対外的に条約の義務を履行すると表明し、国際的な非難に対処しようとしたにすぎず、実際には旅順・大連の行政権を中国政府に返還する意思はなかったのであり、ソ連側が国民党軍の大連進駐を拒否してきたことがそのはっきりとした証明であった[36]。

四月十日、ペトロフ大使は中国外交部に覚書を送り、旅順・大連の近郊および海軍基地内には、過去においても現在においても「非政府軍」はいない、と指摘するとともに、中国軍の旅順海軍基地および大連への進駐には同意できない旨、表明した[37]。その理由は、(1)旅順海軍基地の防衛は、中国政府の委託によりソ連政府がおこなうことになっている、(2)大連港については、中ソ間の協定で、対日作戦時には旅順海軍基地の軍事的統制を受けることになっているが、現在はまだ対日講和条約ができていないので、日本との戦争状態が終わっておらず、旅順海軍基地の統制は大連にも及んでいる、というものであった[38]。

ところで、中国政府による事実上の経済封鎖のもと、一九四七年四月三日、旅順・大連地区の第一回各界人民代表大会が旅順で開かれた。同大会は、遼東半島の一五〇万人口を支配する行政機構—関東公署を成立させる決議を採択し、遅子群を関東公署主席に選出している。翌四日、ソ連軍司令部の代表が同大会で演説し、「旅順・大連港はソ連軍の永久駐屯地であり、如何なる国も干渉できないし、また、如何なる国も軍隊を駐屯させることはできない」と強調している。[39]

このように、ソ連側は中国軍の旅順・大連進駐にはあくまで反対したが、しかし中国政府が旅順・大連地区にその代表を視察のため送り込むことは認めた。しかし、中国政府が視察団の派遣を決めると、ソ連軍司令部は五月十七日、中国共産党旅大地区委員会と関東公署に対し、視察団に対しては「引き伸ばし、孤立させ、なんくせをつけ、制限を加え、監視する」という対応をとるよう通知した。さらに五月二十八日にはソ連軍当局は中国共産党に対し、次の四項目の要求を伝えている。(1)大量に警察を動員し、整然と職務につかせ、秩序を維持させ、社会を安定させなければならない、(2)視察団来訪後は、いかなる大衆的な行動も許してはならず、宣伝においては、すべての反蔣・反米・反視察団的事件が起きるのを許してはならない、社会生活は平常を保つようにしなければならない、(3)ソ連側が視察団保護の責任を負っており、絶対に事件をおこしてはならない、(4)接待要員を確定する。翌二十九日、中国共産党旅大地区委員会は緊急会議を開き、「対内的には引き締め、対外的にはゆるめ、冷たからず、熱からず」という方針を決めるとともに、反蔣・反米・反視察団的な宣伝文を刊行物に載せ、彼らに不必要な刺激や口実をあたえないとか、穀物価格を低く抑えるとか、視察団が通るおもなところは事前にしっかりと統制しておくことを決めている。[40]

このようにソ連当局と中国共産党が協力して準備していたなか、同年六月三日から十二日に、董彦平中将を団長とする旅大視察団が旅順・大連を訪れた。董彦平は視察結果を次のようにまとめている。[41]

(1)食糧問題は重大であり、人口は次第に外に移動しており、民衆はソ連に対して好感を持っていない。
(2)奸党（共産党をさす—筆者）は関東公署を利用し、ソ連軍にこきつかわれながら、全面的な支配権を獲得している。
(3)大連港はさびれており、設備は不完全で、重要なものはソ連側が支配している。
(4)汽車については機関車が一〇〇両、客車が二五〇両ある。

(5)旅順・大連・金州三角地帯のソ連軍は、陸軍総兵力がおよそ歩兵二個師団、空軍の飛行機がおよそ五〇〇機、海軍の各種小艇が三一隻、と判断される。

董彦平はこのような視察結果から、行政権回収の前途について、次のような悲観的な結論を導き出している。[42]

(1)旅順・大連地区においてソ連はすでにほとんど暴力による支配を築き上げており、たとえ我がほうが行政権を接収したとしても、ソ連側は実際に支配していくことができるであろう。

(2)大連接収時にソ連は傀儡を使って、我がほうが名実ともに備わった政権を樹立することができないようにさせる可能性がある。

(3)ソ連は条約内の「主要な民政要員の任免はソ連の利益を考慮しなければならない」という規定を利用して、我がほうの大連接収を、名ばかりで実を伴わないものにしてしまう可能性がある。

(4)旅順・大連接収後も、ソ連側が山東省の共匪を支援するのを止めさせることはできないし、それに瀋陽—大連線の共同管理問題も引き起こされ、軍事面で我がほうが顧慮すべきことが増えよう。

結局、中国政府による旅順・大連の行政権回復要求は実現されず、一九四七年八月には行政院が、中国当局の特別の許可なき場合、外国の船舶が大連に入港することを禁止した。むろん、ソ連向けの強い不快感の表明であり、実効は期待できない禁止措置である。

こうして旅順・大連は日本の降伏後、東北において中国政府が行政権力を打ち立てることができない大都市となった。中国政府の接収の失敗と中国共産党が旅順・大連を奪い取ることができた要因について、汪朝光は、旅順・大連が終始、ソ連軍の直接の支配下にあり、なおかつ旅順・大連はソ連が東北において保持しなければならない核心的利益の一つであったからだ、と記し、そのため、ソ連は中国共産党が権力基盤を樹立するのを直接支援したのだ、と指摘している。[43]

汪朝光は中国共産党の側も、ソ連の態度をしっかりとつかんで、対ソ関係の協調を主要な側面にすえ、警察権力を中心として、旅順・大連における統治基盤を確立していった、と指摘し、このようなソ連と中国共産党の利益の一致と協調関係が、中国政府の旅順・大連接収の任務の達成をむずかしくさせたのだ、と断定している[44]。

その後、中国軍は東北の戦場で、中国共産党軍に敗退を重ねる。一九四八年十一月二十五日には中ソ国境の満洲里から、旅順・大連への鉄道交通が再開された。こうして、中国政府は旅順・大連の接収に成功しないまま、中国大陸を追われ、旅順・大連接収事業は中華人民共和国政府に引き継がれた。

この一連の過程を総括して、汪朝光は、国民党側の戦略的な視角の欠如を指摘している。すなわち、中ソ友好同盟条約締結交渉において、具体的な東北接収の段取りについて協議せず、完全にソ連の援助に頼り、戦後、東北を接収するための動きが緩慢で、現地に入るのが遅れ、今度はアメリカに軍隊の輸送を頼み、アメリカの支持表明に頼った結果、ソ連の敏感な利益にふれることになるなど、外交の拙さを指摘し、他方、中国共産党は全力をあげて東北を奪うという戦略を確立し、迅速に行動をおこし、ソ連の支持を得られるものは、時期を失せず、勝ち取り、支持が得られないものは臨機応変、既成事実をつくっていったことを指摘している[45]。

前掲の王真論文も、第二次世界大戦終結期、ソ連が旅順・大連を重視したのはソ連なりの理由があったとして、次のように記している。「なぜなら旅大はソ連の極東における戦略的安全保障にとって極めて重要であったからだ。ヤルタ体制が形成された後、アメリカは急ぎソ連に対抗する環状の防衛線をつくった、すなわち、アリューシャン列島から日本に至り、沖縄諸島を経てフィリピンに至る線だ。相対的に守勢に立たされたソ連は安全地帯を打ち立てることを必要とし、旅大はこの安全地帯上の重要な戦略支点であった。抗日戦争終結後、ソ連は旅大という特殊なポジションを利用して、国民党軍がここから東北に進入しようとするのを繰り返し阻んだが、実際にはアメリカの勢力の浸透を防ぐ防壁であったのであり、旅大の戦略的役割は明らかだった。当時、旅大の戦略的支点としての意義が主としてソ連にとって言われていることは明らかであった[46]」。

三　中華人民共和国建国後の旅順・大連問題

一九四九年十月一日に成立した中華人民共和国政府は、「向ソ一辺倒」政策を進めた。五〇年二月十四日には攻守同盟条約である中ソ友好同盟相互援助条約を結んだ。旅順・大連には新中国建国後も、引き続きソ連軍が駐屯し、ソ連の軍事基地が置かれていたが、同条約の付属協定である「中国長春鉄道、旅順及び大連に関する中ソ協定」によって、両地の将来は次のように決まった。(47)

(1)両締約国は、対日講和条約が締結されれば、ただし一九五二年末より遅れることなく、ソ連軍は共同で使用していた旅順海軍根拠地を撤退し、また当地区の設備を中華人民共和国に引き渡し、そして中華人民共和国政府がソ連に対し四五年以降前記の復旧と建設に要した費用を返済することに同意する。

(2)両締約国は、対日平和条約締結後、必ず大連港の問題を処理すべきことに同意する。現在大連にある財産で、およそソ連側が臨時に管理を代行しているもの、またはソ連側が賃借しているものは、すべて中華人民共和国が接収すべきものとする。前記の財産接収業務をおこなうために、中ソ両国政府は、それぞれ代表三名を派遣して合同委員会を組織し、本協定発効後三カ月以内に財産引き渡しの具体的方法を協議決定する。この方法は、合同委員会の提議にもとづき、双方の政府の批准を受けた後に、一九五〇年以内にこれを完成する。

したがって、当面はソ連軍が旅大地区に駐屯するが、一定の要件が満たされればソ連軍は撤退することを約している。王真は、新中国建国後は旅大の戦略的支点としての意義がかわってきたと述べ、一九四五年協定ではソ連にとってのみ意味があったのだが、一九五〇年には中国も含めて意義があったことを指摘している。(48)そして、建国直前、一九四九年初め、ミコヤンが中共中央の所在地、河北省西柏坡を訪れたとき、毛沢東が旅順口の問題に関し、次のように述べたことを紹介している。「ソ連が旅順口にやってきたのは、日本のファシズムを押さえ込んで自らと中国を守るためだった。なぜなら中国はかくも弱体で、ソ連の援助がなければ自衛できなかったからだ。ソ連は帝国主義勢力としてではなく、共通の利益を守る社会主義の勢力として中東鉄道と旅順口にやってきたのだ」と述べている。(49)

毛沢東は新たなソ連との関係を構築するため、建国直後、訪ソする。毛沢東がモスクワに着いたのが一九四九年十二月十六日。同夜、ただちにスターリンとの会談がおこなわれた。毛沢東の生誕一一〇周年を記念して出版された中共中央文献研究室編『毛沢東伝（一九四九～一九七六）』は同夜の毛沢東とスターリンの会談について、次のように記している。(50)まず、スターリンは一九四五年に国民党政権との間で結んだ中ソ友好同盟条約を保留すべきだとの考えを明らかにする。「この条約を形式的には保留しておくが、実際には修正してよい。すなわち、ソ連が形式的には旅順口駐屯の権利を保留するが、中国政府の提案に基づきそこから撤退しても良いと考えている」。

これに対し、毛沢東は「中東鉄道と旅順口の現在の状況は中国の利益に合致している。なぜなら中国は単独では帝国主義の侵略に立ち向かえないからだ」と述べた。続いてスターリンは次のように述べた。「撤兵はソ連がこれ以上中国を援助しないということを意味しない。もしもソ連軍が双方の合意に基づき旅順口から撤退すれば、我々は国際関係において勝ち組となり、それは中国共産党人の、民族ブルジョアジーとの相互関係における資本となる」。こうして、十二月十六日夜の会談は、一九四五年の条約の効力をめぐって両者の考えが食い違っていることを明らかにした。

一方、王真は、旅順・大連をめぐる一九五〇年のモスクワでの交渉が上記付属協定のようにまとまる過程について、要旨、次のように記している。まず、スターリンが、ソ連軍の旅大駐屯はソ連と中国の民主事業にとって有利である、と述べたうえで、二つの案を出した。第一案は、一九四五年の旅順に関する協定は、対日講和条約締結以前は有効であり、平和条約締結後、ソ連軍は旅順から撤退すると宣言する、という案で、第二案は、現存の協定は留保しておくが、ソ連軍は実際には撤退するという案であった。毛沢東は、「我々は、旅順に関する協定は、対日平和条約締結以前はなお有効であり、平和条約締結後、ソ連軍は撤退すると考えている。しかし、我々は旅順で軍事協力を進めたいと願っており、我々も海軍艦隊を訓練させることができるかもしれない」と述べた。[51]

王真は、毛沢東の基本的な考えは、当時、ソ連軍は旅順から撤退すべきではない、というものであり、その狙いははっきりしており、国家の安全を確保するためだった、と指摘し、同時に、対日平和条約締結後、ソ連軍は撤退すべきだ、という主張には、中国側の国家主権問題上の立場が示されている、と述べている。[52]「国家主権上の問題」とは、一九四五年協定では、ソ連軍の旅順口駐留の目的として「日本国による再度の侵略防止」があげられており、中ソが日本との講和条約を締結し、日本との戦争状態がなくなればソ連軍駐留の必要性はなくなるはずで、その後もソ連軍が居座るとなれば、中国の主権侵害という見方が出てくるのである。

一方、大連の問題に関しては、スターリン、毛沢東はどのような考えを持っていたのだろうか。王真論文は、中ソ交渉の際の両者の協議について次のように記している。[53] スターリンが「ソ連は大連で如何なる権利をも保持しようとは思わない」。毛沢東が「大連を自由港として留めておくつもりか」と尋ねた。スターリンが「我々は自己の権利を放棄する。中国自身で大連問題を決定すべきだ——大連を自由港とするかどうかを。ローズベルトは大連を自由港にすることに執着した」。毛沢東が「自由港にしておけばアメリカやイギリスに有利になるのではないか」と尋ねた。スターリンは「当然だ。結果は表玄関を空けた家となる」。毛沢東がいった。「我々は、旅順を我々の軍事協力の基地にすることができ、大連を経済協力の基地にすることができる、と考えている。大連には多くの企業があるが、ソ連の援助がなければ我々には経営する力がない。我々はそこで経済協力を発展させるべきだ」。この一連の会話から王真は、スターリンと毛沢東は、ローズベルトが望んだような大連を自由港にする考えはなく、中ソ協力の枠内で、大連問題を解決しようとしていた、と記している。[54]

沈志華も、ロシアの檔案文書を使って、中ソ友好同盟相互援助条約とその付属協定の締結過程について、詳細な研究を進めているが、中ソ双方が調印したにもかかわらず、公表しなかった文書があることを指摘している[55]。中ソ友好同盟相互援助条約の補充協定と、「中国長春鉄道、旅順・大連に関する議定書」である。補充協定とは、中国側の反対にもかかわらず、ソ連側の強い要求で結ぶことになった協定で、ソ連の極東・中央アジアの各共和国、中国の東北・新疆領内では、外国人に貸しあたえてはならず、また、第三国の資本あるいはこれらの国家の公民が直接・間接の方式で参与する工業的、財政的、商業的ならびにそのほかの企業、機関、会社および団体の経営活動を許さない、という内容であった。西側諸国、とりわけアメリカの影響が中国、とくに東北に入ってくることに対する警戒心があったことがうかがえる。

「中国長春鉄道、旅順・大連に関する議定書」については、ソ連軍が中国長春鉄道を使って物資を運べるという条項があったので、中国側が、中国の軍隊と軍用物資も自由にソ連領内の鉄道を使って運べる、という条項を加えるよう求めたところ、ソ連側が反対し、激論になった。ソ連側が譲歩し、極東地区において、ソ連に対する直接の戦争の脅威が出現するという状況下においてのみ、中国長春鉄道を使って部隊を移動できる、と規定することに同意した。しかし、ソ連側は、中国の軍隊が東北からソ連の鉄道を使って新疆に移動するというのは、なんら実際的な意義も合理性もなく、実質的にはソ連の提案に対する「反提案」である、と主張した。結局、周恩来は、議定書に中国の要求を書き込むのをあきらめ、「必要な状況下においては、中国はシベリア鉄道を使って軍隊を運べる」ということを口頭で承諾するよう求め、ミコヤンも受け入れる。しかし、ミコヤンは怒って、次のようにいうのである。「同盟者として、ソ連は無償で、中国長春鉄道、大連、旅順口およびこれらの地区において我々が持っていたすべての権利を含め、巨額の財産を移転することにしたが、中国は、ソ連が鉄道を使って軍隊を移動させることに同意しようともしない。中国側がこのような譲歩さえできないというのであれば、我々は同盟者などといえるのだろうか[56]」。中ソ友好同盟相互援助条約締結交渉の過程では、中ソ双方が激論を交わしたこともあったのであり、ソ連と建国したばかりの中華人民共和国の関係は緊張をはらんだ同盟関係として始まったのである。

四　結び——旅順・大連問題の解決へ

その後の旅順・大連問題の行方について記しておきたい。まず大連についてだが、一九五一年一月十六日、大連市においてソ連側が臨時に管理を代行していたもの、あるいはソ連側が賃借していたものが、五〇年中に無償で中国側に移管された旨の、中ソ合同委員会の公告が出された。[57] 五〇年二月十四日の協定で決められたスケジュールどおりであり、これで大連市におけるソ連側の特権は消滅したことになる。この公告は旅順についてもソ連側が臨時に管理を代行していたもの、あるいはソ連側が賃借していたものも五〇年中に無償で中国側に移管された旨、述べている。[58] ただ、旅順に関しては五二年末までにソ連軍が撤退することはなかった。五〇年六月、朝鮮戦争が勃発し、極東情勢が緊迫化したからである。さらに、日本が講和条約の相手に台湾に落ち延びた国民党政権を選択し、五二年四月二十八日、日華平和条約を締結したため、中華人民共和国と日本の間の早期講和の可能性はなくなった。

一九五二年八月〜九月、周恩来が訪ソした際、周恩来はスターリンにソ連軍の撤退を延期するよう要求し、スターリンも承諾した。同年九月十五日、中ソ両国政府が「日中間および日ソ間で講和条約が結ばれるまで」、ソ連軍が旅順口海軍基地から撤退するのを延期することに合意した旨の公文を交換した、と発表した。スターリンは旅順口についての交換公文はアメリカに向けられたものであって、日本人民に対するものではない、と述べた。[59] 王真は、これは中ソ同盟の主要敵が日本からアメリカに移ったことを示している、と指摘している。[60]

結局、スターリンの存命中、旅順海軍基地は中国に返還されることはなかった。旅順の返還が具体化したのは、スターリンが死亡して（一九五三年三月五日）、朝鮮戦争の休戦が実現し（同年七月二十七日）、東アジアに緊張緩和の雰囲気が出てきた一九五四年になってからであった。同年七月二十日にはインドシナに関する休戦協定も結ばれている。

一九五四年九月二十九日、新中国の建国五周年を祝し、フルシチョフがソ連代表団を率いて訪中し、「スターリン以後」の新たな対等な中ソ関係の枠組みをつくろうとした。新中国の建国後、ソ連の最高指導者が訪中するのははじめてであった。北京でフルシチョフは中国側が不満を持っていた、前述の中ソ友好同盟相互援助条約の補充協定を解消する意思を示している。

中ソ両国の指導者は十月十二日、中ソ会談の成果を強調したコミュニケなどを発表したが、その際、旅順海軍基地からソ連軍が撤退し、同基地を中国の完全支配下に移管することについての共同コミュニケが出された[61]。このコミュニケは、一九五五年五月三十一日以前のソ連軍の撤退を約していた。注目されるのは、ソ連軍の旅順駐屯を正当化するのに使われた「日本の脅威」に関する言及がなく、「中国の国防力が強固になった」と記されていることである。

王真によれば、この共同コミュニケの作成にあたっては、ソ連側がイニシアチブを発揮し、とりわけフルシチョフが主要な役割を演じた、と述べ、ソ連の上層部では少なからぬ反対の声があったが、最終的にはフルシチョフが反対の声を押さえ込んだ、と指摘している[62]。共同コミュニケの文面に関しては、フルシチョフは訪中以前にソ連国内の支持を取り付けていた、と考えられよう。

この中ソ会談の際、通訳として全行程、接待工作に関わった中共中央弁公庁警備局ロシア語通訳（当時）の、朱瑞真の回想によれば、ソ連代表団には、代表団名簿には載っていないが、ブルガーニン第一副首相の助手、ニキーチン大将が加わっており、旅順からの撤兵問題に関する交渉の責任を負っていた、と記している[63]。朱瑞真は、この人物は、交渉が終わると、先に帰国してしまった、と記しているので、撤兵問題の交渉自体は特段の問題なく進んだのであろう。

共同コミュニケ調印の翌日、十月十三日、フルシチョフ一行は北京を離れ、飛行機で帰国の途についたが、途中、東北のいくつかの都市を参観した。まず大連を訪れ、次いで旅順に向かった。そこで、フルシチョフは怒り出す。朱瑞真フルシチョフ一行が先に旅順に到着し、フルシチョフの回想によると、ソ連海軍司令官クズネツォフと極東軍管区司令官マリノフスキーが先に旅順に到着し、フルシチョフを出迎えるべきところ、この二人は時間どおり到着せず、フルシチョフを粗略にあつかってしまったからだった。ソ連代表団が旅順に着くと、中国側の随行員と旅順・大連の地方指導者は、これで家まで送り届けたと考えて、大連に戻ってしまった。しかし、ソ連海軍基地の指導者は、フルシチョフ一行は中国政府の客人だから、当然、大連で彼らの宿舎の用意があるものと考えていて、フルシチョフらの宿舎のことが念頭になかった。こうした誤解によって、フルシチョフ一行は夕食にありつけず、二時間後、大連に戻ってきたので、賓館にどうぞと勧めたが、いこうとせず、専用列車の中で一夜を過ごした、というのである。(64)

翌十四日、クズネツォフとマリノフスキーが旅順に到着し、彼らが代表団に随行して、ソ連海軍の砲撃射の演習をみて、海防砲位と潜水艇を参観し、快速魚雷艇に乗って海上を一回りした。その後、彼らは一九〇四年の際、日露両軍が激戦をおこなった山にやってきた。朱瑞真は山の名前を明記していないが、二〇三高地であろう。そこで、ソ連軍の将校が、代表団に向かって、当時、ロシアの将兵が如何に勇敢に戦い、陣地と存亡を共にし、日本軍は甚大な犠牲を払ってようやくこの山頂を攻略したのだ、と説明した。すると、フルシチョフは、ロシアの将兵の勇敢さをたたえ、ツァー政府の腐敗を攻撃した、というのである。(65)

このエピソードには後日談がある。朱瑞真によると、フルシチョフが帰国した翌月、十一月にソ連の旅順駐在部隊の指揮部の代表が、フルシチョフのこの発言を利用して、旅順市人民政府にやってきて、フルシチョフが訪中時に、ソ連軍が撤退する前に、一連の記念する意義のある建築物を建造するよう指示していた、といいたてた。そのなかには、一二の記念碑と三つの記念塔（日露戦争記念塔、日露戦争時のロシア海軍提督マカロフ記念塔、勝利記念塔をさす）が含まれていた。ソ連軍の代表は中国側の要員に向かって、これらの工事の費用はソ連側が負担し、彫刻した像はモスクワから運んでくる、と告げた。(66)

一九五五年二月十七日、周恩来はソ連のユージン大使と会見した際、この問題にふれ、ソ連軍が撤退する前に、積極的意義を有する、いくつかの記念すべき建築物を建設しようとすることは理解できるが、中国は我々の領土に、日露戦争の人物を記念する建築物を建設することには同意できない、と述べた。周恩来は次のように指摘した。一九〇四年の日露戦争の性質については、ソ連共産党（ボルシェビキ）党史のなかではっきりと述べられており、レーニンもこの戦争について的確な評価を下している。中国は中国の土地のうえで、二つの帝国主義国が戦った戦争について、どちらかが正しく、記念に値すると考えるわけにはいかないし、どちらかの将領を英雄とみなすわけにはいかない。周恩来はこうした中国側の意見をソ共中央に伝えてくれるようユージンに依頼した[67]。

間もなくソ共中央は北京に、ソ連が日露戦争に関係する記念物を建設しないという決定を下したこと、さらに中国に対し、ソ連軍烈士塔、中ソ友誼塔、中ソ友誼記念碑を建ててくれたことに感謝する、と伝えてきた[68]。

前述したように、中ソ共同コミュニケは、一九五五年五月三十一日以前のソ連軍の撤退を約していた。ソ連はこの約束を履行した。ソ連軍が旅順海軍基地から撤退を完了したのが、同年五月二十六日であった。以後、中国はソ連とは攻守同盟を結んでいる間柄であるにもかかわらず、国内の港にソ連の軍事施設を置くことは厳しく拒み続ける。

注

（1）『中華民国重要史料初編——対日抗戦時期第三編　戦時外交(2)』（台北：中国国民党中央委員会党史委員会、一九八一年）五五九頁。

（2）*Foreign Relations of the United States 1945*, Vol. 7（Washington D. C., 1955）pp. 903–904.

（3）*Ibid.*, p. 907.

（4）『中華民国重要史料初編——対日抗戦時期第三編　戦時外交(2)』五七六頁および五八二頁。

（5）（6）　同右、五九四頁。

（7）　同右、五七九頁。

しかし、一九九〇年に公刊されたソ連の外交文書では「両国の軍事力に、アメリカ、イギリスの力を加えれば、我が力は永遠に日本に打ち勝つことができる」という部分が欠落している。*Русско-китайские отношения в XX веке. Т. IV: советско-китайские отношения. 1937–1945 гг. Кн. 2: 1945 г.* Отв. ред. С. Л. Тихвинский. Москва: Памятники исторической мысли с. 74.

（8）　同右、六〇二―六〇三頁。

ソ連の外交文書に記されているスターリンの発言は、中国側の記載とほぼ一致しているが、細部に若干の異同がある。「二〇年ないし三〇年後には」は「およそ二〇年後には」となっている。「我が方は二〇年ないし三〇年の年月をかけてペテロパブロフスクの設備を整える必要がある」という部分はない。「その他にもデ・カストリ港があるが、そこにも鉄道を敷かねばならない。これらの件はどれもこれも四〇年の年月が必要だ」という部分は「その他にウラジオストクとソビエツカヤ・ガワニの間に位置しているデ・カストリにも港が必要だ。これらの港を建設し、整備し、鉄道を建設するのにおよそ四〇年が必要だ」となっている。「だから我が方は中国との同盟が必要なのだ」という部分は「だから我が方は中国と四〇年の条約を結びたいのだ。我が方が自らの海軍基地をつくるのにその期間を必要としているのだ」となっている。その後でスターリンは四〇年であって四〇カ月ではないことを念を押している。*Там же*, с. 89.

（9）（10）　同右、六〇八頁。

（11）『王世杰日記』手稿本、第五冊（台北：中央研究院近代史研究所、一九九〇年）一四二頁。

（12）「中俄共同使用旅順港協定　第二案」『外交部档案叢書界務類　第二冊中蘇関係巻』（台北：中華民国外交部、二〇〇一年）一九九―二〇〇頁。

（13）（14）　*FRUS, 1945*, Vol. 7, pp. 955–956.

（15）『王世杰日記』手稿本、第五冊、一四八頁。

（16）『中華民国重要史料初編―対日抗戦時期第三編　戦時外交(2)』六四五頁。

（17）『王世杰日記』手稿本、第五冊、一四八―一四九頁。

(18) 同右、一五一頁。

(19)(20) 「大連港に関する協定」および「旅順口に関する協定」の邦訳は『新中国資料集成』第一巻（日本国際問題研究所、一九六三年）一〇八―一一一頁。

(21) 『歴史研究』一九九〇年第一期（一九二〇年二月）一九〇頁。

(22) 王真「中蘇戦略同盟与旅大」『中共党史資料』二〇〇三年第二期（二〇〇三年六月）一一〇頁。

(23) 汪朝光「戦後旅大接収問題研究」『中俄関係的歴史与現実』編輯委員会編『中俄関係的歴史与現実』（開封：河南人民出版社、二〇〇四年）四〇二―四〇九頁。

(24) 別宮秀夫の人となりについては富永孝子『遺言なき自決――大連最後の市長・別宮秀夫』（新評論、一九八八年）を参照。

(25) 石井明『中ソ関係史の研究　一九四五―一九五〇』（東京大学出版会、一九九〇年）三三頁を参照。

(26)(27) 『中華民国重要史料初編――対日抗戦時期第三編　戦時外交(2)』四六二頁。

(28) 同右、四六六頁。

(29) 「行政院交弁国民参政会駐会委員会第十次会議建議収回旅順、大連行政権案」、前掲『外交部檔案叢書界務類　第二冊中蘇関係巻』二四三頁。

(30) *FRUS, 1946*, Vol. 10, p. 1170.

(31) *Ibid.*, p. 1195. 一九四八年の大連におけるアメリカ総領事の活動については、Paul Paddock, *China Diary, Crisis Diplomacy in Dairen*（Ames: Iowa State University Press, 1977）を参照。

(32) *FRUS, 1946*, Vol. 10, p. 1200.

(33) 『中華民国重要史料初編――対日抗戦時期第三編　戦時外交(2)』四九七頁。

(34) 同右、四六九頁。

(35) 同右、四八〇頁。

(36) 汪朝光、前掲論文、四一六頁。

(37)(38) 同右、五〇〇―五〇一頁。

(39) 同右、四九二頁。

(40) 汪朝光、前掲論文、四一六頁。
(41) 『中華民国重要史料初編――対日抗戦時期第三編　戦時外交(2)』五二〇―五二一頁。
(42) 同右、五二一頁。
(43)(44)(45) 汪朝光、前掲論文、四一九頁。
(46) 王真、前掲論文、一〇五頁。
(47) 「中国長春鉄道、旅順及び大連に関する中ソ協定（一九五〇年二月十四日）」の邦訳は『新中国資料集成』第三巻（日本国際問題研究所、一九六九年）五六―五七頁を参照。
(48)(49) 王真、前掲論文、一〇五頁。
(50) 中共中央文献研究室編『毛沢東伝（一九四九―一九七六）』（北京：中央文献出版社、二〇〇三年）三四頁。
(51) 王真、前掲論文、一〇五頁。
(52) 同右、一〇五―一〇六頁。
(53)(54) 同右、一〇六頁。
(55) 沈志華『中蘇同盟的経済背景　一九四八―一九五三』（香港：香港亜太研究所、二〇〇〇年）四三頁。
(56) 同右、四一―四二頁。
(57)(58) 新華通信社国内資料組編『中華人民共和国大事期（一九四九―一九八〇）』（北京：新華出版社、一九八二年）五〇九頁。
(59) 『中華人民共和国対外関係文件集　第二集（一九五一―一九五三）』（北京：世界知識出版社）八九―九〇頁。
(60) 王真、前掲論文、一〇七頁。
(61) 『新中国資料集成』第四巻（日本国際問題研究所、一九七〇年）三一三頁。
(62) 王真、前掲論文、一一〇頁。
(63) 朱瑞真「一九五四年赫魯暁夫訪華」『中共党史資料』二〇〇三年第二期（二〇〇三年六月）九四頁。
(64) 同右、一〇一―一〇二頁。
(65)(66)(67)(68) 同右、一〇二頁。

III 戦後の中国東北地域、一九四五〜四九年

国民政府統治下における東北経済(1)

山本有造

はじめに

一九四五年八月八日ソ連は対日宣戦を布告し、極東ソ連軍は八月九日午前零時を期して進攻を開始した。同日未明「満洲国」の首都新京（長春）は早くも最初の空爆を受けた。

ソ「満」国境を越えたソ連軍は三つの方面軍をもって満洲に入った。極東ソ連軍総司令官ワシレフスキー元帥に率いられたワシレフスキー軍（第二極東方面軍）は、北から黒龍江、ウスリー江を渡河して南下した。マリノフスキー元帥に率いられたマリノフスキー軍（ザバイカル軍）は二つに分かれ、その一方は満洲里を越えてハイラル、チチハルに進み、もう一方の軍団（コワリョフ軍）はモンゴル人民共和国から入って新京を陥し、四平街から奉天（瀋陽）へと進んだ。またメレツコフ元帥の率いるメレツコフ軍（第一極東方面軍）は沿海州から入り、ハルビンを陥した。さらに、関東州地区すなわち大連、旅順はソ連軍落下傘部隊によって占拠された。

日ソ開戦とともに本部の通化への移転を決めた関東軍および満洲国政府は、ソ連軍の予想外に速い進撃により充分の対応をとる暇もなく崩壊に追い込まれた。八月十七日、関東軍司令部は前線に対し停戦命令を発し、翌十八日には満洲国皇帝の退位と満洲国の消滅が決せられた。

八月二十日、ソ連軍は長春に進駐し、同日、コワリョフ大将は関東軍総司令官山田大将と会見して関東軍司令部を接収した。八月三十日にはマリノフスキー元帥が鉄路ザバイカルから長春に入った。満洲各地に進駐したソ連軍は、もちろん軍事権は掌握したが、民治については旧満洲国の機構を保持し、旧満洲人（東北籍中国人）をもってその運営にあたらせる方針をとったものと思われる。長春においては、曹肇元が市長に、趙萬斌が公安局長に任命された。概していえば、満洲国解消後の東北はいずれ国民政府に統合されるとしても、旧満洲国官吏を排除して運営することは不可能であると考えられた。

以上のソ連軍の動向に対して、いまや旧満洲に主権を持つべき中国側（中華民国国民政府＝重慶国民政府）の対応はかなり遅れた。

本稿では、一九四五年十月国民政府代表の東北到着から、ソ連軍の駐留とその撤退、激しい国共内戦を経て、四八年十月国民政府軍の敗北と東北からの撤退に至る激動の三年間を、国民政府の東北接収—経済再建計画とその破綻という側面に焦点を当てて考察する。満洲国経済の遺産は戦後東北経済にどのような痕跡を残したであろうか。中国国民政府は戦後の東北経済をどのようなものとして再建しようとしたのであろうか。それは、米ソ対立、中ソ対立、国共対立という政治状況によってどのように翻弄されたであろうか。そして結局、戦後の東北は新中国の建設にどのような意味を持ったであろうか。

満洲国から新中国へ。その断絶面は当然のこととして、その地下水脈における連続面にも目を向ける時期に来ているように思われる。

一　中ソ東北交渉の開始

抗日戦争下の中華民国国民政府（重慶国民政府）は、一九四〇年、戦時下における政治・経済建設基本プランを企画する部局として中央設計局を設け、これを、蔣介石を中心とする戦時独裁体制の統括機関である国防最高委員会のもとに置いた。そして、四三年十一月のカイロ会談により満洲、台湾、澎湖諸島の中国帰属が認められるや、これら諸地域の戦後構想のプランニングを同局の管理下に新設された二つの委員会においておこなうこととした。満洲に関する東北調査委員会、および台湾に関する台湾調査委員会がこれである。

しかし、太平洋戦争における日本の敗勢は国民党政府の予想よりも速く進み、国民党主導による反攻の前に、日本の敗戦そして満洲国の崩壊をみた。

一九四五年八月三十日、重慶国民政府は「東北」地区の接収に関して「収復東北各省処理弁法要綱」を公布した。その要点は、旧満洲を接収・管理する中央派出機関として軍事委員会委員長東北行営（のちに国民政府主席東北行営）を設置し、その下に政治、経済両委員会を置くこと、旧東北三省を分かって新たに遼寧、安東、遼北、吉林、松江、合江、黒龍江、嫩江、興安の九省を設置すること、長春に外交部東北特派員公署を設けることにあった。九月に入って国民政府は、熊式輝を東北行営主任兼同政治委員会主任委員に、張嘉璈（号・公権）を同経済委員会主任委員兼中国長春鉄路公司（中長鉄路）中国代表に、また外交部東北特派員に蔣経国を任命した(2)。

熊式輝、張公権、蔣経国らの国府代表は十月十二日に至ってようやく長春に入り、ここにはじめて東北接収に関わる中ソ交渉が開始されることになった。しかしながら、ソ連軍がその圧倒的な軍事力をもって東北全域を制圧したのに対して、国府側は当初わずか数十名をもって進駐し、外交交渉によって旧満洲の接収を図らなければならなかった。

これに先立つ同年八月、モスクワにおける王外交部長・モロトフ外相会談において合意をみた中ソ友好同盟条約（調印八月十四日、批准八月二十五日、発効十二月三日）のうち、当面の中ソ交渉に関係する部分は大略次の三点に要約できる。(3)

(1)日本軍と戦うため満洲に進駐するソ連軍は、終戦後三カ月以内に撤退する。

(2)日露戦争当時にロシアが所有した在「満」鉄道については中ソ両国の共同経営のもとに置くこととし、中ソ合弁の中国長春鉄路公司を設立する。

(3)旅順はソ連の海軍基地とし、大連は自由港とする。ただし両地の行政権は中国に属する。

そして十月十三日の第一次中ソ代表者（熊・マリノフスキー）会談において、国府側はまず次の四点についてソ連側の協力を求めた。(4)

(1)東北政権樹立と各省市の行政機構接収に対するソ連側の協力。

(2)日本および旧満洲国が東北に保有していた工業機構および設備の接収に対するソ連側の協力。

(3)国府軍進駐のための海路輸送に対するソ連側の協力、とくに大連港利用の許可。

(4)ソ連軍撤退以前の治安維持のため、少数部隊を瀋陽、長春へ空輸することに対する許可と協力。

なお熊主任委員は、会議開催にあたって、「東北行営の任務は中ソ友好同盟条約にもとづいて東北の政治・経済を速やかに回復させることである。ソ連側の同盟軍としての善意と協力をお願いしたい」と述べた。国府側としては、たとえ種々の困難はあるにしても、中ソ友好同盟条約が双方の合意の根本にあり、ソ連側がこれに大きく反する行動に出ることは予想しなかったのである。

国府側からの上記四つの要求に対するソ連側回答は、国府軍の上陸問題は実質上これを拒否し、経済接収事務については今後の協議にまつという、予想外に冷淡なものであった。そして双方の代表者会談と並んで、軍事問題ならびに経済問題についてはそれぞれ責任担当者を出して個別に協議することが定められた。すなわち軍事については東北行営副参謀長董彦平中将とソ連軍総司令部副参謀長パブロフスキー中将があたり、経済問題については東北行営経済委員会主任委員張公権とソ連軍総司令部経済顧問スラドコフスキー大佐があたる。また条約にもとづく中長鉄路問題については張公権が中国代表を兼任し、ソ連側代表カルギン中将と交渉にあたることとなった。

二 「戦利品」問題ならびに「中ソ合作工業公司」計画

ソ連軍が東北進駐と同時に主要工鉱業設備を接収し、かつまたその一部を撤去、ソ連への搬送を始めたことは、国府側を大いに驚かせた。中ソ友好同盟条約にもとづく限り、そのような権利をソ連が持つとは考えなかったからである。国府東北行営の到着以前においてソ連軍が在満施設・資材の搬出を大規模におこなったことは、旧満洲重工業総裁高碕達之助による次の報告に明らかである。(5)

其ノ後ノ状勢（九月廿二日迄）ヲ判断スルニ、ソ軍ハ満州各地ノ重工業施設ノ重要ナル部分ハ火急ニ荷造シ本国へ送附中ニテ、奉天住友三菱電線、満白ノ諸機械幾百車ハ北部へ向輸送サレツヽアリ、察スルニソ軍ハ対日賠償ヘ参加スル権利ナキ故、戦利品トシテ目星シキモノヲ捲揚ゲル方針ノ如ク、重慶側ハ今日ニ至ルモ正式代表者来ラズ、所謂代弁者ト称スル者ニ之有、ソ軍ノ掠奪ニ対シ反抗的意見ヲ洩シ居ルモ、之ヲ阻止スル方針ニモ不出、恐ラク重慶ノ首脳部ハ、ソ軍ノ掠奪ヲ公認セルモノ、如クニモ観察セラレ、他日賠償問題解決ニ当リ、対支賠償金決定ノ一対シ問題化スルモ、日本トシテハ飽迄八月十五日現在ヲ主張シ、八月十五日以後、ソ軍掠奪ニヨル評価減ハ聯合国側ノ責任ナルコトヲ明確ニシ置ク要アリト信ジ候

重慶側すなわち国民政府もこの「掠奪フ公認」したわけではないが、事態は彼らの手の届かないうちに進行しつつあった。さらに、東北行営が長春に入ると、ソ連の主要施設の接収は一層組織化された。のちに述べるように、国府側と

の経済交渉にあたって、これら接収施設を「人質」として利用することが考えられていたからである。

まず十月二十日には、ソ連は旧満洲重工業総裁高碕達之助に対し旧満業およびその傘下企業の全財産を引き渡すことを要求し、十月二十七日に至り、同日付をもって引渡書が交付された。ここに、旧満洲重工業に直属する企業七二、小会社一五〇が一括してソ連に接収された。また旧満鉄は、九月二十二日、中長鉄路ソ連代表カルギン中将の着任と同時にその管理下に入ったが、十一月十九日に至ってその全財産をソ連に引き渡すべき命令を受け、九月二十五日現在に遡及して「ソ連軍に対する満鉄財産管理権引渡しに関する覚書」の提出を余儀なくされた。本来、旧満鉄財産については、中ソ友好同盟条約によりその一部が中ソ合弁の中長鉄路に移管されるほかは、ソ連に主張すべき権利があるとは考えられなかったにもかかわらず、ここに旧満鉄の全財産もまた一括してソ連軍の接収を受けることになった。

以上の情勢を背景にして中ソ交渉に臨んだソ連側は、十月十七日の第二次中ソ代表者会談において、日本人所有の工廠はすべてソ連軍が獲得した「戦利品」とみなすと言明して国府側を驚かせた。その後再三にわたりソ連側によって繰り返された「戦利品」の論理はほぼ次のようであった。すなわち、過去東北は反ソ根拠地となっており、その下におけるすべての日本工鉱業は反ソ軍事活動に従事したとみなしうる。したがって現在東北にある主要工鉱業は今次ソ連軍が対日作戦によって獲得した戦利品とみなす、というものである。(6)

こうして、在東北地域の工鉱業に大きく網をかぶせたうえで、ソ連は経済問題を論ずべき張・スラドコフスキー会談において、東北地区における中ソ経済合作を提案してきた。数次の予備折衝を経て、ソ連軍経済顧問スラドコフスキー大佐が正式に「中ソ合弁工業公司」の提案をおこなったのは、十一月二十日のことであった。『張公権先生年譜初稿』(以下、「張公権初稿」)によれば、その申入れ内容は次のようであったという。(7)

ソ連側としては、かつて満洲重工業株式会社および満洲電業株式会社に属していた諸事業を経営する目的をもって、一つの中ソ合弁の株式会社を組織する必要があると考えている。上述の両会社はもと関東軍の所有にかかるものであるが、ソ連政府は対中国親善の見地から中ソ双方の代表が平等の所有権をもつという原則にたって、両杜の事業を共同経営としたいと願っている。その財産は双方平均に分配すること、すなわちソ連側が一〇〇分の五〇、中国側が一〇〇分の五〇を占有するものとする。またこれら事業を管理するについて、中ソ合弁の公司を組織するとしてその条件は以下の如くである。(1)公司は平等の原則により組織し、公司資本は折半としてこの比例は公司存続中は変更しない。(2)ソ連はいくつかの経済組織、すなわち伯利煤業公司、遠東動力公司、遠東銀行等をもって該公司の参加人とし、中国側もまた自然人又は法人をもって参加することができる。(3)ソ連側は、前述二会杜（満業・満電）の日本人所有資産の一〇〇分の五〇を以て該公司の資本金にあてる。中国側もまたソ連側と同等の資本を払込むこととし、日本人所有およびその他所有の資金残部をもってこれにあてる。(4)該公司に参加するにあたりソ連は必要な専門家を供給し、また技術援助を供与し、以て該公司所属の各事業の回復と発展を図る。(5)前述二会杜に所属する事業、土地、地下権はすべて新組織の公司にうつす。(6)中ソ双方の参加者は公司事務の管理に共同で参加する。該公司の上級幹部は双方平等の表決権を有し、中国側代表が公司総裁、ソ連側代表が副総裁となる。(7)公司事務の執行についてはソ連側が総経理を指定し、中国側が副総経理を指定し、弁理の責を負う。

当時はまさに、国府軍の東北進駐をめぐる中ソ交渉が暗礁に乗り上げ、また一方に在東北共産軍（八路軍）がソ連の暗黙の援助のもとに国府軍の進駐を妨害して、国府側はなすすべを知らぬ状態にあり、東北行営もまた一時山海関に緊急避難をおこなう最中であった。中国側が、政治問題がなにひとつ解決していない現段階においてこのような経済問題は協議しえないと主張したのに対して、ソ連側は、経済合作がうまくいきさえすれば政治問題はおのずと解決すると主張した。

東北問題をめぐるソ連と中国の関係にはまことに微妙なものがあった。ソ連は連合国側の一員として重慶国民政府を支持し、したがって外交上の正式対象として国府を認めていたけれども、旧満洲すなわち中国東北地区においてこの際日本にかわり自己の勢力を扶植することに最大限の努力を払った。接収した主要工鉱業施設を「人質」とした国府との中ソ経済合作要求と、他方における中共勢力に対する援助は、この一つの目的に対するオルターナティヴな手段であり、そのいずれかにより本来の目的が達せられるまでは進駐ソ連軍を撤退する意志はなかったものと思われる。こうして、本来一九四五年十一月下旬をもって撤退すべきソ連軍はその後も二次、三次の撤退延期をおこない、最終的には四六年四月に至ることになる。

さて、旧満業・旧満電所属の全事業をあげて中ソ合弁工業公司に移そうとする第一次提案がとても中国に受け入れられないとみたソ連は、十二月十三日に至ってその範囲をせばめた第二次リストを示し、あわせて中国側に返還してもよいとする工廠リストをもそえて中国側の譲歩を迫った。そこに示された（甲）中ソ合弁に帰すべき工廠、ならびに（乙）中国政府に返還される工廠の概要は次のごとくである。(8)

（甲）中ソ合弁に帰すべき工廠

(1)炭鉱―九カ所。
(2)発電所―豊満水力発電所およびその発電線路・変電所を除く、各地の蒸気タービン発電所一四カ所。鴨緑江水力発電所はここに加えず。
(3)鉄鋼業―製鉄所三カ所、選鉱所二カ所。
(4)鉄鉱山―三鉱。
(5)煉瓦製造所―二カ所。
(6)非鉄金属・軽金属工業―一九カ所。
(7)機械工業―六カ所。
(8)化学工業―八カ所。石油精製工場二カ所、オイル・シェール工場二カ所を含む。

⑼製塩所―一カ所。
⑽セメント工場―四カ所。
⑾民用飛行場―八カ所。

以上、工鉱業事業所七十三《ママ》単位（正確には七一単位か？―筆者）、民用飛行場八単位。

（乙）中国政府へ返還する工廠

⑴発電所―一七カ所
⑵炭鉱―二六カ所
⑶鉄鋼業―一カ所
⑷機械工業―二三カ所
⑸電機工業―一一カ所
⑹其他製造工業―六カ所
⑺セメント工場―七カ所
⑻石油精製・石炭精製工場―各一カ所
⑼紡織工場―一二カ所
⑽食品工場―四一カ所

以上、工鉱業事業所一四七《ママ》単位（正確には一四六単位か？―筆者）。

ソ連側の主張によれば、中ソ合弁に属する事業の価額は約三八億元、中国に返還される事業の価額は約二二億元であり、前者に属するものを産業別に一一の合弁公司に組織しようとする。これを第一次提案と比べると、事業所数ではかなり減少したが、新たに(イ)民間飛行場についても合弁が提案されたこと、(ロ)鉄鋼以下主要五合弁公司についてはソ連側の持ち分を一〇〇分の五一とし、かつ董事長、総経理の両職共ソ連側の選任とすることが付け加えられた。

以上のようなソ連の執拗かつ強硬な要求に対して、経済委員会主任委員張公権は国府中央と再三にわたり商議を重ね、訓令をあおいだ。重慶国民政府は翌一九四六年一月十六日に至って経済部東北特派員孫越崎を長春に送り、中央で討議した指示を伝えた(9)。

まず対ソ交渉にあたっての基本方針として、次の諸点が指示された。

(1)中国東北領土内の旧日本工鉱資産はすべて中国の所有物である。ただし中ソ友好という観点から、具体工廠の提出を願い、ソ連政府との合弁につき商議する用意がある。

(2)東北にあるソ連軍が撤退すれば、中国政府はただちにソ連政府とこの合弁法につき商議する。

(3)ソ連軍の撤退以前にあっては、中国側は東北行営経済委員会をもって予備会談にあずからせる。

(4)東北電力業はその関連するところが広いので合弁の列には加えず、中国の単独経営とする。

(5)東北鉱業も極力合弁をさけるべきである。もしソ連が強硬に主張するときは少数に限って認める。

(6)合弁に当てうるのは本渓湖鋼鉄廠と一部の機械製造廠である。しかしながら、合弁公司の理事長はすべて中国人が担任し、総経理も中国人が任にあたる機会を留保しなければならない。

なお、(5)と(6)に関連して、次の三つの合弁公司についてはその設立に一応賛成してもよいとされた。

(イ)中ソ合弁煤鉱公司(旧満洲製鉄本渓湖支杜経営の本渓湖炭鉱、旧渾春炭鉱経営の渾春炭鉱、ならびに旧扎賚炭鉱経営の扎賚諾爾炭鉱の三鉱をもってあてる)。

(ロ)中ソ合弁鉄鋼公司(旧満洲製鉄の満洲製鉄金属総合工廠、本渓湖製鉄工廠、ならびに旧満洲製鉄の本渓湖鉄山の三事業所をもってあてる)。

(ハ)中ソ合弁機械製造公司(旧満洲自動車製造の瀋陽、安東、哈爾濱工廠、ならびに旧満洲機械製造の金州重機械製造工廠をもってあてる)。

以上、ソ連側の提案に対する中国側の対案が出たことによって、ようやく交渉は具体化する運びとなったが、双方の主張は大きくかけはなれていた。ソ連の要求はあまりに大きく、中国の対応はあまりに小さかったからである[10]。

こうして双方が「押しつ押されつ」を繰り返しているうちに、この中ソ交渉がアメリカ合衆国の知るところとなった。一九四六年二月九日に至って、アメリカは中ソ両国に照会を発し、東北工鉱業の共同管理は「門戸開放原則」に違反すると申し入れた。いまや中ソ経済合作問題は、国際外交の場に持ち出され、ソ連はむしろアメリカとの応対に追われることになった。またこの経済合作とからめて再三延期してきたソ連軍撤兵問題も、二月に入るとやはり国際的問題となり、ソ連側の最終決断が迫られつつあった[11]。

結局、三月に入って「中ソ経済合作」交渉はあらためて重慶においておこなうことが取り決められた。三月二十七日、ソ連はペトロフ大使を通じてその要求をかなり縮小した(第三次)提案をおこない、中国側もまたその対案を四月十三日に提示した[12]。重慶における中ソ経済交渉は四月十六日に第一次会談が持たれ、ソ連側の駐重慶大使ペトロフに対して中国側は経済部次長何淬廉、外交部次長劉一鍇を代表に送った。交渉は出直しとなったが、五月ソ連軍の東北撤退完了とともに、自然消滅の道をたどることになる。

三　ソ連軍撤退後の東北経済状況

「中ソ友好同盟条約」締結交渉時の約束(厳密にいえば、一九四五年七月十一日第五回会談の議事録)によれば、ソ連軍は日本降伏後三週間以内に旧満洲から撤退を開始し、最大三カ月で撤退を完了する(したがって撤兵完了期限は四五年十一月一日である)はずであった。ソ連はまた、四五年九月二日、日本による降伏文書調印に際してもこのことを言明していた。しかし政経両面での中ソ接収交渉は様々な障害に出合って進捗せず、ソ連軍撤退のことも再三にわたって延期された。しかし、四六年に入るとアメリカをはじめとする列国の対ソ圧力が強まり、中国国内においても各地において反ソ運動が拡がりをみせた。こうしたなかで、三月上旬に至ってソ連軍は突如として東北から撤退を開始し、三月十二日には瀋陽から、十三日には四平街からの撤兵を完了した。次いで三月二十三日、ソ連大使から中国外交部に対しソ連軍は四月末をもって撤兵を完了するとの通知があった。その後の撤兵はほぼ順調に進行し、四月十四日には長春から撤退し、五月二十三日、マリノフスキー元帥は三月三日をもってソ連軍が東北全域からの撤退を完了した旨、中国側へ通知した。

こうして旅大地区を除く東北全土は中国の手に返還された。しかし、ソ連進駐軍の撤退は国府、中共両軍の対立を表面化した。東北における中共軍の勢力は、日本の敗戦と同時に、それまでソ連領に退避していた「東北抗日聯軍」と冀東、熱河地域に根拠地をかまえる「八路軍」の両方面から旧満洲に入り、ソ連軍とともに各地へ進駐した。したがって、国民政府軍がソ連側の妨害に抗して東北地区に入ろうとすると各地で衝突がおこった。ソ連軍と中共軍の連繫によって大連、営口など海港からの上陸に失敗した国府正規軍は、一九四五年十一月十一日、山海関を攻撃して長城線を突破し、東北に入った。以後国府軍は、一方にソ連軍の撤退を交渉しつつ、瀋陽、長春など、南満の主要都市に少数の保安部隊を送り、外交・行政派遣員の保護につとめたが、すでに厚い勢力を有する中共軍から再三の攻撃を受け、安定した統治を保つには至らなかった。

一九四六年春になり、ソ連軍の正式撤兵とともに南満の諸都市は国共双方の争奪の対象となった。三月十二日、ソ連軍撤退後の瀋陽に国府軍が入ろうとすると、すでに中共軍が先に入っていた。国府軍が中共軍を撃退して瀋陽の接収を完了したのは三月十八日であった。戦線は徐々に北上し、三月十七日には四平街において、四月十四日には長春において国共は交戦し、概して北へ行くほど激戦となった。国府軍は兵力を増強して五月二十日には四平街を、同二十三日にはついに長春を奪回し、ここに南満の接収はほぼ完了した。四月五日には東北行営の本部は一時避難先の錦州から瀋陽に入り、東北経営の拠点を改めて設置した。

アメリカからの供与による優秀な装備に護られた国府軍の進撃は四、五月においてめざましく、一時は全「満」制圧もごく間近かと思われたが、長春、吉林を過ぎたあたりでその勢いは突然に減退した。林彪将軍率いる中共軍はその戦術をゲリラ戦に転換し、国府軍を北へおびき寄せては南を撃つ方式をとったからである。ここにおいて主要戦線は長春、哈爾濱の中間にある松花江に沿って広がり、これが実質的な国共占領地の国境線となった。旧東北三省に国府が新たに設定した九行政省のうち、国民政府のもとに接収されたのは遼寧、安東、遼北、吉林の南部四省にとどまり、北部五省すなわち松江、合江、黒龍江、嫩江、興安はソ連ならびに中共の影響下にとどめ置かれて、ついに国府の手は及ばなかった。

こうして、一九四六年初夏の東北は、ほぼ南北に分割されて国共対立が続いていたけれども、長春、吉林以南においては国民政府による接収、行政機構の整備が進んで、ようやく一種の安定期を迎えつつあった。張公権を主任委員とする東北行営経済委員会も、本部を瀋陽に分行を長春に設営して、経済資産の接収、経済活動の再建に本格的に取り組むことになった。

この国民政府による東北経済再建の出発点にあたって、東北における経済資産の状況はいかなるものであったろうか。さらに具体的には、ソ連軍による経済施設の撤去・破壊の状況についてはそれをどの程度とみるのがよいであろうか。

一九四六年六月一日、アメリカ政府が派遣した対日賠償ポーレー調査団の一行が瀋陽に入り、ソ連軍撤兵後の情況、とくにソ連軍に「拆去」された工鉱施設の調査にあたった。その調査報告によれば、「ソ連軍が満洲の諸工業施設に与えた直接の損害は八億九〇〇〇万ドルに達しソ連軍占領下における間接的損害を含めれば二〇億ドルにものぼる」という。(13)

実は、すでに早くも一九四五年の末の時点で、東北行営経済委員会は瀋陽の日本工業会（東北工業会）に依嘱してソ

表1　ソ連軍による東北鉱工施設の破壊推定額

	ポーレー調査団被害額		日本技術者調査被害額	
	撤去額（1000米ドル）	稼働能率減少（%）	撤去額（1000米ドル）	稼働能率減少（%）
電　力	201,000	71	219,540	60
炭　鉱	50,000	90	44,720	80
鉄　鋼	131,260	50〜100	204,052	60〜100
鉄　道	221,390	50〜100	193,756	—
機　械	163,000	80	158,870	68
液体燃料・潤滑油	11,380	75	40,719	90
化　学	14,000	50	化学　74,786	33.5
			食品工業他　59,056	50
洋　灰	23,000	50	23,187	54
非鉄金属（含鉱山）	10,000	75	60,815	50〜100
繊　維	38,000	75	135,113	50
パルプ・紙	7,000	30	13,962	80
ラジオ・電信・電話	25,000	20〜100	4,588	30
合計	895,030		1,233,167	

注　日本技術者推定の撤去額の合計には銀行関係を加算せず。
〔出典〕東北日僑善後連絡総処・東北工業会「蘇聯軍進駐期間内ニ於ケル東北産業施設被害調査書」1947年2月（「張公権文書」Box9）。

連軍による被害の初歩調査をおこなっていた。ポーレー委員会の調査にあたっては、この日本人による予備調査を参考に供したという(14)。

一九四七年二月に至って、再び、東北行営は東北日僑善後連絡総処および東北工業会に対して本格的な被害調査を依頼した。同会は、撫順ならびに阜新炭礦長を歴任し満洲炭礦開発の権威であった久保孚を主任とし、鉄道、電力以下一二部門にわたって総勢二〇名を動員して調査にあたり、「蘇聯軍進駐期間内ニ於ケル東北産業施設被害調査書」と題する詳細な報告書を提出した。その結論は表1のごとくであるが、その調査方針と備考をこの報告書から再録しておく(15)。

調査方針

(a)蘇聯軍駐在期間中ニ発生シタル撤去搬送掠奪及破壊ニヨル被害ハ八路軍ニヨリテ行ハレタル如ク考ヘラル、モノモ共ニ蘇聯軍ニ依ルモノト看做シタリ。

(b)被害ノ程度ハ原状回復ヲ主旨トシテ算定セリ。

(c)被害ハ総テ弗建ニ換算ス。

(d)対米為替ハ一：四・二五即一〇〇円ニ付二三・五三ナリ。

〔「対米為替率」表は引用省略——筆者。〕

対米開戦昭和一六年・康徳八年以前数年間ハ四・二五ノ率に略々安定セルヲ見ル。

(e)被害額ヲ弗建ニ換算スル為ニハ先ヅ開戦前ノ物価ニ引キ直ス必要アリ。

〔「物価指数」表は引用省略——筆者。〕

即被害額ニシテ開戦直前ノ指数ニ相当スルモノハ其ノ儘四・二五ヲ以テ除シ　終戦直前ノ指数ニ基キ算出セルモノハ先ツ之レヲ二分シテ開戦直前ニ直シ　然ル後四・二五ヲ以テ割レバ妥当ナル弗建金額ヲ得ルモノト看做セリ。

(f)特殊会社以外ノモノニシテ終戦直前ノ物価異状騰貴ニ基キテ算定セルモノハ夫々前述ノ要領ニ従テ修正ヲ行ヒタリ。

(g)本調査ニ於テハ例ヘバ機械類総計重量ニ屯当値段ヲ乗ズルトイフガ如キ方法ヲ採ラズ各工場会社ノ財産台帳ニ基キ個々ニ実態的ニ調査スルニ力メタリ。

備考

蘇聯軍ガ工場施設ヲ撤去搬送スルニ当リ其期日目的（即再利用ノ為ナリヤ又ハ産業破壊ニアリヤ）撤去ヲ行ヒタル人物名、梱包ノ状態及輸送先等ハ細目表ニ記載シ尚末尾ニ工業会ガ得タル情報ヲ記述セリ。大括的ニ言ヘバ蘇聯軍ノ目的ハ自国内ニ於テ再利用セントスルニ疑ナク、尚夫ト同時ニ東北地方ニ於ケル産業ノ減殺ヲ企図セルモノトモ推測セラル、ルガ、更ニ進ンデ破壊ヲ企テタルモノトハ考ヘ難シ。各地発電施設ヲ選択撤去スルニ先立チ、彼ガ自製ノ計画書ヲ奉天電業会社ニ提示シ、此程度ノ施設撤去ハ従来通リノ給電ニ支障ナキニアラズヤト時ニ特ニ同情アル措置ナルヲ吹聴セシヲ以テ見ルモ、大体彼ノ態度ヲ推察シ得ラルベシ。但シ此ノ計画書ハ一切ノ予備ヲ除キ尚発電機ハ新物ノ時ノ能力ヲ挙ゲタルモノニシテ実際上安全給電ヲ為シ得ザルモノナルハ勿論ナリ。

施設ノ撤去搬送ハ総テ専門技術将校ガ指揮ニ当リ、多クハ日本人ヲ使役シ組織的ニ取リ外シ附近所在ノ木材ヲ徴発シテ梱包セリ。輸送先ハ大連元山清津羅津等勢力下ノ海港ヲ総テ利用シ又哈尔浜ニテ積ミ換ヘ東西国境内ニ送リ込ミ、黒河等ニ於テハ黒龍江氷上ヲ経テ車輌類ヲ対岸ニ渡セル如ク推測セラル、ガ数量及品種ニ付テハ正確ナル報道ヲ得難シ。

本調査書中ニ日本陸軍直営工場ハ稍被害ノ判明セル南満航空廠、南満造兵廠、錦西燃料廠及南満燃料廠ノ四工場ニ付テ記述セルノミナルガ此他陸軍直営ノ工場及倉庫ノ被害ヲ蒙リタルモノ尠カラザルモ其ノ程度全ク判明セザルニ付省略セリ。

元来終戦前ニ於テ東北全体、農業ヲ除ク総テノ経済ハ旧満洲国政府関係及満鉄関係ガ2/3ヲ占メ残余ノ1/3ハ陸軍関係ニアリタルヲ以テ大体其規模ヲ知リ得ベシ。本調査書ハ旧政府関係及満鉄関係ニ属スルモノノミヲ計上セルモノナリ。

以上によって、この調査が、日米開戦直前すなわち一九四一（昭和十六・康徳八）年前後のドル建価額をもって、おもに旧満洲国ならびに旧満鉄関係の工鉱資産の被害状況を把握したものであることが知られる。各部門の破壊状況は三〇%から一〇〇%に及び、全体の単純平均で五〇〜八〇%の設備がこの間に被害を受けたことになる。当時「中国側の推定によると、在満諸施設の四割が撤去され、四割が解体され、残りの二割だけが無傷であると伝えられた」[16]。

ポーレー報告の詳細が伝えられた同年十二月十三日、張公権はその日記に次のような感想を付け加えた[17]。

ポーレー報告はいう。「日本が太平洋戦争の勃発前後に満洲に建設したこの一大工業機構は、日本経済に大きな助けとなった。もしこの工業機構がソ連軍の毀損に会わず占領時のままにあったら、そしてもし中国国内の和平が維持されていたなら、この満洲工業機構は、中国に成長しつつある工業と結合して中国全体の工業発展を加速したであろう。そしてまた、大量生産の能力をそなえた満洲の基本工業は中国の戦時損失に対する日本の賠償を相殺することができ、それは同時に日本の戦争能力の重要な源泉を削減することになったであろう。そうであれば、中国は、敗戦日本の経済的空白を補塡し、日本の生産能力を低減し、日本をして平和的存在の用にわずかに足らしむることができたであろう。」以上の叙述は、私個人が東北経済工作を担任しようとしたひとつの夢想を正に描写したものにほかならない。しかし今日ではすでにそれも絶望の段階にいたっている。慨嘆にたえない。

ソ連軍による工業施設の破壊ないし撤去の実態については、今日、それを極めて大きかったとする見解から、それが予想外に小さかったとする見解の方向に重点移動が進んでいるように思われる。いずれにせよ、分野ごとの実態調査を含め、なお後考に俟つところが少なくない(18)。

四　国府治下の東北産業復興計画

一九四六年初夏に至って、東北地区も一応の「相対的安定期」に入った。四月五日には東北行営本部は瀋陽に入り、六月八日には東北行営経済委員会も瀋陽に本部を、長春に分所を開設して東北経済再建のための本格的活動を開始した。張公権を主任とする経済委員会の当面の課題は大略して二つであった。その一は、多種多量の紙幣流出によって崩壊した金融・財政を立て直すこと、その二は、ソ連軍の占領と内戦で破壊・放置された鉄道ならびに工鉱業施設を可及的すみやかに接収し、一定の計画に従って生産を再開すること、これである。経済委員会は、この計画立案・実施にあたって、旧満洲国経済運営の中枢にいた日本人を積極的に利用し、その意見を重視する方針をとった。

こうしたかたちでの日本人の徴用は、すでに終戦と同時に始まっていた。ソ連軍は、旧満業、旧満鉄、旧満洲中銀など主要機関を接収するとともに、当面この運営にあたっては日本人旧職員の協力を強く求めた。とくに、前述の中ソ合弁工業公司の中核に位置づけられた旧満業の事例について、最後の満業総裁として衝にあたった高碕達之助の回想は興

味深い。(19)

（一九四五年）十一月八日、私はスラドコフスキー大佐に招致されて、同大佐の事務所である旧大興公司ビルに出頭した。そして彼から、中国側との折衝の結果、いよいよ中ソ合弁の「中ソ工業公司（仮称）」設立準備のため、同ビル内に事務所を設けるようになったから、調査資料を提出せよとの命令を受けた。調査対象としては「鉄鋼」「石炭」「鉱山」「軽金属」「機械」の外、「電力」「化学工業」「洋灰」「製紙」「紡績」「食料品工業」をも包含する旨の説明があったが、その後軽工業は中国側において単独に経営することになったのでこれを除外するという申渡しがあった。かくて十一月十二日から、総務班（主任奥村慎次）石炭班（主任前島呉一）機械班（主任武田俊彦）化学班（主任足立長三）洋灰班（主任北林惣吉）電気班（主任岡雄一郎）鉄鋼班（主任梅根常三郎）鉱山班（主任大草正司）の機構を作り、約八〇名の日本人がこれに当たることになった。

ところが、一方中国側においても、別の方向から同じような調査を命じて来た。そこでこれに対しても、同様の報告を取纏めるために、この方は前記の八木聞一氏（旧満業理事—筆者）を主班とし、中国側の本拠である中央銀行ビル内に事務所を置き、鉄、石炭、機械工業、紡績、製紙、食料品加工等の調査報告を提出することになった。

スラドコフスキーは、中国側との合弁公司設立の交渉はすぐに出来るといっていたが、事実は双方の思惑から、仲々折衝は進行していないように見えた。

同様の働きかけは、旧満鉄、旧中銀関係者にもあった。しかしこの段階においては、中ソの対立のほか一時は八路軍側もこれに介入して、三つ巴で日本人技術者を争奪し、具体的な東北経済の将来計画を立案するには至らなかった。少なくとも東北地区南部についてだけでもこれらの組織が一本化し、東北行営経済委員会のもとにおいて統一的に作業を始めたのは、やはり一九四六年夏以降のことであった。張公権および経済委員会は、工業全般および重化学工業については高碕達之助（前出）、八木聞一（前出）、石田芳穂（旧満洲国経済部兵器司長）、軽工業については永井正夫（旧満洲繊維公杜理事）、鉄道交通については山崎元幹（旧満鉄総裁）、金融については長谷川長治（旧中銀理事）、森恒次郎（旧中銀理事）らを顧問として東北経済再建に取り組もうとした。以下本稿においては、同じく致命的課題であった金融問題はしばらく措くこととし、おもに工鉱業生産復興に関わる問題を取り上げることとする[20]。

一九四六年八月、改めて東北行営技術顧問の依嘱を受けた高碕達之助は、それまでの旧満業技術者グループを統合して約九〇名のチームを編成し、長春に事務所を置いて東北における産業復興計画に従事した。彼らが提出した基本構想は、高碕メモによれば次のようなものであった[21]。

(1)産業復興の第一義は民生の安定にあり、まず大衆の衣食住行の四大必要条件を整えることをめざすべきである。
(2)そのためには、第一交通、第二石炭工業および電力業、第三鉄鋼業、第四機械工業の復興が先決である。
(3)これら四産業は当面収支計算は第二義とし、国営により急速におこなうべきである。
(4)そのほか紡績、織布、洋灰、製紙、食品工業、化学工業は民間の有能な経験者に払い下げ、一部の資金を融通して経営者の生産意欲を増進する途を講ずべきである。

ところで、これら先決四部門の実動能力はどうであったか。ソ連軍の施設撤去ならびに共産軍による北部五省占拠によって、一九四六年十月現在における利用可能能力は大略表2のようなものであった。そして、この表2を前提とした応急復興計画の基本方針としては次の諸点が提案された[22]（先決四部門のみ。繊維、農産物そのほかについては省略）。

1　鉄道
(1)実動機関車七〇〇輛、実動客車八〇〇輛、実動貨車一万輛を確保する。
(2)そのためには新造よりも、現存車輛の修理に重点を置き、鉄西、鞍山の工場を動員して総合的に計画する。

2　石炭
(1)一九四七年における月産額を、撫順一三万三〇〇〇トン、阜新一二万三〇〇〇トン、北票二万九〇〇〇トン、本渓

表2　主要重工業部門の残存能力(1946年10月現在)

	終戦時	1946年10月現在	備　考
1　鉄　道			終戦前の鉄道線総キロ数のうち，中長鉄路に属すべきもの約3,600キロ，その他7,800キロであるが，1946年10月現在では中長鉄路595キロ，交通部2,103キロである。
(1)粁　程	11,393.00粁	2,699粁	
(2)機関車(総数)	2,403両	808両	
〃　(実働)	1,983両	422両	
(3)客車(総数)	3,049両	658両	
〃(実働)	—	404両	
(4)貨車(総数)	39,523両	7,917両	
〃(実働)	29,137両	6,381両	
2　石炭(月産)			終戦前の全満主要炭鉱は，左のほか，密山，渓城，南票，鶴崗，渾春，ジャライノールほかであって，石炭生産量は年産25,700千トンであったという。
(1)撫　順	380,000トン	100,000トン弱	
(2)煙　台	27,000トン	4,500トン弱	
(3)本渓湖	80,000トン	5,000トン弱	
(4)阜　新	366,000トン	50,000トン弱	
(5)北　票	100,000トン	8,000トン弱	
(6)西　安	170,000トン	36,000トン弱	
(7)営城子	30,000トン	—	
(8)以上計	1,153,000トン	203,500トン弱	
3　電力(実働)			終戦前の発電設備は1,708千KWであったが，ソ連軍の設備撤去ののち，650千KW(水力340千KW，火力310千KW)に減少した。
(1)水豊(水力)		140,000 KW	
(2)豊満(水力)		120,000 KW	
(3)西安(火力)		8,000 KW	
(4)撫順(火力)		20,000 KW	
(5)北票(火力)		少量	
(6)鞍山(火力)		少量	
(7)以上計		300,000 KW	
4　鉄鋼(設備能力)			
(1)銑　鉄	2,520千トン	650千トン	
(2)鋼　塊	1,330千トン	580千トン	
5　機械工業			
(1)全設備(投資)額	1,000百万円	335百万円	

〔出典〕　高碕[1948]142頁以下，および311頁以下。『張公権先生年譜初稿』(上)777–780頁。

湖三万八〇〇〇トン、西安七万五〇〇〇トン、煙台一万四〇〇〇トン、月産計四一万二〇〇〇トンを目標とし、運輸と資材の確保に万難を排して取り組む。

3　電力

(1)豊満の発電機七万五〇〇〇キロワットを新たに補充する。

(2)阜新、撫順など炭礦火力発電所で二流炭を活用するためにさらに、一〇万ないし二〇万キロワットの設備を補充する。

4　鉄鋼

(1)在庫手持の製品・半製品をもって民生の必要部品（たとえば針金、針、鉄道用犬釘、鉄管、各種機械用鋳物、鍛造品など）を供給することから始める。

(2)原鉱石から製品へという普通の順序を逆転し、骸炭炉→平炉→熔鉱炉の順序で復興に着手する。

(3)第一期復興計画（一九四七年中に完成）としてはとりあえず銑鉄二〇万トン、鋼塊三四万トンをめざし、原料炭は撫順、本渓湖より、電力は自家発電一万キロワットのほか外部より一万三〇〇〇キロワットの供給を受ける。

5　機械工業

(1)復興工場の重点を、民生に必要な機械の供給と、交通、炭礦、電力部門の機械修理および車輌修理に置く。

(2)政府各機関が接収した工場を総合して計画を立てる。

(3)残存機械、資材および半製品を蒐集し、活用する。

概略以上のごとき日本人技術者による計画案が、実際上どのようにどれ程実行にうつされたものか、今のところ審らかにしないが、「張公権文書」「張公権日記」に散見されるところから推測するに、一九四六年冬十二月ごろから徐々に実行にうつされたものと思われる。

なお以上にかかわる工場、事業所は、一九四六年五月末から七月末にかけて「統一接収委員会」の手によって統一的に接収され、その後順次政府各機関ならびに民営に管理が委譲されていったものと思われる。[23] 工鉱事業所の管理についで注意すべきことは、重化学工業部門は中央直属の「資源委員会」のもとに、軽工業部門は東北行営経済委員会の外局である「東北生産管理局」のもとに統轄されていることである。

五　東北産業復興の実態

一九四六年五、六月から四七年四、五月の間は、政治・軍事的にみて一種の「相対的安定期」とみなすことができるが、経済復興の観点からは、この短い期間をさらに四六年十二月の前後で二分するのがよいように思われる。すなわちその前期は、復興計画の立案、機構の整備、予備的作業の実行にあたった時期であり、後期は、産業復興に本格的に着手し、一定度の進展がみられた時期である。

今日「張公権文書」中に残存する英文レポート *Summary of Report on Economic Progress in the Northeast from June to December 1946*, by H. E. Dr. Chang Kia-ngau, Chairman of the Northeast Economic Commission によって、この「前期」における経済復興の概要が知られる。[24] 本レポートは、まずそのはじめに一九四六年五月から十二月に至る経済復興の指標をあげてその実績を示したのち（後掲表3）、当面の課題について次のように述べた。

東北行営経済委員会の任務は、経済秩序の回復と経済諸機関の機能回復という二つの局面を有している。後者のうちもっとも主要な部門は、運輸交通、基幹工業、金融機関および農業である。

〔交通〕終戦以前、東北には四万輛の貨車があったが、今日残存するものは約一〇％、四〇〇〇輛にすぎない。関内においても車輛の追加需要は大きく、かつ米国からの新規補給も少なくもあと二年は望めないから車輛の補充は極めて困難な状態にある。この状況を打開するためには、当面、修理能力を早急に改善すること、ならびに手持ちストックの効率的利用をはかるために多角的に配車する方針をとる。

〔基幹工業〕東北の最重要産業は、石炭、鉄鋼、電力であり、この三部門は全産業の基幹となるものである。次年度においては石炭生産を年産五〇〇〇万トンに上げる計画である。鞍山および本渓湖の製鉄所の修復にはとくに努力が払われなければならない。第一段階としては手持ちの鉄・鋼原材料四～五万トンを最終鉄鋼製品に仕上げることとし、同時に年産二〇万トンの能力を持つ溶鉱炉の建設を予定する。

〔電力〕現在の一八万キロワットを二〇万キロワットに上げる。

〔銀行〕国立および商業諸銀行に対しては主要地に支店・出張所を設けるよう勧奨し、県立銀行をすべての県に設置することとする。県立銀行のための要員は現在訓練中であり、県立銀行の第一号は来春開設のはずである。

〔農業〕日本から接収した農事試験場は近く開設の予定であり、良質の種子も輸入されている。また全東北を協同組合および農事改良班のネットワークで覆うことが予定されており、このために従事する要員も訓練済である。さらに我々は農産振興のための総合計画を策定済みであり、近く各省の再建主任会議にかけて検討の予定である。

（中略）

最後に、ソビエト軍による主要機械撤去とそれに続く共産軍による破壊の後、東北経済はそれ以前の生産能力の六、七割を失った。その回復は極めて長く困難な闘いであって、まさにソビエトがその第一次五カ年計画に着手したときに匹敵する。それゆえ、新聞は以下の原則をわが国民に納得させることを自らの責務とするよう希望する。(1)貨幣的・人的な国家資源が唯一の日標すなわち「生産」に集中しうるよう、すべての国民が例外なくより少なく消費しより多く労働すべきこと。(2)専門技術者に対し充分の敬意をはらうべきこと。彼らは、その国籍ならびに関内・関外出身の区別なく政府の用務に登録され、優遇される。(3)経済開発計画は合理的で実行可能なものでなければ

表3　東北経済復興の主要指標

	実額			指数（1946年5月＝100）	
	1946年 5月現在 (a)	1946年 12月現在 (b)	1947年 4月現在 (c)	(a)→(b) (d)	(a)→(c) (e)
［鉄　　路］					
通過里程(公里)	935	3,159	3,097	338	331
旅客運送(人数)	794,641	2,153,716	3,008,091	271	379
貨物輸送(公噸)	186,143	538,406	715,101	289	384
［電　　信］					
報話線路(対公里)	11,200	15,361	22,761	137	203
局　　所	38	85	93	224	245
電話用戸	16,867	21,791	26,151	129	155
市区電話(区数)	15	21	79	140	527
［郵　　政］					
郵　　局	186	229	189	123	102
代弁所	645	292	639	45	99
通滙処所	145	129	148	81	102
［石　　炭］					
産量(公噸)	172,054	385,119	434,545	224	253
［電　　力］					
発電量(瓩)	100,000	185,000	212,000	185	212
［復興工廠］					
資源委員会		14	19		136
東北生産管理局		59	80		136
省市その他経営			84		
民　　営		180	879		488
［農　　業］					
耕種面積(陌)		6,367,480			
生産量(公噸)		6,896,903			
［銀　　行］					
行　　数	43	102	125	237	291
預金(億元)	27.92	82.55	143.37	299	513
貸出(億元)	3.00	14.20	76.04	473	2,537
［物　　価］					
主要物価指数　瀋陽	407	837	2,461		
天津	1,803	3,751	8,484		
上海	1,382	2,613	8,497		

注　(1)電信の1946年12月分は資料を欠くため同11月分で代用。
(2)復興工廠は1946年5月分の資料を欠くため1946年12月を100とした指数。
(3)銀行の1946年5月分は資料を欠くため同7月分で代用。
(4)物価は1945年8月終戦時を100とした指数。
〔出典〕「一年来東北経済復興進展表」(「張公権文書」Box8)。

ばならない。実行不能な計画や人力・原料の不必要な浪費は我々の経済のすべての局面から排除されなければならない。

さて、この報告書以降、すなわち「後期」における経済実績はどうか。表3によってこれが知られる。一九四七年に入って政府機関が整備されつつあったことは、「張公権日記」などによってもうかがわれる。表3においても、鉄道、通信、郵政など、いわゆる社会資本ないし下部構造において復興が緒につき始めたことが知られる。またとくに注目に値するのは、物価騰貴率が中国関内(天津、上海)に比べて格段に安定していることである。しかし生産部門はいまだ手つかずというべく、工廠の復興、農業生産の拡大、物資流通の円滑化が大きな課題であった。

ともあれ一九四七年春から夏の交、東北経済は新しい段階に入るはずであった。四七年七月「東北工業総合復興五年計画」が擬定された。その概要は、今日「張公権文書」に残された一枚の表(表4)にわずかにうかがうことができる。しかしその実行のために残された時間はもはやほとんど尽きていた。

六　終　焉

一九四五年十月、東北行営経済委員会主任委員として着任以来、中ソ交渉ならびに東北復興に尽力した張公権は、四七年二月、蔣介石の命により中央銀行総裁に任ぜられ、主任の席を関吉玉に譲って東北を離れた。二月二十七日瀋陽を離れるにあたって、張公権は日記に次のように記した。(25)

今日東北に別れを告げ胸中感無量。昨年十一月(正しくは十月─筆者)東北に任に赴くにあたり、極めて大きな志を抱いていた。すなわち東北既有の工業および豊富な資源をもって関内戦後の経済再建に用い、かつて日本がアジアに占めた地位に替らんと希望した。しかるに中ソ交渉は頓挫し、四平街において国共両軍の戦禍は爆発し、一時は安定したかに見えたが、東北が国共戦場となることは今やすでに免れがたい。昨年五月、蔣主席が重ねて東北へ戻ることを強く委嘱し、瀋陽に帰任して以来、運輸を回復し、当地へ日用必需品を供給することに終日多忙であった。しかるに中央発行の通貨が膨張して東北に波及し、加うるに当地の軍需は日毎に繁忙となり、流通券もこれに随いて増加して火に油を注ぐどころではなかった。ここにおいて、法を設けて物価を抑制せざるを得なかったけれども、百孔千瘡のありさまでこちらを顧みればあちらが破れて応待にいとまがなかった。国府政権の及ぶところのみでは生産を回復するだけでもむつかしく、新しく建設するなど論外であった。今、中央の任に赴くにあたって心中には憂愧交々である。愧というのは、東北に経済工作を担任して前後一六カ月、一事として成す無く、東北三千万同胞に応えることないが故である。憂というのは、東北は国家全局に関わるところであって、万一東北を救う法がなければ国家全局もまた如何とも為しがたいからである。

張公権の憂慮が適中したことはその後の歴史が証明している。

一九四七年春以来攻勢に出た中共軍は、四月四平街に入り、北は范家屯から南は開原に至る鉄路を破壊して長春を孤立せしめた。四八年の中共軍春期攻勢は一層激しさを増した。瀋陽、鞍山、四平街を順次攻略して、秋十月、長春、瀋陽を陥し、同二十六日、国民政府軍は全東北から撤退を開始した。そして東北を失った国民政府は、その後一年を経ずして中国全土を失うことになる。

注

(1) 本稿は、古く山本［1986］として発表したものの改定稿である。本稿と類似の関心から書かれた論考として田畠［1990］がある。前稿執筆後に寓目した新資料により補訂をおこなったが、論文の骨子にはかわりがない。読者の便宜のため、主たる参照文献を大まかなグループに分けて、あらかじめ列挙しておく。

⑴本稿は、張公権および張公権文書に関わる探索の副産物である。張嘉璈（Chang Kia-ngau、号・公権Chang Chia-ao、1889–1979）の事績については中国関係の各種人名辞典により知られるが、伝記資料としては姚崧齢（編）［1982］がもっとも詳しく、本稿でも多くをこれに負う。張の前半生については毛［1996］、また当該期に関する張の自筆手記「東北接収交渉日記」を英訳したものとしてGillin and Myers（eds.）［1989］がある。張公権文書については山本［1980］、山本［1986］、須永［1997］をみよ。

⑵国民政府の東北接収に関する外交史研究はなお手薄い。日本では、香島［1980］以下、石井［1982］以下、両氏の一連の仕事が代表的である。また最近では西村［2001］がある。中国、ソ連（ロシア）、アメリカにおける研究については詳らかにしない。

⑶ソ連軍の満洲進駐に関しては、当時の軍当事者の記録として国府軍の董［1982］、ソ連軍のマリノフスキー［1968］が翻訳されており、参考になる。また最近の著作としては、徐［1993］がソ連崩壊後の中国における中ソ関係理解を示すものとして極めて興味深い。関東軍崩壊に関する軍事史的著作としては、防衛研修所戦史室（編）の戦史叢書のほか、林［1974］、中山［1990］、などがあり、アメリカなどにおいても戦史的研究があるようである。

⑷日本人の当時満洲経験に関する手記・記録については枚挙にいとまがない。ここでは直接参照したものとして次をあげる。高碕［1953］、高碕達之助集刊行委員会（編）［1965］、成田［1950］、梅［1958?］、武田［1985］、武田［1986］、永島［1986］、東京満鉄会（編）［1973］、満蒙同胞援護会（編）［1962］、国際善隣協会（編）［1975］。

⑸軍を含めた公文書・外交文書のレベルでは、中国（国民政府および人民共和国政府）、日本、旧ソ連、合衆国それぞれに膨大な記録が残されているであろう。この分野での筆者の探索は、日本外務省外交史料館および中華民国国史館のごく一部を覗いた程度でほとんどおこなわれていない。今後の研究が求められる。

（2）「弁法要綱」公布、東北行営人事、組織規定の最終決定日時については諸書により若干の食い違いがある。東北行営の最初の人事表については、西村［2001］一九一―一九二頁をみよ。

（3）「ヤルタ密約」、およびその善後措置としての「中ソ友好同盟条約」をめぐる中ソ交については、香島［1990］第四章、第六章、石井［1990］第一章、参照。

（4）董［1982］三一頁。

(5) 高碕［1953］二二五頁。

(6) 『張公権先生年譜初稿』（上）五二四—五二五頁、香島［1990］二二七頁。ソ連軍のいわゆる「戦利品」問題に対する主張の原型は、「中ソ友好同盟条約」を商議中の一九四五年八月七日、スターリンの宋子文への発言中にあらわれているという。香島［1990］二二一—二二三頁。

(7) 『張公権先生年譜初稿』（上）五六四頁。

(8) 同右（上）五九三頁以下。翻訳は、石井［1990］九一—九二頁、Gillin and Myers［1989］pp. 167–168を参考にした。

(9) 『張公権先生年譜初稿』（上）六二五—六二九頁。

(10) 長春での交渉停滞を受けて二月四日重慶に一時帰任した張公権は、蔣介石に経過報告をおこなうとともに対ソ方案の再検を提起した。その結果、二月十日に至って長春交渉の「対ソ最終案」が立案され、十九日に駐重慶ソ連大使ペトロフに通知されたという。香島［1990］二六五—二六六頁。

(11) 結局二月初旬をもって長春交渉が打ち切られることになった国内要因として、香島［1990］二六六—二六七頁は、さらに、一月十六日の張莘夫事件および二月十一日のヤルタ密約の公表による中国朝野の反ソ感情の高揚をあげている。

(12) ソ連の第三次提案（「中ソ経済協力建議草案」）の内容については、『張公権先生年譜初稿』（上）六九九—七〇一頁、香島［1990］二三二—二三三頁にみられる。また、中国側対案の草稿として張公権が起草した「ソ連の提示せる合弁事業に関する意見書」については、『張公権先生年譜初稿』（上）七一三—七一四頁、香島［1990］二七九—二八二頁。

(13) ポーレー調査団および（満洲に関する）ポーレー報告については、とりあえず、井村［1997］をみよ。

(14) 『張公権先生年譜初稿』（上）七六五—七六六頁。

(15) 「張公権文書」Box9所収の、東北日僑善後連絡総処・東北工業会『蘇聯軍進駐期間内ニ於ケル東北産業施設被害調査書』（謄写版刷パンフレット）による。

(16) 『時事年鑑』昭和二十二年版、成田［1950］二三八頁所引。

(17) 『張公権先生年譜初稿』（上）七七六頁。

(18) 鉄鋼業を対象とした最近における極めて精緻な研究として、松本［2000］をあげる。また鉄道施設については、王［1993］がある。

(19) 高碕［1953］二四〇―二四一頁。
(20) 貨幣問題については、とりあえず、満州中央銀行史研究会（編）［1988］、田畠［1990］をみよ。
(21) 高碕［1953］三一一頁以下。
(22) 同右。
(23) 「張公権文書」Box8 のうちに、接収事業を各単位に配分した「接収各事業単位分類表」がみられる。
(24) 「張公権文書」Box9 所収。
(25) 『張公権先生年譜初稿』（下）八〇〇―八〇一頁。

参考文献（編著者のアルファベット順。ただし中国人は仮に日本語読みに従う。）

アジア経済研究所［1986］『「張公権文書」目録』アジア経済研究所。

Gillin, Donald G., and Myers Ramon H., (eds.) [1989] *Last Chance in Manchuria; The Diary of Chang Kia-ngau*, Hoover Institution Press, Stanford University.

半藤一利［1999］『ソ連が満洲に侵攻した夏』文藝春秋。

林三郎［1974］『関東軍と極東ソ連軍――ある対ソ情報参謀の覚書』芙蓉書房。

井村哲郎［1997］「熊式輝文書・解題と目録」『アジア経済資料月報』三九巻一号。

井村哲郎［1997］「ポーレー調査団報告書　満洲編」井村（編）［1997］所収。

井村哲郎（編）［1997］『一九四〇年代のアジア　文献解題』アジア経済研究所。

石井明［1982］「中国東北（旧満州）の工鉱業資産をめぐる中ソ交渉」『年報近代日本研究』四、山川出版社（のち、石井［1990］第二章所収）。

石井明［1984］「戦後内戦期の国共両党・ソ連の関係について――一九四五年秋、東北」高木誠一郎・石井明（編）『中国の政治と国際関係』東京大学出版会（のち、石井［1990］第一章所収）。

石井明［1990］『中ソ関係史の研究　一九四五～一九五〇』東京大学出版会。

徐焰（朱建栄訳）［1993］『一九四五年満洲進軍――日ソ戦と毛沢東の戦略』三五館（原著は、『蘇聯出兵中国東北紀実』北京師範大学出版社、一九九三)。

香島明雄［1980］「満州における戦利品問題をめぐって」『京都産業大学論集』九巻一号（のち香島［1990］第六章所収）。

香島明雄［1985］「旧満州産業をめぐる戦後処理――中ソ合弁交渉の挫折を中心に」『京都産業大学論集』一四巻二号（のち香島［1990］第七章所収）。

香島明雄［1990］『中ソ外交史研究　一九三七～一九四六』世界思想社。

国際善隣協会（編）［1975］『満洲建国の夢と現実』謙光社。

満鉄会（編）［1973］『満鉄最後の総裁　山崎元幹』満鉄会。

マリノフスキー、エル・ヤ（石黒寛訳）［1968］『関東軍壊滅す――ソ連極東軍の戦略秘録』徳間書店。

松本俊郎［2000］『「満洲国」から新中国へ――鞍山製鋼業から見た中国東北の再編過程　一九四〇～一九五四』名古屋大学出版会。

満州中央銀行史研究会（編）［1988］『満州中央銀行史――通貨金融政策の軌跡』東洋経済新報社。

毛知礪［1996］『張嘉璈與中国銀行的経営與発展』台北：国史館。

永島勝介［1986］「残された「満洲」最後の技術集団――東北行轅経済委員会の日本人留用記録」産業研究所（編）［1986］所収。

中山隆志［1990］『満洲――一九四五・八・九　ソ連軍進攻と日本軍』国書刊行会。

成田精太［1950］『瓦解――満州始末記』北隆館。

西村成雄［2001］「「熊式輝日記」から見た一九四五年国民政府東北接収の挫折――「東北行営」と「中ソ友好同盟条約」の矛盾」（大阪外国語大学言語社会学会誌）『EX ORIENTE』Vol. 5.

王強［1993］「ソ連軍による旧満州鉄道施設の解体・搬出問題について」北海道大学『経済学研究』四三巻四号。

産業研究所（編）［1986］『中国東北地方経済に関する調査研究報告書』アジア経済研究所受託調査報告書。

須永徳武［1997］「「張公権文書」」井村（編）［1997］所収。

田畠真弓［1990］「張公権と東北地方経済再開発構想――「満州国」の〝遺産〟をめぐって」駒澤大学大学院『経済学研究』第二〇号。

高碕達之助［1953］『満州の終焉』実業之日本社。

高碕達之助集刊行委員会（編）［1965］『高碕達之助集』（上）（下）、東洋製罐株式会社。

武田英克［1985］『満州脱出――満州中央銀行幹部の体験』中公新書。

武田英克［1986］『満州中央銀行始末記』PHP研究所。

董彦平（加藤豊隆訳）［1982］『ソ連軍の満洲進駐』原書房（原著は、『蘇俄拠東北――第二次世界大戦結束時蘇俄侵拠東北折衝紀要』台北：中華大典編印会、一九六五）。

梅震［1958?］『戦後の満洲四星霜』私家版。

山本有造［1980］「スタンフォード大学フーバー研究所文書室所蔵・張公権文書について」神戸商科大学経済研究所『研究資料』No. 26。

山本有造［1986］「張公権ならびに「張公権文書」について」アジア経済研究所［1986］所収。

山本有造［1986］「国民政府統治下における東北経済――一九四六～一九四八年」産業研究所（編）［1986］所収。

姚崧齢（編）［1982］『張公権先生年譜初稿』（上）（下）台北：伝記文学社。

戦後ソ連の中国東北支配と産業経済

井村哲郎

はじめに

一九四五年八月八日ソ連は対日宣戦を布告し、翌九日未明満洲国への侵入を開始した。ソ連軍は十九日には旅順を占領し、同日瀋陽に進出、さらに二十二日大連を占領し、翌二十三日にソ連軍は全満洲の解放（占領）を宣言した。ソ連軍はドイツ敗戦前後から、戦闘能力の高い機甲部隊をシベリアに移動させて極東の戦備の充実を図っており、東北への侵攻は充分に準備されたものであった。(1)

ソ連軍の中国東北占領は、一九四五年二月十一日付のソ連、アメリカ、イギリスの三国首脳によるソ連の対日参戦に関するヤルタ秘密協定を実行したものである。(2)一方、日本がポツダム宣言の受諾を決定した八月十四日付でモスクワにおいて中ソ友好同盟条約が締結された。この条約とその付属協定に規定されている中国東北に関わる条項はヤルタ秘密協定にほぼ沿っていた。しかし、ソ連軍占領後の中国東北に発生した事態はヤルタ秘密協定と中ソ友好同盟条約が規定する内容を越えるものであった。なかでも、中国にとってもまた連合国にとってももっとも重要な問題の一つに、満洲国内に日本と満洲国がつくり上げた産業施設などのソ連軍による撤去・搬出、破壊があった。ソ連軍は、組織的に食糧など備蓄品を接収しただけでなく、占領まもない九月初旬から「戦利品」として産業施設や機械の撤去・搬出を開始した。[3] ソ連による産業機械と施設の撤去・搬出は、当初同年十二月三日に予定されていたソ連軍の東北撤退完了までに終わらせることとされていたが、一部の工場ではソ連軍が実際に撤退する直前の翌四六年三月まで接収はおこなわれた。[4]

中華民国軍事委員会委員長東北行営（以下、東北行営）が長春においてソ連軍と交渉を開始したのは十月十三日のことであり、これ以降東北行営経済委員会主任委員張公権とソ連軍最高司令部経済顧問スラドコフスキーとの間で、接収施設の返還をめぐる交渉がおこなわれた。[5] ソ連は残存重要産業を中ソ合弁で経営するという提案をおこない、これに対して東北行営はソ連が接収・撤去した施設の返還を求めた。この交渉の間もソ連側は撤去・搬出を強行していた。[6]

日本敗戦後の中国東北の産業の全体像を明らかにすることは、共産党支配地区であった東北解放区の状況の詳細が明らかにならないために困難である。[7] しかし、国民政府統治地区であった南満の産業についてはある程度明らかにしうる。

一方、大連と旅順を中心とする旅大地区は中ソ友好同盟条約によって、ソ連が優先的に利用することとなっていた。旅大地区は、四六年四月にソ連軍が撤退した東北の他地域とは異なり、一九五五年までソ連軍が駐留し、民政は共産党を中心とする勢力がおこなっていた。戦後の旅大地区ではソ連が東北行営との交渉で提起した中ソ合弁経営が実際におこなわれたこと、ソ連軍による産業施設の接収撤去と破壊が旅大地区においてもおこなわれたことなどは東北の他地域と共通する。また、東北解放区は拡大に伴って、内戦下の共産軍に供給する食糧、武器の生産基地となっていくが、この点は旅大地区も同様であった。このように東北の他地域と共通する面、異なる点があるが、四五年以降の東北の状況を明らかにするためには、旅大地区の状況を検討することも必要である。

本稿では、第一に、国民政府支配地域におけるソ連による在満資産の接収・撤去を明らかにする。第二に、ソ連軍統治下の旅大地区の産業の実態を検討する。これによって、戦後の東北の経済産業がいかなる状態に置かれていたのか、そして、それが内戦期にどのように変化したのかを明らかにしたい。

一　ソ連軍による在満日本資産の接収・撤去

連合軍総司令部の占領に関する指令第七条は、日本が降伏以前に海外に所有した資産は連合軍が接収するとしていた。連合軍は満洲国と日本が中国東北につくり上げた産業施設を中国に引き渡すことを想定していたのである。ソ連軍が中国東北で「戦利品」として資産接収をおこなったことは、連合軍の戦後構想と真っ向から対立し、中国に対する戦後賠償を不可能にするものであると考えられた。ソ連支配下の東ドイツにおいて、ソ連軍が戦火を免れた工場設備を撤去・搬出したことは当時よく知られていた。ソ連は中国東北においても同様の行動をとったのである。一九四五年九月二日の降伏文書調印の日前後から、ソ連軍は組織的に産業施設の設備・機械類（発電機、変圧器、モーター、実験施設、病院、重工業、鉱山、化学工業、セメント工業などの設備）を接収・撤去した。[8]ソ連軍は撤去後にそれらの施設の破壊を現地住民に教唆したともされており、東北各地の工場生産は停止した。[9]たとえば、吉林市の満洲電気化学工場では工場設備、電話機、机、文具に至るまでを九月十五日から十月十八日の間に撤去・搬出した。

ソ連軍が撤去・搬出をおこなった理由について、東北日僑善後連絡総処・東北工業会の報告書は、指揮をとった人物、梱包の状態、輸送先などから判断して、ソ連国内で再利用しようとしたものであり、また東北の産業を減殺する意図はあったとしても、東北産業の破壊を企てたものではなかったと推測している。その根拠として、施設・機械の撤去搬送にあたってはソ連軍技術将校が指揮し、多くは日本人を使役して組織的に取り外したうえで、撤去施設付近にあった木材を徴発して梱包したことなどをあげている。[10]また、ソ連軍は電力施設を撤去するにあたり、機械の再組み立てのために接合面に符号を付していたこと、機械の送付リストを作成したこと、設備の取り外しのために工場の一部を破壊することは少なかったともされている。[11]しかし、一方では貨車に積み込むにあたって、貨車の大きさにあわせて機械類を切断したともされており、撤去現場での周到さが輸送部門においても行き渡っていたとは考えられない。したがって、撤去・搬出自体はソ連の戦後復興に役立たせるために計画的におこなわれたが、搬送作業はそうした目的に即しておこなわれなかった場合もあったと考えられる。鉄道では、線路の撤去と搬出はソ連軍鉄道連隊によっておこなわれ、ハルビンでの積み替えには満鉄社員を使役し、また大連やソ連軍支配下の朝鮮半島北部の清津、羅津から海路をとって、またハルビン経由鉄道を使用して東西の国境に搬出された。最盛期には一般客貨輸送は完全に停止した。[12] 機関車は改軌可能な一五〇輛は改軌してただちにソ連鉄道で使用し、また改軌車以外は黒龍江上をソ連側に運んだとみている。[13] ソ連はこれらの施設を国民政府に渡さないために撤去し、中国共産党が支配するようになってから返すつもりであったとする見解など、様々の観測があるが、[14] 当時調査にあたった東北工業会の推測はほぼあたっていると考えられる。撤去の具体的な様相についてもっとも詳細にまとめられているのは鞍山についてである。[15] もともと予定されていた搬送の目的はドイツ軍によって徹底的に破壊されたヨーロッパ・ロシアの工業再建あるいはシベリアの鉄道建設などであったと推測されるが、実際にどこに送られたのか、またどのように使用されたのかの全体像はまったく明らかになっていない。[16] ソ連の戦後復興に実際にどのように利用されたかについても明らかではない。

二　ポーレー調査団の発足と活動

連合軍は、日本国内および日本が支配した地域の日本側資産を接収し、敗戦時まで日本が支配したフィリピンなど東南アジア地域、中国、朝鮮などに引き渡し、それによって東南アジア、東アジア地域の経済力の強化を図る戦後賠償を考えていた。中国東北は、アジア太平洋戦争による戦火を免れており、しかも満洲国期の経済建設の結果、日本敗戦時の東北の重化学工業の生産力と資源開発は中国本土に比べてはるかに進んでいた（表1）。こうした東北に残された生産設備を中国が継承できるかどうかは、戦後の経済復興に大きな影響をあたえると考えられた。したがって、一九四五年秋に長春に進出した東北行営とソ連側との最大の交渉案件は、東北に残存する企業をどのように取り扱うかであった。ソ連はそれら企業の中ソ共同経営を提案し、東北行営はそれに反対した。この問題についてのソ連側と東北行営との交渉は東北行営経済委員会主任委員であった張公権の日記に詳細に述べられている[17]。

一方、ソ連の東北からの産業施設の搬出および企業の中ソ共同管理提案に対してアメリカは危惧を抱いていた。バーンズ国務長官は一九四六年二月九日中華民国政府およびソ連政府に対して「覚書」を伝達した[18]。この覚書は、中国東北において中ソ合弁の企業経営がおこなわれた場合には、撤去破壊を免れた産業施設もソ連が支配することになる可能性を持っており、アメリカが十九世紀末以来一貫して主張してきた中国東北の「門戸開放」に反すること、さらに中国東北の資産を戦後賠償にあてることを不可能にするものであること、また、中国東北の産業をソ連が支配することによって、戦後の東アジアにソ連が影響力を強めることを危惧したために出

表１　主要工業品生産量の比較（関内と東北）（1943 年）

項目／種類	生産量		百分比	
	関内	東北	関内	東北
石炭（単位 1,000 トン）	25,935	25,398	50.5	49.5
電力（単位 1,000kw）	421	1,503	21.8	78.2
銑鉄（単位 1,000 トン）	239	1,702	12.3	87.7
鋼材（単位 1,000 トン）	39	519	7.0	93.0
セメント（単位 1,000 トン）	774	1,503	34.0	66.0

〔出典〕　東北財経委員会調査統計処編『偽満時期　東北経済資料 1931～1945 年』表Ⅰ-7（『旧満州経済統計資料』として柏書房から 1991 年復刻）。

されたものであった。

このような状況下戦後賠償のための調査団が一九四六年四月結成された[19]。この調査団は、トルーマン・アメリカ大統領が団長に任命したエドウィン・W・ポーレーの名を冠して通常「ポーレー調査団」と呼ばれる。ポーレー調査団の本来の任務は、東アジア、東南アジア諸国に対する日本の戦後賠償に利用しうる産業施設がどれだけ残されているかを調査することであった。実際にポーレーは日本の戦後賠償計画案をのちに作成している。

調査団は一九四六年五月四日から七月十五日の間、日本、中国東北、朝鮮半島北部で調査をおこなった。中国東北では瀋陽に本拠を置き、瀋陽、撫順、遼陽、鞍山、吉林、長春など、東北行営支配下の南満の都市において、ソ連軍が撤去した後の産業施設を評価する調査をおこなった。さらに共産党が支配するハルビン、牡丹江を訪問して簡単な調査をおこなっている。しかし、日本が多数の工場を設けていた大連は、ソ連軍が実質的に支配しており、ソ連と大連市政府が安全を保障しなかったために立ち入ることはできなかった。また、安東は共産軍が許可を出さなかったためにやはり調査をおこなっていない。全体でほぼ二カ月あまり、中国東北では一カ月半の調査であった。[20] 国民政府側はソ連による産業施設の撤去・破壊の実態を明らかにできるという意味でこの調査を歓迎していた。[21]

ポーレー調査団が中国東北で調査をおこなったのは、東北行営や国民政府の資源委員会が企業を接収し、生産再開の準備を始めていた時期であった。[22] ポーレー調査団は、南満の重化学工業や電力産業などの基幹産業について、(1)接収しうる日本側資産、(2)調査時点での各産業の生産能力、(3)旧日本側産業の復興可能性、(4)ソ連によって撤去された資産について、鉄鋼、電力、物流、水力・火力発電施設、港湾・鉄道施設を重点に調査をおこなった。この調査には東北行営、当時東北に残留していた日本企業や満洲重工業開発傘下の企業に所属していた日本人技術者が全面的に協力している。日本が満洲国期に東北南部につくり上げた産業施設についてはかなりの程度調査されたと考えてよいであろう。ただし、農業を除く満洲国の産業の三分の二は旧満洲国政府関係および満鉄関係であったが、残りの三分の一は陸軍・関東軍関係であった。[23] しかし軍関係工場は一部を除いて調査されていない。ポーレー調査団の調査からほぼ一〇カ月後にまとめられた東北日僑善後連絡総処の調査においても、被害状況が判明するのは南満航空機廠、南満造兵廠、錦西燃料廠、南満燃料本廠の四工場だけであり、それ以外の軍関係工場・倉庫の被害状況はまったく判明しない。[24] これら軍関係工場や倉庫については生産能力、生産量などは「軍秘」であり、もともと軍外部からはまったくうかがい知れなかった。したがって満洲国の産業の三分の一は調査されていないことになる。さらに戦前に日本企業が多数立地していた大連についても調査できず、広大な東北解放区でも本格的な調査をおこなえなかった。そのため東北全体の産業施設の状況を明らかにしたものとはいえないのである。

ポーレー調査団は国民政府軍が東北南部で優勢であった時期に調査をおこなった。その後の東北での内戦の激化、そして一九四八年の国民政府軍の東北での敗退によって、この調査結果を利用する戦後復興は不可能となり、調査対象となった企業もすべて東北人民政府の支配下に入る。(25)

ところで、ポーレー調査団の一部は一九四六年六月二十八日から七月二日の五日間共産軍支配下のハルビンと牡丹江に入っている。わずか五日間とはいえ、第二次世界大戦開始後はじめてアメリカ人が東北北部に入っておこなった調査である。調査団はハルビンを支配していた共産党の助力を得て、軍人および共産党の指導者と接触した。ポーレー報告書には、関東軍が牡丹江周辺に築き上げた対ソ作戦基地がソ連軍との戦闘によって相当の被害を受けていること、また、企業設備の大規模な撤去がみられたことを記している。ポーレー報告書は、この撤去が日本人および中国人「匪賊」によってなされたと牡丹江地区の共産党が主張していることについては否定的であり、ハルビンなど北満の大都市の工場施設でも南満と同様にソ連による接収がおこなわれたと推測している。(26)

三　ポーレー調査団の調査結果

ポーレー調査団による調査結果によって当時の東北産業の状況を検討したい。報告書には膨大な調査企業工場の調査結果が付されている。その項目は、工場・事業所名、所在地、調査日時、企業・事業所の概要と歴史、年間生産高の推移、労働者数、設備、一九四五年八月十五日以前の生産能力、ソ連軍によって撤去された機械数、もともとあった機械数に対する比率、ソ連軍によって撤去された機械資材の価格推定、機械資材の撤去による生産能力の低下比率、そのほかである。

その調査結果すべてにふれることはできないため、以下に、産業別の概要を記す。

(1)電力産業　満洲電業の発電所三六カ所と倉庫二カ所を調査。発電能力は、一七九万キロワットから七八万キロワットに低下。新しい設備が撤去破壊され、古い機器のみが残された。残存設備は五五%であるが、水力発電所のうち一〇%あるいは七万キロワットだけ発電中であり、限られた地域に配電されている。

(2)石炭　満鉄経営の炭礦六カ所、満洲炭礦など経営の炭礦二三カ所を調査。年産二三〇〇万トンから二五〇万トンに、九〇%減少。東北での必要量の一五%を満たすにすぎない。

(3)鉄鋼　満洲製鉄経営の工場、満洲住友金属、満洲神戸製鋼など一三工場を調査。年産八六〇万トンから二〇〇万トンに減少。

(4)鉄道　鉄道修理工場は五〇%撤去と推定。鉄道車輌九〇%減少、軌道の一五%減少。

(5)金属加工　一万四五〇〇台の機械、五八〇〇万ドル相当の資材などが撤去された。溶鉱炉、キューポラ、実験設備、電気設備など四七〇〇万ドル相当が減少。

(6)非鉄金属工業　満洲鉱山、満洲重工業開発、満洲軽金属などの事業所など七カ所を調査。貴金属の貯蔵のすべて、年産七六〇〇トン相当のアルミニウム製造設備のすべてを撤去。そのほかの非鉄金属の生産高は七五%減少。

(7)液体燃料(液化石炭を含む)・潤滑油　液体燃料工場一一カ所を調査。生産能力年産六二七万八〇〇〇バレルから一五七万バレルに、七五%減少。

(8)化学工業　五七社を調査。酸・アルカリ製造は年産二五万トンから一九万八〇〇〇トンに、二〇%減少。また電気化学工業関係は九五%減少、年産五〇〇トンの能力だけが残存。ゴムは年産一万一一六〇トンから六〇〇トンに、九五%減少。火薬は年産二万トンから五〇〇〇トンに、七五%減少。工業用ガスは六〇%、化学薬品は五〇%減少、ガラスは六〇%減少、タバコは年産二四〇億本から一六〇億本へと、三三%減少。
(9)セメント工業　年産二二〇万トンから一一〇万トンへと、五〇%減少。
(10)繊維工業　二一社を調査。棉紡錘は少量のみ接収された。布八万トンが焼失。満洲国幣で三億三六〇〇万元相当の綿布、一億三二〇〇万元相当の毛織物製品が接収された。奉天毛織の工場機材はすべて撤去。全体では九〇%の設備を撤去。
(11)紙・パルプ　年産能力一二万六〇〇〇トンのうち八万八二〇〇トン分、三〇%が減少。紙の生産は深刻な被害はなかった。ただし、未調査工場が多い。
(12)木材　製材所のほとんどが北満に所在するために調査は不可能。東北行営支配地区では九五%の施設を撤去。
(13)放送・電信電話　電話線の二〇%、電信電話施設の五〇%、長距離電話施設の五〇%、放送設備の九〇%、電信電話設備製造機械の九〇%が撤去破壊。
(14)貴金属、通貨、証券　三〇〇万ドル相当の金塊を接収。満洲中央銀行から約五億九一〇〇万円の満洲中央銀行券を接収。また満洲中央銀行券で九七億円に相当する金額をソ連軍軍票として流通させ、未償還。軍票は物資購入、賃金などにあてられた。
(15)機械工業　鉱山機械二〇工場、工作機械など五一工場、自動車製造三工場、鉄道用車輛製造七工場、飛行機製作六工場、造船二工場、電気機器製造一〇工場、兵器製造二工場、火薬製造二工場を調査。(一ドル四円〈満洲国幣〉の換算率を採用)。

これらの調査結果にもとづいてポーレー調査団は要旨次のように結論している。一九四五年六月現在の日本の投資総額を一一〇億円と推計した(東北行営経済委員会は一〇七億三四〇〇万円と推計)。食糧の調達、産業機器・機材撤去後の施設破壊は、中国にあたえる影響をまったく考慮しないでおこなわれた。こうしたソ連軍の行動の背景には、戦後中国の復興のために必要な鉄鋼、機械、消費物資の接収破壊によって、中国東北と中国を長期間にわたって政治的、経済的に混乱させ、不安定な状態に置く意図があった。また、東北における内戦の激化、そして大連および鉄道がつながる二次的な港湾もソ連軍支配下にあるため、生産復興のための資材施設の搬入と最終製品の搬出は困難である。また、中国東北が朝鮮北部、ソ連、外モンゴルというソ連軍支配地域に囲まれているために、戦後復興の条件は極めて悪い。以上が、ポーレー調査団の結論である。

なお、この調査の問題点として以下のことが指摘できる。日本の投資額の推計値には、すでにふれたように、満洲国に日本が投資した産業の約三分の一を占める軍工廠が含まれていない。また、ソ連軍による占領と産業施設の撤去破壊後の内戦において、東北人民解放軍が東北を解放するまで、主要都市や産業施設の集中する地域は国共両勢力による戦闘や占領の交替があり、その過程での両勢力による施設破壊があった。このため最終的にどれだけの施設や機械が破壊・撤去されたかの数値を確定することは不可能であろう。国民党支配地区での産業復興が開始されたばかりのこの時期、中央からは資源委員会の技術者、経営担当者が東北の炭鉱などに派遣されて、生産再開をおこなっていた。[27] それゆえ、国民政府の東北経営が比較的順調に進むのではないかという期待があったと考えられるが、同時にソ連軍撤退後も、関内との連絡は鉄道および空路しかない状況では、生産が順調に回復したとしても、実際の経済復興は相当困難であることを指摘している。

ポーレー調査団の派遣から二年半ほど後、一九四八年に東北野戦軍は激しい内戦の後に国民政府軍を東北から駆逐し、東北全域は東北人民政府の支配するところとなり、四九年には中華人民共和国が成立する。五〇年には第一次五カ年計画が開始され、東北は全中国の重化学工業基地と位置づけられる。しかし、ソ連軍による「戦利品」の接収・撤去は五カ年計画による戦後中国の経済建設を困難にしたと考えられる。

四　東北日僑善後連絡総処による調査

ポーレー調査団の調査と類似の調査には東北行営経済委員会が一九四六年六月に作成した「ソ連占領軍による満洲からの施設・物資接収リスト」[28]と、東北日僑善後連絡総処・東北工業会が四七年二月におこなった調査がある。前者はポーレー調査団の調査にあわせて作成されたものと考えられ、後者は当時瀋陽にあった日本人引き揚げのための組織である東北日僑善後連絡総処の下部組織であった東北工業会が、ポーレー調査団の調査後に改めてソ連軍が東北にあった期間に発生した撤去、搬送、略奪および破壊による被害をまとめたものである[29]（表2）。ポーレー調査報告書の被害額と対比して記述されていること、また被害金額がドル建てになっていること、ポーレー調査団に提出された被害額の推計は、急いで提出したために粗略に算出したと記述されていることから[30]、ポーレー調査団の調査結果をより正確に計算し直そうとしたものである。表2でわかるように、ポーレー調査団の報告に比べて、炭礦、鉄道、機械、ラジオ・電信電話では被害額は減少し、電力、鉄鋼、液体燃料・潤滑油、化学、セメント、非鉄金属及非金属、繊維、パルプ・紙では増大している。この相違は、ポーレー調査では四円を一ドルとして計算されているのに対して、この調査ではインフレ率を修正して四・二五円を一ドルとして計算しているという技術的な問題もあるが、より時間をかけて被害状況を調査した結果であった。その理由がそれぞれの部門について簡単にまとめられている。炭礦部門では、ポーレー報告に比べると総額では約五〇〇万ドル程度被害額は減少しているが、実際には東北の全炭礦の約半数を調査したにすぎず、また「暴民」による被害額を含めると約五〇％程度被害額は増加すると推定されている[31]。化学工業部門は、ポーレー報告では二二工場を調査したにすぎず、しかもガス工業、火薬工業、酸アルカリ工業などを省略しているのに対して、本調査では被害工場一四〇カ所について実態調査をおこなったために著しく増加した[32]。また、ポーレー調査では計上されていない

表２　満洲の基盤産業の被害総括

	ポーレー調査団調査		東北日僑善後連絡総処調査	
部門	撤去被害額（＄）	稼働率減少（%）	撤去被害額（＄）	稼働率減少（%）
電力	201,000,000	71	219,540,000	60
炭礦	50,000,000	90	44,720,000	80
鉄鋼	131,260,000	50〜100	204,052,000	60〜100
鉄道	221,390,000	50〜100	193,756,000	−
機械	163,000,000	80	158,870,000	68
液体燃料・潤滑油	11,380,000	75	40,719,000	90
化学	14,000,000	75	化学 74,786,000	33.5
			食品工業其他 59,056,000	50
洋灰	23,000,000	50	23,187,000	54
非鉄非金属（含鉱山）	10,000,000	50	60,815,000	50〜100
繊維	38,000,000	75	135,113,000	50
パルプ　紙	7,000,000	30	13,962,000	80
ラヂオ・電信電話	25,000,000	20〜100	4,588,000	30
合計	895,030,000	−	1,233,164,000	（銀行関係ヲ加算セズ）

〔出典〕 東北日僑善後連絡総処・東北工業会「蘇聯軍進駐期間内ニ於ケル東北産業施設被害調査書」1947年２月調査，総3-3頁，出版地・出版年不明。

食品工業および雑工業部門がこの報告書では別途産出されている。[33] 非鉄金属及非金属工業部門では、ポーレー調査では撫順軽金属、奉天精錬所などだけを調査していたのに対して、この調査では各工場を実態調査し、さらに南満鉱業など非金属大企業分を加算しているため大幅に増加した。[34] 繊維部門もポーレー報告に比べて大幅に増加している。その理由は、ポーレー調査に際しては短時日の間に回答を求められたため調査が不充分であり、各工場について詳細に調査し直したこと、とりわけ資材・原料、製品も計上したことがあげられている。なお、棉花、綿布などは、兵士個々による略奪、商人への売却もあった。[35] 電信電話部門の大幅な減少の理由は以下のとおりである。ポーレー調査団に提出したデータは設備および材料の品目と数量を記載したものであり、過大な被害のパーセントを付記した。ソ連軍による満洲電電の施設の接収は比較的少なく、木箱に梱包して撤去しており、利用する目的であったと推測している。ただし、ソ連軍撤退後に略奪破壊された電信電話線もあわせて計上した場合には、満洲電電の資産はおそらく半減するであろうとしている。[36] 表2では省略されているが、貴金属・通貨・証券について、満洲国幣の総計約八億円、金地金約二七〇万ドル、白金約三二キログラム、ダイヤモンド三七〇五カラット、有価証券七億五七一〇円などが計上されている。[37] これはポーレー調査の結果にほぼ対応するものである。企業ごとの調査結果の詳細を欠いているが、全体として産業別の被害額は可能な限り正確に算出しているとみてよい。

東北工業会のこの調査がどのような目的でおこなわれたのかは明らかではないが、ポーレー調査と比較して、ソ連軍の産業施設の撤去破壊・搬出の状況をより高い精度でとりまとめているといえよう。

五　ソ連軍軍票と東北の金融財政

ところで、戦後の東北の経済建設に悪影響をあたえた問題の一つにソ連軍による巨額の軍票（紅軍票）発行があった。中ソ友好同盟条約にもとづいて結ばれた協定によってソ連軍の東北駐留に要する費用は中国側が負担することになっていた。それを受けて、ソ連軍と東北行営との間に協定が締結された。その結果、一九四五年十月二十二日から翌四六年四月のソ連軍撤兵までに、ソ連軍は総額九七億二五〇〇万元に達する軍票を発行した。[38] この軍票は旧満洲中央銀行券と等価であり、国民政府はこの軍票に対して兌換の義務を負うものとされた。ソ連軍は、物資購入や設備の撤去・搬出に使役した日本人や中国人に対する賃金などの支払いを軍票によっておこなった。四五年七月の満洲中央銀行券の発行残高は八〇億八五〇〇万元であり、また四六年夏までに東北解放区で発行されていた各種の流通貨幣は三〇億元余、四六年十二月までに東北行営が発行した東北流通券は一六億六九〇〇万元であった。[39] これらを比較すると、わずか半年の間にソ連軍が発行した軍票がいかに巨額であったかがわかる。ソ連軍による軍票の大量発行は、満洲国崩壊後なお流通していた満洲中央銀行券、東北解放区内で発行された東北地方法幣など各種貨幣、東北行営支配地域の東北流通券など多くの通貨が流通しているという複雑な貨幣状況とあいまって、戦後の東北のインフレ昂進の要因となり、ソ連軍撤退後の東北行営、東北人民政府にとってその回収は大きな負担となった。

ソ連軍撤退からほぼ一年後の四七年六月、旅大地区接収を目的とする董彦平中将を団長とする国民政府視察団が大連を訪問したが、その際視察団は大量のソ連軍票を大連に持ち込もうとした。(40) 旅大地区の経済攪乱をめざすと同時に、東北行営支配地区のソ連軍票を減少させることを目的とするものであったが、これは失敗に終わったようである。その後八月一日に東北行営はソ連軍票一〇〇元券の流通を瀋陽や長春で停止し、一対一〇で兌換する措置をとった。この措置の結果ソ連軍票が東北解放区に大量に流入し、解放区の経済建設を困難に陥れることを防ぐために、ハルビンにあった東北行政委員会は緊急命令を二日に出し、ソ連軍票一〇〇元券の使用を停止した。さらに八月八日東北解放区全域でソ連軍票一〇〇元券の使用を停止し、少額のソ連軍票の使用だけを認める措置をとった。(41) この結果、解放区内と国民党統治地区のソ連軍票は旅大地区に大量に流入した。このため旅大地区では少額の兌換のみに応じることとし、大部分の軍票を凍結した。その後、東北全域が東北人民政府の支配下に入った後の四八年十一月には軍票と満洲国幣（満洲中央銀行券）を一人五〇〇〇元を上限に一対一で、それを越えるものを一対一〇で交換する措置をとった。東北解放区で発行されていた各種の地方流通券は次第に東北銀行地方流通券に統合されていくが、最終的には四九年十二月紅軍票一対東北幣三〇の比率で交換して、(42) ようやくソ連軍票の回収をほぼ終えたのである。ソ連軍票の大量発行と大量流通は、内戦期の中国東北にインフレーションを昂進させた理由の一つであった。

ソ連軍の東北支配の結果を、産業施設の撤去、破壊、ソ連への搬出と巨額の軍票発行の二点についてみてきた。次項ではソ連軍支配下にありながら、解放区と似た性格を有した旅大地区の産業状況を検討する。

六　日本敗戦後の旅大地区

一九四五年の大連の人口は約八〇万人、うち日本人は二〇万人を越えていた。敗戦後の九月半ばには開拓団弥栄村の難民約二〇〇〇人が奉天からの列車で大連に入るなど、奥地からの流入者があり、四四年ごろから実施されていた空襲を避ける日本国内の工場の満洲国への疎開のために、緊急疎開要員として満洲国に派遣された少年工員たちが敗戦の結果大連に足止めされたことなどによって、大連の日本人人口は二二万人に急増する。四五年九月からは次第にインフレが昂進した。四五年十二月に結成された大連日本人労働組合は彼らの救済にあたったが、これら生活基盤のない流入者や難民の間に四六年冬多数の餓死者を出した。また、日本人が居住していた住宅を住宅困窮中国人労働者に割り当てる「住宅調整運動」がおこなわれた結果、日本人用住宅が欠乏するなど、様々の問題が生じた。(43) 日本人の大連から日本への遣送は、四六年に開始され、四九年九月までに合計二〇万人あまりが日本に帰国した。四九年十一月現在の残留日本人は、技術者を中心に一〇四四人まで減少した。(44)

中ソ友好同盟条約に従って、戦後の大連は商業港として扱われ、形式的には民政が布かれていた。ソ連軍は国民党の勢力や東北行営の大連進出を排除したこともあって、次第に中国共産党の勢力が拡大する。国民党の地下工作もおこなわれたが、はやくも一九四五年十月末には共産党を中心とする勢力による大連市政府が樹立された。その後も一貫して、ソ連軍の庇護下で共産党が権力を握ったこと、またソ連軍は、東北全域から引き上げたあとも、旅大地区には全体で三〇万人程度展開していたために、国民政府軍は旅大地区に入ることはできず、内戦期に直接戦乱に巻き込まれることはなかった。こうした状況下で旅大地区の経済再建が進められた。その結果、のちにふれるように旅大地区は、共産軍および解放区の後方基地として重要な役割を果たすようになる。

日本敗戦後大連の企業は生産を停止した。大連でも東北の他都市と同様に、ソ連軍が機械を接収撤去し[45]、残された重要産業はソ連軍が支配した。生産が可能な日系企業は接収されて公営企業とされたため、生産再開は比較的はやかった。しかし、国民政府軍は、一九四六年三月ごろから南満に次第に勢力を拡大し、東北でも全面的な内戦が開始された。同年六月からの一一カ月間、国民政府軍は旅大地区を経済封鎖した。大連を包囲し、海路を遮断し、また大連周辺の鉄道など陸路も封鎖した。その結果大連は深刻な食糧不足に陥った。この間にソ連軍票が大量に流入したこともあり、四七年にはトウモロコシの価格は三九倍に、物価は平均一五倍となり、また大連港の呑吐量は一八万トンあまりに低下し、史上最低を記録した[46]。食糧、燃料、工業原料が大連に入らなくなったために、配給制が実施され、三万人から五万人の労働者が飢餓状態に陥ったとされる。このため、中共東北局は「生産運動を発展させる決定」を四七年初めに指示し、農工業、塩業に力をいれ、食糧増産を図った[47]。また、国民政府軍の包囲に対抗して、中国共産党は軍需生産を活発化させた。四七年中共東北局と華東局は大連の工業を利用する軍工基地を設置し、解放戦争を支援する決定をおこなった。これ以降、大連は東北解放区とともに、中共軍の後方基地として重要な役割を果たす。中共旅大地区委員会と大連市政府は、ソ連軍と折衝して工場の返還を受け、東北と華東から企業経営幹部を動員して経営にあたった。また、四七年一月から四月にかけての「五一創模運動」では、超過生産と原料の節約が奨励された[48]。四七年後半以降国民政府軍は次第に劣勢になり、東北解放区が拡大していく。四八年国民政府軍は海陸両面から大連の軍事封鎖をおこなったが、同年秋には東北の国民政府軍は全面的に敗退した。その結果四八年から大連の工業生産は増加に転じる。四九年一月関東公署は、五〇年末までに日本敗戦前の生産水準を超えることを目標とする経済建設二カ年計画を発表した[49]。

すでにふれたように、日本敗戦後の旅大地区の鉱工業はソ連軍によって接収され、重要な施設は撤去され、ソ連に搬出された。残された企業はソ連がまず支配し、その後中ソ合弁経営をおこなったが、これは東北の主要産業を中ソ合弁とするという東北行営経済委員会に対する提案と同一内容を、大連でも実行したものであった。当初ソ連軍はすべての旅大地区企業を接収したが、その後、一部が返還されたため大連の工業企業は、ソ連経営企業、中ソ合弁企業から構成された。これらの企業は一九四七年四月ごろに相次いで中共旅大地区委員会が接収する。ソ連経営の企業は、駐留ソ連軍が経営する企業、ソ連国家通商部経営の企業（造船所、ドック）からなり、また中ソ合弁企業には中蘇造船公司、遠東中蘇電業所属の一六工場、遠東中蘇塩業、中蘇石油公司があった[50]。ただし、ソ連経営の企業については、具体的な経営内容は不明である。中ソ合弁の、遠東中蘇電業は、日本統治時代の満洲電業大連支社、満洲電業試験室、南満洲電気の発電所、義昌無線、東芝、昌光硝子、満洲曹達、小野田セメント、近江洋行などを継承しており、四九年四月の従業員は日本人九七名、朝鮮人一〇名を含めて、総計一万五五二名を数えていた[51]。生産品目はガラス、電球、ソーダ灰、グリース、光明丹（四三酸化鉛。赤色顔料）、耐火煉瓦、電動機、変圧器、琺瑯、起重機など多品種にわたっており、それぞれ相当の生産実績をあげた。また、中蘇石油公司は、石油精製などをおこなった[52]。また公営企業として、四七年に建新公司と関東実業公司が設立された。関東実業公司は、日本統治下の関東州にあった紡績紡織、染色、陶磁器、煉瓦、製紙、造船など、当初ソ連軍が直接管理していた企業を継承している。ほかに、金州紡織工廠（旧内外綿金州支店）は四九年五月の時点で職員三九三五名を数え、また、大連紡織工廠（旧満洲福紡。福島紡織系統）は職員一七〇八名を数え、四八年には生産計画量を五％ないし九％程度超過達成し、四七年と四八年とを比較すると、綿糸で一四％、綿布で三・二倍の生産量をあげている[53]。

この時期の大連の企業でもっとも重要であったのは、機械などを生産するために一九四七年に創設された建新公司である。建新公司は、大連化学工廠（旧満洲化学工業）、大連錬鋼廠（旧大華礦業）と大連金属工廠（旧進和商会）が合併してつくられた大連鋼鉄工廠、大連機械工廠（旧大連機械製造所）、大連製缶工廠（旧安治川鉄工工場と大連鉄鋼廠を合併）、光華電気工廠、中華医薬公司、裕華工廠、宏昌工廠などを傘下に収め、労働者数は四八年には八七〇〇人を超えていた[54]。大連化学工廠は、日本敗戦時、ソ連軍が六〇％の機器設備を撤去しており、機器設備の損失が非常に大きかったために、建新公司が四七年六月に接収したあと修理をおこない、部分的に生産を開始し、硫酸、アルコールなどを製造した。また大連鋼鉄工廠は、特殊鋼、炭素鋼、ステンレス、鉄線、釘、硬質合金を製造した。大連機械工廠は、もともと機関車、客車、鉄道機器を製造していた満鉄の大連鉄道工場である。建新公司が接収したときには機械は相当失われており、残存していた機械を補修して機器製造をおこなった。大連製缶工廠は、機械材料製造修理、珪素耐酸機材、木箱を、光華電気工廠は、電気機材、通信機材、電球、電線などを製造した。また中華医薬公司は、医療機器、薬品を製造した。裕華工廠、宏昌工廠では機械加工をおこなったとされている。[55]

建新公司は、このように、表面上民生品を生産していたように記されているが、実際には軍需生産もおこなう企業であった。一九四六年九月東北民主聯軍副司令員肖勁光は、大連での「兵工生産」を中央に提起し、それを受けて同年十一月中央軍事委員会は、武器、弾薬、薬品などを生産し、同時にソ連、朝鮮、香港との貿易と内戦支援物資の買い付けについての指示をおこなった。その結果中共華東局と旅大地方委員会によって、軍需生産をおこなう工場と、華東や華北への海上運輸や、ソ連、朝鮮との貿易をおこなう商事部門からなる建新公司が設立された。[56]建新公司の工場のうちで裕華工廠は四七年五月に設立され、おもに砲弾製造をおこなった。また、宏昌工廠は四七年六月に設立され、信管の開発生産にあたった。いずれも秘密工場であり、後に朝鮮戦争に際しては、両者は合併し八一工廠と改称している。[57]また大連化学工廠では、硝化綿、無煙火薬、エチルエーテルなどを生産し、[58]大連鋼鉄公司は武器弾薬用の鋼鉄を製造した。[59]大連機械工廠は、日本敗戦後は工場設備の被害が甚だしく廃墟となっていたが、四六年十一月に大連公安総局が接収、修復をおこない、四七年一月から砲弾などの製造を開始した。その後鋳造などをおこない、医療機器、農具などを生産した。[60]大連製缶工廠は、もと大連鉄工所と安治川組鉄工所をソ連軍が接収、四七年七月に大連市政府に移管され、軍工の補助品生産をおこなった。[61]建新公司は、内戦期の共産党勢力の解放区や前線に必要な医薬品、武器、弾薬、機械を製造し、東北解放区、関内の解放区に香港経由で供給した。四八年初めに本格生産を始めてから三年間で、砲弾五〇万発余、雷管八〇万余、弾丸用炭素鋼三〇〇〇トン、無煙火薬四五〇トン、迫撃砲一四三〇門などを生産したとされている。[62]ソ連軍が駐屯する旅大地区は、東北への玄関口であると同時に、渤海湾沿岸地帯の華北や香港と海路直接つながっていたために、関内の解放区への武器供給基地としたのである。こうした条件を生かして、大連を経由して、香港の民主党派の解放区への輸送もおこなわれた。なお、建新公司など大連に設立された企業では、日本人留用技術者・労働者が多数雇用されていた。そこでの日本人技術者の処遇あるいは留用者の帰国をめぐって深刻な問題が生じた。こうした企業への日本人技術者の留用については、大連の中国側企業では、引き留めに様々の方策がとられた。[63]敗戦まで、日本企業では中国人労働者は養成するようになっていたが、技術者養成はおこなっていなかった。このために、これらの企業での技術者、熟練工が不足しており、また、中国人技術者への技術移転が充分にはおこなわれていなかったためである。日本人技術者でもこうした中国側要求に積極的に応じて残留した人々がいた。[64]

おわりに

このように大連はソ連軍支配下において次第に、解放戦争の後方での兵站基地あるいは軍需品生産基地としての役割を強めていった。この点は、東北解放区と同様である。しかし、ソ連軍による大連での施設の撤去と接収の状況がほとんど明らかになっていないために、戦後すぐの大連に生じた事態には不明な点が多い。したがって、現在のところ、日本敗戦直後の大連の経済状況を正確に記すことは不可能であるが、内戦期の各地の共産軍を支援するための後方基地としての役割は明らかになる。

東北全体についていえば、ソ連軍の東北占領とそれに伴うソ連軍による資産接収、軍票の発行は解放後の中国の経済・財政復興に甚大な被害をあたえた。その損害を克服すべく国民政府支配地区でも東北解放区でも、生産回復に力が注がれた。国民政府支配地区では、東北行営や資源委員会が生産再開に向けて様々の準備をおこない、また実際に四六年ごろから各種工場において生産再開を果たした。また、次第に拡大する東北解放区においても同様であった。東北の内戦において、共産党と国民政府が南満の工業地帯を交互に支配することもあったために、その間にも産業施設の破壊があった[65]。しかし四七年ごろから次第に共産軍が優勢になり、四八年秋には国民党軍を東北から駆逐したことによって、東北人民政府などが在東北の企業を接収し、さらに四九年の新中国の成立とともに、中国全体の重化学工業地区となっていくのである。

注

(1) R. IA. Malinovskii and others, *Finale: a retrospective review of imperialist Japan's defeat in 1945*, Moscow: Progress Publishers, [1972].

(2) ヤルタ秘密協定には、ソ連の参戦の条件に、外蒙古の現状維持、千島列島をソ連に引き渡す、サハリン南部をソ連に引き渡すことのほかに、中国東北に関連して、大連港の商業港化、同港におけるソ連の優先的利益の擁護、旅順港のソ連海軍の根拠地としての租借、大連への出口となる中東鉄道、南満鉄道は中ソ両国の合弁会社によって共同運営される、などが含まれている。

(3) Edwin W. Pauley, *Report on Japanese assets in Manchuria to the President of the United States, july, 1946*, p. 9. 以下この報告書は、Pauley Report と称する。

(4) 東北日僑善後連絡総処・東北工業会「蘇聯軍進駐期間内ニ於ケル東北産業施設被害調査書」(非鉄金三—①頁)によると日満鉛工株式会社には四六年三月十五日までソ連軍が駐屯していた。

(5) 姚崧齢編著『張公権先生年譜初稿』上巻(台北:伝記文学出版社、民国七十一年)参照。

(6) 永島勝介(元満洲中央銀行参事)によれば、一九四五年十二月以降にソ連軍による施設の撤去は強化された。「満洲国経営の決算」読売新聞社編『昭和史の天皇』第六巻(一九六九年)二二二—二二三頁。

（7）ただし、朱建華主編『東北解放区財政経済史稿』（哈爾濱：黒龍江人民出版社、一九八七年）／東北解放区財政経済史編集委員会『東北解放区財政経済史資料選編』（哈爾濱：黒龍江人民出版社、一九八八年）によって東北解放区の経済状況はある程度明らかにできる。

（8）これまで中国側研究文献では、ソ連の行動についてふれられることは少なかった。ただ大連については、最近では具体的なデータはともかく事実自体はふれられるようになってきている。たとえば、《大連港史》編委会編『大連港史（古、近代部分）』（大連：大連出版社、一九九五年）／柳運光「我所了解的蘇軍」王佩中・孫宝運主編『蘇聯紅軍在旅大』（大連：大連市史弁公室）八二—八三頁／唐韵超「日本投降后蘇軍在大連的状況」（同右書）八六頁参照。

（9）'Chronological Report of Removals of the Manchurian Electoro Chemical Industry Co., Ltd., Kirin, as reported by Japanese Director in Charge' in RG59 Entry 1064, Paulay Reparation Missions, Box 86, env. miscellaneous, mining, etc. NARA.

（10）「蘇聯軍進駐期間内ニ於ケル東北産業施設被害調査書」総三—二頁。

（11）同右、電力九—一頁。

（12）井上道男「蘇家屯終戦秘話」満鉄会編『満鉄終戦記録』（平成八年）一四七—一四八頁。本書は、ほかに撫順などの状況についてもふれている。

（13）「蘇聯軍進駐期間内ニ於ケル東北産業施設被害調査書」鉄道五—一頁。

（14）「満洲国経営の決算」読売新聞社編『昭和史の天皇』第六巻、二四四—二四五頁。なお『満蒙終戦史』は、ソ連の撤去の意図を、「工業施設を戦利品として握ることによって、満洲国の経済活動に参加する発言力を持つ」ためではないかと推測しているが（満蒙同胞援護会編『満蒙終戦史』〈河出書房新社、昭和三七年〉一八四頁）、推測の根拠は明らかではない。

（15）松本俊郎『「満洲国」から新中国へ——鞍山鉄鋼業から見た中国東北の再編過程』（名古屋大学出版会、二〇〇〇年）の第三、四〜七章参照。なお、「全満産業施設撤去の状況」（満蒙同胞援護会編『満蒙終戦史』第二編第二章、一八四—二〇四頁）は、ソ連側の満洲での接収撤去状況を概観している。

（16）松本俊郎『「満洲国」から新中国へ』二七二頁参照。

（17）姚崧齢編著『張公権先生年譜初稿』上巻。なお、石井明『中ソ関係史の研究　一九四五〜一九五〇』（東京大学出版会、一九九〇年）は、本書のもとになっている雑誌『伝記文学』に掲載された張公権の日記をもとにこの問題を詳細に検討している。

（18）'State Department notes concerning Soviet removals' in U.S. Dept. of State, *United States relations with China*, 1949, pp. 596–598. また'State Department Notes Re Soviet Removal', in *Pauley Report*, Appendix 2c.

（19）ポーレー（Edwin W. Pauley）の略歴は次のとおり。一九〇三年インディアナ州インディアナポリス生まれ。カリフォルニアの油田で働きながら、二三年カリフォルニア大学を卒業、その後石油業で名をなす。民主党員。三二年と三六年の大統領選挙での民主党大統領候補への献金額は最高であった。四三年民主党全国委員会財政委員長。四四年の大統領選挙においてトルーマンを副大統領候補に選出するために活動。また、第二次世界大戦下のイギリスおよびソ連への石油供給の中心にいたとされる。その後ドイツと日本の戦後賠償調査に携わった。四六年一月トルーマンはポーレーを海軍省次官に任命しようとしたが、議会の強い反対によって撤回。四七年三月七日ポーレーは、賠償問題担当の大使兼大統領特使を辞任、以降賠償問題に関する国務省特別顧問。トルーマンはポーレーをソ連との交渉のやり手であったと評している。トルーマンとポーレーは親しい関係にあったといわれている。

（20）*Pauley Report*, pp. 1–2.

（21）たとえば『東北前鋒日報』（民国三十五年六月十七日）は社論「歓迎鮑莱先生」を掲げ、ポーレー調査団が東北に長期間滞在し、長春、大連、安東、北満各地の「匪区」の実態を明らかにすること、東北鉱業の損失とソ連が持ち出した生産機械と資源の数量を調査することを要望していた。

（22）国民政府による東北企業の接収は、ソ連軍が撤退した後本格化する。一九四六年九月時点では、東北で一二八企業を接収している（「各区接収工廠廠数統計表」「経済部工業復員工作弁理情形稿（一九四六年九月十八日）」（国民政府資源委員会檔案）中国第二歴史檔案館編『中華民国史檔案資料匯編』第五輯第三編財政経済（四）（南京：江蘇古籍出版社、二〇〇〇年）六四二―六四三頁／「経済部東北区特派員弁公処敵偽事業資産接収処理報告（節録）（一九四六年十一月）」（同上書）六四五―六八二頁、など参照。なお、資源委員会は東北では、鉄鋼、石炭、電力、セメント、石油などの基幹産業の接収と経営にあたった。井村哲郎「史料解題満鉄資料館（中国・吉林省長春市）所蔵・未公開史料から」島根県立大学メディアセンター『メディアセンター年報』第三号、二〇〇三年三月参照。

（23）「蘇聯軍進駐期間内ニ於ケル東北産業施設被害調査書」総三＝二頁。

（24）同右。

(25) 東北経済処（工業部）「東北廠礦接収調査表（一九四八年一一月）」東北解放区財政経済史編写組『東北解放区財政経済史資料選編』第二輯（哈爾濱：黒龍江人民出版社、一九八七年）八八—九〇頁、など参照。

(26) 'Notes on visit by Pauley Mission to Communist held territory in Northern Manchuria' in *Pauley Report*, Appendix 2-b, pp. 1-5. 本資料によると、当時ハルビン地区の共産党の責任者であった李立三は、中国共産党はアメリカの資金的、技術的援助を期待しており、とくに石炭、繊維産業の発展を強調した。また、ハルビンのチューリン商会（I. I. Tschurin and Company）についての記述は興味深い。チューリンはロシア系ユダヤ人。一八六八年からシベリアで商業を営み、中東鉄道建設に伴ってハルビンに進出した。ロシア革命後も営業を続けていたが、満洲国時代には香港上海銀行が九八％の株を取得した。また第二次世界大戦勃発後は、香港上海銀行のハルビン支店の支配人であったオストレンコが管理にあたっていた。ソ連がハルビンを占領した直後に香港上海銀行が保有した株式は、オストレンコによってソ連側に売却された。ソ連側は紅軍票でその代金を支払ったとされる。チューリンはソ連軍が瀋陽を占領した際に瀋陽に進出し、接収・破壊を免れたうちでもっとも重要であった製瓶、石鹸製造、製紙、印刷工場などを経営した。しかし国民政府が瀋陽を接収すると、それらの工場も国民政府側に接収された。この時期のチューリンはソ連によって統制されており、四五年八月のソ連軍のハルビン占領以来、接収や破壊を免れた旧満洲国および日本経営の工場と鉄道の経営にあたった。ハルビンではチューリンは、セメント工場、ビール醸造、アルコール製造、製材業、冷蔵業、など旧日本側企業の経営にあたっていた。

(27) 注(22)に掲げた資料参照。

(28) Appendix 2-e, *Pauley Report*.

(29) 「蘇聯軍進駐期間内ニ於ケル東北産業施設被害調査書」。本調査は、久保孚を主任とし、各部門の担当者など二七名が担任してまとめられた。「蘇連軍駐在期間中ニ発生シタル撤去搬送、略奪及破壊ニヨル被害ハ八路軍ニヨリテ行ハレタル如ク考ヘラル、モノモ共ニ蘇連軍ニ依ルモノト看倣シタリ」、「被害ノ程度ハ原状回復ヲ主旨トシテ算定セリ」とされている（同報告書、総三—一頁）。

(30) 同右、液燃一—①頁。

(31) 同右、炭三—一頁。

(32) 同右、化学一—一頁。

(33) 同右、食品及雑工一―①頁。
(34) 同右、非鉄金三―①頁。
(35) 同右、センキ二―一頁。
(36) 同右、電信二―一頁。
(37) 同右、銀行一―一頁。
(38) 朱建華主編『東北解放区財政経済史稿』五〇三―五〇四頁。
(39) 周舜莱「戦後東北幣制之整理」(『東北経済』第一巻第一号、一九四七年四月)/朱建華主編『東北解放区財政経済史稿』五〇七頁。
(40) 韓光「旅大八年(摘録)」王佩平・孫宝運主編『蘇聯紅軍在旅大』(大連:大連市史弁公室、一九九五年)四五―四六頁。
(41) 朱建華主編『東北解放区財政経済史稿』五一一頁。
(42) 同右、五一一頁。
(43) 石堂清倫『大連の日本人引揚の記録』(青木書店、一九九七年)二三―二五頁。本書は、日本人の引き揚げのためにつくられた大連日本人労働組合の活動記録をまとめたものである。
(44) 顧明義・張徳良・楊洪范・趙春陽主編『日本侵占旅大四〇年史』(遼寧人民出版社、一九九一年)七一七頁。なお、四八年の日本人の数は二六九五人である。旅大概述編輯委員会『旅大概述』(一九四九年)三〇頁。
(45) 石堂清倫『大連の日本人引揚の記録』三八頁/柳運光「我所了解的蘇軍」『蘇聯紅軍在旅大』八一―八三頁。
(46) 《大連港史》編委会編『大連港史(古、近代部分)』二二八―二二九頁。
(47) 韓光「旅大八年(摘録)」『蘇聯紅軍在旅大』四九頁。
(48) 石堂清倫『大連の日本人引揚の記録』二〇〇頁。
(49) 同右、二〇一頁。
(50) 旅大概述編輯委員会『旅大概述』四五頁/韓光「旅大八年(摘録)」『蘇聯紅軍在旅大』五五頁。
(51) 同右、四八―四九頁。
(52) 同右、五三―五四頁の表「幾個工廠本年一、二月份生産統計表」。

(53) 同右、七〇―七一頁。
(54) 同右、六二―六三頁。
(55) 同右、六二―六三頁。
(56) 中共大連市委党史工作委員会編『大連建新公司兵工生産資料』(大連、一九八八年)二―九頁。
(57) 「裕華工廠和宏昌工廠」同右、二〇九―二一〇頁。
(58) 「大連化学工廠」同右、二一三―二一四頁。
(59) 「大連鋼鉄工廠」同右、二一六―二一七頁。
(60) 「大連機械工廠」同右、二一八―二一九頁。
(61) 「大連製缶工廠」同右、二二一―二二二頁。
(62) 韓光「旅大八年(摘録)」五二―五三頁。
(63) 石堂清倫『大連の日本人引揚の記録』一七二―一七四、一九三―一九五頁。
(64) たとえば、満鉄中央試験所の職員で長く残留して新中国の技術開発に尽力した丸沢常哉や森川清などの活動がある。丸沢常哉『新中国生活十年の思い出』(一九六一年、私家版)参照。
(65) さしあたり、松本俊郎『「満洲国」から新中国へ』参照。

戦後満洲における中共軍の武器調達
——ソ連軍の「暗黙の協力」をめぐって

丸山鋼二

はじめに

第二次世界大戦後の国共内戦における中国共産党（以下、中共）の勝利に、軍事問題が重要な位置を占めていることはいうまでもない。ところが、その極めて重要な意味を持つ軍事史の研究が大きく欠落していることは、中国現代史研究上の一つの奇妙な現象であると、中国共産党史研究者の姫田光義は指摘する。それは、中国近現代史においては軍事の問題はほとんど政治問題と一体化していて、軍事史は政治史のなかに埋没させられてしまい、両者を厳格に区別する理由と必要性が認識されてこなかったからである。さらに、軍事と戦争とをほとんど同一視し、軍事史を戦争史一般に解消してきたのである。したがって、これまでにおこなわれてきた中国現代史研究は、しばしば軍隊や戦争・戦闘の説明（いわゆる戦史）に終わっていて、いわば「中国共産党史」や「革命史」の枠組みに組み込まれていた(1)。

国共内戦は、「内戦」とはいえ、政治力を含めた総合的国力の対決、つまり双方が総力戦体制で臨んだ「決戦」であった(2)。そこでは、「ヒト（兵員・技術者専門家）・モノ（武器弾薬）・カネ（軍費・資金力）」を総動員し、それらを政治主体の戦略戦術や政策方針にもとづいて組織化しなければならなかった。ところが、これまでの国共内戦史研究では、毛沢東ら軍事指導者の戦略の正しさや優秀さ、それでなければ中国共産党の「大衆路線」や政治思想教育（精神面思想面の鍛錬）、あるいは戦術訓練・戦闘力の向上（「新型整軍」）といった人的要因の側面がもっぱら強調されてきた。

その意味で、国共両党の戦略戦術あるいは毛沢東や蔣介石の軍事指導上の優劣性や有能・無能さを問うのではなく、満洲の戦場における国共両軍の軍事力の相違、とくに満洲中共軍の兵器供給の側面を客観的かつ実証的に明らかにすることが強く求められている。これは、とくに満洲における国民政府軍（国府軍・国民党軍）の「あっけない」崩壊、それに対して中共軍の劇的な大勝利という歴史的「印象」の前で、これまで見過ごされてきた側面であるからでもある。

なお、本稿では、今日の中国東北部をさすときに、「満洲」や「戦後満洲」という言葉を基本的には用いる。「東北」という地理的呼称でなく、「満洲」という歴史的呼称を歴史用語としてきちんと使用すべきであると考えているからである。その理由は四点ある。すなわち、(1)中共軍の満洲進出は、日本の敗北と満洲国の崩壊という政治的軍事的な真空状態を巧みに突いたものであった。(2)ソ連および国共の満洲進出は、いずれも「満洲国」の経済的物質的遺産の獲得をめざしたものであった。(3)ソ連軍の満洲駐屯・占領が、とりわけ戦後初期においては、国共双方ともこの難解な交渉相手に対応せざるをえなかったがゆえに、国共双方の満洲進出・占領に決定的な意味を持っていた。(4)戦後満洲の帰趨に重要な影響力を持っていたソ連が極東で有していた権益は、まさにヤルタ密約と中ソ友好同盟条約で保証された満洲権益に限定されたものであり、ソ連はさらに満洲権益を土台に可能であれば、たとえば「満洲人民共和国」樹立など、満洲を自身の勢力圏内に組み入れ、ソ連の特殊利権地域化しようとの希望を持っていたからである。

また、中共もかつて「中共満洲省委員会」という呼称の党組織を設けていた時期もあった。戦後初期には東北局のもとに南満分局・北満分局・西満分局・東満分局という党指導機関が設立されており、一九四五年十一月三十日に北満分局書記の陳雲が東北局および党中央に宛てた「満洲工作に対するいくつかの意見」[3]にみられるように、中共自身も「満洲」という言葉を使用していたのである。それは、中国東北現地の地域的特殊性を自覚し現地住民の意思を尊重しようとする企図を反映しようとしていたのかもしれない。

もちろん中共自身も戦後になると東北の党機関や軍隊の名称として、中共満洲局や満洲解放軍という呼称ではなく中共東北局や「東北人民自治軍」「東北民主聯軍」「東北人民解放軍」のように「東北」という呼称を使用していたし、すでに満洲国建国以前に張作霖の奉天軍閥は張学良の東北軍へと呼称をかえ、中国（中華民国）の一部であることを強く意識していた。とはいえ、東北を含めた「国家統一」は「中国人」にとってはめざすべき好ましい目標ではあっても、完成された現実ではなくその過渡的段階にあった。いまだ国家統合の過程にあって、東北の中国としての一体性よりも満洲の歴史的特殊性の方がずっと強かったとみるべきである。この中国ナショナリズムに対する認識については、たとえばウイグル族の地域を呼ぶ際に「新疆」（漢族にとって新しい領土という意味）という漢族的な呼称を用いるのか、それとも「東トルキスタン」や「ウイグリスタン」（ウイグル人の土地・国の意）という現地住民を意識した呼称を用いるのかだけによっても、意図しようとしていることの意味内容が大きく異なってくることにみられるように、名称にはその時代の歴史的状況をもっともよく反映した呼称を使用すべきである。現在の「中華人民共和国」的状況から当時の歴史をみるべきでなく、当然のことながら当時の歴史状況のなかに置いて歴史をみるべきであろう。

一　中共軍の兵器調達ルート

戦後満洲で中共軍が武器弾薬類を獲得したルートは、次の四つがあったと考えられる。

第一に、日本関東軍の武器弾薬を捕獲したものである。これには、中共軍が日本軍や満洲国軍を武装解除した際に獲得したもの、中共軍が直接関東軍の軍用倉庫を接収することによって獲得したもの、関東軍が撤退時に遺棄した武器弾薬や軍用物資を捜し集めたもの、およびソ連軍が獲得した関東軍の兵器を戦後初期段階（撤退前および撤退時）に引き渡されたものなどがある。ソ連軍から引き渡されたものには、直接無償で提供を受けたものや中共軍が獲得できるようにソ連軍が撤退時に意図的に放置したものが含まれる。そして、重要なことは、満洲を軍事占領したソ連軍が武器弾薬や戦車・航空機・軍用倉庫など、すべての軍需物資をほぼ独占的に接収していたことである。

第二に、ソ連からの兵器および軍需物資の購入である。それはソ連による「軍事援助」という形態でおこなわれたものもあったが、おもに東北解放区とソ連との「貿易」という形態でなされた。

第三に、戦闘のなかで国民政府軍から獲得した武器である。

第四に、中共軍の「自力生産」、つまり自らの軍需生産によって供給したものである。満洲中共軍の軍需生産は次の四つの時期に区分される。

第一期（一九四五年十月〜四六年七月）軍需生産準備段階：資材収集・後方基地建設期
第二期（一九四六年八月〜四七年十月）軍需生産開始：弾丸生産と兵器修理期
第三期（一九四七年十月〜四八年九月）軍事工業部の統一指導：銃弾の規格統一による大量生産期
第四期（一九四八年十月〜四九年五月）軍事産業の接収：重火器の大量生産開始期

本稿は、とくに戦後初期における関東軍の武器の獲得状況について焦点をあてて検討しようとするものである。従来は、中共軍の武器獲得については、国民政府軍からの「供給」（第三のルート）と、自らの軍需生産という「自力更生」（第四のルート）が強調される傾向にあった。しかし、満洲中共軍の軍需生産は第一期は軍需生産の準備段階とされ、いまだ物資収集および後方基地建設の段階にとどまっていた。とくに前線が定まらないなかで、後方兵站機関もつねに移動を迫られ、安定した後方生産基地を建設することは基本的に不可能であった。ソ連軍撤退後の第二期になって、ようやく軍需生産が本格的に開始されるようになるが、まだ弾丸生産と兵器修理の段階で、それも弾丸の規格が不統一であるだけでなく、しばしば機材や原料・物資の不足に悩まされたのである。(4)

毛沢東および中共指導部が東北解放区の軍事産業に大きな希望を寄せるようになるのも、一九四七年の半ばごろからである。それまで各部隊や軍区でバラバラだった東北解放区の軍事生産の組織機構を統一し、分業による生産量の増加をめざすようになった契機としてしばしば引用されるのは、毛沢東の四七年七月十日付指示と同年十一月十三日付指示である。[5] このように、東北の中共軍が軍需製品の自力生産を本格化できたのは四七年以後のことであって、四六年半ばまでは中共軍の軍事生産はいまだ主要な武器弾薬の供給ルートではなかったのである。

では、中共軍の武器弾薬の主要な供給ルートはどこから来たのであろうか？

一九四六年四月から五月にかけて約一カ月間、中共軍は満洲の中心都市・長春の防衛によって満洲の大部分を確保しようとして、瀋陽と長春の中間に位置する四平街で大戦役を戦った。この戦役ではいまだに戦後満洲に入ってきてから獲得した関東軍・満洲国軍の装備が使われていた。弾薬には限界があり、戦争すればするほど少なくなるのは当然である。こうして、四平防衛戦に敗北し一時占領した長春からも撤退し松花江を越えてハルビンにまで退いた中共軍は、もっとも困難な時期に入る。中国人民解放軍軍事科学院の研究員として外部の者がみることができない内部資料をみることができる地位にあった劉統は、その著『東北解放戦争紀実』で、その深刻な状況について「もし大量の武器や弾薬を入手できないのであれば、戦争はほとんど続けることはできなかった」と述べている。[6]

ここから、三つのことが読み取れる。第一に、戦後初期段階において中共軍が関東軍の武器弾薬を獲得したことの重要性である。一九四六年五月までの戦闘に使われた武器装備は主として関東軍の武器装備であったからである。第二に、四六年六月に北満に撤退を迫られてから突然、武器装備の緊急補充の必要性と切迫性が著しく高まった。中共軍が自ら補充できないとすれば外部（具体的にはソ連と北朝鮮）から補充するしかなかった。その打開のために、四六年後半から東北解放区の対ソ貿易が模索され始める。急いで補充できなければ、戦争あるいは革命さえも続けることができなくなる恐れがあったのである。第三に、四六年後半から自らの軍需生産を本格的に開始し自給できる体制を早急に確立しなければならない状況に陥り、それがゆえに軍需生産に必要な器材や原材料の調達が重要になってきた。その調達の必要性からも外部との「貿易」あるいは東北解放区内の流通が重要な意味を持っていたのである。

本稿は、第一の問題、すなわち中共軍が満洲で獲得できた武器弾薬について、とくにソ連軍が満洲に駐留した当初の時期（一九四五年八月〜十月）を中心に、ソ連軍が満洲の中共軍にどのような支援をあたえたのかを可能な限り具体的に検討してみたい。

二　中共軍による日本関東軍の武器獲得状況

中共軍が自ら日本軍や関東軍から戦利品として獲得した武器・弾薬といっても、実際にはソ連軍が獲得したものを引き渡されたり、あるいはソ連軍が管理する軍需倉庫を提供してもらったものであった。ソ連軍の占領と軍事管制下にあっては、ソ連軍から直接あるいは黙認のもとに引き渡されたものがほとんどすべてであったといってよい。これまでは戦後満洲における中共とソ連軍との関係については、密接な協力関係よりも、対立・摩擦の側面が強調されてきた。そうした見方は今日でも根強く残っている。たとえば、劉統は一九四五年九月から四六年三月までソ連軍の占領期に、中共軍は「間断なくソ連東北占領軍の制約と排斥を受けた」という。(7)が、現実は、劉統がいうほどに中共軍は「不断の排斥」をつねに受けていたわけではなかった。「排斥」「非協力」という時期もあったし、「協力」「支援」という時期もあった。「排斥・非協力」の時期にあっても「暗黙の協力・支援」という局面は存在していたのである。

旧ソ連のボリソフによる国共内戦史の研究は、戦後ソ連軍が初期段階で中共軍に無償で引き渡した関東軍の武器装備の数量について、ソビエト軍の三つの東方戦線の二つ（外バイカル方面軍と極東第一方面軍）だけで、三七〇〇門以上の大砲・迫撃砲・擲弾筒、六〇〇台の戦車、八六一機の飛行機、歩兵銃約七〇万丁、約一万二〇〇〇挺の機関銃、約六八〇の倉庫、および松花江河川艦隊の軍艦数隻を提供したと言及している[8]。こうした武器の数量はよく指摘されるものであるが、楊奎松はソ連の資料を整理して、「一九四五年末から四七年初めにソ連軍が提供した歩兵銃は三〇万丁以上だった。また、一九四八年前後にソ連軍は日本関東軍のほとんどの武器を中共軍に提供して以後、さらに東北の中共軍に一定数量のソ連製とチェコ製の武器装備を提供したことがある」と指摘している[9]。

曽克林部隊の瀋陽進駐とソ連軍の協力

戦後満洲に最初に進駐した中国軍は、八路軍の冀熱遼第十六軍分区の曽克林部隊であった。そもそも曽克林部隊三〇〇〇人の瀋陽への進駐[10]（九月十日）も、ソ連軍が手配した列車に乗っておこなわれたものであった。八月三十一日に曽克林部隊の第十二団はソ連軍との共同作戦で山海関を攻撃占領したものの、ソ連軍は当初、山海関を中共側に引き渡すことに同意しなかった。曽克林らが山海関は河北省に属し東北には属さないことを説明した後に、八路軍の山海関などへの駐留を許し、八路軍が当地の政権を接収し衛戍司令部を設立することに同意した[11]。

中共軍がソ連軍とはじめて接触したのは八月十七日のことで、晋察冀根拠地の部隊が張北で「ソ蒙聯軍」（ソ連軍とモンゴル人民共和国軍の連合軍）と合流した。その際、ソ連軍は中共軍との接触に同意すると明確に表明したという[12]。また、冀熱遼軍区司令員の李雲昌が九月七日に部隊を率いて山海関に進駐した際にソ連軍はわざわざ車を出して出迎えてくれ、十一日に両軍が共同で開いた歓迎会でソ連軍は「八路軍援助」を表明するなど、ソ連軍の協力が得られるとの期待が高まった[13]。延安の中共中央とモスクワのソ連共産党との直接的な連絡は少なかったようにみえるが、中共はソ連側の積極的な支持が得られるものと判断し、九月十一日、山東部隊四個師団の即日東北出発など、大量の部隊派遣と新たな幹部増派を決定したのであった[14]。

最初は曽克林部隊の瀋陽への進駐に拒否の姿勢を示していた瀋陽駐屯のソ連軍も、進駐を許しただけでなく、「東北人民自治軍」名義（八路軍の名称の使用は避けていた）での瀋陽衛戍司令部（司令員＝曽克林、政治委員＝唐凱、副司令員＝張化東、政治部主任＝湯从烈）の設立を許可し、ソ連軍瀋陽駐屯司令部と共同で瀋陽市の警備任務をほんの一時期ではあったが担当させたのであった。このように、曽克林部隊はソ連軍の協力を得ることに成功し、ソ連軍が一度接収した関東軍最大の蘇家屯軍用倉庫を中共軍の管理に引き渡してくれたこともあった[15]（が、間もなく回収）。曽克林部隊の上級にあたる晋察冀軍区司令員だった聶栄臻の回想録は「倉庫にある武器は、数十万人を装備できた」と記している[16]。第十六軍分区の機関直属隊は司令員の曽克林も参加して、三日三夜にわたって武器を運び出した。運び出しに成功した武器は、曽克林の回想によれば、歩兵銃二万丁、軽重機関銃一〇〇〇挺、各種口径の迫撃砲・野砲・山砲一五〇門であった。これらの武器はまずは自らの部隊を装備したり拡大したりするのに使われ、残りが後続部隊や東北抗日聯軍、関内の中共軍部隊への支援にあてられた[17]。

曽克林部隊は、瀋陽の途次にある錦州でも、一定数量の武器・弾薬を獲得することができた。錦州に駐留する第十六軍分区第十八団は、錦州衛戍司令部（司令員＝王珩、政治委員＝徐志、副政治部主任＝于純）を設立すると、北大営の満洲国軍混合旅（一個砲兵団を含む）の約五〇〇〇人をすべて武装解除し、歩兵砲・迫撃砲二八門、軽重機関銃二一六挺、歩兵銃約三二〇〇丁、ピストル約一五〇丁、砲弾約一〇箱、各種銃弾約五万発、自動車約二〇両を獲得した。そのほか、製粉工場や紡織工場、製油所も接収している[18]。また、銃や弾薬などの軍事物資だけでなく錦州小嶺子飛行場にあった十数機の飛行機も、交渉を経て中共軍に引き渡された[19]。

これ以後も、瀋陽および遼寧各地に進駐した冀熱遼部隊は、敵偽軍（関東軍と満洲国軍）の武装を解除しながら、他方では大量の工場と軍用倉庫を接収した。第十六軍分区の機関直属隊と第十二団は瀋陽で瀋陽兵工廠や倉庫・軍用被服工場・水道公司・郵便局・銀行・ラジオ放送局を接収するとともに、相次いで撫順・遼陽・本渓でも武器倉庫・軍需被服倉庫・機械工場・印刷所・被服工場・織布工場などを接収した。また、本渓・撫順・鞍山・営口などでは放送局と一〇個の病院を接収した。このように、八月中旬から九月中旬までは、ソ連軍は中共軍に協力する姿勢を示していた。

曾克林の延安報告とソ連軍の非協力

戦後満洲の状況、とくにソ連軍の対応状況を知りたがっていた延安に最初にその具体的状況を知らせたのは、ソ連軍機で延安に向かった曾克林であった。彼の報告にもとづいて、中共中央政治局は東北奪取の決意を固め、九月十五日、いわゆる「北進南防」方針を決定した。当日午後に延安の楊家嶺で開かれた中央政治局会議で、曾克林は満洲の状況を詳細に報告した。そのなかで、武器弾薬の状況については「すでに多くの重要な工場や倉庫を接収管理しており、その中には大量の銃砲、弾薬、軍需物資、食糧が保管されている」と報告した。[20] 当日延安が発した各中央局宛の通報は、武器獲得の状況について、「瀋陽および各地に堆積する各種の軽重の武器や資材は非常に多く、管理する人はなく、自由に持っていくことができる。曾克林（部隊）はすでに瀋陽の重要な工場や倉庫を管理している。銃器は十万丁、大砲は数千門、弾薬・綿布・糧食は数え切れず、民間に流れる武器・資材は非常に多いということだ」と知らせていた。[21]

しかし、瀋陽に進駐した曾克林部隊の活躍にみられる中共軍の急速な発展状況は、国民政府にのみ東北を引き渡すことを中ソ友好同盟条約で約束していたソ連を困らせた。ソ連軍は、条約の義務に縛られ、曾克林が延安に飛び立った後、一旦中共軍に引き渡していた重要な工場や軍用倉庫（蘇家屯倉庫を含む）をすべて回収するという行動に出た。[22] こうして、九月十八日に中共東北局のメンバーが瀋陽に到着したときには、大きな期待を寄せていた武器獲得は困難に見舞われ始めていた。瀋陽に到着後の最初の同日付電報で、東北局書記の彭真は「無事に目的地に到着した」ことを知らせるとともに、「［部隊拡大のための］被服や給養は解決できるが、大量の武器獲得はなお難しい」と報告せざるをえなかった。[23]

彭真とソ連軍との最初の接触は、瀋陽に到着の翌日（九月十九日）からすぐに開始された。二十日に送られた彭真署名の党中央宛電報は、「昨日と今日、ソ連軍側と非公式の接触をおこなった。彼らは私との接見を希望しており、また援助を与えると表明した」と伝えている。[24] 瀋陽に到着した彭真がロシア語通訳の伍修権を伴って東北局第一書記の肩書きで瀋陽駐屯ソ連軍司令官を訪問したときには、瀋陽近郊に一〇万丁の銃器が保管されている武器倉庫があり、八路軍に移管してもよいとの回答があった。彭真は非常に喜び、中央に報告するとともに、葉季壮らを連れて中共軍が必要とする軍用物資の状況を調査した。

が、数日間の調査の結果、武器獲得は期待したほどでないことがやがて明らかになった。彭真が九月二十一日に送った中央宛電報は、武器獲得の見込みについて、「現在我々の管理のもとにあって比較的信頼できる武器倉庫には、七五ミリ山砲十一門、迫撃砲七〇門、六・五ミリ銃弾五〇〇〇万発だけで、曽克林が延安で報告した数は正しくない。瀋陽兵工廠は依然としてソ連軍の管理下にあるが、伝えられる歩兵銃六〇万丁、六〇〇〇門の大砲というのは正確ではない」と述べ、「すでに多くの援助を獲得しているが、将来大量の武器を獲得できるかどうかは謎である」と報告し、やや悲観的な心情を吐露している。[25] それゆえに、九月二十三日に、彭真・陳雲は延安の中共中央書記処および東北に進軍予定の山東部隊に、「大量の武器を獲得できるまでは、出動する部隊は適当な武器を携行するほうがよい」との勧告を送っていた。[26]

近代的兵器である軍用機の獲得についても、二十一日付電報で「綏中の飛行機はすでにソ連軍によって運び去られ、瀋陽南飛行場には確かに日本の壊れた双発機が二七機と部品倉庫が一〇個所ほどあるが、修理は不可能である。瀋陽西飛行場には完全な単発の戦闘機が七〇機あるが、わずかなガソリンもなく、目下我々にとって全く無用である。輸送機の借用を交渉したが、結果はない」と報告し、期待はずれであった。[27] ソ連軍は、獲得した関東軍の武器倉庫の装備を重要産業の機械設備と同じように、ほとんど軍用列車でソ連に輸送していた。綏中の飛行機も同じように処理されたのであろう。そこには同じ共産党軍を助けようという、いわゆる「国際主義的精神」はみられない。それは同じ共産主義者の中共からみれば、劉統がいうように「ソ連軍の態度は相当悪辣だった」と表現できるものであった。しかし、こうしたソ連軍の「非協力」という局面のなかにあっても「中共軍がすでに多くの援助を獲得している」という事実を見落してはならない。

彭真のロシア語通訳をつとめていた伍修権（一九四五年十月三十日付で東北人民自治軍第二参謀長に任命）は、こんな回想を残している。[28]「彼ら［満洲駐屯ソ連軍］の総司令部は長春にあり、瀋陽駐屯のソ連軍部隊がもっぱら我々との連絡を担当した。我々はトマーニン中将［瀋陽駐屯戦車第六集団軍軍事委員、「杜曼寧」］と経常的な連絡を打ち立て、毎回の接触は私が彭真に付き添った。当時彭真は東北局第一書記であり、ソ連側との会談は私が彼の通訳をした。大体第二回目か第三回目の接触の時に、ソ連軍は我々に一つの情報を提供し、瀋陽付近に十万丁以上の銃が保管されている武器倉庫があるが、わが軍に引き渡してもよいというのである。これは本当にいい情報なので、我々はそれを聞いて非常に喜び、ただちに情報を中央に報告した。中央はただちに山東部隊と新四軍第三師黄克誠部隊に、自己のもともとの武器は関内に残し、迅速に徒手で出関し瀋陽でこれらの新しい武器を受け取るよう命令した。二週間後、武器受領の命令を受けた部隊が陸続と東北に到達したので、我々はソ連軍に自己の約束を実行するよう求めると、意外なことに内容の異なる通知を受け取った。国際上の様々な原因により、あの日本軍の武器は別に処理し、元の計画通りに我々に引き渡すことはできないという」。

ここにいう「十万丁以上の銃が保存されている瀋陽付近の武器倉庫」とは蘇家屯倉庫のことであろう。ソ連軍が一度曽克林部隊に移管させていた蘇家屯倉庫は九月十四日以後、ソ連軍に一旦回収されるが、東北局が瀋陽に到着後、ソ連軍は再びこの軍用倉庫を中共に引き渡してもよいという態度を示していたのである。ソ連軍の中共軍に対する態度は、そのときの米ソ関係や内戦の状況およびソ連政府の対華方針そして現地司令官の気まぐれによりしばしば変化している。

中共軍の軍事物資獲得

一九四五年末までに満洲に進軍した部隊が関東軍の武器をどれだけ入手することができたのかを数量的に明らかにすることは、現在の史料状況のもとでは不可能である。残念ながら、曽克林の回想録などからもそれを探ることはできない。が、曽克林は中共軍が獲得した武器弾薬は満洲に進軍してきた後続部隊の装備に使われただけでなく、海を隔てた山東半島に運ばれ、山東の中共軍部隊の支援にも使われたことを明らかにしている[29]。それだけ大量の武器装備を入手できたということである。

曽克林はいう。「我々が東北に進軍した時に入手した武器は拡大した部隊に発給した（これは大量であった—原注）以外に、東北局の指示に従って、あらゆる方法を講じて、各解放区から陸続と東北に到達した老部隊を装備することに回した[30]。我々第十六軍分区部隊が持ち出した火器は、汽車で鞍山・営口・安東等に輸送し、東北に入った三五九旅や山東魯中部隊〔万毅率いる濱海支隊〕、膠東部隊〔呉克華・彭嘉慶率いる膠東軍区第六師と第五師二個団、計八千人余り〕、延安から来た〔趙成金率いる〕延安教導第一旅などの部隊に発給された。冀熱遼軍区が錦州で掌握していた武器は、前後して東北に入った冀中三十一団、〔黄永勝率いる〕延安教導第二旅〔途中熱河に留まり、のち命令により錦州に入る〕、警備第一旅、山東第二師・第七師や新四軍第三師に発給された。私と肖華同志は東北局の指示により、葫蘆島・営口・庄河等の港を利用して、船で山東の竜口に武器・弾薬を輸送し、山東部隊を支援した。その中には五〇〇万発の銃弾・砲弾が含まれていた」（〔 〕内は筆者による。以下同じ）。

このように、中共軍が当初、相当量の武器弾薬を入手できたことは間違いなく、ソ連軍の態度の豹変にもかかわらず、戦後初期の満洲中共軍の戦備を大いに高めることができたのである。注目すべきは、奉集堡の飛行場で関東軍第二航空軍団所属の第四錬成飛行隊（林木航空大隊）の飛行機四〇機を接収し、関東軍航空部隊の協力を得て、中共軍最初の航空部隊として「航空大隊」を成立させたことは、日本人による中国共産党への協力としてよく知られているエピソードの一つである。[31] また、航空機と並んで近代的兵器である戦車についても、本渓で関東軍戦車二〇両あまりを接収して、中共軍最初の戦車部隊（一個坦克団）を樹立するなど、一定の成果はあったのである。[32] 中共軍が入手できた相当量の武器弾薬などの軍事物資について、重慶交渉のために不在だった毛沢東にかわって党指導部を任されていた党中央主席代理の劉少奇は、九月二十四日付電報で東北局に対して、「瀋陽及びその他の都市の武器や資材は、農村及び熱河に運び出すべきである」と指示していた。[33] 国民政府が東北接収の高官を満洲に派遣することが決まると、劉少奇は再び九月二十九日に「我が方が管理している武器弾藥は迅速に熱河・朝陽あるいは山海関附近の老根拠地に輸送する」ことを指示し、「迅速な運び出し」を命じた。[34]

相当量の武器弾薬を獲得できたとはいえ、入手に一定の困難を伴っていた武器弾薬に対して、糧食・被服の獲得については、東北局が九月二十日付および二十一日付電報で「糧食・被服は問題ない」と知らせていたように、このときには糧食・被服の入手は比較的容易であった。中共中央は九月二十七日、東北に進軍する大部隊のために、晋察冀局と東北局に対して、糧食と経費問題の手配を依頼した。東北局の彭真・陳雲に対しては、「瀋陽及び附近で没収した敵「日本軍」の食糧を方法を講じて大量に錦南・承徳地区に輸送して備蓄する」よう依頼し、武器弾薬と同じように熱河方面への運び出しを指示していた。[35]

被服の手配については、九月二十日、中央軍委は「冀東地区に十万の大軍を終結させるつもりであるから、遼寧・錦州で綿衣十万着を用意する」ように、彭真に指示していた。[36] 九月二十七日に、再度劉少奇は彭真に対して、「十万近くの大軍が一ケ月前後に冀東地区に到着する。時間が慌ただしかったために、綿衣を携帯していない。すでに現在出動する部隊はなるべく綿衣を携帯するよう命じているが、数量は多くないかもしれない。やはり六万から七万着を作る必要があろう」と知らせていた。[37] のち十月十四日に、彭真は劉少奇に対して「すでに錦州方面に十二万着の衣料を輸送し、この間になお十万着の衣類を急いで製造中である」と回答していた。[38] 大量に入手できた糧食・被服に対して、武器弾薬は相当量を獲得できつつも入手には困難が付きまとっていた。

三　中共軍の接収とソ連軍の大胆支援

ソ連軍の積極的支援への転換

延安から彭真・陳雲らが瀋陽に派遣されて以後、ソ連軍の彼らに対する非協力的姿勢は月末に近づくにつれてより厳しいものとなった。九月三十日、彭真・陳雲は党中央と山東部隊に対して、「この数日来、友方の我々に対する制限はさらに厳しくなり、我が部隊や機関は瀋陽市の郊外二〇～三〇キロのところに移るであろう」と、瀋陽市からの退去を求められていることを知らせた[39]。物資の獲得についても、「この間、ソ連軍は銀行・工場・倉庫に対して一律に兵士を派遣して管理している。その管理しているところはすべて我が方が持ち出すことを許さない。ソ連軍は汽車・自動車・ガソリン・放送局に対しても、すべて絶対的な管理をしており、我が方にはいかなる車両を動かす権限もない」という状況であった[40]。

そうしたなかで、十月に入ると、ソ連軍の態度が突如として中共に対して大胆なほどに協力的に変化するのである。十月四日、東北局の彭真はソ連軍の大胆な一大決心を党中央に知らせた。すなわち、「ソ連連はすでに最後の決心をし、大きく前門を開き、この間の家務〔東北のこと〕をすべて我々に引き渡すと表明した。我が方の力量が微力であるがゆえに、現在は一部分しか受け入れることができないが、一ケ月間我々に代わって保存してくれることを認めてくれた」と報告した後、彭真は「全局を総合するに、党中央が最大の決心をして、ただちに各解放区から三〇万の主力を抽出して一ケ月内に急行軍させ、あらゆる方法を尽くしてこの期間を制覇する」ようにと、野心的な提案をおこなった。彭真の意気込みも並々ならぬものであった。彼は「これは全局を決定する一環である。この一環を勝ちとるために、その他の地区を犠牲にして遊撃区に変え、たとえ暫時喪失しようとも価値のあることである」と強調していた。[41] 中共はすでに満洲獲得のために一〇万の部隊を出動させていたが、動員兵力がいっきょに三倍の三〇万人に拡大したことにみられるように、東北局の決意の固さとそれを支えたソ連軍の大胆な積極姿勢がここからはうかがえよう。

東北局は、同日、党中央軍委に対して、満洲における中共軍の臨時の軍事指揮機関の設立を求めた。[42] すでに前日（十月三日）、東北局は主力を満洲の南部に配備する方針であることを伝えるとともに、林彪に部隊を率いて山海関一帯を制覇させることを考慮するよう求めていた。[43] これは、東北局による「南満集中」方針のはじめての提出であり、中共の「満洲戦略」が「満洲辺境への大分散」方針から「南満の大都市への集中」方針にかわる兆しであった。その戦略変更をもたらしたのは、ソ連軍の積極姿勢への転換であった。それまでソ連軍からは糧食や被服の大量獲得など軍事面以外の協力は得ることができていたが、いまやソ連軍は満洲での中共軍の軍事活動を容認する挙に出たのである。

十月六日、党中央の返電は、「彼方［ソ連をさす］が決心をしたからには、我々も我が方にも手段があると伝えるべきであろう。ただ三〇万人は実行できないが、一ケ月内に十万人が冀東と東北に到達できるし、今月末にはさらに五万から八万人を出動させることができる。幹部はすでに大量に出発しており、二週間後には陸続と到達するであろう」と述べ、東北局の固い決意とソ連軍の積極姿勢に歩調を合わせた。[44]

十月八日、ソ連軍は東北局と中共中央に対して、二五万から三〇万人を動員して山海関一帯および瀋陽付近に配置して、東北の正門をしっかり守るようにとの「戦略的な勧告」をおこなうとともに、ただちに中共軍に歩兵銃三〇万丁、機関銃一〇〇丁、大砲一五門を提供することを決定したという。[45] 実際に十月上旬、ソ連は正式に国民政府にソ連軍が撤退を始める予定であると通知した後、ソ連軍は自ら、東北をすべて共産党に引き渡したいこと、および外交条約の制約にかまわず共産党が迅速に各省市の政権を接収するよう伝えた。[46]

中共軍による軍事接収の本格化

そうしたなかで、東北の中共軍の臨時司令部が設立された。十月九日に、中共中央は東北の臨時軍事指揮機関として「東北軍区司令部」を設立することに同意した[47]。抗戦末期、延安滞在中の聶栄臻にかわって晋察冀分局書記・同軍区司令員兼政治委員を代行していた程子華（のち東北人民自治軍副政治委員をへて冀熱遼分局書記・同軍区司令員兼政治委員）が暫定的に司令に就任し、政治委員には彭真が、参謀長には伍修権がそれぞれ任命された。これに続いて、十月十二日、獲得した武器の管理と軍事産業の接収を担当させるために、東北軍区軍事工業部が設置された。日本語ができて遼寧省政府外事処長となる李初梨[48]（元中央軍委敵軍工作部副部長）が部長を兼任し、王逢源が副部長、李長偉が政治部主任を担任した。当時、大東区の瀋陽兵工廠および文官屯戦車修理工場、狐家子火薬工場を接収したという[49]。これが事実なら、九月二十一日に彭真が延安に報告した時点ではソ連軍が管理していた瀋陽兵工廠を、十月初めには中共軍に移管させていたということになる[50]。

このように、十月に入ってからソ連軍は再び中共に協力的な態度を示し始めるのである。これは、九月下旬からアメリカ軍が国民政府軍の華北および東北への輸送を大規模に実行し始めるとともに、アメリカ軍が直接天津に上陸して国民政府軍の北京・天津占領を支援したことと関係がある。九月三十日、沖縄から派遣されたアメリカ海軍陸戦隊第一師団一万八〇〇〇人が天津の外港である塘沽に上陸し、天津・唐山・北戴河などに進駐し始めた。それに続いて、十月二日にはアメリカ海軍陸戦隊第三師団一万八〇〇〇人が秦皇島に上陸した[51]。この状況に対応して、ソ連軍は九月中旬以来、中共軍の身分をすでに公開している李雲昌の冀熱遼部隊に対して瀋陽などの大都市から撤退するようたびたび求めていた姿勢を一変させ、中共軍に協力的な姿勢をみせ始める。瀋陽から一時期退去させられていた中共軍は、十月初めソ連軍の求めに応じて再び市内に展開し、治安任務についた[52]。

こうしたソ連軍の積極的な姿勢は中共をしてその満洲独占軍事計画を始動させることになる。この時点で中共軍も冀熱遼地域の支配を固めて蔣介石軍が陸路で東北に入ることを阻止する計画を「すでに実行に移し始めていたが、実現の程度ははるかに遠い」という状況であった。[53]が、ソ連の積極的な姿勢への転換を受けて、中共中央も「南満の大都市を優先せずに、まずは満洲辺境に重点を置いて根拠地を建設する」[54]という九月二十八日の「大分散」方針を改め、ソ連の暗黙の大胆支援・公然協力のもと全力で東北を争奪する方針に転換した。その実現のために、中共中央は十月六日、東北局にただちに次のことをソ連軍と相談するよう指示した。一つはソ連軍の撤退の時期を一ケ月か一ケ月半延期することで、もう一つは国民政府軍の陸路による華北への北上を遅らせるために、内蒙古の張家口・綏遠方面から軍事援助をあたえてくれるように要請することであった。中共は、「張家口・綏遠方面で必要な援助を与えてくれれば、「華北での国民政府軍との」これらの大衝突で大勝利を得ることができ」、東北および全国の状況に「大きな影響を与える」と伝えた。[55]ソ連軍の武器提供は、満洲で「歩兵銃三〇万丁、機関銃一〇〇〇丁、大砲十五門」が提供されただけでなく、内蒙古の張家口・綏遠方面でもおこなわれていたのである（その具体的状況は不明）。

十月十二日に東北局が東北軍区軍事工業部を設置して、大東区の瀋陽兵工廠および文官屯戦車修理工場、狐家了火薬工場を接収させたことは、当然ソ連軍の許可無しには実行できないことである。これは、「ただちに中共軍に歩兵銃三〇万丁、機関銃一〇〇〇丁、大砲十五門を提供する」決定を実行するためであったかもしれない。

この十月十二日には、東北局が南満地域に東北局直属の党指導組織として中共遼寧省工作委員会[56]（書記＝陶鋳、副書記兼組織部長＝白堅）・中共安東省工作委員会[57]（書記＝肖華、副書記＝江華・林一山・劉順元）・中共瀋陽市委員会[58]（書記＝孔原、副書記＝焦若愚、のち遼寧省工作委員会に移管）を正式に樹立しただけでなく、省政府の接収・引継に備えて、遼寧省政府（主席＝張学思、党団書記＝朱其文）と安東省政府（主席＝高崇民）の人事を批准決定したことが知られる。[59]東北軍区の軍事工業部の設立もおそらく同時に決定されたもので、まさにこの時点でのソ連軍の積極的姿勢を受けて決定されたものであろう。

すでに十月十日には瀋陽特別市政府を成立させ、民主人士の白希清が市長に就任するが、副市長には冀熱遼第十八地委書記だった焦若愚（瀋陽市委副書記）が就任し、そしてやはり中共党員の趙濯華が公安局長に就任して警察権力を握るが、これもソ連軍の同意を得た人事である。中共は熱河省・錦州地域だけでなく遼寧省・安東省と瀋陽市でも堂々と武装化を進める正統性を獲得したのである。

満洲における東北局とソ連軍とのトップ会談

東北局でナンバーツーの陳雲が十月十五日、東北局が置かれた瀋陽から満洲駐屯ソ連軍の総司令部が置かれていた長春にやってきた。陳雲はこれ以後一カ月間、東北局を代表して長春駐屯ソ連軍最高当局と直接折衝することになる。両者間のトップレベルでの直接交渉が実現するほどにまで東北局とソ連軍との協力関係は深まった。この陳雲の長春行きは、国民党軍の東北進駐を阻止するために、東北局とソ連軍とが密接な協力関係を打ち立てるためであったことは明らかである。そこでの主要な協議事項は、(1)国民党軍の上陸阻止、東北進駐を遅らせること、(2)中共軍への武器援助、(3)物資や兵員の輸送問題への協力の三点であっただろう。陳雲は十月二十七日に瀋陽の彭真・程子華・伍修権宛に手紙を送り、長春に到着後の状況を報告し、すでに長春駐屯ソ連軍の指導者と会見したことを知らせるとともに、ソ連軍の撤退以前は蔣介石軍の上陸を拒否するよう要請するなど一二の要求を依頼したことを伝えた[60]（ほかの依頼内容は不詳）。陳雲は長春ではそのほか、吉林省の党組織の建設を指導するとともに、武器弾薬や軍事装備を長春城外に輸送することを指揮した。

十月下旬に、華北に上陸した米軍部隊が秦皇島と山海関間の鉄道修理を公然と支援し、また武装しての鉄道警護任務を執行し始めると、ソ連の態度はより強硬になってきた。十月二十四日には、ソ連軍は国民党吉林省党部などの機関を突然捜査するとともに、東北行営を封鎖して国民政府との接収交渉を中断させた。十月二十五日、国民政府はソ連大使に、国民政府軍が二十九日より営口と葫蘆島から上陸予定であることを正式に通知した。すると、同日、ソ連軍代表は東北局に「もしこれまでは慎重にする必要があったとすれば、現在は主人として振る舞い、もう少し大胆にやってよい」と知らせてきた。

東北局は「ソ連の態度はますます積極的になり、関係はすべて良好である」と延安に報告した。同時に、ソ連軍は政権の引継工作を全面的に開始し、十一月十五日以前に「もし頑固にも〔国民党軍が〕進攻してくるならばソ連軍は中共と共同で打撃を与える」と表明した。また、中共軍が「飛行場を監視し、国民党軍部隊の空輸を防ぐ」ようにとの「アドバイス」をあたえた。そして、物資の引き継ぎに関しても、すでに搬送した五分の一の工場以外はすべて中共側に引き渡すと表明した。[61] 引き渡された弾薬は撫順だけで三〇〇万発あり、[62] 砲弾や飛行機も中共側が処理してよいし、兵工廠も引き渡すという。ソ連軍は、爆撃を免れるために、兵工廠の一部は瀋陽に残し、一部は分散させるよう「勧告」してくれた。[63]

陳雲はその後、十月末に一度瀋陽に戻るが、十一月三日午後、再び彭真とともに飛行機で長春にやってきた。東北局トップとソ連軍最高代表とのトップ会談がついに実現されることとなった。[64] 五日と六日、彭真は長春でのソ連軍との二回の会見の状況を延安の毛沢東に報告した。ソ連軍は期限どおりに撤退し、これ以上撤退を延期することはできないこと、および撤退以前は蔣介石軍に長春に着陸させることはない（が、我々は必要な配置をとる）ことを知らせた。[65] 陳雲は十一月十一日に再び瀋陽に戻った後、十六日に瀋陽からハルビンに飛び、北満分局を成立させ満洲奥地の後方根拠地建設工作を指導することとなる。

中共軍による再度の武器獲得

ソ連軍による積極的な支援を受けて、このころの中共軍の武器獲得状況はどうであったのであろうか。十一月六日までに、中共軍が獲得した武器の総数は、歩兵銃が三〇万丁の提供決定に対して一一〜一二万丁にすぎず、機関銃は約四〇〇〇丁前後であった。「弾薬は頗る多いが、日本軍の秘密倉庫はまだ引き渡されていない」という状況であった。また、通信機材は大量に入手できたばかりでなく、小型輸送機六機と汽車二両が引き渡された。しかし、このほかの武器は「沿海州の前線」（極東ソ連軍の別の部隊、極東第一方面軍のことと思われる）に属しているだけでなく、数量も不詳であった。東北局と連絡をとっていた「友人」がすでに代わって交渉してくれており、近いうちに部隊を派遣しようとしていること、および彼らが去った後はすでに人を指定して連絡を保持することになっていた。[66] 中共軍への武器提供・軍事援助にソ連軍の一部は非常に熱心であった。

十一月十一日、彭真は毛沢東に、すでに一万二五〇〇丁の歩兵銃と三〇〇丁の機関銃を熱河に向けて運び出したと報告していた。が、ソ連軍は中共軍に協力する一方で、国民党軍に対する中共軍の軍事能力に信頼が置けなかったので、何としても国民党軍の手中に陥ることを防ぐために、これまでに自ら運び出したり一部の兵器を破壊したりしていた。

十一月中旬、中共は引き続き満洲入口である山海関で国民政府軍の満洲進駐を阻止あるいは遅らせることを意図していた。ボリソフの研究は、山海関の掌握に対してソ連軍に支援を要請したことを明らかにしている。すなわち、「八路軍軍事会議」（中共中央軍事委員会のことであろう）から「満洲における中共中央の代表者」彭真に宛てた電報は、「米軍は、東北地方を占拠する目的をもっている国民党軍部隊の集結を援護するために秦皇島を利用している。黄克誠指揮のわれわれの部隊［満洲に進軍した中共軍のなかで三万五〇〇〇人と最大兵力を擁していた新四軍第三師のこと］が到着するまで山海関を掌握しておくよう、赤軍司令部に伝えよ」と要請した。また、そのときに毛沢東は十一月十九日と二十日と連続で彭真に宛てて二通の電報を送り、ソ連軍の撤退延期および蔣介石軍の満洲進駐阻止への協力を次のように要請した。すなわち、毛沢東は十九日、「われわれの兄貴（ソ連のこと—筆者）の支援と満洲における我が党の発展によって、蔣介石の軍隊は満洲にうまく移動できず、また満洲に政権をうちたてることもできなかった」と、彭真に書き送っただけでなく、翌日には満洲からソビエト軍が撤退するのを引き延ばすことが重要だと指摘し、彭真に対して「国民党軍の満洲到着の時期をできるだけ遅らせるように、われわれの友人たちに頼んで下さい」と指示した。ソ連軍の東北撤退の延期は「我々に有利である。なぜなら一ケ月内に我々の前進中の部隊と幹部は完全に満洲に到着することができるであろうから」と、ソ連軍の協力に期待を寄せていた(67)。

が、このときに、情勢は中共の過大な期待とは裏腹に大きく変化した。十一月十五日に国民政府がソ連大使に、接収工作の停滞を理由に十七日より東北行営を山海関（実際は北平〔北京〕）に引き揚げさせることを伝えると、ソ連の態度は一変し、ソ連軍は瀋陽の中共軍にすべて城外に出ていくよう命令した(68)。中共軍の大都市からの撤退強要は、瀋陽だけでなく長春やハルビンでも実施され、一時中共軍を非常な苦況に陥れ、「錦州決戦」（これ自身もソ連軍の「戦略アドバイス」を受けたものであった）による満洲独占の野望を打ち砕いただけでなく、大量に獲得した武器の大紛失騒動を惹起し、内部不団結問題を発生させたりした。こうしたソ連軍の非協力的排斥的姿勢も、のち九四六年五月三日のソ連軍の撤退期限が間近に迫ってくると、ソ連軍の中共支援は再びより積極的かつ大胆になってくるのである。

おわりに——ソ連軍による中共支援

一九四六年五月三日にソ連軍が撤兵を完了するまでに、ソ連軍の中共軍に対する態度は大きく次のように五回変化したといえる。すなわち、(1)四五年八月中旬〜九月中旬：ソ連の協調姿勢、(2)四五年九月中旬〜九月末：ソ連の非協力、(3)四五年十月初め〜十一月中旬：ソ連の積極的姿勢、(4)四五年十一月下旬〜一九四六年二月：ソ連の排斥的姿勢、(5)四六年三月〜五月：ソ連の大胆支援姿勢である。

そして、戦後初期の中共の「満洲戦略」は初代東北局書記の彭真の回想が語っているように、五回の転換を経過したことが知られる。すなわち⑴四五年九月下旬から十月上旬までの「辺境への高度分散」方針による兵力拡大と後方根拠地建設を求めた時期、⑵四五年十月中旬から十一月下旬までの「南満集中」方針にもとづく「錦州決戦」計画による国民政府軍の東北進駐阻止の時期、⑶四五年十一月下旬から四六年一月下旬までの中央の「大都市撤退路線」と東北局の「大都市奪取路線」の「分裂」による南満待機の時期、⑷四六年一月下旬から五月までの「兵力集中による大都市制覇」方針による「最後の一戦」の時期、⑸四六年六月以降の毛沢東革命路線にもとづく「農村根拠地建設」の時期に分けることができる。(69)

本稿では上記の⑴⑵⑶の時期についてしか検討をおこなえなかったが、ソ連軍の中共に対する姿勢と中共の「満洲戦略」とを比較してみると、両者は時期的にほとんど一致する。このうち、ソ連が積極的な支援・協力の姿勢をみせた「四五年十月初め～十一月中旬」と「四六年三月～五月」の時期は、それぞれ「錦州決戦」構想による山海関・錦州での遼西戦役と、「最後の決戦」構想にもとづく四平戦役が激しく戦われた時期でもあった。両方の時期に共通してみられる中共の「満洲戦略」の特徴は、「南満集中」「大都市占領」「決戦構想」という三点である。「錦州決戦」構想は満洲独占の意図をもって構想されその実現につとめながら結局はソ連の戦闘禁止命令により挫折に終わった（いまだ主力部隊が進軍中であるなど、中共軍の主体的力量が整っていなかったことが最大の要因でもあった）。四平戦役は四平街の防衛によって東北解放区の確保をめざしただけでなく、戦後中国の「戦争と平和」の帰趨を決定するという歴史的な意義を持った「最後の一大決戦」と位置づけられていた。

ここで指摘しておきたいことは、中共の五回にわたる「満洲戦略」の展開がソ連軍の「勧告」「建議」にもとづいておこなわれていることである。そして、中共が「兵力を主に南満に集中して大都市の奪取をめざして激戦を戦った」という共通点を持っていた時期に、ソ連軍の暗黙の協力や公然の支援がもっとも積極的になされた時期、つまりソ連軍が獲得した関東軍の武器装備を中共軍に提供・支援した時期でもあるということである。それは、ソ連の満洲での権益を守るために、アメリカや国民政府への牽制勢力として中共を育成し利用した方がよいと判断したときに、こうした軍事援助がなされたのである。また、その援助はソ連軍の作戦方針のアドバイスに従ったときにのみ実施されたのである。こうして、とくに戦後初期の段階では、満洲での中国共産党はその「自力更生」路線を発揮していたのではなく、ソ連軍からの武器提供に依拠していただけでなくその作戦方針や軍事戦略を中心として「満洲戦略」全般にわたって「辰兄」「友方」「彼方」の「勧告」に忠実に服従していたのである。(70)

注

(1) 姫田光義「第五章　中華民国軍事史研究序説」中央大学人文科学研究所編『民国前期中国と東アジア』(中央大学出版部、一九九九年)四〇六―四〇八頁。

(2) 東北の中共軍の兵員動員工作を検討したものに、門間理良「国共内戦期の東北における中共の新兵動員工作」『史境』三五号(一九九七年九月)がある。

(3) 「対満洲工作的几点意見」(一九四五年十一月三十日)、中共中央文献編輯委員会『陳雲文選　一九二六～一九四九年』(北京:人民出版社、一九八四年)二二一―二二四頁。

(4) とはいえ、渾春・大連・牡丹江・ハルビン・佳木斯・鶏西・興山・輯安・チチハルなどに兵工廠・武器修理工場(「修機廠」)が設立され、一九四七年末までに東北解放区の軍事工業の生産能力は手榴弾三〇〇万個、銃弾二〇〇〇万発、各種砲弾一五〇万発に達し、東北野戦軍の戦闘の需要を基本的に満たしたと評価されている。原資料は東北野戦軍後勤部『軍工部工作情形匯報』(一九四七年三月)。劉統「解放戦争中東北野戦軍武器来源探討」『党的文献』(二〇〇〇年第四期)七八頁より重引。

(5) 『毛沢東軍事文集』第四巻(北京:軍事科学出版社+中央文献出版社、一九九三年)一三五頁、三一七頁。中共中央文献研究室編『毛沢東文集』第四巻(北京:人民出版社、一九九六年)二六二頁。

(6) 劉統著『東北解放戦争紀実』〈解放戦争歴史紀実〉(北京:人民出版社、二〇〇四年)五一六頁。

(7) 劉統「解放戦争中東北野戦軍武器来源探討」『党的文献』(二〇〇〇年第四期)七六頁。

（8）オ・ベ・ボリソフ「ソ連邦と中国革命の基地、満洲」『極東の諸問題（日本語版）』第五巻第一号（一九七六年三月）二二頁。沈志華著『蘇聯専家在中国（一九四八―一九六〇）』〈北京大学国際問題研究叢書〉（北京：中国国際広播出版社、二〇〇三年）二七頁。なお、ボリソフの上記論文では、機関銃数を「一二〇〇挺」としているが、これは明らかに誤植であろう。ボリソフの著書『ソ連と満洲革命根拠地、一九四五～四九年――日本軍国主義壊滅三〇周年を記念して［ロシア語］』（モスクワ、一九七五年）の書評である、エス・エリ・チフビンスキイ「東北革命根拠地の軍事戦略的および政治的意義」『極東の諸問題（日本語版）』第五巻第三号（一九七六年九月）二七四頁では、「約一万二〇〇〇の機関銃」とされている。なお、ボリソフは戦後数年中国にいた経験がある、ソ連共産党の中国専門家О・ラフマーニンのペンネームであった（もう一つのペンネームがウラジミロフ）。中ソ対立時代に彼を中心とする中国問題委員会（インテルキット）が組織され、ソ連側の論客として中国側の主張・宣伝に対抗した（下斗米伸夫著『アジア冷戦史』〈中公新書〉中央公論新社、二〇〇四年、四二―四三頁）。ボリソフの研究は、「［戦後中国に対する］ソ連邦共産党の態度が正しかったこと」（一三頁）を論証しようとするものである。彼は「満洲の兵器廠と工業の中国革命軍への［ソビエト軍による］譲渡は中国革命の勝利において決定的役割を演じている。……満洲の基地はまた中国革命最大の政治的センターとしての機能をも果たした。この時代には、特に一九四七年以後は、革命のセンターが［国民党軍によって占拠されていた］延安から満洲に移っていた」（一一頁、二〇頁）と述べ、中国革命は延安の毛沢東ではなく満洲にいた党員たち（林彪、高崗）によって担われていたという「満洲革命根拠地」説を主張し、当時のソ連の公式見解を代弁し正当化しようとしたものでもあった。が、「満洲革命根拠地」説は中国革命勝利の最強の援軍であったという点で歴史の真実であったであろうし、事実関係についてもソ連の見解に都合のよい恣意的な引用の仕方などがみられるものの、国防省アルヒーフ出典の資料のなかには今日中共側の資料によって確認できるものもあり、資料的には信頼できよう。

（9）楊奎松著『毛沢東与莫斯科的恩恩怨怨』（南昌：江西人民出版社、二〇〇一年）二五〇頁。

（10）中国軍の基本的部隊編成は、軍団―集団軍―軍―師（師団）―旅（旅団）―団（連隊）―営（大隊）―連（中隊）―排（小隊）―班（分隊）である。本稿では中国語をそのまま使用する。

（11）張明遠著『我的回憶』（北京：中共党史出版社、二〇〇四年）二三三頁。山海関でソ連軍の支援を受けたことは、ボリソフの別の論文（「中国革命勢力の強力な作戦根拠地（満洲革命根拠地の創設三五周年に寄せて）」『極東の諸問題（日本語版）』第一〇巻第一号、一九八一年三月）によっても確認することができる。すなわち、「一九四五年八月末、朱徳の命令にしたがって中共軍の第一団［部隊名でなく最初の部隊という意味であろう］が山海関に入り、ここでソビエト第一七軍部隊と合流した。その援助によって中共軍は列車に乗り、鉄道で北に向かった」（四〇頁）。

(12) 楊奎松著『中間地帯的革命――中国革命的策略在国際背景下的演変』（北京：中共中央党校出版社、一九九二年）四〇四頁。原注は「程［子華］、耿飈関于我与紅軍在張北会師致軍総電（一九四五年八月十七日）」。

(13) 前掲『中間地帯的革命』四〇六頁。原注は「聶［栄臻］、蕭［克］、程［子華］転李雲昌関于蘇軍表示援助電（一九四五年九月十一日）」。

(14)「中央関于調四個師去東北開工作給山東分局的指示（一九四五年九月十一日）」中央檔案館編『中共中央文件選集　第一五巻（一九四五年）』（北京：中共中央党校出版社、一九九一年）二七四頁。同日には、「軍委関于目前軍事行動的部署（一九四五年九月十一日）」、および「中央関于東北情況給重慶代表団的通報（一九四五年九月十一日）」が出されていることが知られる（前掲書『中間地帯的革命』四〇六頁）。

(15) 曽克林著『戎馬生涯的回憶』（北京：解放軍出版社、一九九二年）一二三頁。正確にいつからいつまで蘇家屯軍用倉庫を曽克林部隊に管理させたかは記していない。

(16)『聶栄臻回憶録（下）』（北京：解放軍出版社、一九八四年）六〇一頁。

(17) 前掲『戎馬生涯的回憶』一二三頁。前掲書『東北解放戦争紀実』一五頁では、このときに運び出した武器数を「歩兵銃三万丁、機関銃三百丁、大砲百門余り」と記している。

(18) 前掲『戎馬生涯的回憶』一二四頁。

(19) 徐志「接管錦州概況」、冀熱遼人民抗日闘争史研究会編輯室『冀熱遼人民抗日闘争文献・回憶録（第二輯）』（天津人民出版社、一九八七年）五八五―五八九頁。十一月下旬に錦州から撤退する際、接収した物資のうち輸送できるものは輸送し、できないものは一部を大衆に分配した。錦州小嶺子飛行場の飛行機は、徐志の命令により破壊された。

(20) 前掲『戎馬生涯的回憶』一三三頁。

(21) 同右、一三六頁。

(22) 同右、一三九頁。

(23)《彭真伝》編写組編『彭真年譜　一九〇二～一九九七（上巻）』（北京：中央文献出版社、二〇〇二年）二八三頁。この年譜

は、東北局とソ連軍との満洲での接触状況を初歩的に公開したはじめての資料である。それは、一〇年前に出版された同じ彭真の一〇一頁という薄い年譜（中共山西省委党史研究室編『彭真生平大事年表』〈北京：中共党史出版社、一九九二年〉）と比べると一目瞭然である。このように情報公開は確実に進んでいるが、いまだソ連軍との交渉状況を延安に知らせた電報などの一次資料など、戦後満洲におけるソ連軍と中共軍・東北局との接触状況を明らかにする史料が公開される段階ではない。

(24) 前掲『彭真年譜（上巻）』一八四頁。

(25) 原資料は『軍委一局電報匯編　一九四五年九～十二月』。劉統「解放戦争中東北野戦軍武器来源探討」『党的文献』（二〇〇〇年第四期）七七頁より重引。前掲『彭真年譜（上巻）』一八五頁でも、この電報の大体の内容を確認できる。

(26) 前掲『彭真年譜（上巻）』一八六頁。

(27) 原資料は『軍委一局電報匯編　一九四五年九～十二月』。劉統「解放戦争中東北野戦軍武器来源探討」『党的文献』（二〇〇〇年第四期）七七頁より重引。他方で、錦州では十数機の飛行を獲得できたという事実もある。綏中の飛行機は別にして、航空機の獲得問題は、ソ連軍の非友好的態度だけでなく、中共軍自身にまだ飛行機の操縦や整備・修理をおこなうだけの人材がいなかったことにまずその原因を帰すべきであろう。が、飛行機獲得の見込みが高かったこともあり、中共は延安から航空幹部を九月と十月に派遣しているのである。

(28) 伍修権著『我的歴程（一九〇八～一九四九）』（北京：解放軍出版社、一九八四年）一六九―一七〇頁。

(29) 前掲『戎馬生涯的回憶』二五七―二五九頁。

(30) 第三五九旅劉転連部隊は満洲への進軍の途中に二回武器を置いて軽装で入ってきた。遼陽に到着後、中共軍が管理していた遼陽武器庫を開いて、大量の武器を運び出し部隊を装備した。中共遼寧省委党史研究室著『中国共産党遼寧史　第一巻（一九一九～一九四九）』（瀋陽：遼海出版社、二〇〇一年）四五七頁。

(31) たとえば、NHK取材班著『「留用」された日本人――私たちは中国建国を支えた』（NHK出版、二〇〇三年）の「第三章　空軍創設に協力した日本人」を参照。

(32) 徐文才・王占徳主編『中国共産党在遼寧・上冊（民主革命時期）』（瀋陽：遼寧人民出版社、一九九一年）二五四頁。

(33) 前掲『彭真年譜（上巻）』一八六頁。

(34) 同右、二八八頁。

(35) 同右、二八七頁。
(36) 同右、二八三頁。
(37) 同右、二八七頁。
(38) 同右、二八三―二八四頁。
(39) 同右、二八九頁。
(40) 同右、二八九頁。
(41) 同右、二九二頁。
(42) 同右、二九二頁。
(43) 同右、二九二頁。
(44) 同右、二九二頁。
(45) 同右、四〇八頁。原注は「東北局関于与蘇軍交渉経過給中共中央的報告（一九四五年十月八日）」。『彭真年譜（上巻）』にはこのことは記載されていない。こうしたソ連軍による中共「大胆支援」姿勢への突然の変更が、スターリンの指示を経たものなのか、あるいは満洲ソ連軍総司令官の判断や現地瀋陽駐留ソ連軍司令部の主動によるものなのかを確認できる材料はない。
(46) 前掲『中間地帯的革命』四〇九頁。資料の出処は明記していない。これは、前記の十月四日のソ連軍の「大きく前門を開き、この間の家務［東北をさす］をすべて我々に引き渡す」という一大決心のことであろう。
(47) 前掲『彭真年譜（上巻）』二九二頁。
(48) 東北局では、「東北を掌握しようとすれば日本人専門家を大量に獲得する必要がある。さもなければ、交通及び工業を掌握することは不可能である」と考えて、日本語のできる李初梨の一刻も早い瀋陽到着を望んでいた。十月三日に、彭真は晋察冀の聶栄臻・劉瀾涛・羅瑞卿宛に、「李初梨が迅速に来ること、また［張学良の弟の］張学思が李初梨或いは呂東とともにくることを望む」と打電した。前掲『彭真年譜（上巻）』二九一―二九二頁。
(49) 朱建華主編『東北解放区財政経済史稿』（哈爾濱：黒竜江人民出版社、一九八七年）二二〇頁。一九四五年十月十二日に東北軍区軍事工業部が瀋陽に設立されたことについては、『東北解放戦争大事記』や『彭真年譜（上巻）』などほかの文献では確認できない。

(50) 彭真・林彪から毛沢東・朱徳・劉少奇宛十一月二日付電報で、「近いうちに我々は瀋陽兵工廠のすべての設備を接収できそうである」と知らせているので、これらの軍需工場の接収は十一月に入ってからのことであったろう。前掲『彭真年譜（上巻）』三二〇頁。

(51) 冀熱遼人民抗日闘争史研究会編輯室『冀熱遼人民抗日闘争文献・回憶録（第三輯）』（天津人民出版社、一九八七年）五〇七—五〇八頁。

(52) 前掲『中国共産党在遼寧・上冊（民主革命時期）』二三七頁。同書は中共軍の再度の市内進駐の理由として、中共軍の瀋陽からの退去後に市内の治安が混乱状態に陥り、ソ連軍が対処できなかったためであると説明している。

(53) 「軍委関于争奪東北的戦略方針与具体部署的指示（一九四五年九月二十八日）」。前掲『中共中央文件選集　第十五巻（一九四五年）』三〇〇頁。なお、前掲『中間地帯的革命』四〇九頁に、満州進軍中の部隊の情況が紹介されている（原注は「彭［真］、陳［陳雲と推測］関于東北部隊分布情況給中央軍委的報告（一九四五年十月八日）」）。

(54) 「軍委関于争奪東北的戦略方針与具体部署的指示（一九四五年九月二八日）」。前掲『中共中央文件選集　第一五巻（一九四五年）』三〇〇頁。

(55) 前掲『中間地帯的革命』四〇九—四一〇頁。原注は「中央関于抽調十万大軍進入東北等問題給東北局的指示（一九四五年十月六日）」。この十月六日の指示は、上述の中共中央の東北局宛返電と同じものであろう。

(56) この時点で中共遼寧省工作委員会の指導下には、新民中心県委・鉄嶺中心県委・撫順臨時市委（のち撫順地委および撫順市委に改称）・本渓市委が置かれた。

(57) 中共安東省工作委員会の指導下には、通化地委・寛甸中心県委・海城中心県委・岫岩中心県委（のち岫岩地委および安東市委）が置かれた。また同じころ（十月中旬）、東満人民自治軍臨時指揮部（のち遼東軍区に改称）も設立され、肖華が司令員兼政治委員に、江華と林一山がそれぞれ副政治委員に就任している（『東北解放戦争大事記』一四頁）。

(58) すでに九月中旬には中共瀋陽地委が正式に成立しており、十月十一日（十二日は東北局が批准）それが中共瀋陽市委に改組され、同時に鉄西・皇姑・和平などに一一の区委が設立された（前掲『中国共産党遼寧史　第一巻』四四六頁）。

(59) 前掲『中国共産党遼寧史　第一巻』四四五頁。

(60) 前掲『陳雲年譜（上巻）』四三〇頁。

(61)　前掲『彭真年譜（上巻）』三〇二―三〇三頁。

(62)　軍事物資の集積では、撫順が重要件を帯びてくる。十月中旬には、東北局は李涛を中共撫順臨時市委書記兼撫順市市長に任命して、撫順接収のために派遣した。李涛の撫順接収に協力させるために、東北軍区司令員程子華と政治委員彭真は、東北挺進縦隊の万毅と山東部隊の劉其人に、少数の部隊が大量の幹部を援護して指定された地区で工作する以外の大部分の部隊は即刻撫順に赴き、李涛市長に協力するよう命令した。撫順では、ソ連軍から引き渡された物資が大量にあったことがここからうかがえる。撫順は、のち一時東北局と東北民主聯軍総部が置かれ、満洲中共軍の「総司令部」となる。劉其人部隊は実際には撫順に進駐せず、山海関・錦州に向かった。前掲『彭真年譜（上巻）』二九八、三〇〇、三〇八頁。

(63)　前掲『彭真年譜（上巻）』三〇三頁。

(64)　前掲『彭真年譜（上巻）』三一一頁。前日（十一月二日）付の彭真・林彪の毛沢東・朱徳・劉少奇宛の電報で、「友方［ソ連軍をさす］はすでに彭真が長春に赴いて一切を協議することに同意している」と伝えていた。会談をおこなったソ連軍の代表が誰であったかは明らかでない。

(65)　前掲『彭真年譜（上巻）』三一二頁。陳雲の提出した一二の依頼要求に対するそのほかの交渉内容は明らかでない。

(66)　前掲『彭真年譜（上巻）』三一二―三一三頁。

(67)　ボリソフ、前掲論文「中国革命勢力の強力な作戦根拠地」四二頁（原注はソ連国防省アルヒーフ）、および前掲『蘇聯専家在中国』二六頁。

(68)　前掲『彭真年譜（上巻）』三一八頁。

(69)　彭真「東北解放戦争的頭九個月」（一九八八年十一月）、前掲『遼瀋決戦』続集、三―一九頁。拙稿「中国共産党『満州戦略』の第一次転換――満州における『大都市奪取』戦略の復活」『アジア研究』第三九巻第一号（一九九二年十二月）二五―五三頁を参照。

(70)　戦後初期に満洲で中共軍がソ連軍の作戦指導に従っていたことや武器援助を受けていたことを論証する作業は、中共軍の自立性やその躍動性を否定することにはならないであろう。むしろソ連軍の意向を尊重しながらもあたえられた環境と制約のなかで中共軍が最大限の利益獲得（勢力拡大）を求めて大胆にかつもっとも効果的に活動していたことを反対に証明することになると考えている。

戦後中国東北地域政治の構造変動

西村成雄

はじめに

一九四八年十一月二日、「東北剿匪総司令部」の支配下にあった瀋陽は、中国共産党「東北野戦軍（第四野戦軍）」第一縦隊、第二縦隊、第十二縦隊および六箇独立師団による支配へと移行した。[1] 四五年八月以降の戦後中国東北地域は、ここに政治的に中国共産党主導下の新しい段階をむかえた。

すでに四八年五月二十日、蔣介石は「憲法実施国民大会（行憲国大）」で第一代総統に就任、国民政府にかわって「総統府」政府を組織し政治的支配の正統性を強化したかにみえたが、全国的軍事政治情勢は「遼瀋戦役」の結果、新たな展開をとげることとなった。蔣介石は十月二十九日の『ニューヨーク・ヘラルド・トリビューン』紙記者への談話でこう述べていた。

東北問題は国際問題における最も重要なひとつであり、国際情勢に重大な影響を与えている。……遠く一七年前の九・一八事変の勃発に際し、余は世界各友邦と国際連盟に警告を発したが、……各国に重視されなかった。しかし歴史の事実は東北問題が第二次世界大戦の序幕であったことを証明した。今日、歴史はまさに再現されようとしている。……万一、不幸にして共匪が中国を制圧すれば、もうひとつの世界大戦が勃発することになるだろう。共匪が東北三省を制圧すれば、世界の戦禍はまたもやここから始まることになる。……余は敢えて断言する、太平洋の険悪な風雲はまた東北を起点とすることになろう。(2)

さらに、十一月九日付で蔣介石はトルーマン大統領宛の「対中国軍事援助」実施要請電報のなかでも次のように強調した。

華中の共産党軍はすでに南京、上海に迫りつつあり、もしこの狂瀾を阻止できなければ、民主国家は、あるいは中国を失うことになるだろう。……中国の軍事情勢悪化の原因は多くあるが、その最も根本的なものはソ連の中ソ友好同盟条約不履行にある。中国政府が同条約を締結したのは、閣下(トルーマン)の建議を尊重したからである。この点、閣下はご記憶のことと思う。もし中国共産党にソ連の援助がなければ決して東北を占領できなかったし、今日のような脅威とはならなかったであろう。(3)

たしかに、四八年十一月の時点で、すでに東北地域はすべて中国共産党の支配下に置かれ、華北地域はその直接的脅威を受けていたし、華中地域にあっては、十一月六日から始まった徐州を中心とした「淮海戦役」が翌四九年一月十日にかけて展開する。また、「遼瀋戦役」終了直後の十一月二十九日から、東北野戦軍は華北軍区部隊とともに唐山、天津、北平、張家口を含む華北地域で「平津戦役」に入り、四九年一月三十一日「北平の平和的解放」で終結した。中国共産党軍は、この「三大戦役」を通じて、国民政府軍側の捕虜、死傷者、反乱者、投降者数を含めて、遼瀋戦役では四七万二〇〇〇人、淮海戦役では五五万五七〇〇人、平津戦役では五二万一〇〇〇人を「消滅」するという軍事的優位を確実にした。(4)

そのほぼ一年後、一九四九年十月一日には北京で中華人民共和国が樹立されたが、蔣介石は十月十六日、台北の「革命実践研究院」開学式で、二八年以来の二一年間を振り返りつつ、「今日の失敗の原因」について「軍事的崩壊」とともに政治的失敗に言及して次のように述べた。

本来、総理（孫中山）の建国大綱の規定によれば、訓政から憲政へ移行するには一定の順序を経過しなければならない。われわれも訓政の手続き順序がなお完成せず、かつ人びとの智識もなお民主政治を実行する程度に達していないことをはっきり知っていた。しかし、内外の環境と時代の要求のために繰り上げて訓政を終了させ憲政を実施せざるをえなかった。こうして、訓政時期のすべての旧制度を完全に破壊してしまったが、憲政時期の新制度はなお樹立されていなかった。簡単にいえば、新制度が樹立されず旧制度がすでに崩壊したため、政治的にこうした混乱と脱臼現象が形成されてしまった。これはわれわれの政策の失敗であり、政治全体を崩壊に瀕せしめたのである。(5)

蔣介石はここで政治的失敗の原因を、訓政体制の放棄にあり、それが「内外の環境と時代の要求」によるものだったとしている。つまり、蔣介石自身にとってはやむをえざる選択であり、とくに外からの圧力がその原因であったとする。そこには、軍事的失敗原因にふれたところで明白なように、アメリカの「マーシャル調停」によって最新鋭の部隊を「東北」に送り、その結果「内地」が空白となり各戦場での兵力不足をきたしたのだとする認識を示していた。(6) いうまでもなく、四九年八月のアメリカ国務省『中国白書』公表は「実に余に最大の打撃を与えた」し、十月二日のソ連の中華人民共和国承認も「打撃」であった。(7) この時点から振り返れば、蔣介石にとっては、戦後中国の政治的再編成過程につねにアメリカとソ連の直接的悪影響が作用していたことになる。

こうした一九四八年末から四九年秋にかけての中国政治空間変動の軍事的政治的環境は、蔣介石の戦後東北をめぐる政治的言説に示されるように、内外の諸条件、とくにアメリカやソ連の中華民国政府との三国関係に求められる。さらに、国民政府あるいは四八年五月二十日総統府成立後の「憲法実施（行憲）」と「剿匪（中国共産党鎮圧）」という「二重の責任」を果たさねばならぬ「政府」と、それへの挑戦者としての「中国共産党」勢力を含めた、米ソ国共という四方関係のなかにあった。その意味で、戦後中国政治空間に占める東北地域政治は、明らかに、国際問題化されるとともに国内的政治正統性の確保をめぐる国民政府と中国共産党の角逐の場となり、もっとも典型的に「中国国民党はなぜ中国大陸を失ったのか」、逆にいえば「中国共産党はなぜ勝利したのか」、という認識回路を示す場でもあった。この回路は、周知のように中国革命認識の原型をなしており、現在に至るもなお解明すべき課題は多い。とくに中国国民党や国民政府側が、軍事的政治的失敗原因をどのように自己認識していたかについての系統的分析はなお充分にはなされていないと言わざるをえない(8)。

ここでは、戦後中国東北地域政治の構造変動を、中国国民党および政府側の憲法実施による政治的支配の再調達過程とその矛盾の蓄積過程を東北地域に即して復元するとともに、中国共産党の対東北政策が東北地域社会の再編成をいかに推進したかという対比のなかで再構成する。

一　戦後「東北接収」をめぐる在地中国国民党と重慶中央との矛盾

戦後中国の起点である一九四五年は、国際政治と国内政治が密接に絡み合い、相互に影響し合う政治的局面が現出していた。とりわけ、日本の連合国への投降後、「満洲国」崩壊に伴う東北アジアの国際政治上の再編過程は、事実上の「冷戦的枠組み」ともいうべき様相を呈し、中国国内政治の東北部における再編過程もその強力な磁場に吸引されてドラスティックな展開を示した(9)。

在東北の中国国民党指導層は、すでに「満洲国」期より活動していたが、四五年八月十五日以来の活動は明らかにその質をかえ、どのように東北地域社会を再編成するのかという課題に直面することとなった。

ところが、従来から様々な条件のもとで中央と緊密な関係をとりえなかった在東北の指導層は、重慶の決定である東北地域の九省への再編と「接収大員」の派遣という新たな事態に充分な対応を示しえなかった。しかも、重慶からの接収大員は東北人の側からみてほとんど未知の人物たちであり、重慶側の一方的判断としか思えない人選がなされていた。とくに、張学良に関わった東北軍関係者やブレインたちは少数の例外を除きすべて排除されていた。張学良と対立していた東北人で国民党中央委員齋世英（鉄生）すら、派閥関係のなかで除外された。[10]

『齋世英先生訪問紀録』によれば、齋世英自身、次のような強い印象を抱いていたとされる。すなわち、彼は、抗戦勝利後の中央の東北政策はまったく「非東北人」を東北に赴かせるもので、どうやら蔣介石は西安事変以来の警戒心をもって対応したのではないかと推測している。[11] さらにその「東北の悲劇」の出発点は、四五年八月三十一日の決定、東北行営主任に熊式輝を任命したことにあり、その方針を出した張群（岳軍）にも責任があるとする。[12] 人事配置についても、東北九省の主席、二市の市長名簿は、彼が推薦した者のうち、徐箴、高惜冰、彭済群、呉煥章の四人のみで、そのほかの韓駿傑、呉瀚濤は于右任の推薦、関吉玉は政学系の推薦、劉翰東は陳誠（辞修）の推薦であった。[13] つまり、蔣介石をはじめ、重慶側では統一した東北認識がなく「バラバラ」であったことが、戦後の国際情勢のなかでもっとも複雑に入りくんだ東北接収問題に正確に対応できなかった根本的理由だとする。このような齋世英の見方は一定のバイヤスがかかっていると考えられるが、戦後東北地域政治の特徴を分析するとき、国民党内諸勢力の力関係のなかで、重慶中央が政治的にどのように東北地域社会そのものの磁場を考慮していたのかという課題の解明と結び付くことになる。

ここに紹介するハルビン市党部委員何正卓の執筆になる「秘密機関哈市同志工作概況」は、東北在地国民党の立場が明瞭に示された上級への報告書であった。それはおおむね次のような内容であった。[14]

第一に、一二・三〇事件（一九四一年十二月三十日、党務専員弁事処の第一次逮捕事件）で、ハルビン市のメンバーが四六人逮捕され、そのうち大学生の二四人は尋問後釈放され、二二人が裁判にかかり、そのうち二人は死刑、病死一人で、一九人が釈放された。

第二に、五・二三事件（一九四五年五月二十三日、党務専員弁事処の第二次逮捕事件）で、一七人が逮捕され、うち一人は自殺、一六人は八月十五日以降釈放された。

第三に、釈放されたメンバーはもとの職場に戻り活動を再開したが、多くは「地方人士」であり、「ハルビン市の機関団体の高級職員」で日「満」に抵抗してきたことによって「全市の民衆から深く信頼され、強く擁護されている」。

第四に、ソビエト軍進駐後「ソビエト共産党からの打撃」を受けてきた。ソビエト軍はハルビン市党部を封鎖し活動を禁じ、中国共産党のハルビン進出後も国民党を弾圧してきた。

第五に、「行政面からの打撃」があり、松江省とハルビン市の接収後（一九四六年一月）の重慶から派遣された行政要員の党に対する軽視は甚だしく、彼らは「むしろ土豪劣紳や共産系分子とコンタクト」をとっており、現地民衆の国民党に対する信頼が動揺している。

第六に、「党内からの打撃」があり、新人事が発表されたが、そこには現地ですでに活動していたメンバーや活動の継続性への配慮が欠如している。現地で活動してきたメンバーが職を得られないばかりか、甚だしい場合は、「偽満」期の「協和会」や「漢奸の嫌疑のある分子」を委員とするような事態も生まれている。

第七に、結論として、「敵の屠殺と圧迫という危険な環境で奮闘してきたグループ」と「勝利後の安全な環境下で指導するグループ」とに区別するようなやり方は、「党の組織を破壊し、党の力を消失させ、党の統一性と連続性を乱すものだ」と批判する。

第八に、中央が今後、過去における現地の活動の実績を考慮し、組織を維持し、既存の基盤を愛護されるよう希望する。

この報告書に示された主張は、明らかに在地国民党側の主張を代弁するものであり、重慶からの指令になる人事配置も含めて批判の対象としていた。とくに、第六でいう「党内からの打撃」の指摘は、国民党内事情とはいえかなり深刻な事態を意味していたように思われる。このことは東北接収という戦略問題とも関連し合っており、齋世英の回想によっても、東北における軍事力確保のために「偽軍（満洲国軍）を吸収再編」すべきだという意見をめぐって、東北行営主任の熊式輝はそれに同意をあたえなかった[15]。つまり、在地の武装化をはかるときに、「満洲国」時代の軍隊を吸収再編する案が出されていたにもかかわらず、これを実施できなかったことが東北接収の第一段階の敗北を招いたのだとするものであった。これに対し、重慶国民党中央の判断によれば、「偽満」期の政治的・軍事的枠組みは全否定すべきものとしてあった。

重慶国民党中央レベルと東北の在地国民党との間の矛盾は、さらに国際的条件をどう考慮するのかという点でも一つの争点を形成していた。それは、とくに四五年十月十一日以降、いわゆる「地下活動」に入らざるをえなかった時期の問題でもあり、蔣介石の指示にもとづき東北における党活動はすべて中止するという選択をせざるをえなかった点に示された。あきらかに、ソビエト軍の駐留下の東北を接収していくうえで、ソビエト側の国民党「反共」政策阻止という要求に、順応せざるをえないとする国際情勢認識であった。これが在地国民党に反映されると、ソビエト駐留軍との交渉を通じてのみ「接収」が可能だとする対応となり、公開的党活動の「中止」という「地下活動」になった。

一九四六年に入り、ソビエト軍の撤退が具体化するなかで、対ソ政策のレベルで様々な意見が出されていた。ここで取り上げる臧啓芳と高惜冰の意見書は、在地国民党の立場ではなく、むしろ重慶中央から安東省主席として派遣された「接収大員」の立場を示しているが、実はいまだ接収地に着任できない「在地」の側の論理を展開していた[16]。

それは、四六年二月三日付の連名による提案であった。すなわち、今日の東北情勢は二カ月前と比べてなんら好転していない。単に以前は接収人員が長春一市に集中して何もしない状態であったのが、今は各地に分散して何もしないにすぎない。ソビエト側は様々に中共を援助し各省市県の政権を保持している。とくに大連や安東に対する軍事的圧力や、接収人員に対する脅迫などは、東北を新疆の状態にかえ、さらに外モンゴルにしてしまう目的の現れである。政府が官吏を派遣しても、ソビエト軍の駐留下に果たして政権を維持できるであろうか。新たに対策を講じるしかない状況に置かれている。このように述べたうえで「対ソ新政策」六カ条を提出した。

第一に、東北への兵力増強を図り、共産軍の増大を抑える。第二に、ソビエト側に撤兵延期を許さないこと、なぜなら、わずかでも地方政権を実効支配しなければ東北の人心を失うからだ。第三に、長春鉄路沿線都市を除いて、わが方が確保できないところは、むしろ「接収」の虚名を捨てるべきである。第四に、ソビエト側の協定違反については厳重な抗議をおこなうべきである。第五に、今日に至るまでのソビエト側の東北におけるすべての「暴行」を世論に訴え、世界に訴え、友邦の同情を獲得すべきである。第六に、東北情勢に詳しい人物をアメリカに派遣し宣伝すべきである。

これらはいずれも、ソビエト軍駐留下の東北接収がいかに困難であるかを訴えるものであり、それは在地に充分な基礎を持たない国民党側の弱点を浮きぼりにしている。ここに、四六年二月上旬までの東北情勢の特徴が表わされており、同時に、ソビエト軍との一定程度の了解のもとに「八路軍」が東北地域社会に浸透し始めている現実を読み取ることができよう。

このようにみてくると、やはり東北における国民党勢力は極めて劣勢にあり、地域社会とのチャネルもなお形成しえていない段階にあった。東北というソビエト軍駐留下の社会を、どのように接収するのか、重慶中央、蔣介石はその情報量も含めてある種の混乱状態に陥っていた。これを整序し、新たな態勢を創出できたのは四六年二月に入ってからであり、ようやく本格的に関内から軍隊を東北へ進駐させることが可能となったもとでのことであった。四五年八月から四六年初めまでの約六カ月は、東北社会にとって大変動を経験したことになるが、その過程で留意すべきは、ソビエト軍にせよ、中国国民党、中国共産党にせよ、東北地域社会とのチャネルをどのように築きうるのかという点に最大の政治的課題があったということであろう。

二　国民政府の東北地域における政治的正統性の「流出」

「憲政」移行と「国民大会代表（国代）」選挙

一九四六年十二月二十五日、「憲法制定国民大会（制憲国大）」は全一四章一七五条からなる『中華民国憲法』を制定し、一年後の四七年十二月二十五日の施行を決定した。中国共産党と民主同盟は、「制憲国大」には参加せず、四六年一月の政治協商会議路線による政治的統合を主張しつつ批判的立場をとっていた。[17] こうしたなかで四七年三月十五日、中国国民党三中全会は「憲法実施（行憲）問題」について議論し、同月二十三日「憲政実施準備案」を決議し、三十一日には国民政府が「五院組織法」を公布し、「国民政府の改組」を進めることとなった。四月二十三日、国民政府は行政院の主要メンバーを国民党一六、青年党三、民主社会党二、社会賢達四に割りふり、中国国民党による「訓政」政治体制は終結したとされた。

「訓政」体制を廃止するという枠組みのなかで、国民大会代表や立法委員の選挙が実施されることになったが、事前の候補者選定段階からすでに中国国民党の圧倒的優位は確保され、青年党には二三〇人、民主社会党には二〇二人という「保証定数」が配分されていた。これは中国国民党「訓政」下の「党政不分」そのものであった。[18]

国民大会、立法院、監察院の組織法にもとづき、それぞれ選出される国民大会代表定数は三〇四五人、立法委員は七七三人、監察委員は二二三人、合計四〇四一人となっていた。政治体制としてみれば「三院制国会」ともいうべきであったが、実質的には国民大会と、立法院が中心的役割を担っていた。

一九四七年六月二十五日、「全国選挙総事務所」が設置され、そのもとに八月十六日「全国性職業団体、婦女団体、国大代表、立法委員選挙事務所」が開設され、九月には各省市県選挙事務所の開設と、全国規模の「普通選挙」実施体制がつくられた。そして、四七年十一月二十一日、二十二日、二十三日の三日間、国民大会代表の選挙がおこなわれ、続いて、四八年一月二十一日、二十二日、二十三日の三日間、立法委員選挙が実施された。監察委員選挙は、間接選挙方法で「各省市議会」議員による選出、議会が未成立の場合は、現行の「各省市参議会または臨時参議会」参議員などによって選出されるとし、四七年十二月二十日から四八年一月十日の期間に実施された。(19)

今回の選挙方法は、憲法第一三〇条によって満二十歳以上の選挙権と二十三歳以上の被選挙権が規定されていた。ところが、再修正「国民大会代表選挙罷免法」(一九四七年三月三十一日国民政府公布、七月五日修正、十月三日、三十日、十一月八日、十三日再修正)第一二条によれば、候補者資格は、五〇〇人以上の選挙人署名による推薦か、「政党指名」推薦に限定され、登記を経てはじめて候補者として「公開競選」に加わることができ、登記されなければ当選できぬと規定されていた。(20)ここでいう「政党指名」は、国民政府の四七年十月二日付訓令で「中国国民党、青年党、民主社会党に限る」とされており、さらに十一月二十八日付国務会議の「政党指名補充規定」にも、三党いずれかに属する国民大会代表候補者は所属政党指名者でなければならないこと、および選挙人五〇〇人の署名候補者は「無党派に限る」とされていた。(21)その結果、中国国民党指名候補者総数は二三二〇名、中国青年党は二六一名、民主社会党は三〇三名となった。かくて、「政党指名候補者」を決定するのはそれぞれの政党となり、中国国民党は地方と中央に「提名(指名)指導委員会」「提名審査委員会」を設置し、各省市に指導委員を派遣し、地方からの指名候補者を中央で「審査」し決定することとなった。国民党員で、候補者になり「競選」に参加するためには必ず党中央からの指名を獲得しなければならなかった。中央レベルの審査委員会は、全国を七組の委員会に分け、第一組(京、滬、蘇、浙、台、閩の省市)召集人—呉忠信、朱家驊、陳立夫、第二組(豫、鄂、湘、贛、漢の省市)召集人—居正ら、第三組(川、康、黔、渝、穂、粵、桂の省市)召集人—孫科、呉鉄城、白崇禧、第四組(魯、晋、冀、熱、察、綏、平、津、青島の省市)召集人—張継ら、第五組(陝、甘、青、新、西康、蒙、藏、内地生活習慣不同民族)召集人—于右任ら、第六組(東北九省三市)召集人—朱霽青、第七組(職業団体および婦女団体）召集人―谷正綱らとし、それぞれ党の有力者による召集人と審査委員が審査にあたった。この候補者決定過程は、明らかに「国民党コントロール下」の選挙準備過程であった[22]。

ところが、このような国民大会代表などの「民意」を選挙によって担保しようとした政策展開のなかで、一九四七年十一月、国民党中央常務委員会の一〇人ほどのメンバーは「選挙実施の中止」を蔣介石に提案した。それほどの政治的危機感のなかにあった。なぜなら、第一に、現時点で国民大会を召集するのは「剿共の力」を分散させ不利である。第二に、選挙には必ず紛争が伴うため選挙後「党内は分裂的となり」「同志関係は敵対関係となる」であろう。第三に、アメリカはすでに国民大会を緊急要件とせず、「剿共」を緊急なものとしている。第四に、「延期」措置は「違憲ではある」が人民に釈明しうる。このような提案に対し蔣介石は「選挙は中止できない。予定どおり実施すべきである」と指示した[23]。十一月二十三日の選挙終了日、蔣介石は「国民大会代表の選挙は、無数の障害と曲折を経て、予定どおり実施できた。これは三民主義新国家を建設するうえで良好な基盤を築きあげることになろう」と記していた[24]。

ここに示されるように、中国国民党内にあっても選挙実施をめぐる強い危機感があり、選挙直前にも中止を要請するという事態すら生じていたが、蔣介石は「行憲国民大会」開催によってのみアメリカの軍事援助を獲得しうるという対米認識のもとに「訓政から憲政」への政治的大転換を推進していた。

そして、一九四八年三月二十九日から五月一日にかけて国民大会を開催し、その間に、総統選挙で蔣介石が当選し、副総統選挙では四回にわたる投票の結果、蔣介石の意向とは異なる李宗仁が孫科を破り当選するに至る。中国国民党を含め、国民大会代表による選挙はその政治的亀裂を公然化し、選挙そのものが、蔣介石の願望する政治的基盤確立とは反対の役割を果たしたことを示した。選挙を通じた政治的支配の正統性確保に失敗しつつあったといえよう。しかし、蔣介石にとっては、その事後的回想にもあったように「憲法実施」は「剿匪」のためであり、国民大会開催は「剿匪」を推進する政治的推進力確保の手段であった。同時に、四八年四月十八日、国民大会は「動員戡乱時期臨時条款」を決

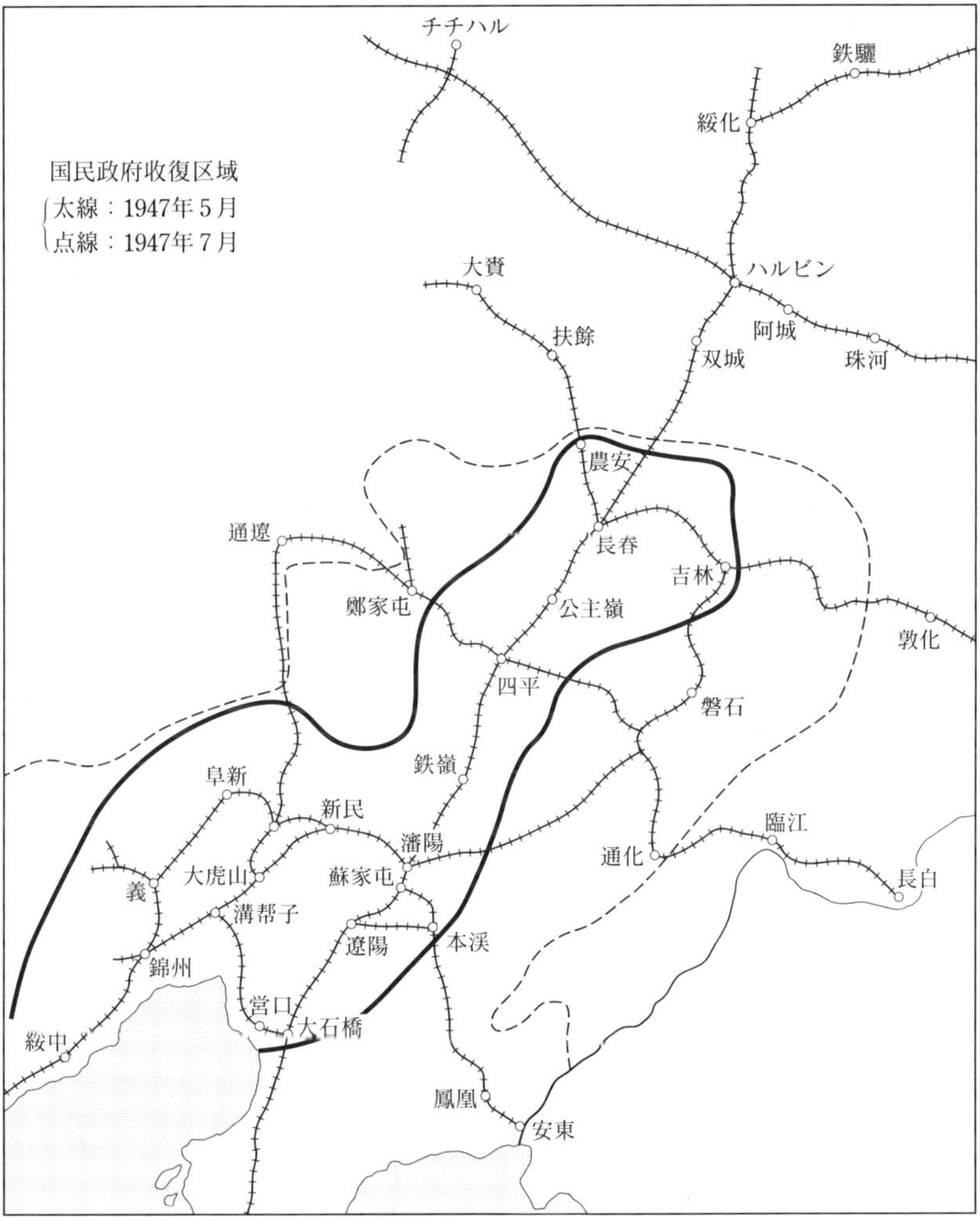

図１　中華民国国民政府東北修復区域図（1947年7月）　東北物資調節委員会
〔出典〕　国史館蔵『国民政府 1100. 01, 5011. 01, 東北経済』。

定し、全国的動員の合法性を得た。しかし、その政治的正統性の機能する範囲はすでに全国的広がりと社会的深度において大幅に摩滅し「流出」していた。これに対し、四八年六月ごろには中国共産党支配下の人口は一億六八〇〇万人となり、五七九都市を管轄していた。

「国代」選挙の政治的矛盾と地域社会

これを東北地域にみると、軍事的には一九四七年秋、冬季にかけて中国共産党東北民主連軍による攻勢のもとで、四八年初めには、国民政府軍は長春、瀋陽、錦州、撫順、本渓、葫蘆島などを守備するだけとなっていた。

と同時に、東北九省全体を選挙区とする国民代表や立法委員、監察委員の選挙は国民政府支配地域にのみ実施されることになり、いわゆる「綏靖区（中国共産党鎮圧対象地区）」については、四七年十一月十三日施行の「選挙補充条例」によって事実上の「指名」として選出されることになった。補充条例による規定では、実施できない行政区域あるいは団体にあっては「近隣区域あるいは指定された場所」で当該区域有権者による選挙の実施ができるとされた。東北では、熱河省が全県市選挙区数二〇のうち五選挙区、および遼寧省が二六選挙区のうち七選挙区が条例にもとづき、ほかの省市ではすべての選挙区で安東省二〇選挙区、遼北省一九、吉林省二〇、松江省一七、合江省一八、黒龍江省二六、嫩江省一九、興安省八、大連市、ハルビン市がそれぞれ「綏靖区」補充条例による選出とされた。[25]したがって、熱河を含む東北一〇省では、実際の選挙区で選挙が実施されたのは、熱河で一五、遼寧で一九および瀋陽市の選挙区のみであった。東北一〇省三市の総選挙区数一九六のうち、実際に実施されたのは三五選挙区のみで一七・九％であった。また、監察委員選出は各省市参議会あるいは臨時参議会による間接選挙方式がとられていたため、安東、松江、合江、黒龍江、嫩江、興安の六省と大連市、ハルビン市では参議会などの未成立のため未選出のままとなった。[26]

ここで東北での国民大会代表（国代）候補者選出過程と選挙結果について、一つの事例をみておきたい。おそらく、この事例はほかの地域にあっても多く共通する政治的矛盾を蓄積するものであったと考えられる。

国代候補者はすでにふれたように、政党指名候補か、五〇〇人の推薦候補かの二種類に分けられており、いずれかでなければならなかった。立候補予定者は、一九四七年十月～十一月にかけて集中的に中国国民党中央の有力者に自己推薦を始めており、たとえば、『朱家驊檔案』(中央研究院、近代史檔案館蔵、宗号二一五―(2)「国代選挙―東北九省(二)」)に残されている朱家驊中央委員(教育部長)宛の依頼書簡群はその一例であろう。

一九四七年九月十四日付で国立東北大学外文系教授于希武は、朱家驊宛に次のように要請した。原籍遼寧省荘河県は現在「匪区」となっているが国民大会代表選挙に立候補する予定で、省党部方面からすでに支持を得ている。ついては、「匪区地方の選挙では中央で選出する」とのことなので、荘河県の候補者決定あるいは当選者決定に御尽力をお願いする。これに対し、十月二十四日付で朱家驊は「中央方面では留意したい」と返信していた。「匪区」における候補者選定については、朱家驊の中央での政治的位置からみて、とくに教育部系統の候補者選定過程に影響力を行使しうるものと考えられていたことの証左であろう。しかし、結果的には荘河県の国民大会代表は遼北省党部主任委員単成儀に決定され、于希武は選からはずれた。

また、実際に選挙を実施した地域についての報告書簡には、中国国民党内の候補者間競争のなかで、多くの選挙不正行為が告発されており、選挙による国民党の政治的正統性調達という本来の目的が、逆に中国国民党内の政治的亀裂を増幅する現象を呈していた。実際に選挙がおこなわれた遼寧省遼陽県の国大代表選出は、その典型であった(27)。

遼寧省遼陽県国大代表候補者であり憲政実施促進委員会委員であった康兆庚は、選挙終了後の一九四八年一月十七日、国民党中央宛に次のような告発をおこなった。自分は政党指名ではなく五〇〇人署名による立候補者として選挙に臨んだが、当初得票数が政党指名候補者の韓清淪より多く、当選していたはずであったが、韓清淪派が「補充選挙」と称し選挙終了後に新たな区域で追加選挙を実施し、結果的に得票数が康兆庚を上回ったことになった。康兆庚はこれは不正選挙であり、韓清綸の当選を取り消すべきだと訴えた。康兆庚によれば、「遼陽県長馬克礼および県党部書記張枢は、選挙について違法行為を行なった」「数々の醜怪な行為と違法の事実に識者は秘かに笑い、大いに人心を失った」として、投票所での韓清綸候補者名記入の強制や、代筆などが公然とおこなわれていたことを証拠、証言によって訴えた。さらに、具体的に選挙結果について、遼陽県は四二郷鎮あるが、一九四七年十一月二十一日から二十三日までの投票期間中に選挙を実施したのは二八郷鎮で、残りの一四郷鎮は選挙実施本部の判断で「匪区」とされ選挙は実施されないことになっていた。二八郷鎮の投票開票の結果（二十六日）、康兆庚は一万一七三一票でもっとも多く、韓清綸は一万一五一四票で二一七票差であった。これをみれば康兆庚が当選者となるのは当然であったが、遼陽県当局は国民党や三民主義青年団員を、「匪区」であった大窰と天官の二つの郷に多数派遣して、十一月二十八日に「補充投票」を実施し、警察も動員し韓清綸への投票を強制した。このような非合法的行為は「政党の威信を失墜させる」ものである。ところが、大窰郷での「補選」の結果、韓清綸は五五一票、康兆庚は一四二票で、韓清綸が四〇九票多く、先の二八郷鎮正式選挙時の差二一七票を上回り、一九二票差で韓清綸の当選となった。しかもこの結果をみて、はじめ予定していた天官郷での「補選」は「共匪の擾乱」を理由に中止ということになった。

康兆庚はさらに一九四八年四月十七日、二十二日付で国民党中央宛の抗議電報を出した。しかしその後、全国選挙総事務所から一月三十日付で「遼寧省選挙事務所」へ転電したという通知があったのみで、遼寧省からは何の連絡もない。これは憲法実施前から「憲法を破壊」するもので、康兆庚は「わが党の威信を守り、国家の法令を尊重する」べく奮闘したいと主張していた。しかし、四月二十九日付の国民政府国務会議は韓清綸の当選を承認した。その後の康兆庚の動向は資料的に追跡できないが、韓清綸についてみると、朱家驊宛の依頼書簡に同封した経歴では、一九二六年ハルビン市で国民党に参加して以来、華北でも活動し、四五年八月に遼寧省党部執行委員となり、十月には遼寧省政府委員となり、党活動で役割を果たしてきた人物であった。遼陽県レベルでも韓清綸の政治的影響力が大きく、これに対抗した康兆庚は得票数で優勢であったにもかかわらず、「非合法的」な「補選」によって韓清淪が当選する事態を中央も承認するに至ったことになる。選挙の正統性を疑問視する社会的風潮が生み出される事例でもあった。また、遼陽という瀋陽に隣接した重要な県で四二郷鎮のうち選挙実施は二八郷鎮、「匪区」一郷を「補選」に加えて二九郷鎮でしか実施しえない状況下（全県で六九％）に置かれていたことも、国民大会代表、立法委員選出の政治的正統性基盤そのものが大幅に縮小していたことを示すものであった。

このような候補者選出過程や、選挙実施過程そのものが、中国国民党の憲法実施による「憲政」移行プログラムの政治的目的とは反対に機能する政治状況が、国民政府支配地域内に展開していた。

国民政府支配下の東北地域社会を政治的に代表し、かつその危機感を支配の正統性の「流出」として意識した典型例が残されている。すなわち、「行憲国民大会代表」として東北九省地域から選出された林耀山、王星舟ら一一九人は、一九四八年四月十七日南京で国民政府主席蔣介石宛に四項目の要望書を提出した。冒頭で、東北における「共匪の成長は国内のどの地域と比較しても急速で、接収後二年間の消長の事実は歴然としている」と述べ、国民政府側の地域は縮小し続け「淪亡の危機」はすでに「東北無ければ、即ち中国無し」の段階に至ったとする。(28)

ここには、もはや回復の余地のない状況下における地域社会からの悲痛な叫びがあったというしかないだろう。一九四八年五月憲政への移行という政治的変動のなかで、「綏靖地区」であった東北九省の大半と江蘇、山東、山西、河北、河南、陝西の一部は「未収復」のため、四七年十一月二十一日から二十三日までの選挙を実施できなかった。四七年十一月十三日公布施行された「国民大会代表および立法院委員選挙補充条例」によって、近隣区域あるいは指定の場所で選挙することとなった。(29)この過程で選出された東北地域の国民大会代表は、四八年五月の南京での憲法実施国民大会の構成員として、地域的社会基盤の再生を政府に訴えていたことになる。こうした政治的委任＝代表関係の新たな創出に失敗した中国国民党側とは対照的に、東北地域社会との新たな相互関係を軍事的政治的に築くことになった中国共産党の政策とその到達点にふれておこう。

三　中国共産党の東北地域における新たな政治的正統性構築

一九四五年八月東北地域社会の新たな政治的転換は、ソビエト連邦の対日宣戦とともに始まり、延安の中国共産党辺区政府も積極的に東北地域の接収活動に加わったことから始まった。すでに、同年六月の中国共産党第七回大会においても、国際的国内的展望に占める東北地域の重要性が指摘されていたが、八月十日、十一日、八路軍延安総部は関連部隊の東北への進駐を指示し、九月二十一日には東北派遣の彭真をはじめとする幹部によって瀋陽で中共東北局が組織された。その三日前、九月十九日の中共中央決定は全国的戦略として「北に発展、南に防御」方針を提起し、八月中旬から十一月末にかけて東北へ合計一三万人、幹部二万人を送り込んだ。こうした軍事的基盤のうえに、十二月二十八日には毛沢東起草になる「強固な東北根拠地を樹立する」指示が出され、国民政府軍の大都市進駐に対し、農村を社会的基礎とした東北地域社会の再編成を主軸とした戦略が翌年四六年七月には具体化するに至る。

ここでは、中国共産党主導下の東北地域社会がどのような変容をとげてきたのかについて、主として政治的影響力が制度化される過程としてとらえておきたい。これは、国民政府の東北接収における政治的正統性の社会的基盤とは異なる政治空間を創出するものであった。一九四九年十月中央政権としての中華人民共和国樹立に至る過程のなかで、中国共産党主導下の東北地域の政治権力の制度化は四段階に区分される。(30)

第一段階──一九四五年九月〜四六年六月

この時期は国民政府の接収に先行して各地域に政権機構を樹立した段階で、一九四五年末ごろまでに、一〇省政府と二特別市政府、旅順と大連の二市政府を擁していた。しかし、国民政府軍の本格的進駐とともに、また中共中央の政策転換のなかで、各民主政府は大都市から撤退し、四六年五月ごろには国民政府軍は総兵力五〇万余となり瀋陽をはじめとし、四平、長春、吉林を接収し、中国共産党指導下の東北民主連軍の支配するハルビンを指呼の間に臨んだ。五月二十三日蔣介石夫妻が瀋陽を視察したのは、東北地域をその直接支配下に置こうとすることを示すものであった[31]。

第二段階—一九四六年七月~四七年五月

この時期は農村地域を中心に、土地革命を実施することによって新たな政治的基盤を創出する段階で、このほぼ一年間に各地域に「民主政権」を樹立するに至る。この民主政権の指導機関として、一九四六年八月六日、ハルビンで「東北各省代表連席会議」が開かれ、七日の決議で「東北各省市（特別市）行政連合弁事処（東北政連）」が組織され、二七人からなる行政委員会が選出された。林楓が主席で、張学思と高崇民が副主席に就任した。その後、十月十六日には「東北行政委員会（東北政委会）」と改称した。この段階は、国民政府軍の接収地域が拡大しており、同年十月には「南満解放区」は臨江、松江、蒙江、長白の四県のみとなり、一つの政治的危機にまでなっていた。これに対し、南満解放区を維持することが北満解放区を保持する条件だとする戦略のもとに、四六年十二月から陳雲らは「南満部隊は四たび臨江を守り、北満部隊は三たび松花江を下る」と称された軍事的攻勢をかけ、四七年四月には守勢を脱した。これ以後、東北における軍事情勢は新たな段階へ移行する。

この第二段階の一九四七年一月における「東北解放区」は、東北行政委員会がハルビン特別市に置かれ、所轄九省（松江、嫩江、合江、黒龍江、吉林、遼北、遼寧、安東、興安）、一専署（牡丹江）、一特別市（ハルビン）となっており、計一五八の県旗市を統治していたが、そのうち一九は遊撃地域であった。東北総人口の四〇九五万人のうち、解放区人口は二〇四四万人で四九・八％を占めていた。

第三段階—一九四七年五月~四八年十一月

この時期は、「四保臨江」作戦の成功後、引き続いて一九四七年五月から六月末にかけて夏季攻勢を展開し各地方都市を四二確保し、九月から十一月にかけての秋季攻勢によって都市一五を確保、さらに十二月から翌四八年三月にかけての冬季攻勢で一八都市を得て、国民政府軍は瀋陽、長春など大都市に撤退する事態となった。三月九日には吉林守備軍は長春に撤退していた。

この間、一九四七年七月東北行政委員会は第一次行政会議を開催し、各地の民主政権を「労働者階級の指導する人民民主政権」と規定した。四七年末にかけて、東北行政委員会は本格的に経済復興プログラムを具体化すべく、経済委員会（王首道主任、陳郁、邵式平各副主任）などを設置した。さらに、四八年七月には第二次行政会議を開催し、「戦争支援と生産発展」を中心任務とした財政経済委員会（陳雲主任、李富春、張聞天〔洛甫〕、葉季壮各副主任）を設置した。

軍事的には一九四八年六月から長春を包囲し始め、九月からは遼西戦役をはじめとする遼瀋戦役を展開し、十月半ばには錦州を確保して瀋陽を孤立させ、十月十九日には長春の鄭洞国部隊は投降し、十一月二日、瀋陽の衛立煌部隊も崩壊した。ここに、東北全域が中国共産党の政治圏として確定した。

一九四八年九月十五日付で、東北局は張聞天の起草になる「東北経済の構造と東北経済建設基本方針のテーゼ（草案）」を提起し、五種類の経済ウクラード（社会主義的国営経済、半社会主義的集団所有制経済、私的資本主義経済、個人私有制経済、公私合営の国家資本主義経済）からなる東北経済の今後の発展方向を展望した。東北地域経済の特質をふまえた一つの経済再建プログラムであった。社会主義的計画経済構想を具体化するための理論的実践的試行が、すでに東北地域において準備されつつあったことは、その後の中国経済再建構想にあたえる決定的影響を予兆するものであった。

一九四八年六月下旬時点で、東北解放区は一〇省、一弁事処（冀察熱遼）、三行政公署（遼南、冀東、冀熱察）、一特別市（ハルビン）のもとに二五九県旗市を統治し、すでに全人口は四三四〇万人となっていた。東北全都市数二四一のうち、二一〇都市（八七％）を支配していた。

第四段階―一九四八年十一月～四九年九月

この時期は、経済復興段階であると同時に「全国解放」のために重要な軍事的財政的支援態勢を確立した段階となった。四九年四月二十一日、行政区画の再編をおこない、六省四直轄市（遼東〔もとの遼寧・安東〕、遼西〔もとの遼北・遼西〕、吉林、黒龍江〔もとの嫩江・黒龍江〕、松江〔もとの合江・松江〕、熱河、瀋陽市、撫順市、鞍山市、本渓市）体制とした。同じく五月十一日には、財政経済委員会の主任は陳雲から高崗になり、経済復興への新体制を発足させ、六月九日の東北行政委員会は「東北人民代表会議」召集を決定した。その後、七月十日にかけて旅大地区を含む各省市レベル、各団体から三四五人の代表が選出された。その結果、八月二十六日には、四一人からなる東北人民政府委員が選出され、翌日、高崗を主席とする「東北人民政府」が樹立され、副主席には李富春、林楓、高崇民が就いた。軍事的には、中国人民解放軍の第四野戦軍は、遼瀋戦役後、関内に入り平津戦役を経て、中南地域（最南端は海南島）にまで作戦を展開する。その装備をはじめとする兵站部門は東北解放区が担当していた。

このような過程を貫く新たな政治的正統性確保の蓄積過程は、とくに農村部における土地改革という社会の構造的変動を通した政治的再編によって特徴づけられる。ここでは、その政治的結果としての「軍事的動員」の到達点について言及しておきたい。つまり、土地改革の推進のなかで獲得した貧雇農層の政治的支持が、東北各地域における「人民民主政権」の存在を担保する新規兵員の供給源としての意味を持ったからである。とりわけ、東北地域社会からリクルートされた兵員の政治的意識は、軍事技術的水準に規定されながらも、明らかに自らの獲得物である土地と東北地域社会を守るという点で、国民政府軍として他地域から派遣された部隊のそれとは異なる優位性を発揮していたといえる。

一九四六年十二月から始まった「四保臨江」作戦のなかで、「翻身農民」の「参軍」運動が高揚し、四七年一月松江省方正県では三日間で七〇〇余人が参軍し、合江省富錦県でも半月の間に三五四人の参軍があった。中共合江省委員会の報告（四八年九月九日）には、兵力動員統計が含まれており、四六年八月から四八年九月までの二年間に五万六一三三人の「拡軍」があり、四県を除く全合江省人口一三〇万七四六〇人の約四・三％を占めていたとする。この五万六一三三三人の兵力動員後も、労働力が減少したにもかかわらず農村経済が発展した事実も含めて、この動員数は、当時の十八〜三十五歳男子人口一六万二二九四人の比率からみると三四・六%を占める高い水準にあった。[32] また、四七年冬季攻勢のなかでは、土地改革運動の深まりを反映して、遼東、遼南、北満の各地で新兵力は一一万人にのぼったという。四七年末の東北人民解放軍主力は七〇万人といわれるから、新兵力の比率は高く、四八年一年間の不完全統計でも、遼寧省で八万人、遼北省で三万六〇〇〇人、合江省で九〇〇〇人がリクルートされた。[33] 四九年八月二十一日の東北行政委員会主席林楓報告では、四五年八月以来の四年間に、一六〇万人の東北地域からの参軍があったとする。[34]

もちろん、この「参軍」に至る農村社会内の政治的矛盾は様々なレベルで発生していたが、松江省政府の一九四八年九月九日付報告でも、「兵源問題」を極めて重視しており、人口統計を駆使してその現実的可能性を分析している。すなわち、全省一市一九県の人口三〇〇万八二六三人(うち都市居住者数約四七万人、農村人口は二五三万八二六三人)で、男子労働力数は五〇万七六五三人、半男子労働力数は一六万九二一七人となっており、「参軍」人数は一一万四〇一二人であった。本省の経済的条件下で、「参軍」「参政など(公務関係者)」の可能動員数は一九万五五三七人(参軍者数一一万四〇一二人を含め)となり、全人口の六・五%、青壮年人口三九万一〇七四人の五〇%を占めている。これは農業労働従事のための労働力計算からみてなお実現可能数であるとする。[35]

中国共産党統治下にある東北地域社会の軍事的政治的動員に対する弾力性は、土地改革運動の関数として計測される側面があり、この点こそが、国民政府統治が農村部にまで及ばなかったことと、極めて対照的であったといえるだろう。すでにふれたごとく、東北地域社会の政治的空間配置は、一九四八年十一月の時点ですでに全域を中国共産党の影響下に置き、さらに新たな政治的支配の正統性を「東北人民代表会議」開催によって調達しようとしていた。ここに、水平的な空間における政治的支配の正統性拡大過程とともに、垂直的社会空間における正統性の創出過程が始まる。そのプロセスは、まず第一に農村社会を「匪賊」から軍事的に保護したうえで、第二に土地改革をはじめとする農村新秩序創出プログラムを実現し、第三に政治的委任としての直接選挙を通じて地域社会代表性を持った地域権力を新たに組織し、第四にその地域性を東北レベルの政治的正統性と接合し、やがては全国レベルへと統合するに至る。この四環節との対比で、すでに言及したように、国民政府側は「憲政」移行という政治的課題としての農村社会での政治的委任=代表の論理は実態として機能せずに終わった。中国共産党の正統性確保の各環節にあたる諸政策は、国民政府によってはいずれも実施できない状況にあった。

むすび

一九四七年三月十九日、国民政府軍の胡宗南部隊は中共部隊撤退後の延安に入った。中共中央の毛沢東や周恩来、任弼時らは警護隊三〇〇人ほどと陝北地域を転戦しつつ全国の戦場を指導し、同年十一月二十二日、米脂県楊家溝(二七〇戸の山村)に到着し、十二月二十五日から「十二月会議」を開催し、毛沢東は「目前の情勢とわれわれの任務」と題する報告をおこなった。このなかで、「現在すでに歴史のひとつの転換点に到達した」と述べ、国民政府の打倒と新しい中央政府樹立を展望し、政治的に国民党地域の人心の動向、人心の向背が決定的となり、すでに蔣介石は孤立し始めたと強調した(36)。この四七年十二月二十五日は、南京における『中華民国憲法』の施行の日でもあり、国民大会代表選挙などが終了し、四八年三月二十九日に国民大会開催が公告されていた(37)。この極めて非対称的な事態のなかに四七年末があった。ある人はこれを「歴史的転換点」と呼んでいる(38)。

このような全国情勢の展開を支えた重要な一つに、東北戦場があり、一九四七年十二月十五日から約九〇日にわたる冬季攻勢で、四八年三月半ばまでに四平、吉林、営口などを支配下に置き、国民政府軍は長春、瀋陽、錦州などに分割守勢体制をとらざるをえなくなった。蔣介石も、四八年一月十日には瀋陽に飛び東北行轅で軍事会議を開催し、十二日には「東北剿匪総司令部」を設置し衛立煌を総司令とすることとなった(39)。

しかし、中国国民党や国民政府の東北地域における政治的支配の正統性は、軍事的側面のみならず、社会的基盤からみても摩滅し流出し続けていた。この点を、陳立文は次のように指摘していた。つまり、中国国民党の東北での党活動と中国共産党の党活動を比較し、その異同をみたとき、結局、東北接収の失敗を導いたのは、ソビエト連邦との国際的外交交渉の失敗や、ソ連の中国共産党への暗黙の援助や、アメリカによる盟友たる中華民国国民政府に対する政策転換にあったのではなく、さらに深層における重要な条件とは、国民政府には充分な東北政策がなかったからであり、中国国民党の東北における党活動も接収と緊密に連携しえなかったからであり、「内部の問題こそが東北を中共に陥れられた最も基本的原因であった」と指摘する(40)。東北接収の失敗やその後の東北統治の失政は中国国民党内部の問題であったとするとらえ方は、すでに当事者たちの同時代的言及にもあり、その典型例の一つは、一九四六年三月に出されていた張学良の東北復帰による政治体制の立て直し論に示される(41)。東北人が信頼するのは、軍人では張学良、馬占山、李杜、万福麟らであり、文人では莫徳恵、劉哲、劉尚清らであり、彼らが帰還することを期待している。「接収大員」である熊式輝や張公権、あるいは蒋介石直系の軍人らは、東北とは無関係だから結局、衆望を担えないという。国民党中央レベルでもすでに四七年六月十八日の国民党中央政治会議で、孫科は「東北からの撤退」を主張していたし、梁寒操は「張学良の起用」を提言していたとされる(42)。外交部長王世杰は、東北からの撤退政策には反対であったが、六月十九日付日記には蒋介石が「東北からの撤退論」に傾いており、これを王世杰は阻止したとする(43)。『総統蒋公大事長編初稿』巻六、下冊をみる限りでは、王世杰のいう蒋介石の動揺は示されていないが、孫科らが「撤退論」を主張していたことは事実であった。張学良の政治的復帰論と東北撤退論は、東北をめぐる政治戦略レベルの問題であったといえよう。東北問題は、まさに農村地域社会という「兵源」をどちらの政治勢力が掌握しうるのか、それをいかなる政治家がなしうるのかが焦点であった。そこに張学良復帰論が出てくる根拠があった。蒋介石は旧張学良グループなどの在地勢力を排除する方針で東北接収にあたったのに対し、中国共産党はむしろ積極的に旧東北関係者を東北接収にあたらせていた。この対応の差が、戦後東北地域社会の構造変動に大きな政治的社会的差異を生み出すことになったといえるだろう。

もちろん、陳立文が指摘する論点のなかにある対外的諸関係が、いわゆる「三国四方関係」の場で東北地域問題として重要な争点となっていたことは無視できない。極東ソ連軍総司令であったワシレフスキー元帥の回想録にもあるように、中国共産党側の軍隊に武器や弾薬、軍用倉庫などが提供されたこと、あるいは、一九四八年八月時点での橋梁修築にソビエト側の技術者の援助があったことなどはすでに明らかにされている[44]。と同時に、「植民地」期に蓄積された生産力を保持する東北地域は、農村における土地改革の実施と並んで、鉱工業領域の再編成という課題を顕在化させていた。この政策的課題こそ、瀋陽接収以後の東北地域の独自な領域であったことはいうまでもない[45]。この点を今後どのように一九四九年以降の全国的政策展開との関連で再認識するかは、戦後東北地域史像の新たな視界を切り拓くうえで重要な視点を提供することになろう。

注

(1) 軍事科学院軍事歴史研究部編著『中国人民解放戦争史』第三巻、全国解放戦争時期（北京：軍事科学出版社、一九八七年）二六一頁。
(2) 総編纂秦孝儀『総統蔣公大事長編初稿』巻七、上冊（台北：一九七八年）一六一―一六二頁。
(3) 同右、一七二―一七三頁。
(4) 前掲『中国人民解放軍戦史』第三巻、重要戦役一覧表、二六―三一頁。
(5) 前掲『総統蔣公大事長編初稿』巻七、下冊（一九七八年）三九四―三九五頁。
(6) 同右、三九五頁。
(7) 同右、五一三―五一四頁。

（8）啓躍編『国民党怎様丟掉了中国大陸?』（烏魯木斉：新疆人民出版社、一九九七年）、参照。

（9）一九四五年の国際情勢と中国政治の関連については拙稿「一九四五年東アジアの国際関係と中国政治――ヤルタ『密約』の衝撃から東北接収へ」西村成雄編著『中国外交と国連の成立』（法律文化社、二〇〇四年）第八章参照。また、中ソ関係の視角からは、石井明『中ソ関係史の研究』（東京大学出版会、一九九〇年）、王永祥『雅爾達密約與中蘇日蘇関係』（台北：東大図書公司、二〇〇三年）、および中米関係史の視点から論じたXiaoyuan Liu, *A Partnership for Disorder: China, the United States and their policies for the postwar disposition of the Japanese empire, 1941–1945.* New York: Cambridge University Press, 1996, chapter 10 (The Manchurian triangle), chapter 11 (Bargaining at Moscow)、杉田米行『ヘゲモニーの逆説』（世界思想社、一九九九年）第三章（トルーマン政権初期の中国政策）を参照。なお注(44)も参照のこと。

（10）拙稿「『熊式輝日記』からみた一九四五年国民政府東北接収の挫折――『東北行営』と『中ソ友好同盟条約』の矛盾」"EX ORIENTE" 第五号（二〇〇一年）参照。

（11）中央研究院近代史研究所・口述歴史叢書（二五）『齋世英先生訪問紀録』（台北：一九九〇年）二三九頁、参照。なお彼は、一八九九年十月四日鉄嶺の南にある范家屯生まれで、一九一六年日本に留学し金沢第四高等学校、京都帝国大学哲学科に入学するが、ただちにドイツに留学、ベルリン大、ハイデルベルグ大へ進み、二五年一月ドイツから瀋陽に戻る。郭松齢の部隊で活動し同年末の郭松齢事件で日本に亡命。二六年夏に帰国し、同年十一月上海で国民党に入党。二九年春、陳立夫の紹介で中央政治会議経済特務秘書となり、党務工作に加わる。そのなかで東北党務を管掌する。西安事変では蒋介石救出に尽力し張学良には批判的であった。四五年には東北接収に党務担当として関わった。重慶中央レベルとの関係ではＣＣ派と目され、政学系の熊式輝とは対立していた。

（12）同右、二四二頁。

（13）同右、二四一頁。

（14）『朱家驊先生檔案』東北党務（3）、所収。『朱家驊先生檔案』は中央研究院近代史檔案館に所蔵されている。ここで取り上げる戦後期、朱家驊（騮先）は教育部長であった。

（15）前掲、二四九―二五〇頁。

（16）『朱家驊先生檔案』東北党務（3）、所収。

(17)『解放日報』一九四六年十二月二十八日。
(18) 張朋園「国民党控制下的国会選挙(一九四七~一九四八)」『中央研究院近代史研究所集刊』第三五期(二〇〇一年六月)一八二頁。
(19) 中央選挙委員会『中華民国選挙史』(台北:一九八七年)第五章「行憲第一届中央民意代表之選挙」二八七—三八八頁。
(20)『実施憲政』総裁実践総理遺志史録(四)、四三七頁。
(21) 前掲『中華民国選挙史』三一九頁。
(22) 前掲、張朋園、一五六—一五七頁。
(23)『中華民国重要史料初編、対日抗戦時期』第七編(二)(台北:中国国民党党史会、一九八一年)八一三頁。
(24)『総統蔣公大事長編初稿』巻六、下冊(一九七八年)五八五頁。
(25) 前掲『中華民国選挙史』三〇三、三二七—三二八頁。
(26) 同右、三八一頁。
(27) 国史館「国民政府 0111. 41-6077. 01-15、国民大会代表選挙事務、中華民国三十六年十一月七日至三十七年一月十七日止」。
(28) 国史館「国民政府 0757-5011. 01-02、東北各省市臨時緊急措施、中華民国三十七年四月十七日~九月二十四日」。
(29) 前掲『中華民国選挙史』三二七—三二八頁。
(30) 喬順発「東北解放区人民民主政権的建立與発展的歴史沿革」『東北解放区財政経済史資料選編』第四輯(哈爾濱:黒龍江人民出版社、一九八八年)六四八—六六二頁。なお、戦後東北地域への中国共産党幹部の派遣について、主要な人物の年譜を参照されたい。たとえば、『彭真年譜(一九〇二~一九九七)上巻』(北京:中央文献出版社、二〇〇二年)、『陳雲年譜 一九〇五~一九九五 上巻』(北京:中央文献出版社、二〇〇〇年)、『張聞天年譜、下巻一九四二~一八七六』(北京:中央党史出版社、二〇〇〇年)、など参照。
(31)『総統蔣公大事長編初稿』巻六、上冊、一九四六年五月二十三日。
(32) 前掲『東北解放区財政経済史資料選編』第四輯、五一五—五一六頁。
(33) 朱建華主編『東北解放区財政経済史稿』(哈爾濱:黒龍江人民出版社、一九八七年)六〇四—六〇五頁。
(34) 前掲『東北解放区財政経済史資料選編』第一輯、一二四頁。

(35) 前掲『東北解放区財政経済史資料選編』第四輯、五三四―五三五頁。
(36)『毛沢東文集』第四巻(北京:人民出版社、一九九六年)三二八―三三六頁。
(37)『総統蔣公大事長編初稿』巻六、下冊、五九四―五九五頁。
(38) 金冲及『転折年代――中国的一九四七年』(北京:三聯書店、二〇〇二年)四八〇頁以下。
(39)『総統蔣公大事長編初稿』巻七、上冊、一四―一六頁。
(40) 陳立文『従東北党務発展看接収』(台北:東北文献雑誌社、二〇〇〇年)三一四頁。
(41) 拙著『張学良』(岩波書店、一九九六年)二四五―二四六頁。
(42)『徐永昌日記』一九四七年六月十八日、『王世杰日記』一九四七年六月十八日。東北をめぐる王世杰の政治的位置については拙稿「東北接収をめぐる国際情勢と中国政治――王世杰日記を中心に」姫田光義編著『戦後中国国民政府史の研究』(中央大学出版部、二〇〇一年)所収。
(43)『王世杰日記』一九四七年六月十九日。
(44) 朱宗震・陶文釗『中華民国史、第三編第六巻、国民党政権的総崩壊和中華民国時期的結束』(北京:中華書局、二〇〇〇年)六五五―六六六頁。薛銜天『中蘇関係史』(成都:四川人民出版社、二〇〇三年)第八章。
(45) 拙著『中国近代東北地域史研究』(法律文化社、一九八四年)四五八―四六二頁。

近代中國東北地區歷史研究新視角

序：本書來龍去脈（江夏由樹，中見立夫，西村成雄，山本有造）

1.　經濟，組織

黑瀬郁二：　兩個大戰之間天圖輕便鐵路與日中外交

江夏由樹：　從東亞勸業株式會社的歷史解讀近代中國東北地區史

—日本進出大陸之「國策」與「營利」辨析—

塚瀬　進：　進代中國東北地區大豆貿易與三井物產

小林英夫：　日本國策演變與滿鐵

2.　外交與國際關係

中見立夫：　僞“滿洲國”之外交部　—其組織與人事—

寺山恭輔：　斯大林與出售中東鐵路

田嶋信雄：　圍繞僞“滿洲國”觀日德蘇關係之側面　1937～45年

石井　明：　二戰末期中蘇關係—以旅順・大連問題爲中心—

3.　二戰之後的中國東北地區　1945～1949年

山本有造：　國民政府統治下的東北經濟

井村哲郎：　蘇聯控制下的中國東北地區與產業經濟

丸山鋼二：　戰後東北地區中共軍隊的武器供應與蘇軍的「暗地支持」

西村成雄：　戰後中國東北地區政治格局演變

A New Perspective on the Modern History of Northeast China

CONTENTS

の植民地金融論」『日本金融論の史的研究』東京大学出版会，1983年。「東洋拓殖会社の対『満州』投資」『日本の近代と資本主義——国際化と地域』東京大学出版会，1992年。

小林 英夫 こばやし ひでお

1943年生，早稲田大学大学院アジア太平洋研究科教授

主要業績：『「日本株式会社」を創った男——宮崎正義の生涯』小学館，1995年。『満鉄』吉川弘文館，1996年。『近代日本と満鉄』（編著）吉川弘文館，1999年。

田嶋 信雄 たじま のぶお

1953年生，成城大学法学部教授

主要業績：『ナチズム外交と「満洲国」』千倉書房，1992年。『ナチズム極東戦略』講談社，1997年。"Die japanische Botschaft in Berlin", Bernd Martin und Gerhard Krebs (Hrsg.), *Formierung und Fall der Achse Berlin-Tokyo*, München: Iudicium, 1994.

塚瀬 進 つかせ すすむ

1962年生，長野大学産業社会学部助教授

主要業績：『中国近代東北経済史研究』東方書店，1993年。『満洲国——民族協和の実像』吉川弘文館，1998年。『満洲の日本人』吉川弘文館，2004年。

寺山 恭輔 てらやま きょうすけ

1963年生，東北大学東北アジア研究センター助教授

主要業績：「満州事変とソ連における「備蓄」の構築」『東北アジア研究』2，1997年12月。「ソ連極東における動員政策：1931-1934年」『ロシア史研究』66，2000年4月。「駐日ソ連全権代表アレクサンドル・トロヤノフスキーと1932年の日ソ関係」『東北アジア研究』5，2001年4月。「スターリンと満洲」『東北アジア研究』9，2005年3月。

丸山 鋼二 まるやま こうじ

1956年生，文教大学国際学部助教授

主要業績：「中国農業集団化過程の分析（Ⅰ）（Ⅱ）——1955-56年の農村指導メカニズムについて」『アジア経済』28-5・6，1987年5-6月。「天安門学生運動の開始」『言語と文化（独協大学共通自由科目紀要）』2，1996年3月。「戦後初期の満州における中国共産党の『政府』樹立工作」『文教大学国際学部紀要』16-1，2005年7月。

執筆者紹介

編者（五十音順）

江夏 由樹 えなつ よしき

1951年生，一橋大学大学院経済学研究科教授

主要業績：*Banner Legacy, The Rise of the Fengtian Local Elite at the End of the Qing*, Center for Chinese Studies, University of Michigan, 2004.「辛亥革命後，旧奉天省における官地の払い下げ――昭陵窯柴官甸地の場合」『東洋史研究』53-3，1994年12月。「土地利権をめぐる中国・日本の官民関係――旧奉天の皇産をめぐって」『アジア経済』38-1，1997年1月。

中見 立夫 なかみ たつお

1952年生，東京外国語大学アジア・アフリカ言語文化研究所教授

主要業績：『境界を超えて――東アジアの周縁から』（編著）山川出版社，2002年。*Imperial Japan and National Identities in Asia, 1895-1945*（共著）, London and New York: Routledge Curzon, 2003.『内国史院檔　天聡七年』（共編著）財団法人東洋文庫，2003年，『満洲とは何だったのか』（共著）藤原書店，2004年。

西村 成雄 にしむら しげお

1944年生，大阪外国語大学外国語学部教授

主要業績：『中国近代東北地域史研究』法律文化社，1984年。『中国ナショナリズムと民主主義』研文出版，1991年。『張学良』岩波書店，1996年。『現代中国の構造変動　第3巻ナショナリズム』（編著）東京大学出版会，2000年。『20世紀中国の政治空間』青木書店，2004年。『中国外交と国連の成立』（編著）法律文化社，2004年。

山本 有造 やまもと ゆうぞう

1940年生，京都大学名誉教授，中部大学人文学部教授

主要業績：『日本植民地経済史研究』名古屋大学出版会，1992年。『両から円へ――幕末・明治前期貨幣問題研究』ミネルヴァ書房，1994年。『「満洲国」経済史研究』名古屋大学出版会，2003年。

執筆者（五十音順）

石井 明 いしい あきら

1945年生，東京大学大学院総合文化研究科教授

主要業績：『中ソ関係史の研究　1945-1950』東京大学出版会，1990年。『記録と考証　日中国交正常化・日中平和友好条約締結交渉』（共編）岩波書店，2003年。『中央アジアの行方　米ロ中の綱引き』（共編）勉誠出版，2003年。

井村 哲郎 いむら てつお

1943年生，新潟大学大学院現代社会文化研究科教授

主要業績：『米国議会図書館所蔵　戦前期アジア関係日本語逐次刊行物目録』（編著）アジア経済研究所，1995年。『満鉄調査部――関係者の証言』（編著）アジア経済研究所，1996年。「拡充前後の満鉄調査組織――日中戦争下の満鉄調査活動をめぐる諸問題（Ⅰ）（Ⅱ）」『アジア経済』42-8・9，2001年8・9月。「日満支インフレ調査と満鉄調査組織」『アジア経済』44-5・6，2003年5・6月。

黒瀬 郁二 くろせ ゆうじ

1947年生，鹿児島国際大学経済学部教授

主要業績：『東洋拓殖会社――日本帝国主義とアジア太平洋』日本経済評論社，2003年。「第一次大戦期・大戦後

近代中国東北地域史研究《きんだいちゅうごくとうほくちいきしけんきゅう》の新視角《しんしかく》

2005年10月20日　第1版第1刷　印刷
2005年10月30日　第1版第1刷　発行

編　者　江夏由樹《えなつよしき》・中見立夫《なかみたつお》・西村成雄《にしむらしげお》・山本有造《やまもとゆうぞう》
発行者　野澤伸平
発行所　株式会社 山川出版社
〒101-0047　東京都千代田区内神田 1-13-13
電話　03(3293)8131(営業)　03(3293)8134(編集)
http://www.yamakawa.co.jp/
振替　00120-9-43993
印刷所　株式会社 シナノ
製本所　株式会社 関山製本社
装　幀　菊地信義

 ISBN 4-634-67453-X

中国東北地域 1939年頃
満洲国通信社『満洲国現勢 康徳六年版』の「満洲帝國略圖」をもとに作成。
興安北省
興安東省
黒河省
北安省
龍江省
濱江省
三江省
東安省
牡丹江省
興安
満洲里
黒河
ハバロフスク
斉々哈爾市
哈爾濱市
牡丹江市